Klaus Wagenbach ist einer der letzten aus einer Generation von unabhängigen, eigenwilligen und leidenschaftlichen Verlegern; ein linker, aber undogmatischer Kopf, der nicht vor den Konsequenzen politischen Handelns zurückschreckt; und ein früher und bis heute unerschütterlicher Liebhaber Italiens.

Außerdem: ein heiterer Geschichtenerzähler, ein eifriger Vorwortschreiber, ein freudig erwarteter Festredner, aber auch einer, der gern widerspricht, wenn die öffentliche Meinung jemanden moralisch und politisch gar zu korrekt schlachten will.

Der Band sammelt Texte Klaus Wagenbachs über Italien, Politik, das Leben und die Zukunft der Bücher und über einzelne Autoren und Freunde sowie erst jüngst entstandene biographische Geschichten: vom gegen die Nazis rebellierenden Großvater, der reformbewegten Mutter, dem Vater, der außer Deutsch nur Latein, Griechisch und Hebräisch konnte; darüber, wie nach dem Krieg die Demokratie aufgebaut wurde, über seine Lehrer und eine Bank mit Aussicht.

Kein getragenes Lebensrund, sondern etwas Leichtes, das gerade dadurch sehr aufschlußreiche zeitgeschichtliche Einblicke ermöglicht, wunderbar elliptisch einzelne Augenblicke bannend.

Wagenbach steht für ein linkes, liberales Bürgertum im Geist des Citoyen, der »Freiheit, Gleichheit, Brüderlichkeit« einfordert. Ein erstaunliches Zeugnis intellektueller Unbestechlichkeit, ein deutsches Vorbild. Helmut Böttiger, Süddeutsche Zeitung

Klaus Wagenbach

Die Freiheit des Verlegers

Erinnerungen, Festreden, Seitenhiebe

Verlag Klaus Wagenbach   Berlin

Herausgegeben von Susanne Schüssler

2. Auflage 2010

© 2010 Verlag Klaus Wagenbach, Emser Str. 40/41, 10719 Berlin
Umschlaggestaltung Julie August unter Verwendung einer Photographie
von Christian Thiel © imago stock & people, Berlin. Gesetzt aus der Aldus
von Doreen Engel. Gedruckt auf chlor- und säurefreiem Papier (Schlei-
pen) und gebunden bei der Druckerei Kösel, Krugzell. Bucheinbandstoffe
peyer + co GmbH, Leonberg.
Printed in Germany. Alle Rechte vorbehalten.

ISBN   978 3 8031 3632 9

Inhalt

Nebenbei: Mit Freiheit betrügt man sich unter Menschen allzuoft. Und so wie die Freiheit zu den erhabensten Gefühlen zählt, so auch die entsprechende Täuschung zu den erhabensten.

Franz Kafka, *Ein Bericht für eine Akademie*

WORAN ICH MICH ERINNERE

Zufälle

»Konsequent, konsequent«, läßt Georg Büchner seinen Lenz sagen, der »mit rasender Schnelligkeit sein Leben durchjagte.« Ingeborg Bachmann zitiert ihn in ihrem Buch über Berlin, *Ein Ort für Zufälle*. Es war eines der ersten Bücher des Verlages, 1965. Zufälle, »geistige wie körperliche«, erkennt man leichter aus der Distanz. Es war ein Zufall, daß eine alte Hebamme in einem entlegenen Westerwalddorf noch 1912 keine Kenntnis der Hygienevorschriften des Ignaz Semmelweis (gestorben 1865) hatte, erst 1913 hörte das Müttersterben auf. Meine Großmutter starb am 4. Januar 1913, an Kindbettfieber. Sterbend sagte sie zu meinem Großvater:»Laß den Bub studieren«. Der Bub war mein Vater, damals zwölf Jahre alt. Die Bitte war sehr schwerwiegend, denn er hatte nur eine ältere Schwester, alle anderen sechs Geschwister waren jünger, da wurde jede Hand gebraucht. Aber das Wort der Großmutter galt. Der Kaplan gab Lateinunterricht, ein Stipendium, ergänzt um Kartoffellieferungen, wurde besorgt und so kam mein Vater in die Quarta des Konvikts in Hadamar (wohl in der Hoffnung, daß er Pfarrer werden möge). Das Studium verdiente er sich (unter anderem) als Steinbrucharbeiter oder Gedingeschlepper und promovierte in Volkswirtschaft an der Universität Gießen.

Es war ein Zufall, daß er in Gießen ein Mädchen kennenlernte, die aus einer weit entfernten Gegend des Deutschen Reichs stammte, dem damaligen Westpreußen, geboren 1898 in Wronke bei Posen. Dort war die Mehrheit der Einwohner polnisch und katholisch, die Minderheit deutsch und protestantisch. Bei»Mischehen« galt das ungeschriebene Gesetz, daß die Söhne aus diesen Ehen protestantisch wurden, die Töchter katholisch. So wurde meine Mutter, in deren Familie ein ziemliches Völkergemisch herrschte, katholisch. Aus Zufall. Aber sie nahm die Religion sehr ernst, wie mein Vater. Auch sie hatte früh (mit zehn Jahren) ihre Mutter verloren, ihr Vater war als Farben-Vertreter viel auf Reisen, das Kind kam ins Internat, lernte französisch und war, als sie meinen Vater kennenlernte, verbeamtete Telefonistin der Deutschen Reichspost. Selbständig, mit entschiedenen Meinungen (von denen sie nur ungern abrückte), jugendbewegt – zuhause lag später immer noch das Liederbuch der Jugendbewegung, der *Zupfgeigenhansel.* Sie wollte ihre schwierige Jugend eher vergessen: »modern« war ihr Lieblingswort. Demgegenüber stak mein Vater viel stärker in seiner (allerdings riesigen) Familie. Aber auch er wollte es zu etwas bringen, schon als Bub fand ihn der Küster, als er um sechs Uhr früh die Kirche aufschloß, vor der Tür: »Ich wollte einmal der erste sein.«

Der Vater, 14 Jahre alt

Politik fand schon früh in der Familie statt: zur Zeit des Dreiklassenwahlrechts war der Vater meines Vaters (also mein Großvater) 1911 der erste »Drittklässler«, der in den Gemeinderat gewählt wurde [siehe auch den Text *Hundsangen* in diesem Band, Seite 153]. Das Zentrum, 1870 als katholische Partei gegen den Bismarckschen »Kulturkampf« gegründet, wurde fast naturgemäß die Partei meines Vaters, besonders deren Sozialpolitik, die sich auch im Bund Deutscher Bodenreformer ausdrückte: Auflösung des Großgrundbesitzes und Siedlungsbau statt Mietskasernen, im Sinne Adolf Damaschkes. Mein Vater wurde Generalsekretär dieser Bodenreformbewegung mit Sitz in Berlin. Beim Abschied aus Hundsangen sagte sein Vater zu ihm: »Verpreuß mer net.« Daran hat sich mein Vater gehalten und gründete sofort die erste katholische Siedlung im Norden Berlins, in der dann mein Bruder (1928) und ich (1930) geboren wurden. Preußen aus Zufall.

Unveröffentlicht. 2009

Verlobungsfoto der Eltern. 1926

Die Siedlung

Aber Preußen war weit, tobte sich in der Stadt aus und in eben den Ansammlungen von Mietskasernen, die die Bodenreformbewegung überflüssig machen wollte. Es muß eine glückliche Zeit für das junge Paar gewesen sein: Mein Vater kämpfte für die Bodenreform, mit bis zu hundert Vorträgen im Jahr, meine Mutter kämpfte gegen die Zinsen dreier Hypotheken des Eigenheims und mit zwei Komposthaufen gegen den Sand Brandenburgs. Ein Stein- und Nutzgarten wurde eingerichtet, den einen durften wir nur auf Solnhofener Platten betreten, im anderen das Unkraut zupfen (das ich allerdings einmal mit frisch gepflanztem Salat verwechselte). Um die Siedlung war noch freies Feld, dann kam auf der einen Seite die sozialdemokratische Siedlung Freie Scholle, auf der anderen Seite begann das Industriegebiet in Tegel.

Die Idylle endete 1933. Der Bund Deutscher Bodenreformer wurde wegen »Siedlungsbolschewismus« verboten, mein Vater verlor seine Arbeit und kam nach längerem Suchen im Aktenkeller der Deutschen Bau- und Bodenbank unter. Das wurde dann meine Jugend: Der Vater stand früh auf, um zu seinen Akten im Berliner Zentrum zu gelangen, aus dem er erst spät zurückkehrte, auch samstags. Meine Mutter besorgte Haus, Garten und die Erziehung sowohl ihres Mannes als auch ihrer beiden Söhne, wobei mich als Jüngstem nur die halbe pädagogische Ladung traf, der ich zudem öfters über den Gartenzaun entwischen konnte in die Freiheit der Siedlung mit ihren interessanten Baustellen und Freund Kihi, den meine Mutter nicht mochte: der Sohn des Schneiders, das war kein Umgang für ihren Sohn, der nicht »in der Ackerstraße« landen, sondern eine Leuchte werden sollte.

Vor einigen Jahren hat mein Bruder anhand von Hinterlassenschaften entdeckt, daß wir damals ziemlich arm waren. Es war die Leistung unserer Mutter, daß weder er noch ich es bemerkten. Die Wohnung wurde »modern« eingerichtet und die Söhne fein ausstaffiert mit (oft selbstgemachten) Trachtenjäckchen oder Russenhemden und, für den Sonntagsspaziergang, mit zwei lächerlichen Spazierstöckchen aus Peddigrohr. Aber schon bei diesen obligaten

Sonntagsspaziergängen bedurfte es großer Kunst, meine Eltern in ein Gartenlokal oder an eine Wurstbude zu locken.

Natürlich war die Siedlung auch ein Schutzraum gegenüber der »autoritären Staatsfrömmigkeit der Lutheraner« (Karl Barth), die sich in der Innenstadt breitmachte. Ausflüge dorthin blieben denn auch selten; *Rienzi* in der Waldbühne, die *Beethovenfeier* einer Pianistin namens Elly Ney oder Humperdincks *Hänsel und Gretel*. Lokale Festivitäten wurden natürlich mitgefeiert, insbesondere die Fronleichnamsprozession durch die Siedlung, samt weißgelber Kirchenfahne.

Beim Erntedankfest schlichen sich dann die ersten Hakenkreuzfahnen ein, insbesondere bei den zahlreichen von den Nazis erfundenen Festen wie »Eintopftag« oder »Winterhilfswerk«. Das waren Gelegenheiten, insbesondere die Frauen für die Abende der NS-Frauenschaft zu agitieren, auf denen natürlich nicht nur über Politik gesprochen wurde, wenn auch in Uniform. Uniformen gab es für alles und jedes. Meine Eltern mochten keine Uniformen, nur ich wollte unbedingt ein Fahrtenmesser, schwänzte aber öfters den »Pimpfendienst«, bis eine Nachricht kam: »Erscheinen ist Plicht«. Meine Mutter lachte: »Die wissen nicht mal, wie man Pflicht schreibt, da brauchst Du nicht mehr hinzugehn«. Dafür begann ich ein anderes Training: Das Erkennen von Nazis, ihr Kommandogebell (männl. Abt.) oder ihr inneres Glühen (weibl. Abt.). Es wurde überlebensnotwendig.

Von der Siedlung war es eine halbe Stunde Fußweg bis zur Volksschule in Berlin-Tegel. Dort empfing mich tobendes Gelächter der Schulkameraden, die fast sämtlich Kinder der Arbeiter in den Fabriken von Mauser oder Borsig waren: »Bubi aus der Siedlung! Mit ner doofen Jacke, zum Piepen!« Kurz, ich flog aus der Schule, womit eine Serie von Schulwechseln begann, die aber nicht mehr privaten Prügeleien geschuldet waren, sondern den Zeitläuften. Bis zum Abitur in Frankfurt-Höchst (1949) besuchte ich insgesamt acht Schulen, mit oft über einstündigem Schulweg, immer als Fahrschüler, per Fahrrad oder Bahn.

Meine liebste Schule war das Französische Gymnasium in Berlin, von Hugenotten gegründet, in dem viele Fächer in Französisch unterrichtet wurden. Eine liberale Anstalt, von den Nazis relativ unbehelligt, weil sie auch von einigen Diplomatenkindern besucht wurde. Meine Mutter, die sich als für alle praktischen Dinge zuständig erachtete, hatte sie sicherlich nicht nur wegen ihrer Qualität ausfindig gemacht, sie wollte uns wohl auch das

Schicksal unseres Vaters ersparen, der als Konviktschüler nur Griechisch, Latein und Hebräisch konnte. Französisch aber – das war nicht nur die Sprache der Höheren Stände, sondern auch die internationale Sprache der Post, in der meine Mutter zuhause war, wie auch im Morse-Alphabet (zu meiner Verblüffung konnte sie gemorste Luftwarnungen sogar direkt übersetzen: »Größerer feindlicher Luftverband über Potsdam im Anflug auf den Süden Berlins« – das war sehr nützlich).

Im Herbst 1943 – die Bombenangriffe waren bereits Regel – wurden die Schulen Berlins aufs Land ausgelagert, wer Verwandte auf dem Land hatte, konnte auch dorthin. Wir zogen zu unserer Riesenverwandtschaft nach Hundsangen, das Französische Gymnasium kam nach Züllichau in Schlesien, mit ungewissem Schicksal. Ich vermißte das Französische Gymnasium sehr, samt dem »Affenfelsen«, auf dem wir uns in den Schulpausen unzensiert unterhalten konnten. Mein Vater mußte in Berlin bleiben, wenige Wochen später traf eine (offensichtlich agnostische) Bombe den Altar der Kirche, unser Haus stand daneben, mein Vater kroch leicht verletzt aus den Trümmern. Als er einige Wochen später, nach der Entlassung aus dem Krankenhaus, das Grundstück besuchte, fand er in den Trümmern noch ein vielfach durchlöchertes Foto seiner Mutter und eines meiner Kaninchen [siehe Seite 16], das sich aus dem Stall hatte befreien und in den halbeingestürzten Keller flüchten können. Kaninchen sind Überlebenskünstler – nicht von ungefähr sind sie seit Jahrzehnten das Wappentier unserer

Taschenbücher. Aber mit dem Haus ging meine Kindheit unter, kein Gegenstand erinnert mich an sie, nicht einmal ein Jackenknopf. Kurze Zeit nach Kriegsende, noch als Gymnasiast, fuhr ich mit einem Sonderzug voller Fußballfans nach Berlin. Die Stadt, die ich fünf Jahre zuvor noch halbwegs intakt verlassen hatte, existierte nicht mehr. Weinend durchwanderte ich sie einen Tag lang, selbst meinen Schulweg fand ich nicht wieder.

Etwa 10 Jahre alt

Unveröffentlicht. 2009

Ein trauriges und schönes Weihnachtsfest

Wir haben in Berlin Weihnachten gefeiert, im Norden in einer Siedlung. Da wurde ein Zimmer zugeschlossen, ganz geheimnisvoll, und mein Bruder und ich haben immer versucht, durchs Schlüsselloch zu schauen, und einmal hat er auch das Christkind gesehen. Sagt er. Ob's stimmt, weiß man natürlich nicht. Aber der Weihnachtsmann hieß auch Christkind, wie bei meiner Frau Susanne. Aber wir haben keinen Fisch gegessen wie sie, sondern eine Gans aus dem Ofen, mit Äpfeln gefüllt. Und auf dem Friedhof waren wir auch nicht, dafür hat aber mein Papa immer die Weihnachtsgeschichte aus der Bibel vorgelesen.

Und dann kam ein furchtbarer Krieg und die Geschichte mit dem Kaninchen.

Ich hatte nämlich Kaninchen, in einem Stall am Haus. Weiße Angorakaninchen, mit einem weichen Fell und rosa Augen. Vor dem Krieg mußten meine Mama, mein Bruder und ich fliehen in ein Dorf im Westerwald, und mein Papa blieb im Haus. Wenige Wochen danach, im Oktober, wurde das Haus zerstört. Es fiel um, auch auf den Kaninchenstall. Mein Papa kam ins Krankenhaus und danach, kurz vor Weihnachten, ging er noch mal zum Haus, um nachzuschauen, ob vielleicht noch etwas Brauchbares im Keller wäre. Also hat er gegraben und was kam aus dem Keller?

Ein Kaninchen! Das hatte sich durch die Rückwand vom Kaninchenstall genagt (Kaninchen können das) und war in den Keller geschlüpft, wo noch Kartoffeln und etwas Kohl (den lieben Kaninchen besonders) und ein paar Äpfel lagen. Von denen hat sich das Kaninchen die vielen Wochen ernährt und war nun froh, daß es wieder ans Tageslicht konnte aus dem dunklen Keller. Dann hat mein Papa das Kaninchen in einen Korb getan und ist damit von Berlin bis in den Westerwald gereist, mit der Eisenbahn, und kam kurz vor Weihnachten an. Das war mein schönstes Weihnachten, ein Weihnachten mit meinem Kaninchen.

Unveröffentlicht. Dezember 2003
Für die 1c der Italienischen Europaschule in Berlin

Mutter kann alles

Nur kochen konnte sie eigentlich nicht. Falscher Hase mit Brat-
kartoffeln und Salat, das war so die Richtung. Aber dann doch
mit Varianten, die sich zumeist der Sparsamkeit verdankten. Also
Kartoffelpuffer, aber mit Apfelmus aus dem Garten. Oder Gries-
brei, aber mit selbstgemachter Himbeersauce. Oder Butterbrot mit
unterschiedlichsten Marmeladen. Kartoffeln wurden eingekauft,
wenn sie am billigsten waren, und dann in einer Schütte im Keller
aufbewahrt. Ebenso Äpfel. Eier wurden ebenfalls zum günstig-
sten Marktpreis eingekauft und in einer rätselhaften Kalkbrühe
aufbewahrt; keinesfalls durften es »Kühlhauseier« sein, denn die
waren ungesund. Gesund waren Vitam R und Lebertran aus dem
Reformhaus.

Gesundheit, Jugend, Natur – das war eine zentrale Einbruch-
stelle der Nazis in die jugendlichen, jugendbewegten Teile des
Bürgertums. Zumal die Nazis selbst jung waren: Goebbels, Himm-
ler, Bormann, Frank, Heydrich – alle weit unter 40 Jahre alt, wie
meine Eltern. Was von der Reformbewegung um 1900 als Kampf
gegen wilhelminische Enge, Freßsucht, Korsett und ungelüftete
Wohnungen begonnen worden war, brauchte jetzt quasi nur abgerufen werden als Wehrertüchtigung, oder als Verlockung zahlreicher Frauenorganisationen wie etwa »Glaube und Schönheit« (mit
so gräßlichen Folterinstrumenten wie Medizinball und Rhönrad)
oder als richtunggebende Anweisung für die Jugend: »Seid zäh
wie Leder, hart wie Kruppstahl, flink wie die Windhunde«. Mein
Fahrtenmesser bestand aber keineswegs aus Kruppstahl und das
Etui nur aus »Leder-Ersatzstoff«. Aber die Windhunde traten in
die Partei ein.

Meine Mutter trat nicht in die Partei ein. Obwohl einiges
dafür gesprochen hätte: Sie war Vegetarierin wie der Führer (auch
des Führers Lieblingsmargarine Eden gab es bei uns zuhause),
liebte Handarbeit und Sonnwendfeuer, schminkte sich nicht (mir
blieb davon eine Zuneigung zu geschminkten Frauen), trug einen
Knoten und einmal, als wir in Österreich waren, besuchten wir
sogar das Geburtshaus des Führers in Braunau.

Andererseits: Marschmusik fand sie ebenso gräßlich wie Massenturnen. Juden fand sie seltsam, aber sie waren immerhin unmittelbare Verwandte des lieben Gottes. Zudem ist den Katholiken ja aufgetragen, schon hier auf Erden ein paar gute Werke zu tun, damit sich die Zeit im Fegefeuer ein wenig verkürze; daran hielt sich meine Mutter und hielt auch uns dazu an. Das schloß vollkommen aus, daß man andere Leute, auch wenn sie bedauerlicherweise Heiden waren wie die Juden, als »Ungeziefer« oder »Ferment der Dekomposition« bezeichnete.

Gerade ihre Selbständigkeit war der zweite Grund für meine Mutter, nicht in die Partei einzutreten. Viele andere Frauen aus dem Kleinbürgertum brauchten damals eine Uniform, um mit dem Ruf »Ich muß zum Dienst!« das Haus verlassen zu können, ohne den Mann weiter fragen zu müssen. Meine Mutter brauchte keine Uniform, sie hatte schon die Hosen an.

Zum Wochenmarkt wurde ich gerne mitgenommen. Meine Mutter überprüfte die Marktlage, ich blieb unterdessen bei den Bottichen mit lebenden Fischen stehen und beobachtete, fasziniert und angeekelt, wie die Hausfrauen auf einen Fisch zeigten. Der Erwählte wurde herausgeholt, bekam eins über die Rübe und wurde in den (ebenso stinkenden) *Völkischen Beobachter* eingewickelt.

Die Mutter mit ihren Söhnen in selbstgenähten Russenkitteln
(rechts Bruder Bernd)

18

Eine strategische Herausforderung (und Attraktion) auf dem Markt war der sogenannte »Geburtstagsmann«, ein Apfelsinenhändler, der stets, weil er angeblich wieder mal Geburtstag hatte, eine Apfelsine in die Menge warf. Die galt es zu erwischen, dann brauchten wir nur noch drei Apfelsinen zu kaufen.

Zuhause kam meine Mutter erst richtig in Fahrt: im Herbst mußte die Berliner Stadtreinigung kostenlos Laub für die Komposthaufen liefern, ein liegengelassenes Betonrohr wurde zum Fischteich umgewidmet, Lumpen wurden zu Läufern verarbeitet, Zeitungen wurden eingeweicht und zu Kugeln geformt (als Brennmaterial). Es wurde gestrickt und gewebt, selbst ganze Mäntel geschneidert. In rührender Erinnerung ist mir ein schwarz-weißquergestreifter Mantel, in dem meine Mutter aussah wie ein fußkrankes Zebra.

Mein Vater ging in diesen Aktivitäten unter und konnte schließlich nicht einmal mehr eine Sicherung auswechseln. Brannte eine durch, blieb er im Dunkeln sitzen und rief hilflos nach seiner Frau. Sofort hörte man tap-tap-tap-tap und es ward wieder Licht. Ursache war freilich nicht mangelnde Tatkraft meines Vaters, sondern eine Art Tätigkeitsverbot. Ich erinnere mich noch des entsetzten Kommentars meiner Mutter, als mein Vater ihr auf der üblichen Lebenszeichen-Postkarte nach einem schweren Luftangriff mitteilte, er habe dem Nachbarn beim Dachdecken geholfen: »Das kann der doch gar nicht!«

Dieser Überzeugung blieb sie treu bis an ihr Lebensende, da konnte mein Vater machen, was er wollte. Noch 1980, als meine Mutter unheilbar krank wurde und mein Vater ihr die Schwere ihrer Krankheit mitteilen mußte, sah sie ihn streng an und sagte: »Aber Joseph, wir hatten doch ausgemacht, daß Du zuerst stirbst.« Wenige Tage später bewies ihr mein Vater, bis dahin kerngesund, daß er durchaus sterben konnte und zugleich folgsam war. Kurz darauf starb auch meine Mutter.

Unveröffentlicht. 2009

Sedan

Meine streitbare Mutter hatte einen Vater, der war ein richtiger Querkopf. Hatte mein anderer Großvater mir allerlei nützliche bäuerliche Tätigkeiten (ackern, melken, Heu machen, Marder und Maulwürfe bekämpfen) beigebracht, so fühlte sich dieser Großvater zuständig für Haltung und politische Bildung. Er meinte damit freilich etwas ganz anderes als meine Mutter.

Haltung, darunter verstand er unter anderem, den Sieg über die Franzosen in Sedan zu feiern (immerhin: 1870!), zu diesem Zweck standen auch Zinnsoldaten bereit. Politische Bildung hieß, aus meinem Bruder und mir »echte Kerle« zu machen, also Reitunterricht und Kernseife zum Zähneputzen. Als er uns das erste Mal vom Bahnhof abholte, befand er: »morgen gehen wir zum Zauberer«. Der Zauberer stellte sich als Friseur heraus, der uns kahl schor, mit ein paar Fransen über der Stirn. Diese Frisur nannte sich treffend »Glatze mit Vorgärtchen« und man sah darin bekloppt aus. Aber stramm.

Großvaters Haus war voller Überraschungen: es gab einen Gipshund, Holzstühle, die angeblich aus einer Ritterburg stammten, eine Pickelhaube, viele Jahrgänge von Illustrierten und einen umfangreichen Prachtband von Wilhelm Busch. Im Garten konnte man ein Zelt aufstellen und einen Feind erwarten, der sich aber nicht zeigte. Schließlich gab es noch einen großen Radioapparat, aus dem von mir geschätzte »feine Militärmusik« kam, aber auch »Feindsender«, am liebsten Beromünster oder BBC. In dieser Hinsicht war Großvater vollkommen unerschrocken. Wenn der NSV-Mann mit der Sammelbüchse an der Tür klingelte, wurde das Radio lauter gestellt und der Herr zum Mithören eingeladen.

In der Schule. 11 Jahre

20

Ich hörte damals zum erstenmal Glenn Miller. Seitdem wartete ich sehnsüchtig darauf, daß endlich die Amerikaner kamen, mit dieser wunderbaren Musik.

Auflockernd war auch der Prachtband: hier war der gesamte riesige Schatz an trockenen, weisen, melancholischen, antiklerikalen Versen und Zeichnungen versammelt. Noch heute murmele ich gerne Wilhelm Buschs Kurzkracher als Kommentare vor mich hin; der in die Nachkriegszeit passendste war natürlich der Doppelvers dazu, daß Max und Moritz »braun und gut« aus dem Ofen gezogen wurden: »Jeder denkt, die sind perdü / aber nein, noch leben sie.« Und in der Tat, nach 1945 liefen sie wieder herum, braun und nicht so gut.

Sein Meisterstück an Unabhängigkeit lieferte mein Großvater aber *am*, nicht im Haus. Über der Tür ließ er folgenden Spruch anbringen: »Etsi omnes ego non« (Und wenn alle, ich nicht). Es dauerte nicht lange, bis ihm von

Großvater Querkopf vor seinem Haus, etwa 1950

der NSDAP bedeutet wurde, der Spruch habe zu verschwinden. Darauf war er vorbereitet: Die Buchstaben waren aus Messing. Er zog sie aus dem Putz – den Text konnte man immer noch lesen. Nach dem Krieg (er wurde steinalt, über 90 Jahre) hat er die Inschrift wieder anbringen lassen. Das war er sich schuldig, der alte Querkopf.

Unveröffentlicht. 2009

Natürlich

In meiner Erinnerung sehe ich einen kleinen Mann mit Hut, den er nicht nur trug, um etwas größer zu erscheinen, sondern auch um ihn gern bei der Begegnung mit Freunden oder Bekannten zu lüften. Er hatte eine hohe Stimme, war zappelig, stets tätig, zeigte ungern Gefühle, gerecht und freundlich gegen jedermann. Liebhaber der Fische, obwohl er nicht einmal schwimmen konnte. Mein Vater. Sein Leibspruch war »deposuit potentes de sede et exaltavit humiles« (Er stürzt die Mächtigen vom Thron und erhöht die Niedrigen). Den hatte er sogar an der Wand hängen, noch als Beamter der Bundesrepublik. Und er handelte danach (so war er 1965 der einzige hessische Landrat, der den Landkreis Main-Taunus schuldenfrei an seinen Nachfolger übergab).

Zum Beispiel fragte ich ihn einmal, als er schon pensioniert war, nach seiner Krankenkasse. Zu meiner Verblüffung hatte er keine und sagte als Begründung: »Du weißt doch, daß wir als Hausarzt Dr. Ziegelroth hatten und als die Krankenkassen sich plötzlich weigerten, die Rechnungen jüdischer Ärzte zu bezahlen, bin ich natürlich ausgetreten.« Natürlich. Allein die Vorstellung, wenn alle Patienten jüdischer Ärzte (das waren Hunderttausende, wenn nicht Millionen) es damals für natürlich gehalten hätten, aus der Krankenkasse auszutreten … Und als ich fragte, warum er nach 1945 nicht wieder eingetreten sei, wurde er ein wenig genant und beschied mich mit der Auskunft: »War mir zu blöd.«

Ein andermal wurde ich Zeuge der einzigen mir erinnerlichen Auseinandersetzung zwischen meinen Eltern. Meine Mutter fand, daß mein Vater endlich etwas Karriere machen solle, und empfahl ihm den Eintritt in die Nazipartei. Damit überschritt sie nicht nur ihre Kompetenzen, sondern brachte meinen Vater auch in die unikale Lage, meiner Mutter widersprechen zu müssen. Dazu hielt er sich mit beiden Händen (ich war als etwas Achtjähriger sozusagen Augenzeuge in Augenhöhe) sicherheitshalber an der Tischplatte fest. Nach dem Krieg gab ihm zwar die Geschichte recht, meiner Mutter aber ebenso, denn wenige Jahre später wurde ein Kollege meines Vaters, der dem Ersuchen der Bankdirektion, in die Partei einzutreten, gefolgt war, Minister in Bonn. Stichwort: Nutzung der Funktionselite.

Mein Vater hatte irgendeine Schraube, die ihm das lockere Funktionieren unmöglich machte. Über zwanzig Jahre nach dem Krieg besuchte er mich einmal in Berlin und wollte noch einmal die Siedlung sehen. Auf der Fahrt dorthin erzählte er mir, daß seinerzeit der Blockwart auf den Trümmern unseres Hauses ein Schild aufgestellt habe:»Unsere Mauern können sie brechen, unsere Herzen nicht.«Das habe er, natürlich, abgeräumt. Plötzlich bat er mich, vor einem Haus anzuhalten, um das Namensschild zu lesen.»K…«berichtete ich ihm – es war der Name des Blockwarts. Mein Vater sagte nur:»Fahr weiter.«

Selbst die deutsche Wehrmacht konnte diesen erbarmungslosen Zivilisten offenbar nicht gebrauchen, wenige Monate nach der Einberufung wurde er wieder nach Hause geschickt. Es gelang mir nicht herauszufinden, ob er vom Pferd gefallen war oder eine Kanone falsch bedient hatte. Der Verdacht liegt nahe, daß ihn meine Mutter dazu angestiftet hatte, so wie sie später auch meinen Bruder durch eine List vor der SS bewahrte. Aber es gibt auch ein Foto, auf dem mein Vater, in Uniform, seinen Kameraden aus einem Buch vorliest, das nicht»Mein Kampf«war, sondern eher wehrunwürdiges Zeug.

Die wiedervereinigte Familie, kurz nach Kriegsende

Die Trauer über den frühen Verlust der Mutter hat meinen Vater geprägt; stets trug er ihren Ring am kleinen Finger. Es war also eine Katastrophe, als er ihn bei Gartenarbeiten verlor. In seiner Verzweiflung versprach er den ungeheuren Finderlohn von fünf Mark (mein Taschengeld betrug damals zwanzig Pfennig pro Woche). Als glücklicher Finder hatte ich plötzlich eine große Silbermünze in der Hand (ich warf sie einige Zeit später in den Opferstock »Für die Armen« unserer Kirche, es war einfach zu viel). Unvergeßlich aber die Freude meines Vaters. Im März 1945 gelang meinem Vater die Flucht aus Berlin. Wir wohnten in Lich (Oberhessen) in einer Baracke am Waldrand. Wenige Tage später zog eine erbarmungswürdig abgerissene Wehrmacht durch Lich, von der amerikanischen Armee förmlich vor sich hergetrieben. Anderntags schwang sich mein Vater aufs Fahrrad, fuhr zur US-Kommandantur in Gießen und bot seine Dienste beim Aufbau der Demokratie an (oder so ähnlich). Jedenfalls kam er zurück und sagte: »Ich bin jetzt Landrat«. Mein Bruder und ich lachten.

Unveröffentlicht. 2009

Überleben

Überleben ist in der Tat, nach Büchner, ein geistiger wie körperlicher Zufall. Du stehst an einem Bahnhofsgleis in Lich und es kommt, aus allen Rohren feuernd, eine Lightning Doppelrumpf auf dich zu, du siehst den Piloten in der Glaskanzel, er sieht dich, du wirfst dich in einen Graben und überlebst. Ob er den Krieg überlebt hat, weißt du nicht. Aber jetzt, über sechzig Jahre später, hast du ihn wohl überlebt. Du hast einen Feind verloren, der vielleicht dein Freund hätte sein können, den du dann also als Freund verloren hättest. An Freunden hast du aber inzwischen viele verloren, du bist ja Überlebender. Einmal, 1944, habe ich selbst an meinem Überleben gezweifelt. Ich fuhr mit dem Fahrrad zur Oberschule in Hadamar, als sich eine Schraube (Kriegsmaterial) am Dynamo lockerte, der Dynamo in die Speichen sprang und ich kopfüber auf die Schotterstraße stürzte. Ein entgegenkommender Radfahrer nahm mich mit zurück ins Dorf, als erstes holte meine Tante den Pfarrer für die letzte Ölung. In der Zwischenzeit besorgte ich mir einen Spiegel: Ein Teil des Schädels lag blank, mit einem Riß, in dem etwas pulsierte. Um diesen Anblick zu überleben, braucht man Glück. Und die richtige Saison – es war Winter und ich trug eine Pudelmütze.

Nach vielen Wochen Krankenhaus (sowie der Lektüre fast des gesamten Karl May, von *Durch die Wüste* bis *Das Buschgespenst*) kehrte ich zu den Gesunden zurück, unter denen sich allerdings immer deutlicher offensichtlich Verrückte hervortaten. Der Ortsgruppenleiter marschierte in genagelten Stiefeln mitten auf der Straße durch die Stadt und brüllte jedem provozierend »Heil Hitler« ins Gesicht. Junge Offiziere, vielleicht gerade mal fünf Jahre älter als ich, erläuterten mir genau, daß der »Endsieg« kurz bevorstehe, weil der Führer im Besitz einer Wunderwaffe sei. Und auch ich sollte noch zu einem »Volkssturm« oder gar »Werwolf«, kannte aber (als Pilzsammler) die Wälder (und konnte deshalb sogar einem Soldaten, der es bis Lich geschafft hatte, abseits der Wege bis in sein Heimatdorf helfen).

25

Die Mehrheit der Bürger wurde in den letzten Kriegsmonaten freilich seltsam still. Man erhoffte das Kriegsende und fürchtete zugleich die Rache der noch kurz zuvor als minderwertig angesehenen Erniedrigten und Ausgeraubten. Aber eben diese vorsichtige Stille war dann nach dem 8. Mai 1945 leicht umzumünzen in die Lüge, man sei schon immer dagegen gewesen. In einer kleinen Stadt war dieses nachträgliche Zurechtbügeln von Lebenslauf und Parteikarriere natürlich schwerer zu inszenieren, aber auch hier hatte man doch eine satte Mehrheit von verständnisvollen Mittätern. Ich war nicht verständnisvoll, sondern wütend, bis in die sechziger Jahre. Ich konnte ihre Präpotenz, ihre schneidige Sprache, ihr Oberklassengehabe, ihre Specknacken, Unbildung, Heimatschnulzigkeit und Hinterfotzigkeit nicht ausstehen.

Aber: Der Krieg ging zu Ende, endlich. Ich stand vor unserem »Behelfsheim« und sah begeistert der langen Kolonne von Panzern auf der großen Straße im Tal zu, als es aus einem der Rohre blitzte und eine Geschoßgarbe neben mir in die Wiese fuhr. Es war die letzte Chance des Zufalls, mich am Überleben zu hindern, aber da war ohnehin über ein Viertel meines (erst vierzehnjährigen) Jahrgangs bereits tot.

Unveröffentlicht. 2009

Wir haben auch in Deutschland Erfahrung genug, daß sich Widerspruch gegen eine besonders perfekte Gesellschaft, wie wir sie ja haben, immer wieder bildet. Da drüben auf der anderen Straßenseite stehts ja an der Wand: »Wir kämpfen nicht gegen die Fehler des Systems, sondern gegen seine Vollkommenheit.« Das ist ein sehr intelligenter, nachdenkenswerter Spruch, den da irgendwelche jungen Leute hingeschrieben haben.

Aus einem Interview im *Buchmarkt*, 1980

Der entnazifizierte Hund

Der erste amerikanische Panzer, den ich aus der Nähe sah, hatte
schon die vorderen beiden Deckel geöffnet, zwei Soldaten sahen
sich die oberhessische Landschaft an, einer schwarz, einer weiß.
Auch der Kommandant (weiß) hatte die Turmluke geöffnet und
lümmelte bereits auf der Kante, hinter sich eine riesige Peitschen-
antenne, die aber nicht etwa der Befehlsübermittlung diente, sondern dem Empfang des AFN (American Forces Network); die Er-
kennungsmelodie: Glenn Miller. In späterer Zeit nannte man so
etwas »immer locker«.

Ich war begeistert. Und verblüfft über die Gelassenheit und
den Reichtum dieser Armee, die zudem ein Schleppnetz von seltsamen Dingen hinter sich herzog. Zum Beispiel Kriegsgerät jeder
Art. Ein zusammenklappbares Motorrad, das offensichtlich einem
Kundschafter hinter der Front gedient hatte. Oder Schachteln
für Tagesrationen, in denen noch etwas zu finden war und deren
Wachs man abschaben und für Kerzen benutzen konnte. Daumen-
dicke Rinden von Emmentalerlaiben, die sichtbar mit dem Beil ab-
getrennt worden waren. Funkgeräte, Nebelkerzen, Gefrierfleisch,
Kondome. Letztere (von deren Gebrauch ich nur eine unklare
Vorstellung hatte, eine um so klarere aber von ihrem Schwarz-
marktwert) befanden sich in einer Depotscheune, zwischen deren
Torflügeln ich mich (damals entsetzlich mager) durchklemmen
konnte, eine leichte, aber kostbare Ware. Käserinden untersuche
ich noch heute, auch ein etwas lotterhaftes Verhältnis zum Eigentum ist mir aus dieser Zeit geblieben.

Mein Vater wurde also Landrat, die Amerikaner gaben ihm
Benzin, ein Auto mußte er sich selbst besorgen. Das war nicht
schwer, ich kannte ja die Wälder, in denen die fliehenden deutschen Truppen manches liegengelassen hatten, und so fuhr mein
Vater mit einem Adler-Triumph durch den Landkreis Gießen und
baute die Demokratie auf, ich kam öfters mit und sah zu.

Was geschieht eigentlich, wenn ein Staat verschwindet und ein
neuer noch nicht in Sicht ist? Es entsteht – große Lehre für einen

jungen Anarchisten – ein lebensgefährliches Loch. Jeder konnte sich mit herumliegenden Stempeln oder entgegenkommenden Standesbeamten einen neuen Namen oder eine neue Biographie zulegen (wovon auch viele Nazis Gebrauch machten), Tausende von Flüchtlingen hatten weder Nahrung noch Unterkunft, Herz- oder Zuckerkranke starben. Also mußte alles schnell gehen. In den einzelnen Orten bildeten sich spontan antifaschistische Komitees, zumeist ältere Kommunisten, Sozialdemokraten oder Zentrums- leute. Die rief mein Vater zusammen, diskutierte eine halbe oder höchstens eine Stunde mit ihnen, bestimmte den Bürgermeister und eilte in den nächsten Ort. In wenigen Tagen gab es wieder eine notdürftige Verwaltung.

Da alle Schulen für unabsehbare Zeit geschlossen worden waren, konnte ich als Famulus in der Licher »Hof-Apotheke« mit- helfen: die Insulin-Produktion wurde wieder in Gang gebracht, sämtlicher Alkohol im Landkreis beschlagnahmt, um Tinkturen herzustellen. Die dafür nötigen Kräuter (am wichtigsten Finger- hut) sammelten wir selbst mit dem Fahrrad, vorneweg der würdige, gut über siebzigjährige Apotheker auf einem ebenso würdigen älteren Fahrgestell. Ich durfte außerdem noch rostige Nägel sam- meln, um aus ihnen im Hinterhof unter gewaltigem Gestank Ei- senchlorid zu brauen.

Von der verordneten »Volksgemeinschaft« erschöpft, hatten die meisten (insbesondere das Bürgertum) das Vertrauen in eine Zivilgesellschaft verloren und standen beiseite, mit sich selbst, ihrer Karriere und dem Erwerb eines »Persilscheins« beschäftigt (ein »Persilschein«, ausgestellt von einem anerkannten Antinazi, konnte einem helfen, von den Spruchkammern nur als »Mitläu- fer« eingestuft zu werden). Die Last der Demokratie lag auf we- nigen Schultern. Aber diese wenigen waren sich einig darin, daß »das kapitalistische Wirtschaftssystem den staatlichen Lebensin- teressen des deutschen Volkes nicht« gerecht geworden ist« und eine »gemeinwirtschaftliche Ordnung« notwendig sei – so stand es noch 1947 im Ahlener Programm der CDU. Mein Vater trat sofort in die CDU ein und wurde später auch einer der Mitarbeiter an der hessischen Verfassung. Sie war schön, die Demokratie, aber es fehlten ihr erst mal die Leute.

Die »reeducation« traf mich in Form eines freundlichen Co- lonels, der uns die Demokratie in vier Punkten erklärte: Erstens mußt Du einen Wald roden. Also rodeten wir ein Waldstück und pflanzten, mitten in Hessen, Süßmais. Zweitens mußt Du Baseball spielen. Die Regeln kann ich bis heute. Drittens mußt Du vor jeder Behauptung »in my opinion« sagen. Hat mir eingeleuchtet. Viertens, und seine Stimme wurde tief gurgelnd, gäbe es »the problem with the majority«. Das Problem war mir aus der Nazizeit bekannt.

Der Vater mit drei US-Offizieren bei der Verbreitung der Demokratie, hinten links beobachten K.W. und Bruder Bernd den Vorgang

Als der Colonel nach Amerika zurückkehrte, schenkte er mir seinen Hund, Judy, einen reinrassigen Foxterrier aus der reinrassigen Zucht eines reinrassigen Idioten, des geflohenen Ortsgruppenleiters. Judy, ein lebhafter Kläffer, hatte schon texanische Sitten angenommen und wurde bei uns zuhause endgültig entnazifiziert. Nur einmal mußte ich ihn vor einem Igel retten: Er konnte nicht einsehen, daß eine so kleine Stachelkugel ihm seine empfindliche Schnauze ruinierte. Freilich habe ich diese Lektion später öfters vergessen und bekam was auf die Schnauze. Aber ich habe zurückgekläfft.

Unveröffentlicht. 2009

Judy

Vergeblich auf dem Opernplatz

Nach dem Abitur 1949 in Frankfurt wollte ich zunächst Chemiker werden, aber schon vorher waren ein Deutschlehrer, eine Druckerei und ein Verleger dazwischengekommen. Der Deutschlehrer hatte etwas Menschheitsbeglückendes (das Abituraufsatzthema lautete »Bedarf die Gegenwart der ›mâze‹?«), Tiefes, Philosophisches, und gab mir schlechte Noten. Das beeindruckte mich. Die Druckerei lag in Eppstein im Taunus, bestand aus einigen Handsetzkästen und einer uralten Druckmaschine. Einmal in der Woche erschien, handgesetzt (!), mit vier Seiten Umfang und in einer Auflage von 800 Exemplaren, der *Eppsteiner Bote*. Dort übernahmen zwei Freunde und ich das Feuilleton, das hauptsächlich aus einem Roman *Dornen*, von Thea Schröck-Beck, bestand, den wir irgendwo gefunden hatten und nun hemmungslos kürzten und umschrieben. Als es uns nach einigen Monaten zuviel wurde, ließen wir den Helden einfach sterben. Anderntags wurde die Druckerei buchstäblich gestürmt von einigen Dutzend empörter Abonnenten.

Das war meine erste Erfahrung mit Lesern. Die zweite bestand darin, daß, nachdem wir auf Bitten des Druckers in der nächsten Fortsetzung den Helden schamlos für scheintot erklärten und also weiterleben ließen, die Auflage des *Eppsteiner Boten* um ein paar Dutzend Exemplare stieg.

Der Verleger schließlich, der dazwischenkam, war Ernst Rowohlt. Nicht persönlich natürlich, sondern durch seine ersten »Rowohlts-Rotations-Romane« im Zeitungsformat: Faulkner, Weisenborn, Silone, Plivier, Hemingway – das konnte man plötzlich kaufen, im doppelten Wortsinn. Erstens war es da, zweitens war es billig, fünfzig Pfennig. Der Verleger mußte ein listiger Demokratisierer sein. Taktik und Technik gefielen mir.

So bewarb ich mich bei einem Verlag, der gerade ähnliches begonnen hatte, die »S. Fischer Bibliothek« (ebenfalls im Rotationsdruck), um eine Lehrstelle. Der Verlag hieß »Suhrkamp Verlag vormals S. Fischer«. Es empfing mich einer der beiden Geschäftsführer, Andreas Wolff, und er befragte mich, was ich mir unter einer Verlagslehre denn wohl vorstelle. Die Antworten waren offensichtlich ungenügend und ich erhielt den Auftrag, meine Vorstellungen schriftlich niederzulegen. Was tun? Ich rettete mich durch die Befragung einiger Buchhandelslehrlinge, und dieser höchst indiskrete »Lehrlingsreport« führte zu Gelächter und also zur Einstellung.

Der Verlag gehörte Brigitte und Gottfried Bermann-Fischer, die damals gerade aus dem amerikanischen Exil zurückkehrten, Verlagsleiter war Peter Suhrkamp. 1950 gründete Suhrkamp einen eigenen Verlag, es gab viele aufregende Konferenzen, die Autoren wurden befragt (so kamen Hesse und Shaw zu Suhrkamp), Lehrlinge natürlich nicht. Allerdings wurde ich immerfort mit Stullenpaketen, Getränken und Geschäftsunterlagen herumgeschickt und lernte so zugleich, wie man einen Verlag gründet und spaltet.

Im S. Fischer Verlag arbeitete ich auch nach der Lehre noch sporadisch als Aushilfshersteller, um das Studium zu finanzieren, es war die Zeit der fünfziger Jahre, ohne BAföG. Das Geld wurde für die Wiederbewaffnung gebraucht, der Kampf gegen sie wurde zu meiner ersten politischen Erfahrung. Auf dem Frankfurter Opernplatz wurden uns, dem kleinen SDS (Sozialistischer Deutscher Studentenbund)-Häuflein, die Tische mitsamt den Unterschriftslisten weggenommen, Demonstrationen vor der Universität wurden »zerstreut«, ich lernte die »kochende Volksseele« kennen, aber auch ihr Gegenteil, die beseelte Glaubensstärke. Hauptsächlicher Unterschied zur späteren studentischen Linken: Keiner von uns wollte in den Staatsdienst. Beamter – das war das letzte. Aber in die SPD wollte ich, 1957, am Tag nach dem größten Wahlsieg Adenauers. Die Genossen im Büro am Eschersheimer Turm sahen mich entsetzt an: »Jetzt wollen Sie bei uns eintreten?«

Ich füllte den Antrag aus und man erklärte mir, in den nächsten Tagen käme jemand vorbei. Er kam nie, der Genosse.

Aus dem Nachwort in *Eintritt frei.*
Beiträge zur öffentlichen Meinung. Luchterhand. 1982

Schätz mal!

Endlich war ich Lehrling. Januar 1950, in einem Verlag mit dem seltsamen Namen »Suhrkamp vorm. S. Fischer«. Damals wurde man erst mit 21 Jahren volljährig, wovon ich noch weit entfernt war, weswegen mein Vater den Lehrvertrag unterschreiben mußte, ungern und nur unter der Bedingung, daß ich nach der Verlagsbuchhändlerlehre (die er offenbar für etwas Unseriöses hielt) dann gleich etwas Ordentliches studiere. Ich versprach es ihm und fing auch schon während der Lehre damit an (Abendstudium, das war damals durchaus üblich), um es schnell hinter mich zu bringen und aus der Welt der Sekundärliteratur wieder in die der Primärliteratur zurückzukehren.

Zu meinem großen Glück kam ich zuerst in die Herstellung und damit in die Hände eines wunderbaren Lehrers, Fritz Hirschmann [siehe Seite 52], der mir beibrachte, daß Bücher nicht nur billig, sondern auch schön zu sein hätten.

Inzwischen, im Sommer 1950, stellte sich heraus, daß meine beiden Verleger, Peter Suhrkamp auf der einen, das Ehepaar Brigitte und Gottfried Bermann-Fischer auf der anderen Seite, nicht zusammenarbeiten konnten. Das sah sogar ein Lehrling: Hier der ungeheuer magere (er hatte eine längere KZ-Haft knapp überlebt), sehr deutsche, sehr protestantische, überzeugungsstarke Pädagoge Suhrkamp, dort ein liberales jüdisches Ehepaar mit der Erfahrung des Exils, aber auch mit internationalem Flair – das konnte nicht gutgehen. So also kam es zur Trennung in zwei Verlage, Rechtsnachfolger war der S. Fischer Verlag, und so blieb ich bei meinem Lehrer Hirschmann, der mir kurz darauf ein braunes, schäbig gedrucktes Buch für die Umfangsschätzung in die Hand gab und sagte: »Bub, schätz das mal!«

Ich begann also, Buchstaben für Buchstaben, die Zeilen zu zählen, und stutzte. Die erste Zeile, die ich da gezählt hatte, lautete: »Jemand mußte Josef K. verleumdet haben, denn ohne daß er etwas Böses getan hätte, wurde er eines Morgens verhaftet.« Ich hatte so etwas noch nie gelesen. Vom Autor Kafka hatte ich schon gehört, auch, daß es zwischen den Verlagen S. Fischer und

Suhrkamp eine Konkurrenz um die Rechte gegeben habe, weil es sich zwar um einen in Deutschland unbekannten, in der Welt aber berühmten Autor handele.

In der folgenden Nacht las ich den *Prozeß*, in den folgenden Tagen und Wochen alle anderen Bücher dieses Autors: Handelsreisende als Käfer, Affen als Menschen, ratlose Landvermesser, Väter im Nachthemd, unersättliche Trapezartisten und Hungerkünstler, sich selbst zerstörende Apparate, singende Mäuse, nie ankommende Botschaften und ein Amerika, das immer weiter und größer wurde. Eine phantastische und doch ganz reale Welt, mit wirklichen Autos und Telefonen, mit Angestellten und Vorgesetzten, mit Hotels, Brücken, Gerichtsgebäuden, Schiffen, eiligen Städtern und begriffsstutzigen Männern vom Land. Und mit unvergeßlichen Bildern der Macht: unerkennbare Gesetze, unerreichbare Richter, unerklärliche Urteile.

Alles in einer eher wortarmen, klaren, einfachen, fast schlichten Prosa, die ganz und gar unzeitgemäß war in den späten vierziger und frühen fünfziger Jahren, als Hans Carossa, Ernst Wiechert, Gertrud von Le Fort, Stefan Andres oder Werner Bergengruen die Schullesebücher füllten, ein ziemlich wortreicher Epigonen-Verein.

Zu meiner Verblüffung wurde dann Kafka im Deutschland der fünfziger Jahre doch noch ein sehr zeitgemäßer Autor, praktikabel für allerlei mystisches Gesülze vom Numinosen, für Vereinnahmungen als Heiliger oder Prophet. Freilich, für deutsche Leser und Rezensenten war es am einfachsten, sich eine von Deutschen beschädigte Welt als »kafkaesk« zurechtzulegen, als unerklärlich und rätselhaft. Und ich war Zeuge im S. Fischer Verlag, als die Werbeabteilung das letzte Paßfoto Kafkas – das Portrait eines kranken Mannes – so zurechtspritzte, daß den Betrachter die glühenden Augen eines Propheten anstarrten.

Die Germanisten entwickelten noch eine besondere Variante dieser rauchfreien Realitätsverbrennung: die sogenannnte »werkimmanente Interpretation«. Die Zeit zählt nicht, der Autor nicht, die Umstände nicht – nur der Text, der sozusagen als Komet durch das akademische Weltall fliegt, schlackenlos und frei von allen Gesetzen der Gravitation. Das war auch politisch eine feine Lösung in der braunen Biographie mancher dieser Germanisten – je brauner, desto werkimmanenter.

Mich aber interessierten gerade die Lebensumstände (wie immer, wenn man sich in jemanden verliebt) dieses seltsamen

33

Heiligen, und da gab mir die damals einzige Biographie von Max
Brod (der ja seinen Freund Franz auch als eine Art Heiligen be-
trachtete) wenig Auskunft, besonders nicht über seine tägliche
Arbeit im Büro der »Arbeiter-Unfall-Versicherungsanstalt für das
Königreich Böhmen in Prag«.
So fing es an.

Aus der Anthologie *Verführung zum Lesen*. Rowohlt. Reinbek 2003

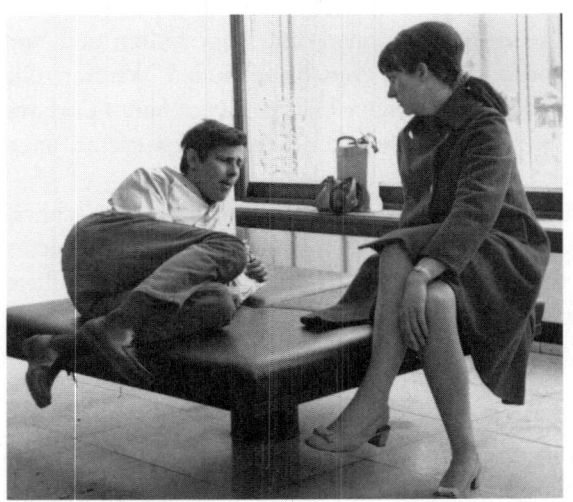

Anläßlich der Berliner Kafka-Konferenz 1966
Oben: K.W. mit Věra Saudková (Tochter von Kafkas Schwester Ottla).
Unten: mit Marianne Steiner (Tochter von Kafkas Schwester Valli)

Signore e Signori,

ich möchte Sie erheitern mit einem wahrheitsgemäßen, wenn auch kurzen Bericht darüber, wie ich Italien kennenlernte. Sie müssen sich einen erheblich jüngeren Herren vorstellen, der 1951 nach Italien einreiste. Ich war Student der italienischen Kunstgeschichte, konnte lesen und schreiben und war infolgedessen reif für jene weitere Entwicklung, die Luigi Malerba so beschreibt: »Im Lauf der Jahrhunderte lernte der Mensch lesen, schreiben und radfahren.« Mein Fahrrad diente mir allerdings nicht nur zur Erreichung extremer Kunstziele, sondern hauptsächlich zur Einsparung von Devisen, die damals noch rationiert waren.

Schon 1918 wurde in Italien bekanntlich eine spezielle Region für die langsame Gewöhnung von nordländischen Barbaren an italienische Sitten eingerichtet, das Südtirol. Von dieser Einrichtung machte ich als jemand, der in der Schule nur Englisch, Französisch und Latein gelernt hatte, einige Tage Gebrauch, memorierte die Frage »Potrei dormire nel fieno?« (»Darf ich im Heu schlafen?«) und war erfreut darüber, daß ein dem deutschen Radfahrer unentbehrliches Kräftigungsmittel, das Schweineschmalz, in Italien als »strutto« unerhört billig ist, weil es eher für Motorenfett gehalten wird.

Derart ökonomisch und sprachlich ausgerüstet kam ich, in einer Tagesreise, von Salurn nach Vicenza, Goethes Begeisterung für Palladio folgend, und erprobte dort zum erstenmal die eingeübte Frage nach dem Nachtquartier an einem vertrauenerweckenden Herrn, der die Frage nach Heu mitten in der Stadt glücklicherweise nicht als Provokation betrachtete, sondern richtig als Hinweis auf die Preiswürdigkeit interpretierte. Seine Antwort lautete: »Mein Herr! Sie übernachten bei mir! Per niente! Frühstück eingeschlossen!« So geschah es, ich lernte einige Worte hinzu, einschließlich der zu ihnen gehörenden Gesten, und verließ Vicenza mit der Maxime:
Der Italiener ist gastfreundlich und auf Überraschungen gefaßt.

Von den vielen Überraschungen, die Italien mir seitdem bereitet hat, will ich nur noch zwei erzählen, ebenfalls aus jener Zeit. Die erste widerfuhr mir in Cortona. In einem Laden hatte ich ein Brot gekauft und nach einem billigen Quartier gefragt, worauf unter den Anwesenden eine heftige Diskussion ausbrach darüber, wessen Gast ich sein dürfe, eine Art *Misericordia*-Streit, den die Ladeninhaberin für sich entschied mit dem Argument, bei ihr habe ich ja schließlich das Brot gekauft. Sie führte mich im Triumph nach Hause und machte mich mit ihrem Sohn bekannt, etwa in meinem Alter, der mich wiederum als seltene Trophäe seinen Freunden vorführte und mir schließlich auch sein Zimmer zeigte, in dem riesige Portraits zweier Herren aufgehängt waren, die er als »meine beiden großen Freunde« bezeichnete: Mussolini und Stalin. Nachdenklich weiterreisend, zog ich daraus eine zweite Maxime: *Der Italiener ist politisch vielseitig.*

Die dritte Geschichte spielt in Bologna. Ich war auf der Rückreise, meine Barschaft betrug 600 Lire, als mir einige Speichen des Vorderrads brachen. Wie immer, wenn einem ein Unglück zustößt, versammeln sich Leute, um das Unglück zu diskutieren, sowohl dieses, wie auch natürlich das der miserablen Regierung und schließlich das gesamte Unglück in der Welt. Und wie immer teilten sich auch hier die Diskutanten in Fundamentalisten und Realisten.

Zu meiner Überraschung und ganz im Gegensatz zu deutschen Erfahrungen waren aber die Fraktionsgrenzen fließend, so daß sich relativ schnell eine Große Koalition bildete, angeführt von einem Friseur, der sowohl die miserable Regierung im allgemeinen und ihre Unfähigkeit beim Straßenbau im besonderen in radikalen Worten geißelte als auch sich dem spezifischen, hier vorliegenden Fall widmete, nicht ohne wiederum gleichzeitig an die internationalen Prinzipien der Völkerfreundschaft zu erinnern.

Er selbst sei in der glücklichen Lage, einen Mechaniker als Freund zu haben, so daß sich das Problem der gebrochenen Speichen kostenlos regeln lasse. In der gleichen Weise ließe sich auch das Problem meiner erbarmungswürdigen Frisur lösen, denn er sei, wie jeder der Umstehenden wisse, einer der besten Friseure Oberitaliens. Außerdem sei auch, dank der Kochkünste seiner Gattin, das Ernährungsproblem für heute gelöst. »Was aber dann?«, fuhr er fort, inzwischen auf einem Meilenstein am Straßenrand stehend, als Cicero der Emilia. Er schlage vor, diesen jungen Mann zum »Gast des italienischen Volkes« zu erklären, durch eine kleine Straßensammlung, für die er seinen Hut zur Verfügung stelle. Es kamen 700 Lire zusammen, so daß ich anderntags frisch frisiert, ordentlich ernährt, mit repariertem Kapital und Fahrrad in mein Vaterland fahren konnte.

Generalmaxime: *Der Italiener ist gastfreundlich, auf Überraschungen gefaßt, politisch vielseitig, technisch begabt und jederzeit imstande, eindrucksvolle Reden zu halten.*

Dankesrede zum Premio Montecchio.
Gehalten in Italienisch. 1985

Mesdames et Messieurs,

der liebenswürdige Botschafter hat mir gesagt, als *chevalier* müsse man eine Rede halten. Vorerst also: herzlichen Dank für den *chevalier* – ich führe ihn ab in meinen Pferdestall, wo also endlich der *cavaliere* (den mir der unvergeßliche Sandro Pertini vor langer Zeit verlieh) Gesellschaft bekommt.

Obwohl es sehr verlockend wäre, dem unterschiedlichen Wiehern italienischer und französischer Pferde nachzugehen, beschränke ich mich auf Frankreich und versuche, was ich noch nie getan habe, Ihnen von meinen Erfahrungen mit Frankreich zu erzählen.

Frankreich trat mir zuerst in Form eines flotten Herrn namens Walter Maria Guggenheimer entgegen, mit Menjou-Bärtchen, der als Emigrant in der Befreiungsarmee de Gaulles mitgekämpft hatte und nun als Redakteur der linkskatholischen *Frankfurter Hefte* arbeitete und meine ersten Rezensionen redigierte: streng, geschichtsbewußt, geschmackvoll – französisch eben. Guggenheimer war auch zugleich der erste Übersetzer von Marguerite Duras und anderen Autoren, so daß mich das Land zu interessieren begann, auch durch meinen großen kunsthistorischen Lehrer Harald Keller [siehe Seite 52f.], der uns mit den Kathedralen der Île de France bekannt machte.

Also zog ich meine Lederhose an, kaufte mir eine Baskenmütze, bestieg mein Fahrrad und erreichte – es muß 1951/2 gewesen sein – in diesem seltsamen Aufzug die Jugendherberge von Reims, wo ich sofort mit dem Ausdruck »Lederhosensauvage« versehen wurde. Der Franzose kann witzig und zugleich beleidigend sein, dachte ich mir.

Beim Betreten der Kathedrale von Reims erstarrte ich dann allerdings vor Bewunderung, und zwar anhand eines kleinen Details, das mir heute noch in Erinnerung ist: die Kapitelle der Kathedrale sind mit einer Form des Weinlaubs geschmückt, die man der Blüte der Gotik zurechnet, die aber in Deutschland erst eine Generation später auftaucht. Mit anderen Worten: Der mir vertraute Limburger Dom beispielsweise – noch ganz romanisch im Eindruck, mit frühgotischen Zügen – stammt aus derselben Zeit wie die hochgotische Kathedrale von Reims, und nicht nur das: wiederum kurze Zeit später stürzten die allzuhohen Bögen der Kathedrale von Beauvais schon wieder ein. Kurz: der Franzose ist zwar hochmütig, aber uns in der Kunst weit voraus. Viele Jahrzehnte später hatte ich dann die Freude, das schöne Buch von Jacques Le Goff über Reims zu veröffentlichen, das uns Reims als einen zentralen Ort deutsch-französischer Begegnung vor Augen stellt.

Weiterfahrend, über Verdun, wurde ganz offensichtlich: man fuhr, noch vier Jahrzehnte nach dem ersten Weltkrieg, durch ein umkämpftes Gebiet, durch eine vom Krieg gezeichnete Landschaft, aber eben auch durch eine – mit Denkmälern, Friedhöfen, Monumenten – bezeichnete Landschaft. Wenn Sie, noch heute, durch die deutsche Landschaft fahren, in der die größte Schlacht auf deutschem Boden (im letzten Krieg) stattgefunden hat, durch den Oderbruch und die Seelower Höhen, so haben Sie ihn direkt vor Augen, den Unterschied zwischen deutschem und französischem Geschichtsbewußtsein.

Das war mir damals natürlich nicht klar, im Gegenteil: Bei der Einfahrt nach Paris bemerkte ich als eines der ersten Dinge eine riesige Inschrift »Défense d'afficher«, womit es aber nicht sein Bewenden hatte, sondern es war hinzugefügt »d'après la loi…«, und dann wurde ein Gesetz aus dem 19. Jahrhundert zitiert, der Botschafter wird's wissen! Mal abgesehen davon, daß überall wo irgend möglich geschrieben steht »liberté, égalité, fraternité«, sozusagen als schöne Hoffnung, die zwar der Kapitalismus bis heute nicht einsehen will, an die ihn Frankreich aber, stellvertretend für die Welt, dauernd erinnert. Das hat mir natürlich gefallen. (Und ich habe, wiederum mit Vergnügen, später das Buch von Mona Ozouf darüber veröffentlicht).

Nicht zu vergessen: Das Essen. Das zeigt den Franzosen in seiner ganzen Kunst und zugleich Vergeßlichkeit. Von der Vergeßlichkeit will ich aus Höflichkeit schweigen, oder sage nur: Katharina von Medici. Und füge vielleicht noch hinzu: Trauen Sie niemals den Sternen des Michelin. Als ich, ausgerüstet mit Gutscheinen des Frankfurter Studentenwerks, die Mensa der Sorbonne betrat, wurde mir auf das Tablett gelegt: ein Stück Weißbrot, ein erschreckend blutiges Stück Fleisch, ein Schälchen mit einer durchsichtigen Flüssigkeit, ein Kännchen Wasser, ein Kännchen Rotwein und eine ovale Kugel, die aus lauter grünen Blättern bestand. So habe ich ziemlich viel auf einmal (und durch eifriges

Schielen auf meine Nachbarn) lernen müssen: Wie man blutiges Fleisch durch kräftiges Salzen eßbar macht, wie feines Weißbrot die Sehnsucht nach Kartoffeln vertreibt, wie man Artischocken in Vinaigrette tunkt und dazu am hellichten Tag Wein trinkt.

Seltsam für einen deutschen Radfahrer in Lederhose ist auch der Franzose an sich. Zu meiner Verblüffung war »der« Franzose nämlich weiß, schwarz, braun und hie und da sogar gelb. Die Verblüffung hält bis heute an. Letzthin war ich wieder in Chantilly und Saint-Denis – bei der Rückfahrt nach Paris wurde der Eisenbahnzug mit jeder Station schwärzer und schwärzer, am Gare du Nord waren fast nur noch Schwarze im Zug. Alles Franzosen! Reisen bildet! Eine empfehlenswerte Strecke, auch für Herrn Stoiber, der sich mit seinen lächerlichen Reden zur »Überfremdung«

Wiederholt in Paris, diesmal ohne Lederhose

anhand eines solchen Vergleichs als das enthüllt, was er ist: ein bayerischer Provinznikkel. Womit ich den französischen Kolonialismus nicht kleinreden will: wir haben schon 1967 das radikale Buch von Aimé Césaire über den Kolonialismus veröffentlicht wie auch im vorigen Jahr noch den Bericht von Didier Daeninckx über die *Reise eines Menschenfressers nach Paris*.

Ich will nicht aufhören, ohne dreimal Dank zu sagen.

Erstens – stellvertretend für viele – an zwei Kollegen. An Jérôme Lindon, den Verleger der Éditions de Minuit, der so streitbar mitgeholfen hat, den festen Ladenpreis für Bücher zu verteidigen und dem es, bei Jacques Lang, viel früher gelang als mir. Und Christian Bourgois, mit dem wir vor 25 Jahren in Paris den von Inge Feltrinelli angeregten »prix international des éditeurs« gründeten und der bis heute, bis zu den jüngsten Auseinandersetzungen um das Italien Berlusconis auf dem »salon du livre«, ein verläßlicher Freund geblieben ist.

40

Zweitens: Dank an Frankreichs Landschaft. Damit das nicht so seltsam klingt, gebe ich ein Beispiel. Mit der Kenntnis von Daubignys Apfelbäumen (aus dem Frankfurter Städel) und Corots Landschaften wollte ich natürlich Barbizon besuchen. Es war schon am Ende einer meiner Fahrradreisen, also die Kasse war knapp, als der Chauffeur eines Eiertransporters ein Einsehen hatte, sein Gefährt kurz vor Chartres in den Straßengraben lenkte und damit ein gewaltiges Omelette verursachte, in dem aber immer noch unversehrte, also auch koch- und eßbare Eier schwammen. Die kamen mir gerade recht und erlaubten den Besuch in Barbizon; wenn auch als Übernachtung nur eine Höhle im Wald, in der ich mich einrichtete, noch im Kerzenschein einige Seiten des mitgenommenen Homer las (ja, der romantische Deutsche!) und einschlief, um mitten in der Nacht

Mit Inge Feltrinelli und Christian Bourgois

von einem rötlichen Funkeln geweckt zu werden, offensichtlich ein Fuchs, dem ich seine Höhle genommen hatte. Über das rötliche Funkeln aber habe ich so gelacht, daß die Farne wackelten, denn es war eben das Rot, das mir bis dahin gefehlt hatte! Die Freunde Corots werden sich an die Marotte des Malers erinnern, daß er in seinen Landschaften immer an überraschender Stelle ein zartes Fleckchen Rot setzt, und sei es die Mütze einer bukolisch sitzenden *Repoussoir*-Figur. Dieses Rot also, das ich den Tag über vergeblich gesucht hatte, lieferte mir der Fuchs frei Höhle.

Drittens, unvermeidlich: Kafka. Es wird oft vergessen, was Frankreich für die Wirkung von Kafka getan hat, und daran will ich hier nur dankbar erinnern. An die erste Verbreitung durch die Surrealisten, André Breton an der Spitze, und an die endgültige Kanonisierung durch Sartre und Camus. Aber erinnern möchte ich auch an die wunderbare Übersetzerin Marthe Robert, die nicht nur Kafka neu und vollständig übersetzte, sondern auch Heinrich von Kleist in Frankreich bekannt machte. Das muß man sich mal vorstellen: fast hundertfünzig Jahre nach seinem Tod wurde zum erstenmal der *Prinz von Homburg* aufgeführt, allerdings in Vilars Théâtre national populaire mit Gérard Philippe in der Titelrolle. Die schönste Kleist-Aufführung, die ich je gesehen habe. Auch wenn es am Schluß, im Frankreich der fünfziger Jahre, natürlich nicht heißen konnte »In den Staub mit allen Feinden Brandenburgs!«, sondern nur die Feinde eines allgemeineren *patrie* Staub fressen mußten.

Und, nicht zu vergessen: das Lieblingsbild Kafkas hängt in Paris, im Musée Carnavalet. Ein kleines Bild eines weniger bekannten Malers, Jean Huber. Aber es zeigt Voltaire, wie er, eben aus dem Bett und mit einem Bein schon in der Hose, die Hand ausstreckt und seinem Sekretär die ersten Einfälle diktiert. So muß es sein!

Und so bin auch ich heute morgen aus dem Bett gefahren, ein Sekretär war gerade nicht zur Hand, aber eine Schreibmaschine. Herzlichen Dank!

Dankesrede zum Chevalier de la Légion d'honneur.
Unveröffentlicht. 2001

Jean Huber, *Das Lever von Voltaire in Ferney*

Nachbeben

Was nach dem 8. Mai 1945 als Befreiung begonnen hatte, wurde bald zur Freiheitsberaubung. Insbesondere die katholische Kirche, die in der Nazizeit eine Art Schutzraum gewesen war, entwickelte sich zur Zensurbehörde, wobei das Verbot der Lektüre von Jean-Paul Sartre (seine Bücher standen auf dem Index) noch das geringste Übel war. Viel schlimmer war ihr lustfeindlicher Terror.

Bereits im November 1949 (die Tinte auf dem Grundgesetz war erst einige Monate alt) versuchte das katholische Amtschristentum, die Zensur wieder einzuführen auf dem Umweg über ein »Schmutz- und Schundgesetz«, das nach jahrelangen öffentlichen Auseinandersetzungen auch beschlossen wurde. Eine obskure »Aktion Saubere Leinwand« bekämpfte jeden Film, der auch nur einen Quadratzentimeter nackte Haut zeigte. Wo immer Paare übernachten wollten: Nur bei Vorlage des Trauscheins. Es wurde die Zeit der Autoliegesitze – aber auch da kontrollierte die Polizei nachts parkende Autos in Wald und Flur. Homosexualität: verboten. Informationen über »Geburtenregelung«: verboten. Kondome: nur in der Apotheke. Freie Orts- und Berufswahl der Frau: ohne Zustimmung des Mannes verboten (bis 1977!).

In dieser Zeit habe ich meine erste Frau kennengelernt, Katia (die Tochter von Andreas Wolff), in der Berufsschule (sie leitete später den schönen Verlag »Friedenauer Presse«). Wir heirateten 1954 und haben drei Töchter – bei allen drei Geburten wurde ich noch von bigotten Schwestern aus dem Krankenhaus gewiesen. Dafür konnte ich öfters den Kinderwagen schieben, was damals freilich als ausschließliche Müttersache galt. Bei meinen Ausflügen in den naheliegenden Huth-Park wurde ich (allerdings begünstigt durch mein lächerlich junges Aussehen) stets für den Bruder gehalten.

Wir hatten mit Glück eine winzige Wohnung gefunden, im »sozialen Wohnungsbau«. Unsere Nachbarn waren sämtlich Sudetendeutsche, die nach der Fußballweltmeisterschaft in Bern nicht nur die erste Strophe des Deutschlandlieds sangen, sondern das Horst-Wessel-Lied gleich hinterher. Da war der Nazi Globke schon

Staatssekretär im Bundeskanzleramt und die Wiederbewaffnung durchgesetzt. Wie sollte man bei alldem Geld verdienen, studieren und Kinder erziehen?

Wobei die Kindererziehung am schwersten war für ein junges Paar aus liberalen Elternhäusern, aber in autoritärer Umgebung. Wir hatten keine Ahnung, lachten viel und handelten nach Gutdünken (nur einmal während einer Elternversammlung, als ein Vater der Lehrerin empfahl, seinem Sohn ab und zu »eins hinter die Löffel zu geben«, das habe ihm »auch nicht geschadet«, fragte ich hinterhältig, woher er denn wisse, daß ihm das nicht geschadet habe).

Geld verdienen war nicht so schwer: Neben meinen dürftigen Einkünften als Hilfshersteller bei Fischer schrieb ich Rezensionen, Kommentare und Schulfunktexte, am liebsten aber Sendungen für das Nachtstudio des Norddeutschen Rundfunks, dessen Redakteur mich mit Peter von Haselberg verkoppelte, der später einmal unsere Zusammenarbeit mit gusto portraitierte:

»Es handelte sich um die Herstellung einer ganzen Serie von Sendungen über Franz Kafka. Wetteifernd im Stürzen von Exegetengötzen, unterbrachen wir ein Brod-Zitat – ›... eben die Spannweite, mit der Kafka Zweifel und Glauben zusammenfassend an seine Brust reißt‹ – mit der Regieanweisung: (Blechmusik: Schnadahüpfer übergehend in chorus mysticus). Den telefonischen Rückruf, ob wir die Noten liefern könnten, hatten wir freilich nicht erwartet. Er verschreckte Wagenbach auch weniger als mich, denn im Umgang mit Honoratioren besaß er genügend Erfahrung. Auch Max Brod muß das gewußt haben und hatte wohl genug Humor, um die vielen Invektiven, besonders in jener Einleitungssendung über den falschen Ruhm, als freundschaftliche Püffe hinzunehmen – freilich von einem jungen Mann, der etwa ein Drittel seines eigenen Lebensalters vorzuzeigen hatte. Brod war sich zweifellos auch im klaren darüber, welche weiteren Tempelverwüstungen Wagenbach plante, wenn er, der Erzfreund von Kafka, erst einmal aus dem Leben wäre«.

Das Studium schien mir damals das leichteste. Als Promotionsthema stand für mich eine Jugendbiographie Kafkas fest, also Hauptfach Germanistik. Leider voller Schwurbler. So studierte ich lieber »Orchideenfächer« wie Sprechkunde oder Fächer mit verläßlichem historischem Boden wie Kunstgeschichte – da hatte ich sofort Glück mit einem wunderbaren Lehrer, Harald Keller [siehe Seite 52ff.]. Und schließlich fand ich auch einen Germanistikprofessor, Josef Kunz, der eine biographische (also historische) Arbeit für die Promotion zuließ.

Aber erst langsam wurde mir klar, was das Verfassen einer Biographie mit überwiegend unsicheren oder gar nicht vorhandenen Fakten eigentlich bedeutete, nämlich weniger eine Schreibtischtätigkeit denn eine Arbeit zwischen Bücherstaub und frischer Luft, zwischen Archiven und Reisen, Bibliotheken und Interviews, Polizeiakten und Ortsbesichtigungen. Vor allem aber an zwei für (West-)Deutsche schwierigen, fast unerreichbaren Orten, Prag und Jerusalem.

Unveröffentlicht. 2010

Wer libertäre Meinungen hat in unserem Land, der muß mit Kurven in der Biographie rechnen, und die führen mit einer gewissen Logik zu einem Punkt, von dem an man solche Meinungen nur noch auf eigenes Risiko vertreten kann.

Zwiebel 1984

Bei den Jeckes

Für Kafkaforschungen war ein Studium der Manuskripte unabdingbar, insbesondere des Tagebuchs, das gedruckt nur in einer gekürzten, bei Namen zudem oft verschlüsselten Ausgabe von 1951 existierte. Die Manuskripte lagen als Leihgabe in der Schocken Library in Jerusalem. Dort lebten auch zwei Freunde Kafkas, Felix Weltsch und Hugo Bergmann; der engste Freund, Max Brod, wohnte in Tel Aviv.

1956 war Israel allerdings für einen deutschen Nichtjuden so gut wie unerreichbar, man mußte sich also einschleichen (eine mir vertraute, auch bei anderen geschätzte Taktik). Ich gewann zwei israelische Bürgen, stellte die vielen (in der Tat) gestrichenen Tagebuchpassagen über das von Kafka sehr geliebte jiddische Theater in den Vordergrund meines Visumantrags und erhielt das Visum. Die schmale Kasse füllte mir ein freundliches Reisebüro auf, mit einer verbilligten Schiffskarte für einen zionistischen Jugendkongress, den ich geschwänzt habe. Das Schiff, ein alter, rostiger Truppentransporter, lag in Genua, mit über tausend Einwanderern, die deutschen Mördern entkommen waren. Es wurde viel deutsch gesprochen, aber oft nur als lingua franca, da fragte man am besten nicht weiter. Als ich dennoch eine junge Ungarin fragte, woher sie so gut deutsch könne, antwortete sie: »Aus dem KZ«. Ganz freundlich. Wie überhaupt das Überleben gefeiert wurde, jeder sprach mit jedem, einige sangen.

Israel kam mir damals seltsam kahl vor, eine steinige Ödnis mit wenigen verstreuten Dörfern, vereinzelten Olivenhainen und staubigen Äckern, auf denen oft noch zerschossene Panzer aus dem Unabhängigkeitskrieg standen. Hie und da ein dem Germanen unentbehrlicher kleiner Wald, wenn auch manchmal in seiner lächerlichsten Form, als kürzlich gepflanzter. Trat man in einen solchen »Wald«, so war man der höchste Baum.

Alles schien sich in den drei Städten zusammenzudrängen. Dort gab es (besonders in Haifa und Tel Aviv) Cafés, Buchhandlungen, Restaurants, Konzerte, zwei (!) deutsche Zeitungen und eine wunderbare Einrichtung für den schlichten Bürger,»Tnuva«, eine Ladenkette für die Vermarktung von Käse, Eiern, Milch. Lieferanten waren zumeist »Jeckes«, so nannte man die deutschen Juden, weil sie, ehemals Anwälte, Beamte oder Ärzte, selbst bei großer Hitze Jacken trugen. Sie schlugen sich nun als Hühnerfarmer durch und wurden deswegen auch als »Eierjeckes« verspottet, die selbst beim Häuserbau jeden einzelnen Ziegelstein nur mit Titulatur an den nächsten weitergäben: »Bitte Herr Professor«, »Danke Herr Doktor«.

Max Brod empfing mich sehr liebenswürdig, ließ mich vieles photographieren, ebnete mir Wege und half mir bei der Ordnung des Briefbandes, weswegen ich eigentlich gekommen war. In den folgenden Wochen arbeitete ich hauptsächlich an seinem Briefwechsel mit Kafka, der damals in großen Teilen noch unveröffentlicht war. Oft gab er mir einen seiner Briefe abends zum Abschreiben mit, stets mit der Bemerkung »geben Sie es mir morgen früh so zurück, daß es Frau Hoffe nicht sieht« – Esther Hoffe, seine Sekretärin, hatte stets ein strenges und liebendes Auge auf Brods Arbeiten. Später haben wir uns dann leider furchtbar verstritten: Im Juli 1958 schrieb Max Brod noch dem »lieben Klaus«, daß er mein Buch »in einem Zug durchstürmt« habe und »sehr gefesselt« sei, in einem späteren Brief an den »sehr geehrten Herrn Wagenbach« freilich, das Buch »durchziehe wie ein roter Faden das Bestreben, meine Angaben in Frage zu stellen.« Das war unvermeidlich.

In Jerusalem arbeitete ich hauptsächlich in der Schocken Library, einem schönen Mendelsohn-Bau, der leider den Nachteil hatte, in Schußweite palästinensischer Maschinengewehre zu liegen. Aber der Besitzer, Salman Schocken, ein eher strenges Kaliber, ließ mich in Ruhe arbeiten und zeigte mir hie und da auch andere Schriftsteller-Manuskripte. Jerusalem war eine schwierige Stadt, nicht nur wegen der Teilung, sondern auch wegen der jüdischen Fundamentalisten, die schon zu jener Zeit in Mea Schearim wohnten und ihre Vorstellungen der Sabbatheiligung überall durchzusetzen versuchten: kein Feuer, kein öffentlicher Verkehr, kein Restaurant, nicht einmal eine Falafelbude. Als mich ahnungslosem Goj zum erstenmal diese Sabbatruhe traf, fragte ich etwas ratlos einen Herrn, wo er das Brot gekauft habe, das er unterm Arm trage. Er klärte mich auf und bot mir zugleich an, ganz biblisch, sein Brot mit mir zu teilen. Auf dem Weg zu seiner Wohnung überquerten wir die Hauptstraße, und da ging es weniger biblisch zu. Auf der Straße saßen Hunderte von Orthodoxen, um den Verkehr zu blockieren. Der näherte sich in Form eines Motorrads mit abgeschraubtem Auspuff, dessen Fahrer zwischen den Sitzenden, die den Talmud studierten (oder so taten) knatternd hin und her fuhr. Mein Gastgeber informierte mich, es handele sich um den Sekretär der »Jüdischen Organisation gegen die Diktatur der jüdischen Orthodoxie«. Die Organisation leistet hoffentlich heute noch nützliche Dienste.

In Jerusalem besuchte ich außerdem Felix Weltsch und Hugo Bergmann. Weltsch konnte mir nicht viel helfen, hatte aber seine ganze Familie zu unserem Gespräch eingeladen und stellte mich mit den etwas peinlichen Worten vor: »Hier seht ihr jetzt einen richtigen Arier«. Eine Nichte, vielleicht sechzehn Jahre alt, fixierte mich scharf und sagte: »Sieht genauso aus wie a Jud«. Der Abend wurde lang, aber ich war der eigentlich Befragte. Wie ich durch den Krieg gekommen sei, wie es jetzt in Deutschland aussehe und was aus diesem Land wohl werde. Fragen, die ich mir auch stellte.

In Israel
Oben mit Esther Hoffe und Max Brod

1999 erinnerte ich mich daran. Der Verlag hatte wieder (zum sechsten und hoffentlich letzten Mal) umziehen müssen, in einen schönen Klinkerbau aus den zwanziger Jahren am Ludwigkirchplatz, als ich ein Schild entdeckte: »Hier befanden sich seit 1930 bis zu ihrem Verbot am 9. November 1938 der 1893 gegründete

48

C.-V. (Centralverein deutscher Staatsbürger jüdischen Glaubens) und der ihm gehörende Philo-Verlag.« Ich stockte. Aber dann rief ich mir das Programm des Verlages in Erinnerung, mit vielen jüdischen Autoren, und wir zogen ein.

Wenige Wochen später besuchte mich dann einer dieser jüdischen Autoren, Heinz Berggruen, und quiekte vergnügt:»Ich war hier schon einmal«, 1935, als Volontär der Zeitung eben dieses Centralvereins – er berichtet darüber in seinen Erinnerungen. Man mag ihm noch nicht so ganz trauen, aber verändert hat es sich schon, unser Land.

Hugo Bergmann hingegen, Professor an der Hebräischen Universität, 73 Jahre alt, war eine Fundgrube. Er hatte ein fabelhaftes Gedächtnis, identifizierte auf einem Foto sämtliche (!) Schulkameraden und Gymnasiallehrer, besaß als Albumeintrag die früheste Handschrift Kafkas und beschrieb (selbst schon als Gymnasiast Zionist) den jungen Kafka als Sozialisten, der offen eine rote Nelke trug und bei nationalen Liedern sitzenblieb. Ich habe das dann ein Jahr später in meiner Jugendbiographie Kafkas übernommen und viel Prügel (Kafka, ein Linker, igitt) dafür erhalten; aber Bergmann hat es später in seinen Erinnerungen wiederholt.

Zu meinem Schrecken bestellte mich einmal das israelische Außenministerium ein. Ich besorgte mir ein frisches Hemd und ging gedankenvoll hin. Was mich in diesem Jeckesnest (Verkehrssprache: Deutsch) erwartete, war freilich nicht ein Tadel (ich hatte nämlich gesagt, daß mir die israelische Armee ziemlich preußisch vorkomme), sondern die Einladung zu einer dreitägigen Rundfahrt: man zeige zwei Bundestagsabgeordneten das Land und es sei noch ein Platz im Taxi frei. Ich lobte den sparsamen Staat und nahm an.

Ähnliches widerfuhr mir bei meiner Abreise: Ich verabschiedete mich von Salman Schocken und bedankte mich für die Gastfreundschaft, als er mich plötzlich fragte, was ich denn jetzt vorhabe. Mein Schiff ging anderntags. Da machte mir der alte Knurrhahn den verblüffenden Vorschlag, ein Schiff zu überspringen und auf seine Kosten ein paar Tage durch das Land zu wandern. Das habe ich dann auch gemacht, zusammen mit der Ungarin, die im KZ Deutsch gelernt hatte.

Unveröffentlicht. 2010

Westdeutscher Friedensfreund

Die Tschechoslowakei unterhielt 1956 noch keine Botschaft in Bonn, sondern nur eine »Militärmission« in Westberlin. Dort mußte man persönlich erscheinen, den Paß abgeben und einige Monate auf den Bescheid warten. In der Zwischenzeit überprüfte offenbar der Geheimdienst, ob sich hinter diesem Studenten aus Frankfurt nicht ein gefährlicher Konterrevolutionär verbarg. Aber ich hatte als Reisezweck Forschungen zu Egon Erwin Kisch angegeben, einem von der Partei hochgeschätzten Prager Schriftsteller aus etwa derselben Zeit. Das stellte sich bei der späteren Arbeit in den Bibliotheken als nützlich heraus – der offiziöse Ki(sch) stand alphabetisch neben dem verbotenen Beelzebub Ka(fka). Jedenfalls erhielt ich das ersehnte Visum als »westdeutscher Friedensfreund«, das heißt als harmloser, linker Sympathisant.

Davon machte ich, einmal im Land, sofort Gebrauch. Ein gastliches Quartier hatte ich bei der Nichte Kafkas, Věra Saudková, die mir auch sonst half, mit Übersetzungen wie nützlichen Ratschlägen. Überraschenderweise konnte man sich im Land frei bewegen. Man ging zum Bahnhof und erwarb eine Fahrkarte nach Radomischl, von dort erreichte man zu Fuß nach einigen Kilometern Wossek, das Heimatdorf von Kafkas Vater. Wollte man den Heimatort der Mutter besuchen, verlangte man eine Fahrkarte nach Podiebrad, einer Kleinstadt an der Elbe. Dort hatte ich allerdings nicht, wie in Wossek, das Glück eines älteren Herrn mit Deutschkenntnissen, sondern scheiterte vollständig, auch mit Englisch oder Französisch. Also versuchte ich es bei einem Pfarrer mit Latein, nicht als westdeutscher Friedensfreund, sondern als germanicus occidentalis, und hatte wiederum Glück: Gemeinsam haben wir, mitten im Kommunismus Latein radebrechend (ubi est domus?), die gesuchten Häuser gefunden.

Konnte man in der Provinz den Namen Kafka (ohnehin kein seltener Name) nennen, so war das in Prag nicht möglich, außer unter Freunden.

Mit einer spektakulären Ausnahme. Ich saß einmal mit Jiři Weil vom Staatlichen Jüdischen Museum zusammen und wir überlegten, an welcher Stelle sich noch Materialien über den *Beamten* befinden könnten. Alle überhaupt in Frage kommenden Archive hatten wir schon vergeblich gefragt, bis wir am Namen hängen blieben:»*Arbeiter*-Unfall-Versicherung« – da könnte doch der Rechtsnachfolger auch das Archiv der Gewerkschaften sein. Jiři Weil erbleichte:»Ist kommunistisch«. Aber das Jüdische Museum war immerhin staatlich, und so fiel die Antwort des Gewerkschaftsarchivs vage positiv aus. Wir stürzten hin. Jiři Weil stellte mich als westdeutschen Friedensfreund vor, der über einen Beamten der Arbeiter-Unfall-Versicherungsanstalt forsche, dessen Personalakte er suche (als braver Deutscher ging ich natürlich davon aus, daß ein halbstaatlicher Betrieb Personalakten geführt und auch archiviert habe). Da also mußte der Name fallen: Franz Kafka, Beamter der AUV von 1908 bis 1922. Der freundliche Archivar fragte zurück:»Wie war der Name?« Wir hatten gewonnen, Minuten später hielt ich die Personalakte in der Hand.

Ich habe sie danach tagelang abgeschrieben (Kopiergeräte gab es nicht), und seitdem können die Kafkaleser sich darüber informieren, welche Vorlesungen Kafka besucht hat, wie er von seinen Professoren und Vorgesetzten beurteilt oder wann und mit welchem Gehalt er befördert wurde, mit welchen Aufgaben er betraut war und welche versicherungstechnischen Aufsätze er verfaßte (die damit auch identifiziert werden konnten).

Als Friedensfreund in Prag

Ein Jahrzehnt später, in der Zeit des Prager Frühlings, habe ich Eduard Goldstücker, der große Verdienste um die Kafka-Rezeption hat, auf die Personalakte aufmerksam gemacht und er sorgte dafür, daß sie in das tschechische Literaturarchiv kam. Leider ohne die Personalakten anderer Arbeitskollegen Kafkas, über die wir bis heute wenig wissen.

Unveröffentlicht. 2010

Meine Lehrer

Von den vielen Menschen, die mich belehrt, ermutigt oder getröstet haben, nenne ich nur drei.

Der erste war der Herstellungsleiter im S. Fischer Verlag, Fritz Hirschmann. Ein soignierter Herr (wie man damals sagte), stets aus dem Ei gepellt, mit Melone und Regenschirm. Schwul, was man aber in den fünfziger Jahren des vergangenen Jahrhunderts noch nicht sein durfte. Dafür hat er mich besonders streng und freundlich gezwiebelt, von der Kopse bis zum Kaptalband, vom Sekunda- bis zum Feinleinen oder gar bis zum feinsten »lassogejagten Oasenziegenleder« (also ohne Einschußloch oder Dornenrisse) für die höheren Stände. Die Schriftgrade von Nonpareille bis Tertia mußte ich nicht nur herunterschnurren, sondern auch erkennen. Ebenso das Papier: holzfrei oder holzhaltig, kalandert oder auftragend, samt Grammgewicht und Laufrichtung. Und die Schriften: von der Bodoni über Bembo, Baskerville, Walbaum bis zur damals frisch geschnittenen, ein wenig pausbäckigen Palatino, aus der dann Aldus und Melior entwickelt wurden. Taschenbücher mußte Hirschmann natürlich auch herstellen, aber er verachtete sie: allerübelstes Papier, Bindung in Hotmelt (die nach einem Jahr bretthart wurde), in acht oder gar sieben Punkt gesetzt, abscheuliche Umschläge. Dagegen seine Sorgfalt bei den anderen Büchern! »Nein, Klaus, den Mittelsteg machen wir doch ein halbes Cicero breiter«. »Mit Einzug, selbstverständlich auch bei der Pagina«. Nicht zu vergessen seine höchst detaillierten, variantenreichen Kalkulationen …

Noch heute treibe ich mich gern in der Herstellungsabteilung herum. Nur Hirschmanns Lieblingsfarbe »sandfarben« mochte ich nicht (und habe mich auch später mit einem unserer Hersteller, dessen Lieblingsfarbe grau war, sofort verkracht). Ich begann mit schwarz, später wurde bunt meine Lieblingsfarbe.

Der zweite Lehrer war Harald Keller, Professor für Kunstgeschichte an der Frankfurter Universität. Italienische Kunst und französische Gotik – da war ich richtig. In der Sache und, wie sich dann zeigte, auch in der Person. Keller war kein Schwafler, die Hauptsache war ihm stets die Anschauung des Kunstwerks. Licht aus, der Assistent projizierte das Bild an die Wand, Keller sprach frei weiter, zückte den Zeigestock für die wichtigsten Stellen und klopfte danach mit ihm auf den Boden, nächstes Bild. Faktenreich, unideologisch. Seine Vorlesungen waren stets gut besucht, unter anderem deswegen, weil Keller, wie sein letzter Schüler, Andreas Beyer, einmal schrieb, »keinen so bedingungslos liebte wie Nebenfächler.« Er war neugierig. Was nicht heißt nachsichtig. Wer an Exkursionen teilnehmen wollte (die schönste: Normandie), bekam ebenso wie jeder andere ein Studienobjekt zugewiesen, in das er sich einzuarbeiten

Harald Keller auf einer Exkursion in die Normandie

hatte. Am betreffenden Ort angekommen, erhielten erst alle anderen das Wort. Kam man endlich selbst dran, blieben oft nur noch ein paar Baunähte und Weihedaten nachzutragen. Die mußten freilich stimmen, denn Keller zählte sich selber »zu den Leuten, die die Kunstgeschichte für eine historische Disziplin halten.«

So hielt er es auch bei der mündlichen Promotionsprüfung. Er kam mit einem Packen Abbildungen, die er nacheinander wegschnippte (»Wer ist das?«, »Was fällt Ihnen dazu ein?«); das letzte

Bild war auch das Ende der Prüfung. Den Dank habe ich ihm viele Jahre später mit einer Rezension seines schönsten Buches, über die italienischen Kunstlandschaften [siehe Seite 317ff.], abgestattet. Und selbstverständlich auch mit der vor Jahren begonnenen, über vierzigbändigen Neu-Übersetzung und -Kommentierung der *vite* von Giorgio Vasari.

Malen oder Zeichnen würde ich gerne, kann es leider überhaupt nicht, tröste mich aber mit der Drohung aus dem berühmten Wiener Lehrgedicht:

> Gute Maler gehn auf i
> Signorelli, Gozzoli
> Schlechte Maler gehn auf ach
> Kaul-, Feuer-, Achenbach

Der dritte Lehrer war ein Kollektiv, die Gruppe 47, zu deren Tagung ich mich zum erstenmal 1959 einschlich, ungebeten. »Da saß ein Junge«, schrieb Hans Werner Richter später, »ich dachte: wie kommt denn der Junge hierher, ein Abiturient, vielleicht ein Pfadfinder, ein Sohn von Hans Mayer konnte es nicht sein, Ingeborg Bachmann und Ilse Aichinger waren zu jung, um als Mütter in Betracht zu kommen. Der hat sich eingeschlichen.« Danach, eingeladen, habe ich an allen folgenden Tagungen teilgenommen. In dieser Zeit veränderte sich die Gruppe 47 von einer kollegialen in eine mehr professionelle Schriftstellerzusammenkunft. Sie wurde, unter Beibehaltung des antifaschistischen Grundkonsenses, zu einem Zentrum der jungen deutschen Literatur, woran eine immer deutlicher auftretende Kritikergruppe tatkräftig mitwirkte.

An der Spitze Joachim Kaiser, ein Studien- und Kritiker-Kollege (*Frankfurter Hefte*), oft bei uns zuhause, überaus gescheit, was er auch wußte, und ein (mit leichtem Tilsiter Anklang) feiner Formulierer, was er ebenfalls wußte. Es war ein Vergnügen, ihm zuzuhören. Politisch haben wir uns damit abgefunden, daß jeder den anderen für einen Blödmann hält.

Walter Jens kannte ich durch einige Gespräche, weil er mich als Assistent nach Tübingen locken wollte (gottlob vergeblich), ebenso Hans Mayer, der mich 1958 oder 1959 zu einer Vorlesung über Kafka in seinem berühmten Hörsaal 40 der Leipziger Universität eingeladen hatte. Ein Westdeutscher und zudem über Kafka, das war für DDR-Verhältnisse unerhört gewagt. Nur Marcel Reich-Ranicki kannte ich nicht, sollte ihn aber schnell kennenlernen, eine wahre Axt, oder besser Streitaxt.

54

Dieses Kritiker-Quartett – drei Florette, ein Beil – leistete Außerordentliches: Der vom Autor gelesene Text wurde bis ins einzelne Wort an seinen ästhetischen wie inhaltlichen Absichten gemessen. Mußte da noch etwas »durchforstet« werden, ist dort eine Person ungenügend dargestellt, ein Adjektiv zu viel, eine Passage zu gefühlvoll? Oder sollte der Autor sein Manuskript nicht besser einfach wegwerfen?

Die detaillierte Werkstattkritik der Gruppe 47 war Harald Kellers konkreter Anschauung des Kunstwerks durchaus ähnlich. Was für Keller die flache Seitenansicht einer Kanzelplastik Giovanni Pisanos in Pistoia bedeutete (nämlich: zu zeigen, daß selbst ein großer Künstler um 1300 noch kein körperliches Volumen darstellen konnte), das war für Walter Jens die Bedeutung des Kommas in einer Zeile von Johannes Bobrowski: »Sibiriaken, ihre Wälder ziehen ihnen nach.« So lernte ich historische Ortung, Zeit- und Personalstil, Bevölkerung von Gedichten, das Mittel der Anrufung, den lyrischen Trick des Innehaltens und vieles mehr.

Danke, meine Lehrer.

PS: In ganz anderer Hinsicht hat mir die Gruppe 47 noch zu neuen Einsichten verholfen. 1966 tagte sie in Princeton. Dafür brauchte man ein Visum und mußte ein längeres Formular ausfüllen, in dem auch nach der Hautfarbe gefragt wurde. Ich wählte »grün«, wurde sofort zum Konsul gerufen, aber wir einigten uns dahingehend, daß ich grün vor Ärger sei – so begegneten mir gleich die beiden Seiten Amerikas.

Das Land lag freilich weit weg und ich hatte Flugangst. Glücklicherweise auch Anna, die Frau von Günter Grass, also nahmen wir die Michelangelo, das funkelnagelneue Flaggschiff der italienischen Zivilflotte. Auf dem Weg nach Genua besuchten wir Giangiacomo Feltrinelli, der uns noch warnte: »Italien ist keine Seefahrernation«. Er sollte recht behalten.

Grass fuhr erste Klasse, ich dritte, in der zweiten trafen wir uns zum Skatspielen. Am vorletzten Tag begann das Schiff zu schaukeln, schließlich so stark, daß die (aus Arroganz nicht befestigten) Polstermöbel von der einen auf die andere Seite des Salons schossen, am Ende die Panoramafenster durchbrachen und im Meer verschwanden. Das Schiff begann, sich von innen zu zerstören, einschließlich (und hörbar) riesiger Mengen an Geschirr.

Und dann kam das Wasser. In Kniehöhe blieb es stehen, wir waren gerettet.

Der hochmütige Kapitän hatte gemeint, mit seinem Schiff einem Hurrikan widerstehen zu können, es wurde per Hand und rückwärts aus der Gefahrenzone geschleust, die *coast guard* holte mit Hubschraubern die Verletzten von Bord. Der erste Besucher des ruinierten Schiffs war allerdings ein winziges Sportflugzeug mit weit heraushängendem Fotoreporter, so begrüßte uns Amerika.

Einen Tag später kamen wir in New York an, in vielerlei Hinsicht grün. Helen Wolff, die Witwe von Kurt Wolff, erwartete uns auf dem Kai und begann gleich, diesen *greenhorns* das Land zu erklären: Bestimmte Viertel meiden, nur wenig Bargeld, keine Entschuldigung für deutschen Akzent, die Parole heißt *you have to mix up*, Einladungen annehmen als Landessitte, und viele andere gute Ratschläge, das Rüchlein der Freiheit betreffend.

Unveröffentlicht. 2010

Die *Michelangelo* nach der Reparatur

56

Halbleder

Die verfehlte politische Emanzipation im neunzehnten Jahrhundert verführte das deutsche Bürgertum bekanntlich dazu, in die Kunst auszuweichen, Gedankenfreiheit bei gleichzeitigem Maulhalten. Theoretisch hörte das 1918 auf, aber es hängt uns nach bis heute. Schöne Literatur als Palliativ. Als nach der Wiedervereinigung am prominenten Ort in Berlin ein Zentrum bürgerlicher Selbstversicherung, das Hotel Adlon, wieder aufgebaut worden war, erhielt eine Buchhandlung den Auftrag, die Bibliothek einzurichten: keine Taschenbücher, am besten Halbleder oder mindestens Ganzleinen, überwiegend grün, aber auch braun oder dunkelrot et cetera. Die Buchhändlerin hat sich dazu nicht geäußert, aber strafweise erhielt das Adlon mehrere Ausgaben von Gustav Freytags *Soll und Haben*. Geschieht ihm recht. Noch 2009, in einem funkelnagelneuen Hotel in Rostock, passierte mir ähnliches: In der Eingangshalle stößt man auf eine Wand mit Büchern, die offensichtlich ein Analphabet ausgesucht hat. Hauptsächlicher Zweck auch hier: Wir möchten Ihnen einen Eindruck von unserer Bildung vermitteln, die zugleich gediegen wie abgehangen ist.

Die eigentliche Blüte erlebte diese Kulturverlederung freilich in der Nachkriegszeit, die eine Sehnsucht nach Büchern entstehen ließ. Nicht so sehr nach denjenigen, die verbrannt (eigenhändig oder durch Fremdeinwirkung) worden waren, sondern besonders nach denjenigen, die zu einer Art Innenausstattung gehörten, die Normalität versprach. Die Buchgemeinschaften hielten sich an das letztere und bedienten sowohl das Gediegene (Halbleder, Goldprägung) wie das Abgehangene (Knittel, Selinko). Der Bedarf war riesig, die Profite ebenso – zwei der heutigen Buchkonzerne (Bertelsmann, Holtzbrink) sind aus Buchgemeinschaften entstanden.

Mein erster Arbeitgeber, 1957, war die Deutsche Buchgemeinschaft in Darmstadt, deren Lektor ich wurde. Ein freundlicher alter Herr führte mich in die Zensurvorgaben ein: keine antireligiösen Stellen, Liebe nur als Kopfgeburt, keine Politik. So räumte ich größere Romanstapel von einer Seite auf die andere, langweilte mich, schlief öfters ein, einmal fiel ich sogar vom Stuhl. Schließlich meuterte ich und verlangte einen modernen Buchclub, in Leinen. Zu meiner Verblüffung wurde es genehmigt. Ich bekam freie Hand, einen Werbeetat, einschließlich eines eigenen, regelmäßigen Informationsmagazins. Ich lief herum wie Graf Koks: Meine erste Verlagsgründung! Ein Programm zu entwickeln war lächerlich leicht, die Originalverlage waren bis dahin noch nie von einer Buchgemeinschaft um eine Lizenz für Joyce oder Kafka gebeten worden. Der Moderne Buchclub wurde ein Erfolg, innerhalb kurzer Zeit hatten wir über zehntausend Mitglieder.

Aber das Ambiente blieb mir fremd. Ich saß in der Direktionsetage, samt Zigarettendeputat, freiem Teeservice und hinter geschlossenen Türen, während im anschließenden langen Trakt ein Cerberus hin und her tigerte, um durch die Glastüren zu kontrollieren, ob die Vertriebs- und Versandabteilung auch arbeitete.

Es brauchte also nicht viel, mich Ende 1959 mit dem Angebot des Lektorats für deutsche Literatur in den S. Fischer Verlag zurückzulocken.

Unveröffentlicht. 2010

Unsere neue Buchreihe heißt *SVLTO*, in rotem Leinen, fadengeheftet, *modo classico*, aber nicht *modo snobico*. Nicht künstliche Bücher ohne Gebrauchswert, sondern Gebrauchsbücher mit Kunstwert.

Programmvorschau Herbst 1987

Schöne neue Welt

Der S. Fischer Verlag war gerade in den achten Stock eines Hochhauses gezogen, das »Bienenkorb« hieß, eine Wabe war mir zugedacht. Das Haus war neu, die Einrichtung neu, der Ton neu, alles sehr »amerikanisch«. Brigitte Bermann-Fischer (Tochter von Samuel Fischer, allgemein »Tutti« genannt) und ihr Mann Gottfried regierten mit milder Hand, aber lautstark, besonders Tutti fand öfters etwas – zumeist an der Ausstattung oder Werbung – unmööööglich. Vorerst aber musste ich Meinungsfreiheit dokumentieren und verriß das gerade bei S. Fischer erschienene Buch eines sogenannten Bestsellerautors namens Cozzens. Leicht hatten sie es auch nicht.

Aber es blieb ohne Folgen, wiewohl ich mich gegen die Atomaufrüstung der Bundeswehr engagierte und mein erstes Ermittlungsverfahren erhielt (»erfolglose Aufforderung zum Landesverrat« wegen Unterzeichnung der Resolution gegen die Besetzung des *Spiegel*), viele sollten folgen. Es war ja offensichtlich, daß der Lektor für deutsche Literatur sich auch mit deutschen Umständen herumschlagen müsse, bis hin zu trostlosen Sekretärinnen, die wieder einmal ungewollt schwanger waren – es gelang mir sogar, einen rabiaten Text gegen den § 218 in die heilige *Neue Rundschau* zu lancieren [siehe Seite 82ff.].

In litteris war das Handgemenge ohnehin unvermeidbar, seit 1959, mit dem unübersehbaren Auftritt einer neuen deutschen Literatur, mit der *Blechtrommel* von Günter Grass, den *Mutmaßungen über Jakob* von Uwe Johnson oder dem *vergnügen in g* von Peter Rühmkorf. Sie wurde sofort (und folgenreich) von einer altdeutschen Kritik angegriffen, von Friedrich Sieburg und Günter Blöcker bis Hans Egon Holthusen. Selbst Marcel Reich-Ranicki beteiligte sich mit einem rüden Verriß der *Blechtrommel* an dieser Jagd, in der literarisch argumentiert, aber politisch geurteilt wurde.

Meine Arbeit im Verlag erreichten diese Auseinandersetzungen kaum, nur einmal gab es innerbetrieblichen Ärger, als mir verboten wurde, in eine Anthologie zeitgenössischer deutscher Prosa, *Das Atelier,* auch DDR-Autoren aufzunehmen – im Jahr des

Mauerbaus ein Sakrileg. Aber diese Zensur durfte ich im Nachwort erwähnen, und auch an weitere Konsequenzen dachten die Bermann-Fischers keineswegs; sie ließen diesen etwas aufgeregten jungen Mann ohne Anstände Peter Huchel und Christoph Meckel, Johannes Bobrowski und Christa Reinig publizieren und verübelten ihm weder seine wütenden Rundfunkkommentare noch seine Parole *apertura a sinistra!* Ja, sie richteten ihm sogar eine eigene Serie ein, Fischer doppelpunkt, in der Witold Gombrowicz, Ilse Aichinger, Michel Butor, Italc Calvino und viele andere junge Autoren erschienen, in einem schönen kühlen Design von Wolf D. Zimmermann, der auch das Signet der Fischer Bücherei entwarf, heute noch das schönste deutsche Verlagssignet. Frische internationale Luft im immer noch ziemlich vermufften Deutschland der frühen sechziger Jahre.

Aber die Fischers wurden in Frankfurt nicht mehr heimisch. Hinzu kamen die Folgen eines gewaltigen Bestsellers, Pasternaks *Dr. Schiwago*, der Geld in unfaßbarem Umfang in den Verlag schwemmte. Jeder Verleger, dem das passiert, sollte wissen, was er zu tun hat: thesaurieren, die nächste Krise kommt bestimmt. Die meisten Verleger reagieren aber umgekehrt, so auch die meinen. Ein Haus in Italien wurde gebaut (»jeder Pasternak ein Ziegelstein«), das Lektorat und diverse Berater wurden aus allen Himmelsrichtungen eingeflogen – es war eine schöne neue Welt, in der der Garten effektvoll illuminiert wurde, der Rasen sich selbst wässerte und die gesamte Terrassen-Glaswand versank, wenn man den falschen Knopf drückte (mich erinnerte das Haus immer an das in *Mon oncle* von Jacques Tati). Was leider auch versank, 1963, war der Verlag. Und ich lernte, daß ein Verleger sparsam sein müsse, nicht größenwahnsinnig werden dürfe und sich nicht zugunsten einer besseren Rendite darauf herausreden solle, die Suche nach einem Nachfolger sei leider vergeblich gewesen.

Kurz, der Verlag wurde verkauft wie ein Sack Kartoffeln, an einen sehr konservativen Herrn Holtzbrink, Besitzer (unter anderem) von *Christ und Welt*, deren Chefredakteur ich schon Jahre zuvor angemessen charakterisiert hatte [siehe Seite 76ff.]. Mein Schicksal war besiegelt. Die Gelegenheit bot ein Brief an den Generalbundesanwalt, mit dem ich gegen die Verhaftung eines DDR-Verlegers auf der Buchmesse protestierte, extrem höflich (»...ungünstige Wirkung auf ausländische Verleger...«); denn solche Verhaftungen waren leider Zeitstil. Der Generalbundesanwalt machte sich erst gar nicht die Mühe zu antworten, sondern rief gleich die Geschäftsleitung an. Wenige Wochen später teilte mir ein Handlanger der neuen Herren mit, ich sei entlassen. Wegen »Kompetenzüberschreitung«.

Der Bayerische Rundfunk zog nach: er ließ mich wissen, die politischen Kommentare würden momentan umstrukturiert, weswegen der verabredete vierwöchentliche Turnus vorerst unterbrochen werden müsse, man melde sich wieder. Ich war damals mit derart ausgewogenem Kündigungsgemurmel noch nicht vertraut und habe tatsächlich noch monatelang auf eine Nachricht gewartet.

Unveröffentlicht. 2010,
unter Heranziehung des Nachworts in *Eintritt frei.* 1982

Nach Berlin!

Da saß ich nun, mit Frau, drei lebhaften Töchtern, mit magerem Bankkonto, nahm dankbar Aufträge für Rundfunksendungen an und schrieb in Windeseile die Kafka-Monographie. Es stellte sich schnell heraus, daß ich mit den politischen Meinungen, derentwegen ich gefeuert worden war, in keinen anderen Verlag hineinkommen würde. Angeblich (so Klaus Roehler) soll mir damals Günter Grass (dessen Bücher ich lektorierte) aus der Hand gelesen haben, daß ein Verleger aus mir werde, und ich sei daraufhin aufgestanden und erbleicht. Ich kann mich genau erinnern, daß ich *nicht* erbleicht bin (nach Kenntnis dessen, was ein Verlag heißt, würde ich heute allerdings erwägen zu erbleichen, aber damals war ich ja im Stande der Unschuld). Es bedurfte also keiner größeren Überredungskünste durch die Freunde, sondern ich sagte ziemlich schnell: »Einverstanden, aber nur in Berlin«.

Nach dem Bau der Berliner Mauer schien es für eine Weile so, als ruhe der Kalte Krieg aus. Die DDR hatte die Massenflucht ihrer Bürger beendet, konnte sich konsolidieren und – so die Hoffnung vieler – liberalisieren. Westberlin hingegen fühlte sich eingeschlossen und im Stich gelassen; viele, Personen wie Firmen, verließen die Stadt.

Die Stadt, ohnehin schon weit zurückgeblieben hinter dem westlichen Wirtschaftswunder, voller Rentner und Ruinen, schien verloren. So kamen die Privilegien, die Programme. Absurde Finanzhilfen, die den Transport von Schweinehälften oder die Endfabrikation von Zigaretten begünstigten. Oder Steuervorteile, die von Kompradoren – an der Spitze Axel Springer – hemmungslos ausgenutzt wurden. Die Polizeistunde wurde aufgehoben, es durfte gesoffen werden ohn Unterlaß. Wehrdienstverweigerer, einmal angekommen, durften bleiben bis zum Ablauf ihrer Wehrpflicht. Die Kultur verdoppelte sich: Was Westberlin nicht hatte, wurde neu gebaut – Oper, Volksbühne, Schillertheater, Akademie. Oder es wurde importiert: Die Ford Foundation finanzierte Aufenthalte, Autoren wurden zu Lesungen geladen, Stipendien ausgeschrieben.

Westberlin entwickelte einen maroden Charme, der auch viele Schriftsteller anzog. Günter Grass zog nach Berlin, Uwe Johnson, Christoph Meckel, Ernst Schnabel, Reinhard Lettau, Hans Magnus Enzensberger und viele andere. Walter Höllerer war als Professor an die Technische Universität berufen worden und begann seine berühmten Veranstaltungen internationaler Literatur, von Allen Ginsberg bis Pier Paolo Pasolini. Hinzu kamen nicht nur die Autoren, die schon länger in Westberlin wohnten (wie Günter Bruno Fuchs oder Wolfdietrich Schnurre), sondern auch die Ostberliner Autoren (Johannes Bobrowski, Stephan Hermlin, Günter Kunert, Karl Mickel, Wolf Biermann, Volker Braun und viele andere), zu denen sich einige Zeit nach dem Mauerbau wieder Kontakte knüpfen ließen, wenn auch einseitige.

Beim Gründungsfest des Verlags, mit Johannes Bobrowski (links) und Günter Grass (rechts)

Für mich war das eine attraktive Mischung, da ich ohnehin eine Art gesamtdeutschen Verlag im Kopf hatte. Daß Westberlin mit seinem besonders hysterischen Antikommunismus kein allzu günstiger Standort war, wurde mir erst später klar.

Fehlte noch das Geld. In solchen Fällen fragt man am besten den Vater. Der, immer noch katholischer Liberaler, fand das Unglück, in das mich meine politischen Meinungen gestürzt hatten, glücklicherweise genauso schlimm wie die Meinungen selbst und schenkte mir (Bares hatte er nicht) eine Wiese im Taunus. Den Rest, jedenfalls das tägliche Brötchen, erschrieb ich mir, hauptsächlich mit einer Serie von Schulfunksendungen über zeitgenössische

Literatur (da war es dann 1971 soweit: der Intendant des Senders Freies Berlin verbot ihre Fortsetzung). Hinzu kam die Hilfe der Autoren, besonders die von Günter Grass, der eine Woche lang den Verlag vorstellen half [siehe Seite 210]. Umgekehrt half ich dann Grass (und den anderen Autoren: von Peter Härtling bis Gudrun Ensslin ...) beim »Wahlkontor der deutschen Schriftsteller« (siehe Seite 123 ff.), das heißt: kaum war der Verlag auf, machte ich ihn wieder für ein paar Wochen zu, um als Kassierer für die Schriftsteller, die Slogans und Reden für die SPD schrieben, zu fungieren (und hie und da auch eine selbst zu schreiben). Was dabei herauskam, ein Jahr später, zu unserer Erbitterung: Die Große Koalition, mit anschließenden Notstandsgesetzen.

Das erste Jahr des Verlags brachte auch die ersten Schwierigkeiten. Die eine bestand in Angriffen der konservativen Presse (unter anderem wegen der Veröffentlichung von Stephan Hermlin, der bis dahin von den westdeutschen Verlagen boykottiert worden war). Die zweite in einem Herrn, der sich zu Silvester 1965 konspirativ mit mir im Café Kranzler traf, um zu berichten, daß, falls weitere Publikationen von Wolf Biermann unterlassen würden, die DDR offenstehe für Publikationen jeder Art, umgekehrt aber leider ... So kam es, daß ich ab 1966 für sieben Jahre weder in die DDR noch sogar durch die DDR reisen konnte [siehe Seite 246]. Das Projekt »gesamtdeutscher Verlag« mußte ich begraben.

Aber 1967 entdeckte unsere Linke, die APO, daß es da schon einen linken Verlag gab und daß das ganz nützlich sei. Von da an, für fast zehn Jahre, verwandelte sich der Verlag in eine Nachrichtenbörse, in Nachtlager und Mittagstisch, in Wärmestube und Dienstleistungsbetrieb. Tag und Nacht ging das Telefon, der eine wollte eine Anzeige, der andere ein *paper*, ständig war das Auto weg (verliehen an reisende Kader), immerfort war eine Resolution zu formulieren, zu verbreiten oder doch wenigstens zu unterschreiben, in den acht Räumen drängten sich stets mindestens drei Kinder und sieben Erwachsene, nicht gezählt die reitenden Boten oder Komiteebeauftragten, die Autoren oder Buchhändler, die Papiervertreter oder einfach Genossen, die mal eben schnell was fotokopieren wollten. Und natürlich die Kollektivsitzungen, Demonstrationen und Generalversammlungen. Und alles war eilig und wichtig, wichtig, wichtig.

Unveröffentlicht. 2010,
unter Heranziehung des Nachworts in *Eintritt frei*. 1982

Vergiftet

Über eine Karikatur in der BZ, einer der Springer-Zeitungen, die im November 1967 eine Horde Affen mit Enteignungsschildern zeigte, darunter »Enteignet Wagenbach«, habe ich noch gelacht. Auch zu älteren Damen vor dem Café Kranzler am Kurfürstendamm, die 1968 den Demonstranten zuriefen »Euch müßte man alle vergasen«, bin ich noch hingegangen und schlug ihnen vor, die Studenten doch besser zu Wurst zu verarbeiten. Aber nein, es mußte deutsches Gas sein. Mit den Soldschreibern von Springer konnte man überhaupt nicht diskutieren, es waren oft ältere Journalisten, die sich nur zu erinnern brauchten, wie man eine Pogromhetze herstellt; einer der famosen BZ-Karikaturisten hatte sogar gut zwei Jahrzehnte vorher noch krummnasige Juden gezeichnet... Darüber thronte Axel Springer, der große Freund Israels, und duldete es.

Jüngere Journalisten scheinen das heute nicht mehr zu wissen (oder wahrhaben zu wollen), sondern schreiben einfach: »Stichproben konnten den Eindruck der Pogromhetze nicht bestätigen«, so in der Morgenpost vom 17. Januar 2010 anläßlich der pompösen Ankündigung eines »Axel Springer Medienarchiv 68«, eingeleitet durch eine Entschuldigung des Springer-Vorstandsvorsitzenden für damalige »journalistische Fehler«.

Was hier weichgespült wird, dient allerdings eher der Befestigung der These, die Studenten seien Radaubrüder gewesen, denen gegenüber man einige journalistische Fehler gemacht habe. In Wahrheit haben aber die jungen Leute von 1966/67 die Bundesrepublik nicht nur als Rechtsstaat auf die Probe gestellt, sondern grundlegend verwandelt und bereichert, mit neuen Lebensformen und vielerlei Sauerstoffzufuhr. Darüber bildete sich die Blödzeitung naturgemäß eine gegenteilige Meinung – und hatte die Marktmacht.

Wollte man Konträres hören, so blieb damals in Berlin kaum mehr als das Spandauer Volksblatt (mit niedlicher Auflage) oder der frischgegründete Republikanische Club, mit ausländischen Zeitungen. Oder die ersten Lokale für Diskussions- und Tanz-Wütige (Matala, Zwiebelfisch, Herta, Tolstefanz, Ax Bax). Oder die ersten

Wohngemeinschaften oder Kollektive. Auch das »Wagenbach-Kollektiv«.

Aber das waren bereits Antworten auf die Ausgrenzung, und die schritt voran. Die Vermieterin unserer Verlags- und zugleich Familien-Wohnung wurde von Beamten besucht und dringlich (wenn auch vergeblich) darauf hingewiesen, daß sich in ihrem Haus gefährliche Linke eingenistet hätten (Terrorismus ist gut für den Polizeistaat). Die ersten Freunde wechselten die Straßenseite. Die Angriffe der Springer-Presse verschärften sich, mit dem Beginn der siebziger Jahre hieß der Verlag nur noch »Baader-Meinhof-Verlag«.

Aber auch innerhalb der Ausgegrenzten, die nun alle »Genossen« waren, wurde der Ton ruppiger. Auch meiner. Schamvoll mußte ich im 2009 erschienen *SVLTO*-Band mit Briefen von (und an) Erich Fried lesen:

»Ich glaube, Du bist vergiftet von der auf die Dauer unerträglichen Atmosphäre Berlins, die Ulrike dazu verführt hat, den Unsinn von Roter Armee zu verzapfen und Deinen lyrischen Geschmack lächerlich eng macht, sodaß kein Denken und Empfinden geduldet wird, das nicht in den engsten Arbeitsbereich paßt, sondern ausbrechen oder vorwegnehmen will.«

Das war 1970. Drei Jahre später half Erich tatkräftig mit, den Verlag zu retten. Eine Gruppe innerhalb des Kollektivs wollte [siehe Seite 243ff.] eine einschneidende Veränderung der Verlagsverfassung und hatte ohne mich zu befragen die Autoren zu einer Generalversammlung eingeladen. Wie sehr hinter diesem Veränderungsbestreben auch ein Zerstörungswunsch stand, zeigte das einzige, riesige Transparent, das den Versammlungsraum schmückte und nichts als den letzten Satz der Verlagsverfassung zitierte: »Wird der Verlag aufgelöst, so muß das Vermögen einer sozialistischen Organisation zur Verfügung gestellt werden.« Unter diesem Transparent tagten wir also zehn Stunden, nur um die Dogmatiker zu überzeugen, einen anderen Verlag nach eigenem Geschmack zu gründen, denn leider war der Schreiber des Transparents (ein besonders aggressiver Typ, der auch mit Paketen um sich warf und das entstehende Rotbuch-Kollektiv als erster wieder verließ) kein Einzelfall, vielmehr sinnfälliger Ausdruck des Rückfalls hinter schwer erkämpfte bürgerliche Verkehrsnormen, die nicht so schnell, nicht ohne weiteres und schon gar nicht in der alten Form wiederherzustellen waren.

So blieb die Belastung auch noch Jahre nach der Spaltung des Verlages. Ob Kollektiv oder nicht, bei uns zuhause war immer

Kollektiv, morgens, mittags, abends, nachts. Die Mitarbeiter (die nicht mehr Genossen hießen, sondern Kollegen) hatten alle eine Wohnung und ein Privatleben, wir nur selten. Ende der siebziger Jahre war auch unsere schöne, partnerschaftliche Ehe am Ende und ich saß ratlos in einem Einzimmerappartement. Wir hatten uns übernommen.

Hinzu gekommen war nämlich noch anderes, neben den ohnehin widerlichen Prozessen [siehe Seite 92ff. und 98ff.]. Es waren Erfahrungen, daß man vorgeschoben, benutzt wurde. Bei der Beerdigung meines Freundes Giangiacomo Feltrinelli [siehe Seite 223ff.] auf dem von Polizei mit Panzern umstellten Mailänder Zentralfriedhof gaben ihm nur zwei italienische Kollegen die letzte Ehre, sodaß ich, unvorbereitet, die Totenrede halten mußte.

Oder Wolf Biermann, der den Autorenentscheid als einziger mißbrauchte, weil er (wie es Klaus R. Röhl formulierte)»lieber beim Genossen Neven Du Mont und bei den Genossen vom amerikanischen CBS-Konzern veröffentlichen wollte« [siehe Seite 245ff.].

Oder 1976, als ich in der Nacht vor der Beerdigung Ulrike Meinhofs angerufen wurde: man habe ein Dutzend Leute vergeblich gebeten, nun müsse ich die Grabrede halten. Und bereits ein halbes Jahr später die Kehrseite: ein Abgesandter der RAF kam in den Verlag und drohte, es werde etwas »passieren«, wenn das Buch von Peter Brückner über *Ulrike Meinhof und die deutschen Verhältnisse* ausgeliefert werde, denn dieses Buch vertrete die »Selbstmordthese«, das wisse man aus den Fahnen (die also aus dem Verlag gestohlen worden waren).

Damit sind wir aber auch bei den Erfahrungen der Solidarität: Denn obwohl jene Genossen ihre Drohung wahrmachten, wehrte sich der linke Buchhandel kollektiv und erzwang den Vertrieb des Buches. Oder Heinrich Maria Ledig-Rowohlt, der anbot, unseren Verlagsalmanach, dessen Versendung die Bundespost für einige Wochen verweigert hatte, in Umschlägen des Rowohlt Verlages zu verschicken. Oder Christa Wachenfeld und Helga Reidemeister, die als mir Unbekannte wochenlang einen der Prozesse gegen mich protokollierten und dann, ebenso wochenlang, eine Solidaritätsausgabe zum Prozeß organisierten. Die vielen Buchhändler, Leser, Autoren, die Sonderschaufenster einrichteten oder Geld schickten, als der Verlag 1975, erschöpft von Spaltung und Prozeßkosten, vor dem Konkurs stand. Christa Reinig, arm wie eine Kirchenmaus, schickte damals tausend Mark, und Otto Schily, mein Verteidiger in allen Prozessen, schickte die Rechnung erst fünf Jahre später...

Oder schließlich die Mitarbeiter des Verlages, die 1980 mich, einen erfahrenen, sozusagen staatlich anerkannten Anarchisten, hinterrücks mit einer Geburtstagsfestschrift *hors commerce* überraschten, das heißt 65 Autoren für Monate zum Schweigen (!) verpflichteten. (Und sie wiederholten es zu meinem 65. Geburtstag, dann habe ich aber gesagt »Schluß jetzt, ich bin schließlich Pensionär.« Das hat sie nicht daran gehindert, zu meinem 75. Geburtstag diese Bitte zu umschleichen und mir eine biographische Satire in Vasari-Manier zu überreichen. Mit dem vorliegenden Buch haben sie mich zu einem hinterlistigen Kompromiß verführt.)

Beide Haltungen, die des Mißbrauchs wie die der Solidarität, resultieren aus der gleichen politischen Überzeugung, sie unterscheiden sich nur durch den Grad der Autonomie gegenüber dem eigenen Milieu. Und da geht es bei Intellektuellen, Schriftstellern oder Linken eben oft auch kommentmäßiger zu, als man meint, schließlich werden Urteile, Schreibweisen oder Feindbilder öfter ungeprüft übernommen als geprüft.

So gerät derjenige schnell in Schwierigkeiten, der mit der Verbreitung einer Art von Kultur und Politik zu tun hat, die sich nicht gerade in der allgemeinen Zustimmung suhlt. Verbreitung heißt unter solchen Umständen also Wirkung suchen für etwas, dessen Wirkung eher unerwünscht ist, es heißt in taube Ohren flöten, Weltanschauungsgerüste lockern, Bibelglauben zersetzen. Und, bitte, auch bei den eigenen Leuten! Nichts erscheint mir langweiliger, als sogenannte proletarische Literatur für linke Nostalgiker zu verbreiten, feministische Traktate für Feministinnen, Teenagerbekenntnisse, weil der Markt gerade Jahrgangsliteratur verlangt, oder Herzensergießungen, wenn Ehrlichkeitskitsch gerade Mode ist.

Man *kann* sich natürlich derart funktionalisieren, als Serviceleister oder Volksdiener. Aber dann nimmt man teil an der Sprach- und Denkvereinfachung einer Binnengruppe, delegiert die eigenen Wünsche leicht an andere, hat weniger Meinung und mehr Gemeinde. Lieber nicht.

Man *kann* sich natürlich auch entfunktionalisieren, in den eisigen Höhen einer Avantgarde, die von den kommunen Leserbewegungen Jahrzehnte entfernt ist (wobei oft ungewiß bleibt: voraus oder hinterher). Lieber nicht.

Unveröffentlicht. 2010,
unter Heranziehung des Nachworts in *Eintritt frei*. 1982

DEUTSCHE VERHÄLTNISSE

Der kostenlose Mut

Am 6. Oktober [1961] erschien in der *Frankfurter Allgemeinen Zeitung* ein Kommentar »Zu einigen Aktionen deutscher Schriftsteller« von Günther Rühle, ein Kommentar zu verschiedenen politischen Manifesten einzelner oder mehrerer Schriftsteller vor dem oder nach dem 13. August [Bau der Berliner Mauer] – ein Kommentar und ein Beispiel gleichzeitig für die schlechten Zensuren, die der deutschen Literatur seit Jahren ins Klassenbuch eingetragen werden. Ein weder besonders verständnisloses noch besonders unfaires Beispiel.

Rühle schreibt: »Es hat diese Schriftsteller verdrossen, daß die Öffentlichkeit über ihre Deklarationen leichthändig und mit hochbrauigen Argumenten hinweggegangen ist. Die Schriftsteller haben ihr dieses Verhalten leicht gemacht. Noch in ihrem bisher kräftigsten Unternehmen (der *Alternative*) haben sie nachdrücklich bewiesen, daß für viele von ihnen die Beschäftigung mit dem Zustand unserer Republik nichts anderes ist als der Drang, um sich zu schlagen und den Krieg Zuständen zu erklären, die sie selber so dämonisieren, daß man sich fragt, was für Vorteile diese Republik gegenüber der Ulbrichts noch habe. Wir sehen bei ihnen unsere Republik nicht mit den Augen der Kritik, sondern mit denen des Hasses betrachtet.«

Diese Behauptung Rühles ist zwar unwahr, aber immerhin verständlich: Verteidigern der Regierungspolitik erscheint Kritik an ihr leicht als Haß, Sabotage, Volksverrat. Zusätzlich aber – und das ist mittlerweile zu einem gängigen Argument geworden – wird den Schriftstellern unterschoben, sie ließen den Leser im unklaren darüber, »was für Vorteile diese Republik gegenüber der Ulbrichts noch habe«. Was aber war der Zweck der Streitschrift *Die Alternative*, aus der Rühle solche Folgerungen zieht? Zwanzig Autoren empfahlen den Bürgern der Bundesrepublik, bei der Wahl am 17. September ihre Stimme für die SPD abzugeben. Ist also die Aufforderung, eine nicht regierende Partei zu wählen, als Republikhaß zu werten? Auch wenn die Aufforderung im einzelnen nicht immer sachlich oder gerecht ist? Und was ist das für eine eigenartige Forderung

Rühles, »Kritik am Staat« müsse sich durch »Liebe zum Staat rechtfertigen«? Genügt es nicht, den Staat zu achten, muß man ihn unbedingt lieben? Haben denn die Schriftsteller der Bundesrepublik Umsturz und Revolution verlangt? Daß sie es *nicht* taten, ist der *Frankfurter Allgemeinen Zeitung* offenbar ein Ärgernis, denn am 23. August, in einer Besprechung eben derselben *Alternative*, entrüstet sich Friedrich Sieburg über »diese Reformer, die sich nicht entschließen können, Revolutionäre zu sein«. Sieburg hätte diesen Mut offenbar – das muß man ihm wohl leider glauben –, stünde er »links«, was, steht zu vermuten, nicht der Fall ist. Revolutionäre wären demnach nur noch in der *Frankfurter Allgemeinen Zeitung* zu fürchten. Die Schriftsteller jedenfalls sind loyal, das hat ihnen gerade diese Zeitung auf etwas umständliche Weise bescheinigt.

In seinem Aufsatz untersucht dann Rühle die Ursachen für die, wie er schreibt, »Fremdheit, die das Verhältnis von Schriftsteller und Staat in unserer Republik bestimmt«. Daß diese »Fremdheit« wahr ist, daß die Verbindungen zwischen – wenn ich modifizieren darf – Regierung und Literatur erschreckend dünn, fast unsichtbar sind, daran ist kein Zweifel. Aber kein Wort findet sich bei Rühle über die krasse literarische Ahnungslosigkeit unserer Regierenden, ihre Unkenntnis selbst der wichtigsten Zeugnisse der jüngeren deutschen Literatur, die kein französischer Unterstaatssekretär sich gegenüber der Literatur seines Landes erlauben, geschweige denn sie noch öffentlich zugeben dürfte. Rühle aber verteilt die Schuld am mangelnden Echo der genannten Aktionen auf Schriftsteller und Öffentlichkeit gleicherweise. »Es ist charakteristisch, daß sich die Öffentlichkeit zu ihren Schriftstellern nicht anders verhält als jene zu ihr. Sie diffamiert ihre Schriftsteller als politische Dilettanten.« Auch diese Meinung Rühles ist beweisbar, man muß sich nur wundern, sie an solchem Ort zu finden: denn gerade die *Frankfurter Allgemeine Zeitung* hat diese Diffamierung auf ihre eigene subtile Weise seit Jahren unterstützt. Ein Bürger beispielsweise, der nur diese Zeitung liest, wüßte gar nicht so recht, wovon eigentlich Rühle schreibt. Er kann es nicht wissen, weil man es ihm unterschlug. Weder der Kommentar zum Algerienmanifest noch die Entschließung, am seinerzeit geplanten zweiten Fernsehen nicht mitzuarbeiten, noch der Brief an den Schriftstellerverband der DDR noch schließlich der Brief an die UNO wurden überhaupt vollständig abgedruckt.

Es ist zweifelhaft, ob solcher Boykott milder zu bewerten ist als Diffamierung. Und auch an Diffamierung hat es nicht gefehlt:

wenn immer die Autoren – jene armen »Reformer« also, »die sich nicht entschließen können, Revolutionäre zu sein« –, wenn immer sie öffentlich ihre Meinung sagten, hörte man dazu nur die Frankfurter allgemeine Meinung, ohne vorher die andere gehört zu haben. Und diese allgemeine Meinung riet den Schriftstellern väterlich-süffisant, was »in einem anderen Land« geschehe, ginge sie nichts an, oder bezeichnete sie als »politische Wirrköpfe und gekränkte Leberwürste«. Solche Formulierungen lassen gerade jenes Minimum an Respekt vermissen, das die Öffentlichkeit ihren Schriftstellern entgegenbringen sollte.

Zum Stil solcher Diffamierungen und zu dem Privatkrieg, den die *Frankfurter Allgemeine* seit einiger Zeit gegen die jüngeren Schriftsteller führen zu müssen glaubt, zu solchem Stil gehören auch Bemerkungen wie »jene nur leicht variierende Gruppe jüngerer Schriftsteller«, oder »eine kleine Gruppe«. Das sind Frankfurter Wunschträume, ebenso wie jener, diese Autoren sollten besser Revolutionäre sein. In Wahrheit repräsentiert diese »kleine Gruppe« fast vollständig alle namhaften deutschen Autoren zwischen 25 und 50 Jahren: Heinrich Böll, Paul Schallück, Günter Grass, Wolfgang Hildesheimer, Uwe Johnson, Wolfgang Koeppen, Peter Rühmkorf, Walter Höllerer, Günter Eich, Hans Magnus Enzensberger, Wolfdietrich Schnurre, Hans Werner Richter, Alfred Andersch, Martin Walser, Siegfried Lenz, Heinz von Cramer, Walter Jens – die Reihe reicht bis zu den jüngsten Autoren Meckel, Kroneberg, Heckmann und Roehler. Auch außerhalb der Bundesrepublik würde es schwerfallen, Beweise für die Unerheblichkeit und Bedeutungslosigkeit dieser »kleinen Gruppe« zu finden. Max Frisch, Ilse Aichinger, Friedrich Dürrenmatt, Paul Celan und Ingeborg Bachmann ließen sich wohl schwerlich als Kombattanten gegen diese »politischen Wirrköpfe und gekränkten Leberwürste« gewinnen. Diese »kleine Gruppe« ist keine kleine Gruppe, sondern einfach die jüngere deutsche Literatur, die allerdings von einer Frankfurter allgemeinen Öffentlichkeit nicht eben fair behandelt wird.

Rühle beklagt, daß nur bei wenigen Schriftstellern sich die literarische Autorität schon in eine gesellschaftliche verwandelt habe. Das ist kaum zu widerlegen. Fraglich bleibt aber die Empfehlung, die Schriftsteller »müssen die leeren Plätze von ihren Vorgängern in der Weimarer Republik übernehmen«. Fraglich überhaupt der Hinweis auf die goldenen Weimarer Jahre und ihren »König der Literatur«, Thomas Mann. Braucht denn eine Republik unbedingt einen König, und sei es einen literarischen? Zudem war die Literatur der zwanziger Jahre in zwei politisch verschieden urteilende Lager – hie Thomas Mann, hie Heinrich Mann – gespalten. Es gab – zumindest – zwei Gruppen. Die heutige Situation hingegen zeigt eine Gruppe mit immerhin deutlich verwandten politischen Vorstellungen. Daß diese Vorstellungen nur selten die der Regierungspartei sind, wird ihr als Republikhaß ausgelegt. »Sie diffamieren das Staatsgebilde ihres Volkes«, heißt es bei Rühle. Wie wäre es, wenn man die Schriftsteller einmal um ihre Meinung zur Grundlage dieses Staatsgebildes befragte, zum Grundgesetz? Da fänden wohl eher viele, daß man es mit diesem Grundgesetz in der letzten Zeit nicht mehr so genau nähme.

Die Auseinandersetzung zwischen den »linken« Autoren und ihren »rechten« Kritikern erreicht aber nur selten das freie Feld politischer Argumentation. Es bleibt vielmehr meistens dabei, daß die Kritiker den Autoren Illoyalität vorwerfen und die Autoren den Kritikern Befangenheit. Der Vorwurf der Illoyalität ist dabei schwerwiegender: hier wird – offen oder versteckt – versucht, die Schriftsteller aus dem Staat zu treiben mit der Behauptung, es geschehe von Staats wegen. Man leistet damit aber weder dem Staat einen Dienst noch den Schriftstellern, von denen einige schon Zuflucht zur Emigration suchten. Schriftsteller verlassen unseren Staat! Für viele Kritiker sind solche alarmierenden Nachrichten aber nur Anlaß für Hohngelächter. So behauptet auch Rühle, das alles hätten sich die Schriftsteller selbst zuzuschreiben, denn sie diffamierten die Öffentlichkeit, die dann nur rechtens mit gleicher Münze heimzahle.

Wer diffamiert wen? Die Schriftsteller tadeln Zustände, Institutionen, politische Meinungen, Vorurteile – also relativ anonyme Tatbestände. Die sogenannte Öffentlichkeit aber nimmt das Recht, mit den Schriftstellern nicht über ihre Meinungen zu diskutieren, sondern sie als Personen zu diffamieren. Der persönliche Mut eines Autors, für die Überzeugungen einer nicht nur wahlarithmetischen Minorität zu plädieren, regt gewisse Gemüter dazu an, kostenlosen Mut zu zeigen, der gewöhnlich mit guten Ratschlägen endet, deren perfidester häufig jener ist, doch endlich in die DDR umzusiedeln. Das ist billig, das tröstet sich gegenseitig, das findet seine Leser, das kostet nichts. Den Schriftsteller aber kostet es Ansehen, Wirkung und Förderung.

Solche kostenlosen Helden haben wir in der Bundesrepublik mehr, als ihr zuträglich sein mag: Gemeindefraktionen fordern die Absetzung eines Stückes von Brecht, Kioske scheuen sich, das

Parteiblatt der DDR auszulegen, der S. Fischer Verlag zieht das Buch des kommunistischen Schriftstellers Strittmatter zurück, nachdem er es – übrigens wie Rowohlt im Falle Apitz – angekündigt hatte, als handele es sich um das Werk eines biederen Landwirts aus der Lausitz. Kostenlos mutige Kindergärtner halten uns alles fern, was uns schaden könnte, weil eben niemand so recht an die Loyalität seiner Mitbürger glaubt. Denn jeder könnte – wenn man all diesen kostenlosen Mutigen glauben darf – ein potentieller Staatsverräter sein, mindestens: ein politischer Wirrkopf.

Kommentar für den *Bayerischen Rundfunk*. 1961

Der Richtigsteller

Richtigsteller sind Leute, die eine ganz eindeutige braune Vergangenheit haben, kurz nach dem Krieg aber – ob ehrlich oder unehrlich – den obligaten Treueschwur auf die Demokratie leisteten, und nun, da die Zeiten milder geworden sind, zu wahren Schreckgespenstern der Zeitungsredaktionen werden: kein Aufsatz über unsere zwölf Jahre, in denen ihr Name vorkommt, »darf unwidersprochen bleiben«, auch das überflüssigste Detail muß erläutert und in »den gebührenden Zusammenhang gerückt« werden, sie drohen mit Prozessen, führen aber keine, sie zeichnen mit Titel und Profession, daß man auch wisse, wie honorig sie heute seien und wer alles hinter ihnen stehe – kurz, ein Verfahren, das sich am Ende doch lohnt: die Zeitungen scheuen sich, den Namen dieser ewigen Briefschreiber überhaupt zu erwähnen, weil man Ärger – auch noch mit so einem »Großen« – besser vermeidet. Das ist gerade in dem Fall, von dem die Rede sein soll, auch schon öfters geschehen: eine Mitteilung der Zeitschrift oder Zeitung, der vorgelegte Aufsatz sei ausgezeichnet, aber man solle doch besser den betreffenden Namen ersetzen, ein anderer, nicht so querulanter ehemaliger Nazi tue es doch auch. Der »Richtigsteller« ist am Ziel: er hat nicht nur durch ständiges Briefeschreiben sich die erwünschte weiße Weste wieder verschafft, sondern er wird auch hinfort in Ruhe gelassen.

Einer dieser »Richtigsteller« hat in der *Zeit* vom 22. Februar 1963 wieder einmal etwas richtiggestellt. Was stellt er richtig? Also folgendes: der Verfasser jenes Aufsatzes, in dem sein Name vorkomme, habe geschrieben, daß *Signal* 1941 von Goebbels gegründet worden sei. In Wirklichkeit sei diese Zeitschrift im Auftrag des Oberkommandos der Wehrmacht gegründet worden, habe dem Wehrmachtführungsstab unterstanden und Goebbels sei sehr ärgerlich darüber gewesen. Das ist also die Richtigstellung. Ihr folgt gleich die Behauptung, daß »ich damals nicht für Hitlers Gewaltpolitik, sondern für ein Europa eintrat, das aus freiheitlichen, souveränen Nationen bestehen sollte«. Sehr schön – ich bestreite das dem Briefschreiber, aber nehmen wir an, er sei in diesem einzigen

Punkt im Recht. Er behauptet es, und der gutgläubige Leser wird nun meinen, der Briefschreiber habe wohl überhaupt nichts mit »Hitlers Gewaltpolitik« zu tun gehabt. Das aber ist ein Irrtum. Es handelt sich bei dem Briefschreiber um Giselher Wirsing, den Chefredakteur von *Christ und Welt*, als welcher er auch, *notabene*, zeichnet, obwohl *Christ und Welt* mit dieser Sache überhaupt nichts zu tun hat.

Wirsing nun hat, obwohl wir nicht vergessen wollen, daß vielleicht er zuerst die Idee von einem vereinigten Europa hatte, tatsächlich und wörtlich »Hitlers Gewaltpolitik« unterstützt, gefördert und den Gebildeten glaubhaft zu machen gesucht. Er war, neben seiner Mitarbeit am *Signal*, gleichzeitig Herausgeber einer Zeitschrift mit dem Titel *Das zwanzigste Jahrhundert*. Die Leitartikel Wirsings in diesem Blatt sind so haßerfüllt, widerlich und töricht, daß es sich kaum lohnt, sie zu zitieren. Eine typische Mischung von Halbbildung und Arroganz mit ihren typischen Redefiguren wie »bedarf keiner weiteren Begründung«, »man wird bemerken« oder »wer das nicht selbst spürt, scheidet aus und kommt nicht weiter in Betracht«. Was soll derjenige – nehmen wir diesen Fall – spüren, wenn er nicht ausgeschieden sein will? Er soll die »Zukunft« spüren, »in der es uns aufgetragen ist, eine Vielzahl von Völkern in einer neuen höheren Einheit zu vereinigen«. Zwei Jahre später, im Sommer 1944, prophezeit Wirsing, wie man diese Einheit anzusehen habe: »Europa kann nur unter dem Schutz der deutschen Waffen und Führung leben«.

Das wäre doch die Verteidigung der Hitlerschen Gewaltpolitik Europa betreffend, die der Briefsteller bestreitet. Denn was wäre das für eine »deutsche Führung« gewesen? Gerade diese deutsche Führung hat Wirsing unterstützt, immer je nach Kriegsglück. Im Sommer 1941 sagte er voraus, »im August dürfte der Höhepunkt der militärischen Operationen (in Rußland) überschritten sein«. Im März 1942 befand sich »die Initiative über den Gesamtverlauf des Krieges fest in unserer Hand«, im Februar 1943 heißt es »Wir werden mit schwersten Opfern unsern Krieg gewinnen«, im März 1943, nach Stalingrad, »tatsächlich vermögen wir, einen totalen Krieg noch totaler zu machen«. Nie, auch 1944 nicht, wird die Stimme dieses Sängers dünner, immer ist es der Führer, der etwas »mit großartigen Worten umrissen hat«, »neue Kräfte in uns erweckt hat«. Und stets sind es die anderen, die Briten, die »Marionettenfigur de Gaulle« oder die Amerikaner, die ohnehin »den entscheidenden Anteil daran tragen, daß dieser Krieg überhaupt ausgebrochen ist«.

Genug. Man wird sagen, zu gewissen Zeiten gebe es von Wirsing ganze Felder. Tatsächlich sind diese Hinweise auch nur interessant für das Verständnis der Methode des »Richtigstellers«, und das ist eine Figur unserer Tage. Zu dieser Methode noch ein letztes Beispiel: in einer schon länger zurückliegenden Leserzuschrift an den *Monat* beklagte sich Wirsing, man habe ihn »einer Art geistiger Anstiftung der Untaten im Warschauer Ghetto« bezichtigt, widerlegte dies und wies auf »eine Denkschrift über die Behandlung der Russen und Ukrainer im rückwärtigen Heeresgebiet« hin, die er im Sommer 1942 verfaßt habe. Also keine »geistige Anstiftung«, sondern anständiger Widerstand. Was soll man aber davon halten, daß Wirsing noch 1944, in seinem Buch *Das Zeitalter des Ikaros*, die widerlichsten antisemitischen Phrasen drischt, und was soll man von seinem »Widerstand« halten, wenn derselbe Mann Ende August, also vier Wochen nach dem Aufstand des 20. Juli, die allereinfältigsten Durchhalteparolen proklamiert: »Das Beispiel der ostpreußischen Bevölkerung, die bis zum letzten Mann an der Grenze schanzt, bezieht sich auf das ganze Volk.«

Man soll davon halten, daß Richtigstellung nicht immer eine Entkräftung des Faktums ist. Man sollte durchaus skeptisch bleiben gegenüber denjenigen, die mit einer gewissen herablassenden Würde und selbstverständlich nur in dem Bemühen, der Wahrheit oder der Sache zu dienen, erklären, dies und das sei so nicht gewesen, sondern ein wenig anders. Denn ihr Licht ist oft das falsche, ihre Richtigstellung nicht uneigennützig. Sie hat die Tendenz zum Detaillismus, sie fordert zur Berücksichtigung aller Gesichtspunkte auf, um nur einige gelten zu lassen. Sie hat nicht immer die Wahrheit im Auge, sondern das *caché*. Das Ärgernis, das der »Richtigsteller« in den Redaktionen verbreitet, kommt ihm zugute nicht nur dadurch, daß die Redakteure es scheuen, sondern schließlich auch dadurch, daß diejenigen Kritiker und Redaktionen, die sich davon nicht beeinflussen lassen, nun umgekehrt in den Ruf der ewigen Querulanten geraten. »Das«, so hält ihnen dann der »Richtigsteller« vor, »was Sie da behaupten, habe ich schon dort und dort widerlegt, Sie haben es aber immer noch nicht begriffen.«

Kommentar für den *Bayerischen Rundfunk*. 1963

Diesseits der Mauer

Christa Reinig lebte bis vor kurzem [1964] in Ostberlin, die Behörden der DDR erteilten ihr ein Visum, sie fuhr nach Bremen zur Entgegennahme des Bremer Literaturpreises, kurz danach sagte sie mir, daß sie nicht mehr nach Ostberlin zurückkehren wolle. Sie hatte niemandem etwas davon gesagt – da lag der kleine Reisekoffer aus Plastik, seinen Reißverschluß hatten wir schon zweimal repariert, vergeblich natürlich, und das war ihr einziges Gepäck. Ich weiß: nun hätte ich fragen sollen, warum. Und warum so und nicht anders, und warum jetzt oder:»Was bewegt Sie dazu, verehrte Christa Reinig, sich der freiheitlich-demokratischen Ordnung zuzuwenden, wie fühlen Sie sich im westlichen Teil des Abendlandes und was sagen Sie zur Berliner Mauer?«

Ich habe das alles nicht gefragt, wir beide wußten, daß solche Fragespiele für dieses Thema nicht taugen, daß man in Deutschland seit 19 Jahren über Deutschland diskutiert zum Beweis dessen, daß man darüber offenbar nicht diskutieren kann, man kommt aus den Relativ- und Konsekutivsätzen nicht heraus. Also hätte ich wenigstens»Willkommen im Westen« sagen sollen, aber das hatte ich, mit dem Unterton, der sich bei solchen Grüßen einstellt, schon zwei Tage zuvor gesagt. Also sagte ich nur»Willkommen«, so mußte ich den Westen nicht erklären, denn auch das hätte zu lange gedauert: Christa Reinig war vorher noch nie im Westen gewesen, nur einmal vor vielen Jahren in Wolfsburg, für einen Tag.

Nun kann man natürlich sagen, das sei ganz richtig, warum solle man lange erklären, wie wir hier leben, das könne doch jedermann sehen. Apfelsinen gebe es auch, und zwar nicht nur an Weihnachten. Und der Verkehr, und reisen könne man, und jeder dürfe das sagen, was er wolle, und überhaupt.

Alles ganz richtig – aber wovon reden die Leute, die doch alles sagen dürfen? Ich fürchte, von nicht viel anderem als jene anderen Deutschen, mit denen wir in unentwegter Verwandtschaft leben, weil es heißt, daß sie unsere Brüder und Schwestern seien.

Und wenn man das, was man frei reden darf, auch schreibt, wer druckt es dann oder druckt es nicht? Heißt also eine solche

Aufforderung, jemand, der die Bundesrepublik nicht kennt, solle sich nur umtun und die Augen und Ohren aufsperren, wirklich fair gehandelt an dem, von dem man es verlangt und an dem, was er kennenlernen soll? Wie soll er beispielsweise die letzthin geäußerte Meinung von Franz Josef Strauß über die Literaten beurteilen, ohne zu wissen, daß das eine Rede in Vilshofen war und daß es mit Vilshofen ein eigen Ding ist? Wie sich ein Urteil über die Bundeswehr bilden, ohne ihre Vorgeschichte zu kennen, ohne Erinnerung an die Redeschlachten zwischen Adenauer und Schumacher im Bundestag, die wir alle damals fast Abend für Abend im Radio hörten? So geht es also nicht, und es fiele mir nur eine Möglichkeit ein, ein Brief an Christa Reinig, etwa folgendermaßen:

Liebe Christa Reinig,

neulich hätte ich Ihnen eine feierliche Rede halten sollen, aber aus dieser Ansprache wäre nichts anderes geworden als höchstens eine Rede im Stil derjenigen des »armen Herrn Knockout« von Tibor Déry, dessen *Rede für die Welt wie sie ist* mit den beiden Sätzen beginnt: »Der Pessimismus, mit dem einige von uns die schöne Ordnung der Welt betrachten, ist um so unverständlicher, als eben jene, die ihrer Unzufriedenheit am lautesten Ausdruck verleihen, einen klaren Kopf und eine gute Verdauung haben. Denn nichts ist verwunderlicher, als eine Auflehnung gegen die eigene Existenz, nichts verwerflicher, als die Kritik an einer Welt, in der es einem persönlich gut geht.« Also wird auch dieser Brief keine Rede werden, sondern ich möchte Ihnen nur den Rat geben, gelegentlich in eine Buchhandlung zu gehen und einen Text des Grundgesetzes zu erwerben – ich würde Ihnen die Ausgabe der Goldmann Taschenbücher empfehlen, weil sie eine Einleitung von Theodor Heuß enthält, eine Schilderung, gleichzeitig, der Atmosphäre zur Zeit der Diskussion des Grundgesetzes im Parlamentarischen Rat. Die davon spricht, daß »die meisten Mitglieder des Parlamentarischen Rates die Zeitspanne zwischen dem August 1948 und dem Mai 1949 in einer etwas sentimentalen Verklärung sehen«, die den in der Präambel gebrauchten Begriff der »Übergangszeit« ein wenig umständlich kommentiert und die vermerkt: »Erst durch die verfassungsändernder Gesetze vom 3. März 1952 sind an verschiedenen Stellen des Grundgesetzes die Militärdinge in den Duktus der Paragraphen eingefügt worden.« Oh guter, ewiger Zivilist Heuß! Im Grundgesetz heißt es »Wehrdienst« oder »Streitkräfte« und er schreibt einfach »Militärdinge« – man hört förmlich, wie sich ihm selbst dabei noch die schwäbische Feder sträubt.

Das Grundgesetz hat 146 Artikel, der kürzeste, 102, besteht aus vier Worten:»Die Todesstrafe ist abgeschafft.« Ich glaube aber, Sie müssen das nicht alles lesen – die ersten 19 Artikel genügen wohl. Am merkwürdigsten wird Ihnen wohl Artikel 15 erscheinen, der lautet:»Grund und Boden, Naturschätze und Produktionsmittel können zum Zwecke der Vergesellschaftung durch ein Gesetz, das Art und Ausmaß der Entschädigung regelt, in Gemeineigentum oder in andere Formen der Gemeinwirtschaft überführt werden.« Dieser Artikel wird Sie, im Vertrauen, nicht mehr erstaunen als andere Bundesbürger – das ist eben unsere sozialistische Vergangenheit. Auch Artikel 14,2 scheint das anzudeuten:»Eigentum verpflichtet. Sein Gebrauch soll zugleich dem Wohle der Allgemeinheit dienen.« Na, also, da wäre zu prüfen, ob unsere Verfassung denn in dieser Hinsicht so recht befolgt wird, und das würde heißen – dies wäre mein zweiter Rat –, daß Sie hie und da Zeitungen kaufen, verschiedene natürlich, auch Blätter wie beispielsweise das *Capital*. Nicht nur die Geschichte dieses Grundgesetzes, meine ich, gibt Ihnen ein deutlicheres Bild von der Bundesrepublik, sondern besonders auch die leichte Divergenz zwischen dem, was da steht, und dem, was nicht immer so ist, wie es da steht. Da steht in Artikel 10, daß das»Fernmeldegeheimnis unverletzlich« sei. Das steht da. Was da ist, weiß ich nicht genau, ich glaube, irgendwo dazwischen ist was. Da steht auch, Artikel 3, Absatz 3, daß niemand wegen »seiner religiösen oder politischen Anschauungen benachteiligt oder bevorzugt werden« darf. Was da ist, ist glaube ich, manchmal ein wenig mehr nach»benachteiligt«, manchmal ein wenig mehr nach»bevorzugt« hin. Also ich weiß es nicht genau und deswegen bitte ich Sie ja auch, das einmal herauszufinden. Ich hoffe nur, daß Sie die Bundesrepublik – zumindest – erträglich finden. Ich glaube, das kann man. Vielleicht finden Sie sie zuerst zu schön und nach einer Weile zu schlecht und dann erträglich oder besser. Es wird jedenfalls eine Zeitlang dauern und lassen Sie sich bitte in diesen Wochen nicht irritieren, auch nicht etwa durch eine Wiederholung des Sinnspruchs unseres Innenministers, man könne nicht immer mit dem Grundgesetz unter dem Arm herumlaufen. [Bezog sich damals auf den Innenminister Höcherl, könnte aber auch für die ihm folgenden Innenminister gelten.] Tun Sie es ruhig. Darum bittet Sie, liebe Christa Reinig,   Ihr Klaus Wagenbach

Spandauer Volksblatt. 1964

Intimsphäre der Bundesrepublik

Eine bestimmte Gruppe innerhalb der Bundesrepublik übt seit fünfzehn Jahren eine überaus erfolgreiche moralische Zensur aus, die sich mit dem Artikel 3, Absatz 3 des Grundgesetzes, dem zufolge »niemand wegen seiner religiösen Anschauungen bevorzugt werden darf«, kaum vereinbaren läßt. Das öffentliche Auftreten der Gruppe ließe sich etwa definieren mit Schleiermachers Wort von der »Verletzung der Dezenz, diesem höchst unbestimmten Verbrechen, dessen man bezichtigen kann wie und wen man will«.

Für die Freiheit haben wir das Komitee »Rettet die Freiheit«, für die Wiedervereinigung das Kuratorium »Unteilbares Deutschland« und für die Moral diesen Interessenverband, dessen Taktik – abweichende Meinungen werden auf ungenügende Sachkenntnis zurückgeführt – den genannten zwar ähnlich, dessen Konstitution aber anders ist: Es gibt sie nicht. Dieser Verein ist deswegen nicht eingetragen, weil er die Folgen und Ergebnisse seiner Tätigkeit, die man ihm mittelbar oder unmittelbar anlasten muß, öffentlich nicht vertreten könnte. Man kann hier nur Einzelfälle nennen, um das Klima zu beschreiben, in dem offenbar auch künftig in unserem Staat über Fragen der Geburtenkontrolle, Aufklärung und Sexualität diskutiert werden soll.

Es begann damit, daß die CDU 1952 und 1953 den Versuch machte, sämtliche antikonzeptionellen Mittel für rezeptpflichtig erklären zu lassen (es fanden sich damals im Bundestag genügend Stimmen, die die Vorlage ablehnten). Aufschlußreich auch, daß einige Bundesländer es (bis heute) versäumten, das sogenannte »Erbgesundheitsgesetz« außer Kraft zu setzen. Das gleiche gilt für eine Himmlersche Polizeiverordnung vom 21. Januar 1941, die den Vertrieb antikonzeptioneller Mittel rigoros einschränkte (es ging damals um Erbgut und Soldaten). Die Bundesregierung erließ zudem noch 1960 die bekannte »Automatenverordnung« (die den Vertrieb auf nichtöffentliche Automaten beschränkt), die der Sache nach auf dieser Himmlerschen Polizeiverordnung basiert.

Es folgten dann die vielen einzelnen Fälle: Strafversetzungen von Lehrern, weil sie vor Gymnasiasten über Aufklärung sprachen; Biologiebücher der Oberstufe (auch der *Schmeil*), die den Menschen als Neutrum behandeln; Freispruch einer Augsburger Telefonistin, die widerrechtlich Gespräche abhörte und über deren Inhalt (Abtreibung) Anzeige erstattete. An den deutschen Universitäten sind Vorlesungen über Methoden zur Geburtenregelung – bis 1945 waren sie verboten – noch heute [1964] nirgends Pflichtfach: selbst bei den Ärzten verfügt also nur eine Minorität über die nötigen Kenntnisse. Das bedeutet im Grunde die Durchsetzung der päpstlichen Enzyklika *Casti conubii* vom 31. Dezember 1930; bedeutet die Terrorisierung einer Majorität – nach den letzten Umfrageergebnissen sind nur 17% der Bevölkerung gegen eine Geburtenregelung (64% dafür, 19% ohne Meinung).»Terrorisierung« meint hier nur den Vorgang; das zahlenmäßige Verhältnis der Gruppen zueinander wird nur genannt, um dem ständigen Argument zu begegnen, die Majorität der Bürger unterstütze stillschweigend diesen Interessenverband. Denn dem ganzen Vorgang müßte ebenso widersprochen werden, wenn eine Majorität hinter ihm stünde.

Es gibt die – weder von Medizinern noch von Kriminalisten bestrittenen – Schätzungen über die Zahl der jährlichen Abtreibungen in der Bundesrepublik, die zwischen 500000 und einer Million liegen. Rechnet man die – strafrechtlich gesprochen –»Täter und Mitwisser dieser strafbaren Handlungen« hinzu, so bedeutet das, daß jährlich zwei oder drei Millionen Bürger zu mehrjährigen Gefängnisstrafen (so viele Gefängnisse gibt es gar nicht) zu verurteilen wären – ein Faktum, dem die Kriminalisten mit der Vokabel von der»Dunkelziffer« eher ausweichen, statt sich ihm zu stellen. Denn eine konsequente Verfolgung der Gesetzesübertreter würde nichts anderes heißen als die Aufhebung dieses Gesetzes (§ 218) selbst, das durch die weniger konsequente Verfolgung aber ebenso obstruiert wird. Das Parlament und besonders das Familienministerium wirken an dieser Obstruktion mit, statt ein besseres Gesetz vorzulegen oder dieses Gesetz (und *das* muß gefordert werden) aufzuheben.

Das Familienministerium macht sich aber nicht einmal Gedanken darüber, wie die jährlich hunderttausendfache Abtreibung zu steuern wäre. Es nimmt offenbar nicht einmal zur Kenntnis, welche Wege andere Länder in den letzten Jahren eingeschlagen haben – England, Holland, die USA, Polen, Japan, die skandinavischen Länder. Vielleicht wäre auch an eine staatliche Unterstützung der seit zwölf Jahren bestehenden privaten Organisation»Pro

Familia« zu denken, die man bisher ignoriert oder gar behindert hat. Was tut eigentlich das Familienministerium? Es schreibt Fotopreise für Jugendliche aus. Wozu haben wir es? Zur Verschleierung eines unhaltbaren Zustandes. Zur Verdunkelung der fortwährenden Verletzung des Gleichheitsgrundsatzes; denn selbstverständlich sind die gebildeten und vermögenden Schichten jederzeit in der Lage, sich die Informationen zu beschaffen, die allen anderen von Staats wegen vorenthalten werden.

Schließlich: Diejenigen, die sich beruflich mit den sexuellen Gegebenheiten in unserem Lande zu beschäftigen haben, geraten in Widerspruch zu denen, die bloß eine Meinung dazu vertreten. Die Folge ist, daß dort, wo Fakten offenkundig werden, diese von den Meinungsträgern denjenigen vorgeworfen werden, die sie bekanntmachen. Daß man die eigene Irritation für den privaten Irrtum des andern ausgibt.

Deutlich erkennbar wurde das bei dem Prozeß gegen den früheren Chefarzt des Großburgwedeler Kreiskrankenhauses, Dr. Axel Dohrn, dem vorgeworfen wurde, Frauen auf Wunsch und mit Einwilligung des Ehemannes sterilisiert zu haben. Dr. Dohrn wurde im November 1963 zu sechs Monaten Haft verurteilt; gegen das Urteil hat der Verteidiger Revision eingelegt. Dieser Prozeß zeigte beides: Die Irritation und die Leugnung des Faktums, das moralische Make-up.

Das krasseste Beispiel für die glatte *Verleugnung der Fakten* war ein Dialog zwischen Dr. Dohrn und dem geladenen Sachverständigen, dem Gießener Professor Kepp. Kepp fragte Dohrn, wie viele der sogenannten Fehlgeburten seiner Ansicht nach bewußt von den Frauen eingeleitet seien. Dr. Dohrn antwortete:»Von 100 Fehlgeburten sind 98 gewollt, häufig mit den unglaublichsten, gefährlichsten, ja mörderischen Mitteln eingeleitet.« Der Sachverständige Kepp fragte zurück:»Darf ich fragen, Herr Kollege, woher Sie diese Zahlen nehmen?«Dr. Dohrn wies auf eine vor ihm liegende Zeitschrift und antwortete:»Aus einer Veröffentlichung der Universitäts-Frauenklinik in Gießen.« Der Sachverständige, der sich so belehren lassen mußte, ist Direktor dieser Klinik. Hätte dieser Dialog unter normalen Umständen nicht genügt, dem Gericht zumindest den Verdacht der Befangenheit dieses Sachverständigen nahezulegen?

Es waren aber von vornherein *keine normalen Umstände*, unter denen dieser Prozeß stattfand: Kein Betroffener – nicht eine der Frauen – wollte klagen. Es gab verschiedene Versuche, Klage zu erheben, die abgelehnt wurden, bis es schließlich, nach über vier Jahren, zum Prozeß kam. Unter den Richtern in Hannover – einer bekanntlich vorwiegend protestantischen Stadt – befanden sich zwei Katholiken – ein ungewöhnlicher, wenn auch nicht gerade tadelnswerter Sachverhalt. Tadelnswert jedoch bleibt, daß in diesem Prozeß nicht eine einzige Richterin saß, obwohl die Materie des Prozesses dies doch geradezu hätte erzwingen müssen. Weiter: In diesem Prozeß wurden die Krankenblätter der Klinik unter Bruch der ärztlichen Schweigepflicht als Unterlagen in der öffentlichen Verhandlung verwandt. Auch mußten in diesem Prozeß Frauen vor Hunderten von Zuhörern über Gegenstände aussagen, bei deren Erörterung sonst normalerweise das Publikum von der weiteren Verhandlung ausgeschlossen wird. Viele Zeuginnen haben deswegen die Aussage verweigert – dennoch vernahm sie das Gericht nicht unter Ausschluß der Öffentlichkeit.

Das prägnanteste Beispiel für die Irritation in dieser Sache bot das Plädoyer des Staatsanwaltes, der die Meinungen einer Gruppe innerhalb der Gesellschaft (eben dieses »Interessenverbandes«) um so mehr vertreten konnte, als er nicht als Ankläger im Namen einer Person sprach. Er ließ in seinem Schlußplädoyer plötzlich die Paragraphen 224 und 225, nach denen die Anklage ursprünglich erhoben worden war, fallen, offenbar weil ihm die Mindeststrafe, die diese Paragraphen für die Körperverletzung verlangen – zwei Jahre Zuchthaus –, als zu hoch erschien. Er plädierte vielmehr nach Paragraph 216, der die Überschrift »Tötung auf Verlangen« trägt. Die Begründung war infolgedessen – da keine Tötung vorliegt – so schwierig, daß sie dem Nichtjuristen unverständlich bleiben muß. Auch dem Staatsanwalt erschien sie nicht als ausreichend, und er zog daher noch § 14 des bereits genannten »Erbgesundheitsgesetzes« heran. Auch hier war die Beweisführung schwierig, da Dr. Dohrn nachweisen konnte, daß die Ärztekammer von Niedersachsen ihm auf Anfrage mitgeteilt habe, das Gesetz sei nicht mehr gültig (wie es in Hessen beispielsweise tatsächlich der Fall ist). Der Staatsanwalt mußte zumindest zugeben, daß sich Dr. Dohrn in einem »begreiflichen Verbotsirrtum« befunden habe. So zog er schließlich den rechtlich einigermaßen »gesicherten« Tatbestand eines Verstoßes gegen die »guten Sitten« heran, der nach einem Urteil des Bundesgerichtshofs dann vorliegt, wenn die Tat »dem Anstandsgefühl aller billig und gerecht Fühlenden zuwiderläuft«. Die Beweisführung anhand dieser drei Paragraphen ist höchst fragwürdig, insbesondere jene, die sich auf das »Erbgesundheitsgesetz« stützt. Dieses Gesetz ist nicht nur in verschiedenen Ländern der Bundesrepublik ausdrücklich außer Kraft gesetzt – es besteht also in diesem Punkt eine nach Ländern verschiedene Rechtslage –, sondern es ist auch widerrechtlich und von den ideologischen Voraussetzungen her fossil. *Wie* fossil, hätte gerade der Fall dieses Mannes zeigen müssen, Dr. Dohrn, dem während der Nazizeit aus sogenannten rassischen Gründen erhebliche Schwierigkeiten erwuchsen. Die Paragraphen hinsichtlich der Körperverletzung sind in diesem Fall nicht anwendbar, da das Grundgesetz das Recht auf Verfügung über den eigenen Körper – die Zeit des Militärdienstes ausgenommen – ausdrücklich garantiert. Es liegt übrigens gerade in dieser Hinsicht eine Entscheidung des Bundesgerichtshofes vor, die das bestätigt: Die Straffreiheit der studentischen Mensur. Der Bundesgerichtshof hat in dieser Sache entschieden, daß die Waffenmensur, das heißt die Körperverletzung eines anderen auf Wunsch, nach dem Grundgesetz erlaubt ist. Dieselbe Entscheidung enthielt auch eine Definition des Begriffs der »guten Sitten«, wonach es in bestimmten Angelegenheiten *zwei* Gruppen von »billig und gerecht Fühlenden« geben kann und die Justiz nicht das Recht hat, die Anschauung einer dieser beiden Gruppen zu bevorzugen.

Auch das Gericht war offenbar über die Rechtsgrundlage in dem Prozeß gegen Dr. Dohrn im Zweifel: Nicht nur blieb es im Strafmaß weit unter der Forderung des Staatsanwaltes, nicht nur hatte dieser selbst von ursprünglich 148 Fällen 68 beiseite gelassen, sondern das Gericht entschied schließlich aufgrund von 40 Fällen. Alle übrigen (sämtlich über dreißig Jahre alte Frauen) wurden für die Anklage erst gar nicht herangezogen. Hier zeigt sich am deutlichsten, in welche Lage die Justiz gerät, wenn der Gesetzgeber, unter dem Druck eines Interessenverbandes, sich weigert, seine Meinungen zu präzisieren. Er ist dazu auch in Zukunft nicht gewillt, wie einer der Sachverständigen, Professor Kirchhoff, verriet: »Der Gesetzgeber soll uns eine Sicherheit geben. Auch das kommende Gesetz läßt uns da im Stich.«

Man verschweigt, ignoriert, kaschiert, man leugnet die Fakten, man weigert sich, die skandalösen Zustände, die in den Sprechzimmern und Krankenhäusern zutage treten, überhaupt zur Kenntnis zu nehmen. Ein unerträglicher und unwürdiger Zustand.

Neue Rundschau 75/2. 1964

Die Verbreitung von Büchern und die Legalität

Walther Schmieding: Meine Damen und Herren, wir haben Klaus Wagenbach ins Studio gebeten, weil zwei Bücher des Verlages beschlagnahmt worden sind. Es sind dies einmal der sogenannte *Rote Kalender für Lehrlinge und Schüler* und es ist zweitens das *Rotbuch 29: Über den bewaffneten Kampf in Westeuropa*. Die Verfasser dieses Rotbuchs zählen sich selbst zur Roten Armee Fraktion, das heißt also: Sie sind Mitglieder der Gruppe Baader-Meinhof.

Herr Wagenbach, können Sie mir bitte sagen, welche Motive Ihren Verlag veranlaßt haben, ein Buch herauszubringen, dessen Verfasser zu einer von den Strafbehörden gesuchten Gruppe zählt?

Klaus Wagenbach: Es war in der Geschichte des Verlagswesens noch nie ein Argument gegen die Publikation eines Buches, sein Verfasser sei ein »Krimineller« (und in diesem Fall ist das nicht einmal erwiesen). Ich erinnere an Jean Genet, an Henry Jäger, an verurteilte Mörder, deren Bücher ohne Beanstandungen publiziert wurden. Das kann also für einen Verlag kein Kriterium sein. Für den Verlag muß der Inhalt das Kriterium sein, und der Inhalt unseres Buches unterscheidet sich doch sehr von den einseitig kriminalisierenden Berichten. Außerdem: sogenannte »gemeine Kriminelle« sucht man doch in der Regel nicht mit tausend Mann.

Man muß also zumindest akzeptieren, daß die RAF eine politische Theorie hat, und ich meine, es ist richtig, diese Theorie kennenzulernen.

WS: Aber diese politische Theorie – das wäre der Unterschied etwa zu Büchern von Genet – ist ja nun verbunden mit der politischen Aktivität, das heißt, man wird Ihnen den Vorwurf machen (und hat ihn gemacht), daß Sie sozusagen Propaganda für einen gewaltsamen Umsturz publizieren.

KW: Der Vorwurf ist schon vielen Verlegern gemacht worden. Das bekannteste Beispiel in jüngster Zeit ist die Veröffentlichung des *Handbuch des Stadtguerillero* von Carlos Marighela durch den französischen Verlag Seuil. Das Buch wurde beschlagnahmt, der Verlag massiv angegriffen. In Frankreich ging der Fall so aus, daß 23 französische Verlage dieses Buch – das in der

Gewaltfrage viel weiter geht als das von uns veröffentlichte – in einer gemeinsamen Ausgabe publizierten, und diese Ausgabe wurde nicht verboten. Es bleibt abzuwarten, ob sich die deutschen Verleger ebenso solidarisch mit uns zeigen und das Buch erneut mit uns gemeinsam veröffentlichen; dazu haben wir aufgerufen.

WS: Herr Wagenbach, eine andere Frage, die sich in diesem Zusammenhang stellt: Die Rote Armee Fraktion wird steckbrieflich gesucht. Sie sagen: Mit einem ungewöhnlichen Aufwand von Polizeimaßnahmen. Muß der Verlag nicht Kontakt haben zu der Gruppe? Gibt es Gründe, also die der Verdunkelung, die die Staatsanwaltschaft gegen Sie geltend machen könnte?

KW: Nein, das ist ganz ausgeschlossen. Wir sind ja doch kein ganz kleiner Verlag mehr: Wir haben ein Vertriebsnetz, wir haben einen Postverkehr. Wir haben allerdings seit Monaten auch diese bekannten kleineren roten Volkswagen oder größeren blauen BMWs in der Straße – die Kriminalpolizei weiß also auch ganz genau, welche Besucher der Verlag hat.

WS: Wie bitte kommt der Verlag dann zu dem Manuskript?

KW: Das Manuskript haben wir käuflich erworben, das heißt, es handelte sich um eine hektographierte Schrift, die in Berliner Buchhandlungen verkauft wurde. Diesen Text haben wir unverändert übernommen, weil wir eben meinten, daß er eine größere Verbreitung verdiene.

WS: Sie haben sich definiert als einen linken Verlag. Verlangt das nicht, daß Sie sich in einem stärkeren Maß als beispielsweise ein kommerzieller Verlag identifizieren mit den Büchern, die Sie herausgeben?

KW: Das ist richtig. Das war mir ein Prinzip des Verlages von Anfang an, Bücher zu publizieren, die ich für wichtig halte, unabhängig von den Folgen, das heißt erstmal: unabhängig von den ökonomischen Folgen. Sie wissen, wie viele Gedichtbände in den *Quartheften* erschienen [...], und die ökonomischen Folgen eines Gedichtbandes sind ja bekannt. So gibt es auch in der Tat in dem Buch, über das wir sprechen, große Teile, mit denen wir uns identifizieren können, beispielsweise das Kapitel »Revolution und jugendliche Gesellschaft«, eine theoretische Erörterung, die durchaus in die sozialistische Theorie eingehen sollte.

WS: Sie haben gesagt, daß Sie publizieren ohne Rücksicht auf die ökonomischen oder auch strafrechtlichen Folgen. Aber auch ohne Rücksicht auf Folgen überhaupt? Würden Sie also daraus eine Freiheit von Verantwortung überhaupt konstruieren wollen?

KW: Nein. Nur: Die Folgen von Büchern sind schwer abschätzbar. Wenn wir hier einmal die Folgen der Verbreitung der Bibel erörtern würden – was kämen denn da alles für Folgen heraus? Das ist das eine.

Das andere ist: Man kann sich als Verleger keine Zensur einbauen, schon gar keine, die sich nach den momentanen Vorstellungen einer Gesellschaft richtet. Nehmen wir ein Beispiel, das auch alle Zuschauer kennen: die Titelbilder der Illustrierten *stern*. Wenn die schönen Nackten, die heute die Titelseiten des *stern* zieren, an derselben Stelle vor zehn Jahren erschienen wären, wäre der *stern* damals beschlagnahmt worden. Das Gesetz hat sich in dieser Zeit nicht geändert, was sich geändert hat, ist die Auslegung.

WS: Sie würden also Ihre Arbeit verstanden wissen wollen sozusagen als Erweiterung des Legalitätsrahmens?

KW: Das ist ganz klar. Es kann nicht das Interesse eines linken Verlages sein, den Legalitätsrahmen zu verengen.

WS: Wie weit würden Sie diesen Legalitätsrahmen denn ziehen wollen?

KW: Das kann man nur an einem konkreten Fall beschreiben. Also zum Beispiel an dem *Kalender*, den wir in einer hohen Auflage (70 000) für Lehrlinge und Schüler gemacht haben und der sofort zu einer massiven Kampagne der Springer-Presse führte, mit der Forderung nach einem Verbot des Buches, der die Berliner Staatsanwaltschaft dann auch gefolgt ist.

Da moniert die Staatsanwaltschaft beispielsweise, daß wir zur »Veränderung von Kriegerdenkmälern« aufgerufen hätten, was ein Aufruf zur Sachbeschädigung sei. Wir halten aber angesichts der Millionen Toten eines faschistischen Krieges die Veränderung von Kriegerdenkmälern für dringend notwendig. Und es sind ja auch einige verändert worden: Ich erinnere an den Fall in Schleswig-Holstein, wo es sogar der Pfarrer war, der das durchsetzte. Und es geht dann doch weniger darum, ob eine solche Aktion innerhalb oder außerhalb der Legalität erfolgt, sondern darum, daß sie in Wahrung berechtigter Interessen erfolgt. Das muß man doch unterscheiden im einzelnen Fall: Was liegt vor?

Was liegt beispielsweise – um einen anderen Fall zu nennen – vor, wenn ein Meister (wie es bei Siemens passiert ist) einen Lehrling so lange am Ohr zieht, bis das Ohrläppchen reißt und der Lehrling dem Meister daraufhin eine kostbare Maschine auf den Fuß fallen läßt? Ist das keine Gegenaktion in Wahrung berechtigter Interessen? Wenn also im *Kalender* steht: »Sich beim Umgang

mit Maschinen mal irren«, so kann man nicht sagen: *Das* ist Auf-
hetzung, sondern muß fragen: In welchem Fall, in welchem Kontext? Eben diesen politischen Kontext leistet ja der ganze *Kalender*
auf 128 Seiten. Und da will man uns an ein paar Zeilen aufhängen.

WS: Sie haben erwähnt, daß die Staatsanwaltschaft einer
massiven Hetze der Springer-Zeitungen gefolgt sei. Das ist Ihre
Formulierung. Warum?

KW: Aus Kenntnis der Berliner Verhältnisse.

WS: Ich sage noch einmal: Das sind Ihre Formulierungen.
Ich möchte mich darüber mit Ihnen nicht streiten. Nur, das Recht
der Publizisten des Wagenbach Verlages, Ihre Meinung zu publizieren, zur Veränderung aufzurufen, haben das die Publizisten von
Zeitungen, die politisch anders orientiert sind, nicht?

KW: Doch, selbstverständlich. Ich habe das nur als Quellen-
angabe gesagt. Und natürlich bestreite ich der Staatsanwaltschaft
auch nicht das Recht, Zeitungen zu lesen und Schlüsse daraus zu
ziehen. Aber ebenso natürlich läßt es auf die Justiz schließen, welchen Zeitungen sie Materialien für Strafanträge entnimmt.

WS: Sie würden also den Richter danach beurteilen, ob er,
provozierend gefragt, die *Bild*-Zeitung oder das *Kursbuch* liest?

KW: Ich habe gesagt: Strafanträge. Ich glaube nicht, daß das
Kursbuch einem deutschen Staatsanwalt Anlaß gibt, daraus Strafanträge zu zimmern. Da bietet die *Bild*-Zeitung mehr Material für
jemanden, der gern Bücher verbieten möchte, zumal ein Buch, das
in der Tat sehr verschiedene Meinungen provoziert und unter Aus-
nutzung eines in der Tat aufgeheizten Klimas. Und genauso stand
es auch in der *Berliner Morgenpost* und der *BZ*, und genauso hat es
Matthias Walden in seinem Kommentar gesagt: daß wir, also der
bekannte Baader-Meinhof-Verlag, jetzt auch noch einen Kalender
machen, na, was wird das schon sein. Das gehört verboten.

WS: Was mich immer wieder erstaunt, ist, daß die linken
Verleger und Publizisten, die ausgezogen sind, die Gesellschaft zu
verändern, daß die über die Abwehrmaßnahmen derjenigen, die
sie attackieren, erstaunt sind.

KW: Ich bin nicht erstaunt darüber.

WS: Sie beklagen sich aber.

KW: Das ist ein Problem für die sogenannte liberale Öffentlichkeit. Ob man in diesem Land Informationen verbreiten kann
oder nicht. Und welche Informationen, nicht wahr? Und ob man
zensieren will, oder sich eine freiwillige Zensur einbaut, oder das
tut, was man für richtig hält.

WS: Mich interessiert noch etwas. Sie haben von den berechtigten Interessen gesprochen, also daß die Beschädigung einer Maschine gerechtfertigt sei, wenn dem ein tätlicher Angriff auf den Lehrling vorausgegangen ist. Nur: Wer legt jeweils fest, wann diese Interessen berechtigt sind?

KW: Richtig. Wer legt das fest?

WS: Wenn Sie diese Interessen für berechtigt halten?

KW: Wenn man so einen *Kalender* für Lehrlinge und Schüler macht, so ergeben sich daraus ein paar Probleme, die ich beschreiben will. Erstens die Verständlichkeit. Sie wissen ja: die Linke ist in ihren Texten nicht gerade immer allgemeinverständlich. Man muß also übersetzen ins Gemeindeutsche. Zweitens muß man sehr viel mit Lehrlingen und Schülern zusammenarbeiten, ihre Presse lesen, mit ihnen diskutieren. Wenn Sie das auch nur zwei Monate tun und sehen, wie das unten an der Basis aussieht, während wir hier oben diskutieren, so haben Sie schnell ein anderes Urteil über das Recht der Lehrlinge, sich gegen den Mißbrauch ihrer Lehrer zu wehren, oder über das Recht der Schüler, sich gegen alt eingefahrene Schulstrukturen zu wehren.

Wir haben beispielsweise vor anderthalb Jahren ein Buch veröffentlicht, *Die Schülerschule*, geschrieben von italienischen Schülern, in Barbiana. Die haben selbst Schule gemacht, ohne Zensuren, ohne Klassenbücher. Das heißt: Das, was wir als – satirische – Forderung im *Kalender* aufgenommen haben, die »Enteignung von Klassenbüchern« (was uns die Staatsanwaltschaft wiederum als kriminelles Delikt vorwirft), das haben die einfach gemacht. Das ist der primäre Weg: Selbstorganisation. Notwehr ist immer nur gegen etwas gerichtet, ein Hilfsmittel. Der *Kalender* diente aber primär der Selbstorganisation, mit seitenweisen Adressen von Lehrlingszentren, Anwälten, Sexualberatungsstellen und Republikanischen Clubs, mit Rechtshilfen und Lektürelisten. Damit ihnen die Selbstorganisation erleichtert wird. Das finden die Herrschenden offenbar anstößig.

WS: Sie werden sich darüber klar sein, daß dies nicht die letzten Widerstände sind, auf die Sie stoßen werden...

KW: Wahrscheinlich nicht.

Aspekte. ZDF. 1971

Wilfried Schoeller teilte mir nach der Lektüre der ersten Auflage dieses Textes mit, daß »Walter Schmieding nach dem Interview mit Dir im ZDF nicht den Posten des Hauptabteilungsleiters erhielt«.

Wie man einen politischen Prozeß führt

Ich glaube, daß man die Haltung der Staatsanwaltschaft in diesem Prozeß nur verstehen kann, wenn man kurz die Vorgeschichte erörtert. Von vorneherein wollte die Staatsanwaltschaft »ihren politischen Prozeß«, so Karl Liebknecht 1911 im Reichstag, und er fährt fort: »Sie hätte sich deshalb bei Inszenierung des Prozesses hüten sollen; man lernt aber auf diesem Gebiete in der preußischen Justizverwaltung nur sehr schwer.«

Wie also war die Vorgeschichte *dieses* politischen Prozesses?

Zur Vorgeschichte gehört, daß der Verlag seit der Veröffentlichung von Ulrike Meinhofs Fernsehspiel *Bambule* [1971] als »Baader-Meinhof-Verlag« hochstilisiert wurde, und zwar besonders von der dem Konzern Axel Springer zugehörigen Presse. Warum wir das Fernsehspiel veröffentlicht haben, ist bekannt: Es wurde – bis heute – nie ausgestrahlt, sondern liegt als Konserve in Baden-Baden [erst 1994 ausgestrahlt]. Diese politische Zensur wollten wir durchbrechen. Warum die Zeitungen des Springer Verlages unseren Verlag oder mich seit vielen Jahren bei jeder nur möglichen Gelegenheit angreifen, ist ebenfalls einleuchtend. Solange aber Staatsanwalt Weber sich seine Strafanträge gegen uns von der Springer-Presse diktieren läßt, so lange werden wir Herrn Weber als politischen Zensor bezeichnen. Und er läßt sich seine Strafanträge von der Springer-Presse diktieren!

Wie anders soll man denn das verstehen, daß er in bezug auf den *Roten Kalender* genau die Stellen inkriminiert, die ihm die *Morgenpost* und die *BZ* »vor«geschrieben haben? Wie anders, daß er Zitate genau da abbricht, wo auch die *Morgenpost* drei Punkte setzt? Herr Weber – bekanntlich ein glühender Verteidiger von Kriegerdenkmälern, deren Veränderung er nur als Sachbeschädigung begreifen kann –, Herr Weber also hatte uns anläßlich der Beschlagnahme des *Kalenders* vorgeworfen, wir hätten zur »Enteignung oder Beschädigung von Herrschaftsinstrumenten (Klassenbücher, Schlüssel, Geld)« … – und jetzt folgten die drei Punkte – aufgerufen. Wir haben ihm dann in einer Dokumentation – die Herr Weber genau kennt, denn er erwähnt sie auf Seite 8 der jetzigen Anklage – vorgehalten, daß diese drei Springerpunkte die Springerhörigkeit beweisen. Und siehe da: in der jetzigen Anklageschrift hat Herr Weber seinen Fehler retuschiert: statt der drei Punkte ist ergänzt »Frauen von Chefs« – womit Herr Weber nun freilich eben den satirischen Charakter des Satzes preisgibt, den die *Morgenpost* aus denunziatorischen Gründen unterschlug. Freilich fälscht er praktisch damit einen Punkt der Anklage, denn ich glaube nicht, daß das volle Zitat seinerzeit als ausreichend für die Beschlagnahme angesehen worden wäre.

Ich verstehe übrigens auch nicht ganz, warum Herr Weber sogar in den 27 Zeilen, mit denen er die Beschlagnahme des Buches der Roten Armee Fraktion begründete, noch eine kleine Ergänzung nötig zu haben glaubte, in dem er bei den »Funktionsträgern des Systems« wie »... Direktoren usw.« noch die »Staatsanwälte« einschmuggelte. Warum mußten denn, an dieser Stelle, wo im Originaltext überhaupt keine »Staatsanwälte« vorkommen und die in der jetzigen Anklageschrift – Seite 10 – auch in der Tat wieder verschwunden sind, warum mußten diese »Staatsanwälte« seinerzeit in die für die Beschlagnahme gültige Anklage hineingeschmuggelt werden? Gehe ich fehl, Herr Weber, wenn ich vermute, daß Sie ein wenig auf Empfindungen direkter körperlicher Bedrohtheit spekulierten, weil vielleicht doch einige Kollegen Bedenken gegen Ihre Beschlagnahmeaktion hatten und Sie also noch einige Parteigänger unter den Staatsanwälten brauchten?

Weiter zur Vorgeschichte dieses politischen Prozesses: Mit der Hochstilisierung unseres Verlages zum »Baader-Meinhof-Verlag« verfolgte die Springer-Presse eine doppelte Strategie:

1. versuchte sie damit, den Ruf des Verlages einzuengen, weg von einem Verlag, der auch viele literarische Autoren veröffentlichte, wie Ingeborg Bachmann, Wolf Biermann, Johannes Bobrowski, Dieter Forte, Peter Rühmkorf, Erich Fried und viele andere junge, insbesondere deutsche Autoren;

2. sollte der Verlag auch in der Charakterisierung seines politischen Programms eingeengt werden.

Der Erfolg dieser Strategie war, insbesondere in Berlin, daß der Verlag im Herbst 1971 vogelfrei schien, und so wurde dann ja auch mit ihm umgesprungen: Denn das müßte Herr Weber doch einmal hier erklären, warum er etwa fünfzig mit Maschinenpistolen bewaffnete Polizisten für ein angemessenes Mittel hielt zur Beschlagnahme von Büchern in einigen Räumen, die nicht einmal genügend Platz zur Aufnahme dieser Streitkräfte boten. Ich würde auch gern wissen, warum, nachdem diese Räume bekannt waren, einige Tage später – anläßlich der Beschlagnahme des zweiten Buches – wiederum eine derart umfängliche Streitmacht anrückte?

Und dann möchte ich von Herrn Weber auch einmal wissen, warum – ebenfalls zweimal – in allen Städten der Bundesrepublik die Polizei mobilisiert wurde, um sämtliche Buchhandlungen – wiederum zum Teil schwerbewaffnet – zu durchsuchen?

Sowas nennt man unter normalen Leuten (und ich füge mich hier nicht dem juristischen Begriffsimperialismus) Erpressung, Einschüchterung, Geschäftsschädigung. Und das ähnelt in der Methodik wiederum sehr der Methodik der Springer-Presse. Wenn der Herr Staatsanwalt Weber darauf besteht, hier die Drukker der beiden Bücher zu vernehmen, so kann der eine von ihnen dem Gericht berichten, wie die Springer-Presse mit seiner Druckerei umgesprungen ist, wie die *Bild*-Zeitung, ausschließlich in der süddeutschen Ausgabe, gegen diese Druckerei gehetzt hat, sodaß der Druck des RAF-Buches die letzte Zusammenarbeit mit dieser Druckerei blieb, so wie auch einige Buchhandlungen nach dem Besuch der von Herrn Weber in Marsch gesetzten Polizei die Zusammenarbeit mit dem Verlag abgebrochen haben.

Ich wehre mich dagegen, daß Herr Staatsanwalt Weber sich fortwährend dumm stellt. Und nicht nur das: Er will auch das Gericht dumm halten. So erläutert er ausführlich, daß sein Schreiben mit dem Hinweis auf ein bereits ergangenes Verbot des RAF-Buches »am 14. Oktober 1971 einer Verlagsangehörigen bekannt wurde« und »gleichwohl der Angeschuldigte keine Anstalten traf, die Auslieferung anzuhalten, bis das Amtsgericht auch insoweit die Beschlagnahme anordnen mußte«.

Herr Weber verschweigt, was ihm vom Verlag mitgeteilt worden ist: daß ich in der betreffenden Zeit die Auslieferung gar nicht anhalten konnte, weil ich gar nicht in Berlin, sondern auf der Frankfurter Buchmesse und direkt anschließend zu einem Vortrag im Goethe-Institut in Rom war. Das wußte Herr Weber, und er war ausdrücklich gebeten worden, meine Rückkehr abzuwarten. Nach den Usancen von Herrn Weber wundert es mich – nachträglich betrachtet – gar nicht, daß eine göttliche oder Moabiter Fügung das Beschlagnahmedatum so geraten ließ, daß es nicht in die (publizistisch für die Staatsanwaltschaft ungünstige) Zeit der Buchmesse, sondern auf den Tag vor meiner Rückkehr aus Rom fiel.

In der Anklageschrift berichtet der Staatsanwalt dann, daß ich mich öffentlich über die Beschlagnahme empört und erklärt habe, »deutsche Verleger sollten sich, einem französischen Vorbild entsprechend, zur Herausgabe eines Nachdrucks zusammenschließen«. Herr Weber: Warum halten Sie das Gericht wiederum für dumm? Warum verschweigen Sie, was das für ein »französisches Vorbild« war? Weil es sich um ein Buch handelt, das Sie sowohl inhaltlich wie prozessual in Schwierigkeiten bringt, nämlich das *Handbuch des Stadtguerillero* von Carlos Marighela.

Inhaltlich bringt Sie das in Schwierigkeiten, weil der Text weit über das zur Stadtguerilla im RAF-Buch Gesagte hinausgeht, bis hin zu genauen Kampfanleitungen. Ich werde dem Gericht, wenn es das wünscht, die entsprechenden Passagen vorlesen.

Und prozessual bringt Sie das Buch von Marighela in noch größere Schwierigkeiten, denn dieses Buch wurde ebenfalls zuerst als Offsetdruck verboten, im Februar 1971, wie das RAF-Buch im Juli 1971. Nur: das Buch von Marighela erschien im April 1971 erneut als Rowohlt-Taschenbuch und wurde nicht verboten; das RAF-Buch erschien im Oktober bei uns und wurde sofort verboten. Warum haben Sie eigentlich keinen Antrag auf Einzug des Buches bei Rowohlt gestellt? Weil das eben eine politische Zensur war, und weil dies ein politischer Prozeß ist. Und bei politischer Zensur gilt eben der Grundsatz der Opportunität und nicht der Grundsatz der Gleichheit.

Genauso scheinheilig ist die Behauptung des Staatsanwalts, ein anderes Buch des Verlages, das den Text »Das Konzept Stadtguerilla« enthält, sei praktisch deswegen nicht beschlagnahmt worden, weil »das Verfahren gegen den Angeschuldigten wegen Eintritts der Verjährung eingestellt« wurde. Wenn der Staatsanwalt diesen Unsinn aufrechterhalten will, das heißt, behaupten will, dieser Text sei zu beschlagnahmen, dann möge er das hier erklären, damit wir seine Unparteilichkeit einmal am Fall nachprüfen können.

Die Wahrheit ist auch hier: eine Beschlagnahme war nicht opportun. Nicht nur weil dieser Text in unserm Buch neben vielen anderen steht, sondern auch weil in drei anderen Verlagen ebenfalls Bücher über Stadtguerilla erschienen waren, darunter eines von Oppenheim, im Ullstein Verlag (der zum Springer-Konzern gehört), und dieses Buch wurde seinerzeit, wie Sie sich vielleicht noch erinnern, in der *Welt* denunziert, was dann zu einem schnellen und gewundenen Dementi führte – eines der schönsten und meistbelachten Eigentore Springers.

Ab Anfang 1972 war eine Beschlagnahme auch deswegen nicht opportun, weil Heinrich Böll im Januar 1972 in seinem berühmten *Spiegel*-Artikel das Denunziantentum und die faschistische Hetze der Springer-Presse angegriffen hatte, und weil außerdem in diesen Monaten in der Presse fortwährend Manifeste, Nachrichten oder Zitate der Roten Armee Fraktion erschienen, so beispielsweise der umfangreiche Text von Horst Mahler mit dem Titel »Schwindsucht, Schüttelfrost, Eiterbeulen« im *Spiegel* vom 14. Februar 1972 oder der umfangreiche Abdruck in der *Welt* vom 4. März 1972. Da begriff dann offenbar auch Herr Weber, daß er als Instrument gegen Wagenbach (und nicht: gegen die RAF) von Springer benutzt worden war und daß die Springer-Presse selbstverständlich, wenn sie es für opportun hält, so viele RAF-Texte druckt, wie sie will.

Ich würde allerdings das Gericht bitten, meinen Kollegen Springer hier einmal als Zeugen zu vernehmen darüber, wie es wohl kommt, daß in derselben Zeitung, die zur Beschlagnahme eines RAF-Textes im Verlag Klaus Wagenbach aufruft und dann auch ganz befriedigt meldet, daß die Beschlagnahme im Verlag Klaus Wagenbach stattgefunden habe, daß dieselbe Zeitung einige Monate später aus demselben Buch, wiederum unter Nennung des Verlages, spaltenlange Zitate bringt.

Das scheint mir doch eine wichtige Frage: wird derjenige bestraft, der ausschließlich die Stellen zitiert, die die Staatsanwaltschaft inkriminiert, oder soll gerade derjenige bestraft werden, der diese Stellen im Kontext beläßt? Und das genau war auch der Inhalt der Erklärung des PEN zugunsten des Verlages. Die Generalversammlung des PEN bezeichnete im April 1972 – ohne Gegenstimme – die Maßnahme von Herrn Weber gegen den Verlag als »politische Zensur« und rügte, nach der Veröffentlichung der genannten Texte in der *Welt*, das doppelte Maß, mit dem hier gemessen wird.

Zur Sache, zum Buch der RAF, möchte ich mich nur kurz äußern. Die Gründe, warum wir das Buch veröffentlicht haben, sind öffentlich bekannt.

Inhaltlich geht übrigens der Text genau in den beiden von der Staatsanwaltschaft für strafbar gehaltenen Themen – Gewaltfrage und Stadtguerilla – eben deswegen nicht über die genannten Autoren hinaus, weil beides ja keine Originalerfindungen der RAF sind – das Buch kann deswegen in diesen Punkten gar nicht originär sein. Fragen der Guerilla wurden zuerst von Mao, Che

Guevara und Giap erörtert, die sich daraus entwickelnde Stadtguerilla zuerst von den Tupamaros und Marighela. Und die Frage
der Gewalt im Kapitalismus ist so alt wie der Kapitalismus selbst.

Wir werden dem Gericht, wenn es das wünscht, die entsprechenden Parallelstellen aus vielen anderen Büchern nachweisen – bis hin zu den von Herrn Weber offenbar für besonders
original-RAF gehaltenen »Kommandogruppen«, die bei Marighela lediglich »Feuergruppen« heißen und nicht aus »3er-, 5er-,
10er-Gruppen« bestehen, sondern aus »4 bis 5 Männern«.

Ich fürchte allerdings, daß wir hier immer wieder mit einer
gewissen – höflich ausgedrückt – theoretischen Unbescholtenheit
der Staatsanwaltschaft zu kämpfen haben werden, denn einer der
Lieblings- und Hauptanklagepunkte, in allen Schriftsätzen, ist der
Satz: »Für alles Reaktionäre gilt, daß es nicht fällt, wenn man es
nicht niederschlägt.«

Die Verfasser des RAF-Textes haben lediglich vergessen, diesen Satz als Zitat zu kennzeichnen, er stammt nämlich von Mao

Tse-tung, Seite 13 im
Roten Buch. Nach
den jüngsten Zah-
len sind vom Roten
Buch 740 Millionen
Exemplare verbrei-
tet.

Erklärung zu
Prozeßbeginn. 1974
Gedruckt in:
Heinrich Böll u.a.
*Die Erschießung
des Georg von Rauch.
Eine Dokumentation.*
Wagenbach.
Berlin 1976

Mit Otto Schily, dem
Verteidiger in allen
Prozessen, aus dem
Berliner Landgericht
stürmend

»Mord«

1911 antwortete der Münchner Polizeipräsident dem Schriftsteller
Frank Wedekind auf dessen Frage, warum er sein Theaterstück
verboten habe: »Sie haben die öffentliche Meinung gegen sich.
Solange das der Fall ist, gebe ich Ihr Stück nicht frei.« Polizeipräsidenten von heute drücken sich nicht mehr so deutlich aus,
aber an der Sache hat sich nicht viel geändert. Auch dieser Prozeß
wurde ja nicht etwa angestrengt, um eine Sache zu klären, sondern
zur Pflege der öffentlichen resp. veröffentlichten Meinung. Und
deswegen möchte ich gerade bei der Sache – nämlich der Freiheit und Notwendigkeit der Kritik – bleiben und, um auch beim
Wort zu bleiben, aus meinem Herzen keine Mördergrube machen.
Ich möchte meine Überlegungen auf zwei Fragen konzentrieren:
Erstens auf die Art der Verhandlungsführung und ihre Gründe;
zweitens auf die Lügen der Polizei und ihre Gründe.

Zur Verhandlungsführung. Ich habe zu Beginn des Prozesses (wie
schon in der ersten Instanz) kurz erörtert, was sich mit dem Wort
Mord verbindet und in welchen Zusammenhängen es gebraucht
wird: Selbstmord, Akkord ist Mord, Justizmord, Mord auf der
Straße, Völkermord. Ich habe darauf hingewiesen, daß gerade der
Begriff »Mord« nicht auf die juristische Definition eingeschränkt
werden kann. Eines der wichtigsten Bücher der jüngeren deutschen Literatur, Hans Fricks *Henri*, fängt mit dem Satz an: »Wenige
Tage vor deiner Ermordung.« Es ist der Bericht eines Vaters über
die »Ermordung« seines Sohnes durch ein Auto – das ganze Buch
handelt von der »Brutalisierung« durch den »täglichen Massen-
mord auf den Straßen«. Einer der letzten Sätze des Buches ist: »Wer
sich nicht anpassen kann oder will, ist automatisch verurteilt, und
seine Auslöschung bleibt nur eine Frage von Zeit und Gelegenheit.« Ein Satz, der mit dem Inhalt dieses Prozesses viel zu tun hat.
Ich habe dann auch – am ersten Verhandlungstag – gefragt,
wie denn anders wir die Ermordung von Benno Ohnesorg und Georg von Rauch hätten bezeichnen sollen, ob wir hätten schreiben
sollen »von hinten erschossen« oder »aus Versehen umgebracht«

98

oder »nervös getötet«? Ich habe auf diese Fragen die Antwort erhalten, daß ja zum Beispiel auch unterschieden werden müsse zwischen »Mord« und »Totschlag«. Die Antwort wiederholt einfach nur das Problem: Wer, außerhalb von Gerichtssälen, benutzt denn das Wort »Totschlag«?

Oder anders formuliert: Man hat mir gleich zu Beginn des Prozesses zu verstehen gegeben, daß man wie ein Kolonialist mit mir umzugehen wünscht. Auch die Spanier haben bei der Besetzung Mexikos die Mayas nicht weiter gefragt, sondern ihre Sprache, ihre Begriffe einfach mit Gewalt durchgesetzt. Wer die Macht hat, der bestimmt, was Begriffe bedeuten und was nicht, wie Worte zu definieren sind und wie nicht, wo sie anfangen und wo sie aufhören. Das eben ist Begriffsimperialismus. Herrschaft läßt nicht mit sich diskutieren. Auch das haben Sie mir klargemacht – nur ist das eben Herrschaftsausübung und kein demokratisches Verfahren. Sie wollen und wollten nicht über den Begriff »Mord« diskutieren, weil dieser Begriff – für Sie – feststeht. Sie werden zugeben, daß dieser Prozeß von Außenstehenden (einschließlich Herrn Hübner, Polizeipräsident) aber als Prozeß um das Wort »Mord« angesehen wird und also die Ablehnung einer Diskussion dieses Wortes kaum anders begriffen werden kann denn als Vorwegnahme des Urteils. Es mag ja notwendig sein, feste juristische Begriffe zu haben, es ist aber nicht möglich, sie dort einzusetzen, wo das Wort viel älter ist als seine juristische Einengung. Und das ist bei dem Wort »Mord« eklatant der Fall – bis zurück zum Germanischen, wo es »verheimlichter Totschlag« heißt. So die Definition des *Etymologischen Wörterbuchs* von Kluge/Götze, dessen Gesamtdarstellung der Wortgeschichte geradezu ein Musterbeispiel für die Vielwertigkeit solcher Grundvokabeln wie »Mord« ist.

Es kann deswegen nicht verwundern, daß in diesem Prozeß geradezu ängstlich vermieden wurde, danach zu fragen, was wir uns denn wohl dabei gedacht haben, als wir von Benno Ohnesorg geschrieben haben, er sei »ermordet« worden, und zugleich den »Freispruch« des Polizisten erwähnten, der ihn erschoß. Das zeigt doch ganz deutlich, daß wir hier nicht die juristische Definition verwenden. Das zeigt sich auch an andern Stellen des Büchleins, so zum Beispiel auf der ersten Seite, wo vom »Mord« an Richard Epple (der von einer Verkehrsstreife erschossen wurde) die Rede ist. Und warum hat denn eigentlich der Augsburger Polizeipräsident keine Anklage gegen mich erhoben, obwohl auf Seite 95/96 vom »Mord« an Thomas Weißbecker die Rede ist? Warum klagt der Stuttgarter Polizeipräsident nicht, obwohl auf Seite 44 vom »Mord« an McLeod die Rede ist? Aus all dem ergibt sich doch ziemlich deutlich, wie und in welchem Zusammenhang wir, kritisch, den Begriff »Mord« verwenden. Und die betreffenden Polizeipräsidenten haben das auch durchaus begriffen und uns nicht verklagt. Nur der Berliner Polizeipräsident will Sonderrechte und erhofft sich – nachdem er bei der Klage gegen Erich Fried in Hamburg gescheitert ist – in Berlin eine, drücken wir's höflich aus: wohlgesonnenere Justiz. Und das nicht zu Unrecht.

Denn Ihre Verhandlungsführung, Herr Dr. Seidel, richtete sich während des ganzen Prozesses nicht ein einziges Mal darauf, für mich Entlastendes zu erörtern. Unsere Definition des Begriffs »Mord« interessierte Sie nicht. Der Zusammenhang zwischen der Ermordung von Thomas Weißbecker und der von Georg von Rauch, den wir durch einen zweispaltigen Nebeneinanderdruck hergestellt hatten, interessierte Sie nicht – erst auf mein ausdrückliches Verlangen hin wurde der Text vollständig vorgelesen. Und selbstverständlich interessierte Sie auch nicht, daß der *Kalender* im Mai 1972 in Satz ging, als also die Ermittlungen nicht einmal abgeschlossen waren, so daß – und das zeigt ja auch unser Text ganz deutlich – von einem andern Wissensstand ausgegangen werden muß. Wie war aber der Wissensstand?

Damit sind wir bei den Lügen der Polizei. Und zwar nicht nur bei den seinerzeitigen, sondern auch bei denen in diesem Verfahren.

Es war ja doch sehr eigenartig, daß hier förmlich Dutzende von Polizisten leugneten, jemals etwas vom Stichwort »Trabrennen« [Name der Fahndung] gehört zu haben; bis auf einen, und Herrn Neubauer [damaliger Innensenator]. Daß Dutzende von Polizisten angeblich nichts von besonderen Anweisungen wußten; bis auf einen, und Herrn Hübner. Daß hier Polizisten aus dem Saal gingen und von ihren Kollegen gefragt wurden, ob sie noch ihren Vornamen wüßten. Daß Polizisten sogar den Namen ihrer Vorgesetzten vergessen hatten.

Warum? Der Hauptgrund war, daß – im Gegensatz zum heutigen Schweigen – die Polizei damals, einen Tag vor der Erschießung von Georg von Rauch, außerordentlich gesprächig war und eben jene Anheizung der öffentlichen Meinung mitbetrieb, die sie heute leugnet und verdrängt. In einer Pressekonferenz vom 3. Dezember erklärte Hauptkommissar Deter (laut *Tagesspiegel* vom 4. Dezember): »Wir haben es hier mit einer gefährlichen kriminellen

Bande zu tun, deren Mitglieder rücksichtslos von der Schußwaffe Gebrauch machen.« Es laufe bereits eine »Großfahndung, an der die gesamte Westberliner Polizei beteiligt ist«. Außerdem wurden der Presse Fotos von zehn Personen übergeben, die zum »harten Kern der Baader-Meinhof-Bande gehören«; diese Fotos seien »nach Ansicht der Sicherungsgruppe Bonn und der Berliner Kripo die zur Zeit bestmöglichen« (BZ, 4. Dezember). Eines dieser zehn Fotos zeigte Georg von Rauch.

Am 4. Dezember, also am Tag der Ermordung von Georg von Rauch, erschienen die Fotos in allen Westberliner Zeitungen, mit je nach Couleur entsprechenden Kommentaren, bis hin zu den beiden BZ-Schlagzeilen: »Seit gestern 14 Uhr Großfahndung. Bei der Polizei glühten die Drähte.« Und diese Zeitungen vom Vormittag, diese Schlagzeilen, diese Warnungen vor dem »rücksichtslosen Schußwaffengebrauch« sollen plötzlich am Nachmittag desselben Tages vergessen gewesen sein, bei beteiligten und unbeteiligten Polizisten?

Und dann fing die lange Reihe der Polizeiversionen an. Die erste, laut *Tagesspiegel* vom 5. Dezember, lautete: »Als der eine Beamte sich plötzlich allein sah, trat er zurück. In diesem Augenblick fielen nach seinen Angaben die ersten Schüsse. Einer der drei, und zwar Georg von Rauch, den er trotz rot gefärbter Haare erkannt hatte, brach zusammen. Der Beamte erwiderte das Feuer. Die Schüsse sind nach seinen Angaben und auch nach den Ermittlungen der Kriminalpolizei von beiden Straßenseiten abgefeuert worden.«

Wie kommt es, daß Herr Schulz [der Todesschütze] seinerzeit Georg von Rauch erkannte und seitdem nicht mehr? Und warum ist damals noch von beiden Straßenseiten gefeuert worden und warum später nicht mehr – bis auf jene schwer einzuordnende Geschoßhülse von 9 mm? Am 18. Dezember hieß es im *Tagesspiegel*: »Vierzehn Tage nach dem Tode Georg von Rauchs kann weder von der Berliner Polizei noch von der Staatsanwaltschaft Klärendes zu dem Zwischenfall gesagt werden.« Und in der *Frankfurter Rundschau*: »Trotz umfangreicher Ermittlungen konnte die Polizei bisher den Todesschützen nicht feststellen« – und das, nachdem in einer der ersten Meldungen, der *dpa*-Meldung 241 vom 4. Dezember, stand, der Beamte »... habe zurückgeschossen und, wie er glaube, einen Mann getötet«. Weiter: Am 18. Dezember lehnte Polizeipräsident Hübner es ab (laut *Der Abend*), »Einzelheiten« bekanntzugeben, »insbesondere, ob die Verfassungsschützer bewaffnet, waren«. Erst waren ja, bekanntlich, überhaupt keine Verfassungsschützer am Ort, dann waren doch welche am Ort, ob bewaffnet war offenbar noch nicht ganz gewiß, inzwischen steht es fest, angeblich, sie waren da und unbewaffnet.

Aber es waren ja auch zuerst keine Beamten der Sicherungsgruppe Bonn, bekanntlich bewaffnet, in Berlin, laut *BZ* vom 8. Januar 75, war aber dann plötzlich»... festgestellt worden, daß entgegen öffentlicher Erklärungen des Polizeipräsidenten und des Innensenators vom 2. bis 4. Dezember doch ein Mitglied der Sicherungsgruppe Bonn in Berlin gewesen« sei.

Am 22. Dezember heißt es im *Abend*:»18 Tage nach dem Vorfall gibt es keine oder nur lückenhafte Antworten auf die von verschiedenen Seiten zu Recht bohrend gestellten Fragen.« Und weiter:»Verwunderlich ist auch die Tatsache, daß die Wunden des bei der Schießerei verletzten Polizisten bereits wieder verheilt sind und es aus diesem Grund zweifelhaft sei, jemals zu erfahren, welche Kugel aus welcher Waffe sie verursachte. Man erinnert sich: dieser Beamte war laut Angaben der Kripo erst nach drei Tagen vernehmungsfähig gewesen ... die schwere Verletzung habe eine Schonfrist verlangt ...«

Diese ironischen Kommentare der Presse gehen noch über Wochen weiter, so wird übellaunig vermerkt, daß nun auch noch»zwei ›Funk-Pannen‹« zu verdauen seien, nichts»koordiniert« gewesen sei (*Abend*, 22. Dezember), oder schlicht festgestellt:»Die Erklärung von Innensenator Neubauer, die Verfassungsschützer seien unbewaffnet gewesen, ist ja wohl eine reine Schutzbehauptung« (*FR*, 22. Dezember). Und die *BZ* fragt am 21. Dezember, warum gegen die Verfassungsschützer»keine Klage wegen unterlassener Hilfeleistung« angestrengt werde?

Ja, warum sind eigentlich die Beamten vom Landesamt für Verfassungsschutz»dem verletzten Kripo-Beamten nicht zur Hilfe geeilt«, so fragt auch noch der *Abend*, einen Monat nach der Schießerei.

Und so fragt die Presse dann noch monatelang nach der Aufklärung dieses, wie es die *Süddeutsche Zeitung* nennt,»reichlich undurchsichtigen Geschehens« (20. Januar). In diesem Prozeß tut aber der Polizeipräsident plötzlich so, als habe seinerzeit nicht die FDP seinen Rücktritt wegen der Erschießung von Georg von Rauch gefordert, als sei die Polizei nicht massiv kritisiert worden; sondern es soll offenbar der Eindruck erweckt werden, hier ginge es um die Privatmeinung eines unbelehrbaren, linksradikalen und also zu bestrafenden Verlegers.

Die folgenden bitteren Sätze stammen nicht von mir, sondern standen im *Tagesspiegel* (16. Januar): »Polizeiintern ist es für einen Polizisten wesentlich harmloser, fahrlässig einen Menschen zu töten als Kollegen bei heiklem Anlaß zu verhöhnen.«

Und wann ist eigentlich der Fragenkatalog der FDP beantwortet worden, wann der ebenso ausführliche des *Tagesspiegel?* Und was ist aus der Aufforderung der FDP geworden (laut *Tagesspiegel* vom 8. Januar), Senator Neubauer möge endlich den V-Leuten »für das Strafverfahren unbeschränkte Aussagegenehmigung erteilen«?

Da gab sich damals die FDP gleich einem doppelten Irrtum hin: Erstens glaubte sie offenbar, Neubauer täte das irgendwann. Und zweitens war sie wohl davon überzeugt, es komme zu einem »Strafverfahren«.

Das glaubte sogar der Kolumnist der *BZ*, der noch am 10. Januar hoffnungsvoll schrieb: »Sinnvoll wäre nur, wenn alle Beteiligten ihre Zeugen aus dem Sack ließen. Wenn also … vor einem ordentlichen Gericht sowohl die beteiligten Verfassungsschützer als auch die beiden Begleiter des Getöteten ihre Aussagen machten.«

Wo bleibt eigentlich dieses »ordentliche Gerichtsverfahren«? Soll etwa dieser unordentliche, beiläufige und von allen Seiten behinderte Prozeß es ersetzen? Die V-Leute erhalten keine Aussagegenehmigung; aber ein nicht nur zweifelhaftes, sondern in Teilen offensichtlich falsches Interview Michael Baumanns mit dem *Spiegel* darf hier vom Staatsanwalt angeführt werden. Oder das Tonband mit dem Anruf bei der Funkbetriebszentrale samt einem Sachverständigen, der uns dann hier erklärt, er habe nur die ihm bezeichneten wenigen Sekunden mit dem Schußwechsel untersucht – *notabene* nicht die weit voranliegenden Stellen, auf denen seinerzeit die Journalisten einen vereinzelten Schuß gehört hatten.

Das paßt gut zusammen mit einem Innensenator, der die Klage des Polizeipräsidenten zweckdienlich dadurch unterstützt, daß er nicht nur den Verfassungsschutzbeamten – immerhin Tatzeugen! – die Aussagegenehmigung verweigert, sondern den Polizeibeamten möglichst nicht mehr als die Berufsangabe gestattet. So verstehe ich auch, wenn Sie mir dies als Schlußbemerkung gestatten, den Schuldspruch, den Sie fällen werden, nur zum Teil als gegen mich gerichtet; aus zweierlei Gründen: Erstens ist er zugleich gegen Heinrich Böll, Robert Neumann, Johannes Schenk,

Peter Handke, Klaus Stiller, Ulrich Sonnemann, Gerhard Zwerenz und viele andere gerichtet, die die Erschießung von Benno Ohnesorg und Georg von Rauch ebenfalls »Mord« genannt haben. Daß der Prozeß gegen mich geführt wurde, hat die genannten praktischen Gründe: In Berlin läßt sich so was (wie der ärgerliche Hamburger Freispruch von Erich Fried zeigt) noch am besten absichern.

Zweitens ist der Schuldspruch kein Schuldspruch, sondern mehr ein Freispruch zweiter Klasse für die Polizei – er bewahrt alle Beteiligten vor eben dem, was sie fürchten: einem »ordentlichen Gerichtsverfahren«.

Ich hoffe, daß wir in dieser Sache geschiedene Leute bleiben.

Schlußwort des Angeklagten. 1975
Gedruckt in: Heinrich Böll u.a.
Die Erschießung des Georg von Rauch. Eine Dokumentation.
Wagenbach. Berlin 1976

Ausgerechnet dieser schießwütige Kurras, von dem es jetzt heißt, wenn wir nur gewußt hätten, daß der IM ist, dann wäre er bestimmt verknackt worden. Das will ich gerne glauben, aber warum erst jetzt und nicht 1967? Damals steckte die Polizei mit der Justiz unter einer Decke, um genau das zu verhindern. Kurras wurde mit Unterstützung der Kollegen und unter dem Beifall der Springer-Presse und der Berliner Bevölkerung freigesprochen. Woraus man lernen kann, dass die Berliner Polizei bis lange nach 1968 und zum Teil heute noch jeden Polizisten deckt, egal, was er gemacht hat.

Niemand ist je für den Mord an den Studenten Ohnesorg und Georg von Rauch verurteilt worden, niemand außer mir. Der Kritiker des Vorgangs wurde als einziger verurteilt.

Aus einem Interview mit Willi Winkler, *Süddeutsche Zeitung*. 2009

Über kollektives Arbeiten

Qualifikationsvermittlung und Arbeitsteilung

Ein typischer Ausdruck in Kollektiven ist »Qualifikationsvermittlung«. Der Erwerb von Kenntnissen wird als eine Art Wohnungsvermittlung dargestellt: Dem einen fehlen sie, der andere vermittelt sie, fertig ist die Laube. Was da als eine Art Tauschakt unter Gleichen dargestellt wird, ist aber das Gegenteil: das Zusammentreffen von Ungleichen, von Lehrer und Lernendem. Und es ist kein schneller Ausgleich eines »Qualifikationsvorsprungs«, sondern ein längerer Lernprozeß, in dem auch die Lerninhalte sich verändern: Die Darstellung des Lernens als bloße Korrektur von Wissenslücken geht bewußt über die je individuelle Ausformung von Wissen hinweg; »das Wissen« ist *das* Wissen, »die Qualifikation« ist *die* Qualifikation.

Die Folgen sind in allen Kollektiven zu beobachten: Da »Sachautorität« nur funktional anerkannt wird, verliert der Lehrende bald die Lust an der »Vermittlung« und wird zum lustlosen Einpeitscher oder Kontrolleur. Als solcher ist er natürlich angreifbar und wird irgendwann aus dem Kollektiv gedrängt.

Auf der Seite der Lernenden sieht es ähnlich aus: auch sie sehen Lernen primär als funktionale Wissensvermittlung, und das hat nicht nur mit dem bei Linken geschärften Bewußtsein für Leistungsdruck und autoritäres Verhalten zu tun, sondern ist oft auch eine Verinnerlichung deutscher, »rationaler«, gefühlskalter Erziehungsmethoden. Unter solchen Umständen ersetzt das Mißtrauen leicht die Neugier, die Angst vor Leistung und Autorität blockiert die Aufnahmefähigkeit.

Hinzu kommt in vielen Kollektiven die phantastische Idee, alle könnten alles. Das heißt: so wird es nicht formuliert, sondern als notwendiger Kampf gegen die *Arbeitsteilung*. Je mehr sich aber dieser Kampf ausdehnt, um so entmutigender wirkt er: Was da jeder können soll (an Handarbeit, Kopfarbeit und Kontrolle), kann am Ende keiner. Oder anders ausgedrückt: Natürlich kann jeder (fast) alles, fragt sich nur wie.

Es scheint so, als werde die Lust, etwas zu lernen, in Kollektiven um so eher gebrochen, je rigider sie sind. So werden sie statisch, kühl, innovationsfeindlich.

Die Autoren

Bereits in der Generalversammlung hatten die Autoren (nicht ich) darauf hingewiesen, das Verhältnis zwischen Verlag und Autor sei »notwendig ein Autoritätsverhältnis«. Autoren möchten selbstverständlich gern alles von sich (und ihren Freunden) gedruckt sehen, ein Verlag kann aber eben nicht alles drucken, er muß auswählen; programmatisch, ästhetisch, technisch. Es ist begreiflich, daß ein Kollektiv diese Binsenweisheit schwer akzeptieren kann, weil es damit vor dem Dilemma stünde, entweder *im* Kollektiv Autoritäten (also Lektoren) zu akzeptieren oder sich kollektiv *als* Autorität zu verstehen.

Das Kollektiv als Kollektiv

In einem Kollektiv hat das Kollektiv immer recht, das heißt seine Mehrheit. Ich kenne nicht eine einzige Verfassung oder Vereinbarung eines Kollektivs, die in auch nur einem Punkt der *Minderheit* ausdrücklich Rechte einräumt (außer, im besten Fall, dem der wiederholten Gegenrede, die dann aber um so strahlender majorisiert werden kann). Was daran ›links« sein soll, bleibt schleierhaft; es ist eher ein Gottvertrauen, das allerdings auch schon ganz andere Vereine und Gemeinschaften beseelt hat. Demgegenüber charakterisiert es die Linke heute doch eher, daß sie – zumindest seit einem Jahrzehnt – die Minderheiten verteidigt, nicht nur in ihrem Anspruch auf Gleichberechtigung, sondern auch in ihrem Anspruch auf *Abweichung*, auf ihr Anderssein. Das heißt: die Linke hat inzwischen Begriff und Vorstellung von der Gefahr der Planierung des Besonderen, Autonomen oder Minoritären durch Mehrheitsentscheide.

Das Kollektiv als Individuum

Jeder, der einige Jahre in einem Kollektiv gelebt und gearbeitet hat, weiß, daß die Wünsche, die ins Kollektiv führen, fast die gleichen sind, die aus ihm herausführen – die Sehnsucht nach Selbstbestimmung und nicht entfremdeter Kommunikation.

Vielleicht würden die Vor- und Nachteile kollektiver Arbeit weniger kontrovers diskutiert, wenn diese Wünsche offener zugegeben würden:

Der Wunsch wenigstens nach Stallwärme von denjenigen, die keine Familienwärme hatten.

Der Wunsch nach Gesprächen von denjenigen, die stumm gehalten wurden.

Der Wunsch nach Gleichheit von denjenigen, die sich ungleich fühlten.

Der Wunsch nach Nähe von denjenigen, die man von allem fern gehalten hatte.

Der Wunsch, etwas zu unternehmen, von denjenigen, die angestellt waren.

Der Wunsch nach Gemeinsamkeit von denjenigen, die die Widersprüche nicht mehr ertragen konnten.

Kein Kollektiv erträgt auf die Dauer eine solche Last von Wünschen, zumal wenn noch eine ebenso große Last an hinter ihnen stehenden Defekten hinzukommt.

Um so weniger erträgt es der einzelne. Irgendwann wird es ihm zuviel, stets für ansprechbar gehalten zu werden. Irgendwann stellt er fest, daß die Stallwärme mal einen Durchzug gebrauchen könnte. Irgendwann ist er es satt, als Gleichheitspartikel angesehen zu werden. Irgendwann geht ihm die Sucht nach Nähe auf die Nerven. Irgendwann hat er Lust auf Widersprüche, Auseinandersetzung, Konkurrenz. Irgendwann möchte er sich nicht mehr einbringen, sondern ausbilden.

Da aber nun die Wünsche, die den einzelnen ins Kollektiv bringen, von der Gesellschaft – *ex negationem* – produzierte sind, gerät »das Kollektiv« fast automatisch zum Positivabzug, der auch nach außen reproduziert wird: Jeder wird angekumpelt und mit einem pseudofamiliären Dunst benebelt. Nicht Inhalte zählen, sondern Nähe. Da werden Probleme »durchgequatscht«, die keine sind, zuungunsten von Problemen, die Neugier und Anstrengung verdienen würden. Das plappert vor sich hin wie das bekannte Individuum auf der Parkbank, und das Gerumpel, mit dem man sich da gegenseitig auf die Pelle rückt, ist das einer Kartoffelschütte.

Es ist ziemlich schwer, gegen dieses verbreitete Klima gegenseitiger Verpflichtung zu erhöhter Körpertemperatur anzugehen, zumal für diejenigen, die aus einem Kollektiv ausgeschieden sind: gerade sie sind noch für eine Weile betäubt vom Nachhall der eigenen Propaganda.

Darin liegt aber auch eine Gefahr: Wenn künftig nicht differenzierter über Kollektive diskutiert wird – zum Beispiel darüber, daß sie *nicht* quasi von selbst ein Gegenentwurf zur Gesellschaft sind, sondern auch das Spiegelbild der in ihnen sich immer mehr verbreitenden Angestellten- und Beamtenmentalität sein können –, wenn also weiterhin kollektive Arbeit *per se* als »links« ausgeschrien wird, dann stehen diejenigen dumm da, die sich »selbstbestimmen« wollen, was ja vielleicht doch keine unbedingt »rechte« Absicht ist. Oder? Oder müssen sich die vielen jungen Leute, die aus den Wohngemeinschaften, Arbeitskollektiven oder Initiativgruppen aussteigen (aus guten Gründen und oft unter großen inneren Konflikten), nachsagen lassen, sie seien »rechts«? Oder müssen sie sich das selber sagen?

Steht also die Rechte wieder mal prima da, als Verteidigerin von Zivilcourage, Unternehmungslust, Individualität, Selbständigkeit?

Auszüge aus der *Nachbemerkung 1981* zur
Rede vor der Autorengeneralversammlung 1973,
beide in *Freibeuter* 10. 1981 [siehe Seite 244]

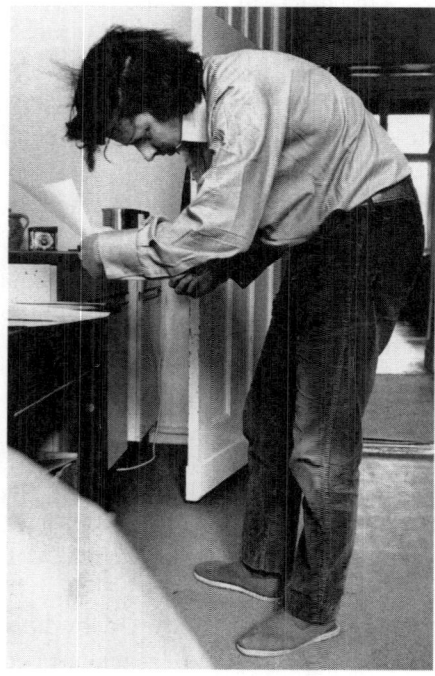

Verzweifelter Versuch, etwas
passend zu machen. 1972
(photographie: stefan moses)

Grabrede für Ulrike Meinhof

Der jetzige politische Zustand in Deutschland soll zu tun haben –
so die offizielle These – mit der »Bedrohung der Demokratie durch
terroristische Gruppen«. Für diese Gruppen war Ulrike Meinhof
das Symbol. Es ist deswegen vollkommen absurd, wenn jetzt die
Staatsgewalt so tut, als habe der Tod von Ulrike Meinhof *nichts* mit
unseren Zuständen zu tun.
    Die offiziellen Stellen mögen nachzuweisen versuchen, daß
der Tod Ulrike Meinhofs ein »Selbstmord« gewesen sei. Sie werden damit nicht unsere deutschen Zustände aus der Welt schaffen:
Ein massives, lange vor irgendwelchen »terroristischen Gruppen« –
1968 – geschaffenes »Notstandsgesetz«. Ein noch viel länger zu-
rückliegendes Verbot der kommunistischen Partei und die mit
ihm verbundenen Verfolgungen. Neuerdings die Verordnung zum
Schutz der Beamten vor Linken jeder Art. Und schließlich das
erst wenige Wochen alte Gesetz gegen die »Befürwortung von
Gewalt«.
    Was Ulrike Meinhof umgebracht hat, waren die deutschen
Verhältnisse. Der Extremismus derjenigen, die alles für extre-
mistisch erklären, was eine Veränderung der Verhältnisse auch
nur zur Diskussion stellt.
    Ulrike Meinhof, geboren in der Mitte der dreißiger Jahre, war
alt genug, um die sinnlichen Erscheinungsformen des Nazismus
noch wahrzunehmen. In den fünfziger Jahren wuchs sie bei Renate
Riemeck auf, einer Antifaschistin, die für die Friedensbewegung
arbeitete, eine Organisation, die die Wiederbewaffnung zu verhindern suchte. Auch die Sozialdemokraten waren damals gegen
die Wiederbewaffnung – heute, angesichts eines sozialdemokratischen Verteidigungsministers, mögen sie ebenso ungern daran
erinnert werden wie an ihre ersten Nachkriegsprogramme. Als
die Bundeswehr durchgesetzt worden war, wurde die Kampagne
gegen die Wiederbewaffnung abgelöst von der »Kampagne gegen den Atomtod«, an der in der ersten Zeit die Sozialdemokratie
ebenfalls beteiligt war. Erst in der zweiten Hälfte der fünfziger
Jahre fand praktisch der Bruch innerhalb der Linken statt: Die

Sozialdemokratie schied aus der Kampagne aus und nahm Kurs auf NATO und Godesberger Programm. Dies waren die ersten politischen Erfahrungen Ulrike Meinhofs. Im folgenden Jahrzehnt – von der Mitte der fünfziger bis zur Mitte der sechziger Jahre – wurde Ulrike Meinhof innerhalb weniger Jahre zur bedeutendsten linken Journalistin der Bundesrepublik. *Sie* war es, die am klarsten die Enttäuschungen über die reaktionäre Entwicklung der Sozialdemokratie formulierte. Sie kämpfte gegen den Krieg in Algerien, gegen die Notstandsgesetze und gegen die Große Koalition. Sie agitierte für die Beendigung des Krieges in Vietnam und für eine andere Ostpolitik. Sie widmete sich schließlich zwei Grundfragen des Marxismus: der Klassenanalyse und der Frage der revolutionären Gewalt: Wer gehört zur ausgebeuteten und unterdrückten Klasse? Und, damit verbunden, wie ist die Befreiung dieser Klasse durchzusetzen? Es waren Überlegungen, die von den Betroffenen ausgingen, vom tatsächlichen Elend, nicht von der theoretischen Entfremdung. Und da waren es die Randgruppen, die in den Blick gerieten: Die Eingesperrten, die Fürsorgezöglinge, die Weggelaufenen und Durchgedrehten. Ulrike Meinhof nahm damit sehr früh etwas wahr, was wir heute erst zu begreifen beginnen: die psychischen Kosten des Kapitalismus, die *innere* Verelendung.

Ulrike Meinhof berichtete viele Jahre über Gefängnisse und Fürsorgeheime, sie arbeitete in Stadtteilen und sie war Beobachterin in Prozessen. 1970 ging sie in den Untergrund und propagierte den bewaffneten Kampf für die Veränderung der Verhältnisse.

Auch diese Entscheidung hat mit unseren deutschen Verhältnissen zu tun: Die Polizei hatte zu jener Zeit – 1970 – die ersten Demonstranten erschossen, der Kampf gegen die Notstandsgesetze war vergeblich gewesen, der Bombenterror in Vietnam war auf dem Höhepunkt, die politische Kritik in den Medien wurde immer stärker zensiert.

Die rasende Wut der Staatsgewalt gegen die Rote Armee Fraktion haben wir alle erlebt. Die »Baader-Meinhof-Bande« wurde zum »Staatsfeind Nr. 1« erklärt, ganze Stadtviertel abgeriegelt, Tausende von Personen Tag und Nacht vom »Staatsschutz« überwacht, Hunderte von Wohnungen durchsucht – am Ende machte sich die Polizei nicht einmal mehr die Mühe, zu klingeln und einen Durchsuchungsbefehl vorzuweisen: sie trat einfach die Tür ein und nahm sämtliche Bewohner und Papiere mit. Und schließlich: Die Polizei tötete während der zweijährigen Fahndung *mehr* Menschen als die fünf, die bei den Attentaten der Roten Armee Fraktion getötet wurden.

Wir haben erlebt, wie die politische Zielrichtung der Attentate geleugnet und weiter nach den Kriminellen gefahndet wurde, obwohl bereits der *Umfang* der Fahndungen diese Behauptung widerlegte. Wir haben erlebt, wie die politischen Manifeste der Gruppe unterdrückt wurden. Wir haben schließlich erlebt, wie der Prozeß gegen Ulrike Meinhof geführt wurde.

Ulrike Meinhof war eine der klarsten Kritikerinnen des Kapitalismus in der Bundesrepublik. Diejenigen, die ihre Taten als Anarchistin kritisieren, sind fast stets diejenigen, die sie in den Jahren zuvor als Kritikerin bekämpften und lächerlich machten.

Das wollen wir nicht vergessen. Es sind *unsere* Verhältnisse, die wir nicht vergessen wollen. Ulrike Meinhof starb am 8. Mai. An diesem Tag wurde vor 31 Jahren der Krieg beendet. An diesem Tag eröffneten die Christdemokraten den diesjährigen Bundestagswahlkampf mit der Parole »Freiheit oder Sozialismus«!

Wir sagen, mit Rosa Luxemburg und Ulrike Meinhof: »Freiheit *und* Sozialismus!«

Und diejenigen unter uns, denen vielleicht die Entschiedenheit und Strenge Ulrike Meinhofs zu fremd ist, erinnern wir an die Zeilen von Bert Brecht:

Ach, wir
Die wir den Boden bereiten wollten für Freundlichkeit
Konnten selber nicht freundlich sein.

Berliner Hefte. 1976

Die RAF und die Neue Linke

Die Alternative, 1969   Es ist heute sehr schwer zu erklären, warum die Neue Linke, die APO, bereits 1969, zwei oder höchstens drei Jahre nach ihrem Beginn, kurzfristig nur noch zwei Möglichkeiten für ihre künftige politische Praxis sah: den militärischen Kampf (die Stadtguerilla der späteren RAF) oder den Aufbau marxistisch-leninistischer Parteien (PL/PI = Proletarische Linke/Parteiinitiative; respektive KPD/AO = Kommunistische Partei Deutschlands/Aufbau Organisation).

Noch schwerer zu vermitteln ist heute, daß das zwei Seiten derselben Medaille waren – selbst wer das heute bestreitet, muß zugeben, daß es damals überwiegend so gesehen wurde. Daß es in den studentischen Wohngemeinschaften oder Zirkeln oft von beiläufigen Umständen abhing, wer mit der RAF sympathisierte und wer mit der PL/PI. Daß da kein *grundsätzlicher* Dissens vorlag.

Die als Antwort auf die Polizeigewalt zunehmende Gewaltförmigkeit der linken Demonstrationen (der zentrale Punkt vieler Diskussionen damals war die Frage nach der Gewalt nur gegen Sachen oder auch gegen Personen) schloß eine Fortführung als militärische Aktionen nicht grundsätzlich aus, und diese Einschätzung verband die RAF durchaus mit der KPD/AO der ersten Jahre.

Von beiden Seiten wurde jedenfalls die gesellschaftliche und politische Struktur der Bundesrepublik als so stabil angesehen, daß für die als notwendig erkannte radikale Veränderung die maximalen Kampfmittel eingesetzt werden mußten: der straff organisierte militärische Kampf oder die disziplinierteste Parteiorganisation. *Beide* Alternativen beriefen sich auf den Marxismus-Leninismus maoistischer Prägung.

Etwas Drittes gab es nicht (das heißt: damals noch nicht). Es gab nur die Möglichkeit des »Aussteigens« aus der APO – und davon machten allerdings Tausende Gebrauch. Es wurde ja auch durch eine »Generalamnestie« seitens der Staatsgewalt gefördert – wer sie in Anspruch nahm, dem wurde die Biographie bis dahin nicht nachgerechnet. Die Kehrseite dieser Generalamnestie hieß aber: von nun an *wird* die Biographie nachgerechnet. Die übriggebliebene Linke war also vorgewarnt, was zu strafferen Organisationsformen führen *mußte*.

Warum gab es nichts Drittes? Der Grund dafür war eine – vollkommen berechtigte – psychologische Sperre, deren Gründe man etwas ausführlicher erklären muß: Die »Neue Linke« von 1967 war einerseits ein Versuch, gegenüber einem autoritären Staat eine demokratische Gesellschaft durchzusetzen, andererseits aber auch ein Widerspruch zur Feigheit und Korruption der älteren Generation. Diesen Mangel an Zivilcourage, dieses politische Desinteresse hatten die jungen Linken nicht nur in den fünfziger Jahren zuhause erfahren, sondern er starrt uns ja aus der ganzen deutschen Geschichte an.

Die letzte wirklich große politische Auseinandersetzung, die quer durchs Volks ging – die Frage der Wiederbewaffnung –, lag fünfzehn Jahre zurück. Sie hatte nicht nur mit einem massiven Sieg der Befürworter der Bundeswehr geendet, sondern war auch der Beginn der schleichenden Kompromißlerei ihrer Gegner, insbesondere der SPD, die sich damit fünfzehn Jahre später das Eintrittsbillett in die Große Koalition erkaufte.

Nachdem die Beamten der NS-Zeit von der Bundesrepublik übernommen und die Industriellen nicht entnazifiziert worden waren, sondern ihren »Besitz« zurückerhielten, durften nun auch wieder die alten NS-Offiziere der Republik dienen. Die linken und liberalen Teile des Bürgertums (und nur vom Bürgertum, den Elternhäusern der Neuen Linken, ist hier die Rede) fanden entweder keinen Platz in den von Nazis und Nazimitläufern wimmelnden drei Säulen der Republik oder sie waren abgestoßen von der Zusammenarbeit mit ihren Feinden, die ihnen da geboten wurde, deprimiert und entmutigt. So lernten alle ihre Lektion in dieser deutschen Schulstunde, die Konservativen wie die Liberalen: Katzbuckeln, Maulhalten, Nichthinhören – das zahlt sich aus.

Angst, Mut, Solidarität Die große Ruhe kehrte in die deutsche Bürgerfamilie ein, der Slogan »Keine Experimente«, mit dem Adenauer jede Wahl gewann. Wer diesen Kordon aus Resignation und Lüge, diesen Widerspruch zwischen Familiensinn und politischer Feigheit, zwischen innerfamiliärer Kommandogewalt und außerfamiliärem Untertanengeist durchbrechen wollte, der brauchte eben jenes Maß an persönlichem Mut und Autonomie, jenes Maximum an Abwehr gegenüber der Umwelt, das dann auch zur jeweils maximalen Abwehr durch die Umwelt führte, bis zur Erschießung von Benno Ohnesorg durch einen Polizisten. Mit diesen Schüssen begann dann auch die Neue Linke, sich immer stärker über die Konfrontation zu begreifen. Die demokratischen, sozialistischen und utopischen Inhalte wurden schwächer, die Definition über den Staat und »die Bullen« wurde stärker. Damit begann die unselige linke Konkurrenz bei der Suche nach der extremsten Gegenposition. Es war auch ein Wettlauf gegen die eigene Angst.

In den Diskussionen und politischen Papieren der Jahre 1969/71 spielte die persönliche Angst eine zentrale Rolle. Wer Angst auch nur vermuten ließ, war ein »feiges Schwein«, dachte nur an »eine bürgerliche Karriere«, war ein »Konterrevolutionär«.

Die Genossen, die sich zu schnell solchen repressiven Diskussionen verweigerten, haben mehr als einige politische Erfahrungen versäumt, sie haben sich auch der Einlösung des ursprünglichen Anspruchs der Studentenbewegung auf ein hohes Maß an persönlichem politischem Mut entzogen. Diese quälenden Diskussionen stürzten jeden, der länger daran teilnahm, in Zweifel und Ängste, führten zu Spaltungen von Kollektiven und Wohngemeinschaften, zu Trennungen, Feindschaften und Verlust von Freunden. Die Zunahme des staatlichen, juristischen und polizeilichen Drucks verlangte von jedem Linken ein Maximum an politischer Autonomie, an Ich-Stärke; die zunehmend straffere Organisation innerhalb der Linken verlangte das Gegenteil: die Aufgabe der Individualität gegenüber den Kadern, die Ich-Schwäche, die Unterwerfung.

Das erklärt, warum viele Linke damals ihre Angst nicht zu formulieren wagten, weil sie sie für eben jene politische Feigheit und Schwäche hielten, die sie am deutschen Bürgertum mit Grund verachteten. Sie hatten Angst vor der Angst. Wir waren in dieser Zeit sehr entschieden und sehr ratlos. Es war kein Verdienst der älteren Linken (vom Bürgertum zu schweigen), sich damals von der Neuen Linken abgewandt zu haben, sondern ein schwerer Fehler.

So konnte der Anspruch auf persönlichen Mut und Solidarität fast bedingungslos abgerufen werden von den Kadern der RAF und der KPD/AO, als Anspruch auf militärische Disziplin und als Anspruch auf programmierte Basis- und Betriebsarbeit (und viele Genossen fanden ihre Angst, das heißt ihren Mut erst wieder, als die RAF die Antwort auf Fragen nach der Ermordung Unschuldiger schuldig blieb und das Unterwerfungszeremoniell unter ZK-Beschlüsse der KPD immer absurder wurde).

Die Theorie war demgegenüber sozusagen gesichertes Beiwerk, Kritik am Marxismus-Leninismus war weniger gefragt als die Kritik der Mittel zu seiner Durchsetzung.

Das Konzept Stadtguerilla Es ist deswegen notwendig, sich noch einmal das erste Grundsatzpapier der RAF zu vergegenwärtigen, das im April 1971, ein knappes Jahr nach der Befreiung von Andreas Baader veröffentlichte, von Ulrike Meinhof geschriebene *Konzept Stadtguerilla*, das den bewaffneten Kampf in der Bundesrepublik für »richtig, möglich und gerechtfertigt« erklärte und zu seiner aktiven Unterstützung aufrief.

Die Hauptthesen sind:

Es sei das Verdienst der Studentenbewegung, »den Marxismus-Leninismus im Bewußtsein wenigstens der Intelligenz als diejenige politische Theorie rekonstruiert zu haben, ohne die politische, ökonomische und ideologische Tatsachen und ihre Erscheinungsformen nicht auf den Begriff zu bringen sind«. Und was der Studentenbewegung »Selbstbewußtsein gab, waren nicht entfaltete Klassenkämpfe hier, sondern das Bewußtsein, Teil einer internationalen Bewegung zu sein, es mit demselben Klassenfeind hier zu tun zu haben, wie der Vietcong dort«.

Wenn jetzt »revolutionäre Übergangsforderungen« (Verkürzung der Arbeitszeit, gleicher Lohn für Männer und Frauen, Kampf gegen Akkordhetze etc.) erhoben würden, so seien sie »nur noch ökonomistischer Dreck, weil es sich um sie nicht lohnt, den revolutionären Kampf aufzunehmen«. Es sei deswegen notwendig, eine revolutionäre Interventionsmethode im Sinne Mao Tse-tungs zu entwickeln, eine militärische Avantgarde.

Die Begründung, warum es 1970 notwendig gewesen sei, den militärischen Kampf in der »Metropole Bundesrepublik« aufzunehmen, ist überraschend kurz (anderthalb von 22 Seiten) und besteht aus drei Thesen: a) »Die Ostpolitik der BRD erschließt dem Kapital neue Märkte, besorgt den deutschen Beitrag zum Ausgleich und Bündnis zwischen US-Imperialismus und Sowjetunion, den die USA brauchen, um freie Hand für ihre Aggressionskriege in der Dritten Welt zu haben.« b) Es sei eine »Tatsache, daß die Bundesrepublik mit ihren annähernd zwei Millionen ausländischen Arbeitern« in der »sich abzeichnenden Rezession« diese ausländischen Arbeiter als Reservearmee benutzen könne, um um so leichter »den ganzen Disziplinierungsmechanismus zu entfalten, ohne ein Heer von

Arbeitslosen verkraften zu müssen, ohne die politische Radikalisierung dieser Massen am Hals zu haben.« c) »Die politischen Möglichkeiten des Imperialismus sind hier (in der BRD) weder in ihrer reformistischen noch in ihrer faschistischen Variante erschöpft.«

Schließlich beantwortet das Papier einige »konkrete Fragen« zur Praxis der RAF: »Die Bullen haben zuerst geschossen. Wir machen nicht ›rücksichtslos von der Waffe Gebrauch‹. Wir schießen, wenn auf uns geschossen wird.« »Entführungspläne mit Willy Brandt sollen uns zu politischen Hornochsen stempeln, die Verbindung zwischen einer Kindesentführung und uns zu Verbrechern.« »Daß es bei uns ›Offiziere und Soldaten‹ gäbe, daß jemand jemandem ›hörig‹ sei, daß jemand ›liquidiert‹ werden solle, daß Genossen, die sich von uns getrennt haben, noch was von uns zu befürchten hätten, daß ›Gruppenterror‹ ausgeübt würde – das ist alles nur Dreck.« Auch seien Genossen »nicht durch Schlamperei von uns hochgegangen, sondern durch Verrat«.

Die Thesen wurden hier so ausführlich zitiert, weil sich heute zeigt, daß nicht nur der größte Teil der Prognosen – sowohl der politischen als auch der auf die Praxis der RAF bezogenen – falsch ist, sondern daß sie auch seinerzeit schon so pauschal und allgemein waren, daß hinter ihnen jene anderen, bereits benannten Motivationen gestanden haben. Jemand gibt nicht seinen »bürgerlichen Beruf« auf und nimmt die Waffe in die Hand, um sich die »Frage zu beantworten, wie die Diktatur des Proletariats zu errichten sein wird« (Anteil der Arbeiter an den Erwerbstätigen in der BRD: 38 %) oder weil er sich dem Vietcong verbunden fühlt.

Ökonomistischer Dreck   Es nützt wenig, Tarifkämpfe und Kämpfe für die Gleichberechtigung der Frauen, Kämpfe gegen Akkord und nur profitorientierte Rationalisierung als »ökonomistischen Dreck« wegzudiskutieren, nur weil er eventuell den Gewehrläufen der Stadtguerilla im Wege steht. Das materielle Interesse der Arbeiter stand schon öfters Gewehrläufen im Wege, und durchaus nicht immer aus edlen Motiven, aber um dieses materielle Interesse stehen eben Menschen herum, die man nicht einfach ins Visier nehmen kann. Die Verachtung und Ablehnung materieller Interessen war sicher einer der folgenreichsten Fehler der RAF; sie war allerdings zu diesem Fehler gezwungen, wenn sie behaupten wollte, daß Stadtguerilla »zu diesem Zeitpunkt in der Bundesrepublik und Westberlin richtig ist, möglich ist, gerechtfertigt ist«.

Konkrete Antworten auf konkrete Fragen   Die unter diesem Titel zusammengefaßte Selbstdarstellung der Praxis der RAF wurde innerhalb weniger Monate nach Veröffentlichung des *Konzepts Stadtguerilla* derart vollständig widerlegt, daß man fast vermuten muß, schon zur Zeit der Niederschrift habe es in vielen Punkten bereits einen Widerspruch zwischen Ulrike Meinhof und anderen Gruppenmitgliedern gegeben. Denn natürlich hat die RAF zuerst geschossen, auch auf unbewaffnete Leute und auch nicht nur auf »Charaktermasken«, sondern auch auf Chauffeure und Hausmeister. Natürlich sind »Genossen durch Schlamperei hochgegangen«, bis hin zu Gudrun Ensslin, die ihre Pistole so offen in der Handtasche trug, daß dies einer Hamburger Ladenverkäuferin auffiel. Natürlich gab es Entführungen und natürlich gab es »Offiziere und Soldaten« in der RAF, bis hin zu Zellenzirkularen, in denen die Offiziere den Papieren der Soldaten im besten Kommißton (»Scheiße«, »dummes Schwein«) Zensuren gaben. Natürlich wurden »Verräter« (wie Schmücker) »liquidiert«, natürlich wurde »Gruppenterror« ausgeübt (so in einem Brief von Holger Meins vom 31. Oktober 1974 an Manfred Grashof, der den Hungerstreik abbrechen wollte: »Entweder Schwein oder Mensch. Entweder Überleben um jeden Preis oder Kampf bis zum Tod.«). Und natürlich wurden nicht ganz linientreue »Sympathisanten« erpreßt, bedroht.

Metropole Bundesrepublik   Von den drei unter diesem Titel vorgetragenen Prognosen haben sich zwei als falsch erwiesen. Nicht nur sind die Ostblock-Märkte, die die Ostpolitik in angeblich so riesigem Umfang erschlossen habe, noch heute kleiner als der Export etwa in die Niederlande, sondern auch die folgende Prognose, die USA erhielten dadurch »freie Hand für ihre Aggressionskriege in der Dritten Welt«, ist nicht mehr richtig – so dumm (und stark) ist der US-Imperialismus heute nicht mehr, im Stil von Vietnam einen Aggressionskrieg nach dem anderen in der Dritten Welt zu führen. Die zweite Prognose ist innerhalb kürzester Zeit weit übertroffen worden. Im *Konzept Stadtguerilla* wird es noch als ein Zeichen für die »Stärke des Systems« der BRD angesehen, daß dieses System ohne weiteres ein oder zwei Millionen ausländische Arbeiter entlassen könne, »ohne die politische Radikalisierung dieser Massen am Hals zu haben«. Inzwischen hat dieses System weit über eine Million *deutscher* Arbeitsloser am Hals, und das gibt erst einen richtigen Begriff von der »Stärke des Systems«, die von der RAF offenbar vollkommen unterschätzt wurde. Die dritte Prognose schließlich, die politischen Möglichkeiten des Imperialismus in der BRD seien »weder in ihrer reformistischen noch in ihrer faschistischen Variante erschöpft«, wurde von der RAF (zum Teil unter Verwendung einiger Thesen der *gauche prolétarienne*) später zur Theorie des »Neuen Faschismus« in der BRD entwickelt.

Neuer Faschismus in der Bundesrepublik   Im *Konzept Stadtguerilla* kommt das Wort »deutsch« (im Gegensatz zum Beispiel zu »chinesisch«) nicht vor, unsere deutschen Verhältnisse erscheinen als Abstraktum, als System der »Bundesrepublik und Westberlins«. Auch das ist sicher eine Folge der damaligen Studentenbewegung, die gespalten war zwischen den Abstraktionen des internationalen Klassenkampfes (in denen »deutsche Verhältnisse« nichts zu suchen hatten) und den Konkretionen alternativer Lebensformen (in denen wiederum »deutsche Verhältnisse«, das heißt die Lebens- und Denkweisen der Mütter und Väter, hochgradig tabuisiert waren). Der Kampf gegen den Staats- und Polizeiapparat konfrontierte die RAF sehr direkt mit diesen deutschen Verhältnissen; sie antwortete darauf mit der Abstraktion des »Neuen Faschismus in der Bundesrepublik«.

Der »Neue Faschismus« übernehme und verfeinere die Herrschaftsform des alten, unterscheide sich von ihm aber dadurch, daß es ein »Faschismus von oben« sei, der nicht mehr die aktive Zustimmung der »Volksgemeinschaft« brauche, sondern dem die passive Akklamation genüge. Dieser Staatsapparat habe die Methoden der *counter-insurgency* vom CIA übernommen, manipuliere Presse und Medien, sei industriehörig, militarisiere die Polizei, »verknaste« die Gesellschaft.

Das Bild, das hier von der BRD entworfen wird, ist sicher in vielen Teilen richtig, aber es ist auch (ein alter Fehler der Studentenbewegung) eine ungeheure Abstraktion, eine zum Teil rührend altmodische Schwarz-Weiß-Vorstellung vom Staat als dem großen Leviathan, die eine technokratische, eiskalte Modernität nicht einmal ins politische Kalkül stellt. Mit der Entführung von Schleyer wurde den Kommandos gleichzeitig diese ihre Staatsvorstellung entführt: Sie hatten sich offenbar einfach nicht vorstellen können, daß der Staat Bundesrepublik den höchsten Arbeitsplatzanweiser der Bundesrepublik sozusagen aus volkserzieherischen Gründen über die Klinge springen läßt. In diesem Staat genießt eben nicht nur der gemeine Mann nicht mehr den höchsten Schutz des Staates (wie wir spätestens seit den vielen Todesschüssen der Polizei in »Putativnotwehr« wissen), sondern auch nicht mehr der Höchstprivilegierte (was noch in der Nazizeit kaum vorstellbar war). Hier entscheidet allein die kühle, sachliche »Logik der Gefahrenkontrolle« oder, wie es das Bundesverfassungsgericht dem Sohn Schleyers ebenso kühl quittierte, die »Abwehr des Schadens«, sei er auch nur »möglich«, vorstellbar oder putativ.

Will man Theoreme und Verhaltensweisen untersuchen, die aus der Nazizeit in die Bundesrepublik hinüberreichen – und das sind ja viele –, so müssen gerade die nationalen Varianten genau geprüft und ihre Folgen konkret benannt werden. Mut, Ehre, Treue (die SS hatte auf dem Koppelschloß stehen: »Unsere Ehre heißt Treue«), Disziplin, Kampfbereitschaft und »bedingungsloser Dienst für die Volksgemeinschaft« waren ja schließlich auch die höchsten nazistischen Tugenden. Ein solcher Blick zurück im Zorn ist dringend notwendig, auch für die Linke. Wir machen es uns zu einfach, wenn wir internationalistisch fühlen – reden tun wir deutsch, und wir können nicht einfach sagen: Mit dem Volk haben wir nichts zu schaffen.

Nun wird den noch operierenden militärischen Kommandogruppen oder revolutionären Zellen immer wieder vorgehalten, insbesondere von der Linken, sie seien Gefangene ihrer eigenen Theorie vom faschistischen Staat insofern, als sie diesen faschistischen Staat durch ihre Aktionen praktisch herbeibomben würden. Das mögen sie wollen. Tatsächlich handelt es sich aber eher um eine davon unabhängige Entwicklung, und mich wundert, daß diese Theorie – die RAF-Kommandos seien verantwortlich für die Deformation des Staates – immer noch von vielen Linken vertreten wird.

Der Staat Bundesrepublik, das Glitzerding Modell Deutschland – oben die technische Lösung, unten die politische Ruhe –, das die ausländischen Bourgeoisien so fasziniert, das braucht doch keine Anlässe, um da ein bißchen Öl in die Staatsmaschinerie einlaufen zu lassen, dort einen kleinen Regler für den Volksdampf, hier eine kleine Datenverarbeitung für »Störer«, dort eine kleine Vorprogrammierung für Unfälle. *Das* ist die eigentliche Ideologie unseres Staates: Alles unter Kontrolle. Nichts beunruhigt Technokraten mehr, als wenn etwas »außer Kontrolle« gerät. Und da mögen die Linken manchmal als Datengeber für eine neue technische Lösung fungieren, aber oft nicht einmal das; die Alibis wechseln.

So hat sich beispielsweise unser Staat die Alibis für zwei der massivsten Einschränkungen der individuellen Freiheit durchaus nicht von der Linken besorgt: Die Notstandsgesetzvorlage von 1966 (da gab es noch gar keine »Neue Linke«) wurde damit begründet, es müßten nun endlich die »alliierten Vorbehalte« abgelöst und die Autonomie der BRD endgültig hergestellt werden. Danach sah das Gesetz dann auch aus.

Oder die Einrichtung der Zentraldatenbank beim Bundeskriminalamt in Wiesbaden wurde als »vollständigste Verbrecherkartei auf der ganzen Welt« bejubelt. Das glaubt man sofort. Und dann kommt noch ein »Datenschutzgesetz« hinzu, das die »Einspeisung« aller »persönlichen Daten« sämtlicher Bürger erlaubt (also das Gegenteil ist von dem, was es zu sein behauptet), und spätere Gesetze werden regeln, ob die Grenze persönlicher Daten bei 100, 200 oder 500 Positionen liegt. Auch hier war die RAF, wenn überhaupt, nicht mehr als ein Alibi: Das BKA hat die nötigen Gelder deswegen höchstens ein halbes Jahr früher erhalten. Denn *selbstverständlich* kann kein Technokrat der Verlockung widerstehen, optimale technische Möglichkeiten für optimale technische Lösungen auch zu benutzen. Da müssen eben Daten gespeichert werden, selbstverständlich nicht die des Document Center in Berlin-Zehlendorf (die NSDAP-Zentralkartei) – da möchte die BRD höchst ungern alliierte Hoheitsrechte ablösen, obwohl angeboten.

Kurz: Unser Staat ist – leider – der modernste Staat auf der ganzen Welt (ohne diese altmodische politische Kultur, die es selbst noch in den USA gibt), und die Linke läuft in die Irre, wenn sie sagt, das ist Faschismus, also was Altes. Das ist eine unrealistische Verengung, auch wenn ihr die Vokabel »neu« angehängt wird.

Einen klaren Trennungsstrich zwischen sich und dem Feind ziehen Alle RAF-Mitglieder, die ich kenne, hatten zu Beginn ihres militärischen Kampfes eine klare Feindvorstellung und eine weniger klare, weniger politische Vorstellung der gewollten Gesellschaft; das prägt auch die Linke bis heute. Mehr Kritik denn positive Inhalte, mehr Aggressivität (bis hin zum Räuber-, Military- oder Lederjacken-Look) denn Freundlichkeit.

Das *Konzept Stadtguerilla* von Ulrike Meinhof ist ein Beleg dafür, wie sehr sich seither die Praxis der RAF verengt hat. Wie sehr sich die Militarisierung in Sprache, Theorie und Aktion durchgesetzt hat: Die Forderung der Stammheimer, nach Kriegsrecht behandelt zu werden, ist da nicht nur ein Symbol, sondern hatte auch zur Folge, daß die »Folterkomitees«, die den Gefangenen gerade umgekehrt ein Minimum an zivilen Rechten sichern wollten, in unlösbare Argumentationsschwierigkeiten kamen.

Die Formel Maos vom »klaren Trennungsstrich« entstand unter ganz bestimmten historischen Bedingungen; überträgt man sie nach hier, so stößt sie auf ganz bestimmte deutsche Traditionen und kann sich, werden diese Traditionen nicht genügend erkannt, sozusagen naturwüchsig mit ihnen verbinden: mit preußischer Disziplin und Treue bis in den Tod, mit der Liquidierung (nicht Besiegung) des Gegners. Die deutsche Linke darf nie vergessen, daß unsere heutigen funktionierenden und ichlosen Technokraten häufig dieselben sind, die in den vierziger Jahren begeistert und mit dem Totenkopf auf der schwarzen Uniform im Namen der Großen Idee über Leichen gingen.

Schießt man sich auf den »Faschismus« in der BRD ein, so schießt man sich auf dieses alte Bild ein, und die Kugel landet da, wo sich dieses Bild aufgebaut hat: im eigenen Kopf. Denn um den Nazismus im eigenen Land in seiner Zeit zu bekämpfen, dazu hätte keine noch so gut organisierte Stadtguerilla ausgereicht, das haben die Widerstandskämpfer erfahren müssen. Und die RAF hat erfahren müssen, daß die BRD etwas gänzlich anderes ist als ein neuer faschistischer Staat: Der einzelne ist freier *und* verfügbarer.

Der klare Trennungsstrich bleibt so lange eine ziellose Schießanweisung, solange er den Feind in einem geradezu überdimensionalen Visier wahrnimmt (darin befindet sich ja mittlerweile fast das gesamte Volk inklusive des Großteils der Linken), die eigene Position aber mit der Lupe suchen muß.

Die Frage nach der eigenen Position betrifft die gegenwärtig operierenden Guerillagruppen nicht allein, sie betrifft die gesamte Linke. Das, was da mit Waffengewalt entschieden werden soll, ist ja als Kampf für eine alternative Gesellschaft nicht erkennbar: weder in den frühen noch in den heutigen Texten der Stadtguerillagruppen wird diese neue Gesellschaft auch nur andeutungsweise beschrieben. Auch das ist ein alter Fehler der Studentenbewegung: die Frage aus dem Volk, »Wie stellt ihr euch denn eine neue Gesellschaft vor?«, als erst nach der Revolution beantwortbar zurückzustellen, eine Haltung, die schon Gramsci (in Kontroverse zu Lenin) scharf kritisierte.

Zwei Fragen   Ausgehend von dem technokratischen, verbeamteten und verwalteten Zukunftsstaat, dessen fortgeschrittenstes Modell die BRD ist, müßte gerade die deutsche Linke zwei Fragen aufgreifen, die sie zu Beginn der Studentenbewegung gestellt hat, damals aber kaum beantwortete: die Frage nach der Entfremdung und, damit zusammenhängend, nach der Autonomie des einzelnen. Sollte Einigkeit darüber hergestellt werden können, daß der Kampf gegen die Entfremdung innerhalb eines solchen Staates ein wichtiges Ziel ist, so müssen dann auch die Konsequenzen gesehen werden: Der Kampf gegen die Plastikwelt der Supermärkte, den stummen Warenzugriff, bedeutet gleichzeitig die Verteidigung des kommunikationsfreundlichen Bäckerladens. Der Kampf gegen das Fließband bedeutet gleichzeitig die andere Bewertung von Unternehmens- und Arbeitsstrukturen, die noch eine soziale, politische oder kulturelle Kommunikation ermöglichen. Wird ein Fließbandarbeiter gefeuert, so wird er ins Büro gerufen und erhält seine Papiere, und das, nachdem er auch vorher jahrelang praktisch kaum mit jemandem hat reden können. Das ist in Betrieben, in denen noch ein Minimum an Verhältnis zwischen Arbeit und Liebe (und sei es in Form von Aggressivität) herrscht, so nicht möglich. Andere Bewertung oder Unterstützung solcher Unternehmensstrukturen heißt für die deutsche Linke allerdings auch den Aufbau eigener Unternehmen derartiger Struktur, wobei die französische, amerikanische oder italienische Linke gar keine Hemmungen hat; die deutsche müßte da aber doch sehr über ihren Schatten springen – die fährt lieber über Land und fragt die linken Buchhandlungen oder Bauerngenossenschaften nach ihren Profiten, statt sich darüber zu freuen, daß sie existieren.

Von daher müßte auch die Frage nach der Autonomie des einzelnen neu gestellt werden – in einem Moment, da die Verbeamtung der Gesellschaft mit einer Geschwindigkeit fortschreitet, daß man den Augenblick schon vor Augen hat, wo der einzelne, also das ominöse bürgerliche Subjekt, nur noch aus dem EDV-Drucker abgerufen werden kann.

Auch hier müßte die Linke in ihren Antworten und Haltungen mobiler werden, weder an akademischen Lehrmeinungen noch an akademischen Lehrstühlen festhängen. Man muß nicht jahrelang trauern, wenn es mit der Verbeamtung nicht geklappt hat. Es gibt auch andere Berufe. Und man muß sich auch nicht an die »Diktatur des Proletariats« oder die »tendenziell fallende Profitrate« klammern, es gibt eben auch kalten marxistischen Kaffee.

Aus Jahrbuch *Politik* 8. Wagenbach. Berlin. 1978

Schreibstube hilft Vorzimmer
Das Wahlkontor deutscher Schriftsteller für die SPD

In welchem politischen Klima entstand das Wahlkontor?
Berlin hatte eine große Anziehungskraft für Intellektuelle. Es war nicht zu übersehen, daß in der Stadt ein Krieg begonnen worden war und dort geendet hatte. Insofern war Berlin immer eine ehrliche Stadt, sowohl in der politischen Dummheit der Springer-Presse wie auch in seiner Brüchigkeit. Berlin war noch beschädigt und krank, Westdeutschland dagegen schon »besenrein«.

Im Vergleich zu den meisten anderen war ich 1965, mit 35 Jahren, ein Greis im Wahlkontor. Ich war sehr früh in den SDS eingetreten, habe schon 1953/54, während der Wiederbewaffnungsdebatte, Auseinandersetzungen auf der Straße erlebt. Die Sozialdemokraten waren für mich eine Partei, die schon in den fünfziger Jahren solidarisch war mit denjenigen, die sich nicht wehren konnten. Der Adenauer-Staat war ein sehr gnadenloser Staat, zum Beispiel im Umgang mit den Kriegsopfern: Adenauer trat zwar für die Freilassung der Kriegsgefangenen ein, aber als die Kriegsgefangenen dann nach Hause kamen, wurden sie keineswegs in den Arbeitsprozeß eingegliedert.

Nicht nur sie, auch die Vertriebenen, die Älteren, die Verwundeten, auch die im übertragenen Sinn »Verwundeten« fielen durch das damals noch nicht so ausgebaute soziale Netz. Die Bundesrepublik der fünfziger Jahre war eine sehr stark aufbauende, aber auch eine sehr destruktive und harte Gesellschaft.

Wie entwickelte sich Dein Verhältnis zur SPD dann weiter?
Das Godesberger Programm sah ich als einen Fehler an, aber nicht als Sündenfall. Meines Erachtens war die SPD immer noch eine sehr aufrechte linke Partei, mit sehr vielen anständigen, tapferen Leuten an der Spitze, die aller Unterstützung wert waren.

Ich unterstützte die SPD mit großer Leidenschaft, ganz im Gegensatz zu Peter Härtling, der sagt, es habe ihm Bauchschmerzen verursacht. Bei mir war die Begeisterung uneingeschränkt. Die große Enttäuschung kam erst mit der Bildung der Großen Koalition.

Wie kamst Du zum Wahlkontor und welche Aufgaben hattest Du?
Wie ich genau zum Wahlkontor kam, weiß ich nicht mehr. Ich weiß nur, daß ich als ewiger Skatpartner von Grass und anderen hinzugezogen wurde. Kassierer wurde ich, weil ich eine Rechenmaschine hatte, die ich dann zwischen meinem gerade gegründeten Verlag und dem Wahlkontor hin und her schleppte.

Infolgedessen hatte ich auch etwas mehr mit dem Apparat zu tun. Auf ein Konto wurde mir Geld überwiesen, das ich gegen entsprechende Quittungen und Belege abheben konnte, weswegen ich auch öfters mit dem Schatzmeister in Bonn Kontakt aufnehmen mußte. Für mich als junger Mann war das wie der erste Zusammenstoß mit einer großer Firma: wie wenn ein kleiner Buchhalter einige Zehntausend Mark vom Siemens-Konzern bekommt und darüber abrechnen muß. Die fragten immer nach, ob alles korrekt sei, ich mußte die Belege schicken, dann kam auch wieder neues Geld. Das lief merkwürdig abstrakt. Die andere Ebene waren die inhaltlichen Auseinandersetzungen, zum Beispiel bei kleineren Versammlungen mit Willy Brandt. Schließlich gab es eine Auftragsebene. Ich erinnere mich, daß ich einmal den Auftrag erhielt, Karl Schiller (später Wirtschaftsminister der SPD) zu erklären, warum der feste Ladenpreis für Bücher sinnvoll sei. Glücklicherweise ist mir das als jungem Verleger gelungen, denn die SPD hatte damals die phantastische Idee, den festen Ladenpreis aufzuheben. Oder ich bekam den Auftrag, für Willy Brandt auszurechnen, was denn nun eine Tageszeitung kosten würde. Der Betrag war nicht so hoch, die SPD hat diesen Plan aber nicht weiterverfolgt. Außerdem mußte ich für Helmut Schmidt Reden schreiben.

Wieso ausgerechnet Helmut Schmidt?
Helmut Schmidt wurde mir delegiert. Die hatten sich gedacht, so ein schnittiger ehemaliger Oberleutnant wird mit mir Preußen zu Rande kommen. Nur wußte niemand, daß ich katholischer Preuße war – eine besonders wilde Mischung – und mit Militär gar nichts am Hut hatte. Schmidt war mir auf Anhieb nicht sehr sympathisch. Er war damals Innensenator in Hamburg. Er redete mir zu sehr in Befehlsform. Ich hab dann aber ordentlich für ihn gearbeitet, auch mit Effekt. Er übernahm die Gemeinheiten gegen Erhard, die ich mir ausgedacht hatte, richtige kleine Giftigkeiten. Schmidt ist ein aggressiver Mensch, ich bin manchmal auch nicht ohne Aggression und hatte mir gedacht, ich bringe Schmidt in die Position des Angriffs. Das war richtig, das hat Wirkung gezeigt. Erhard

war ja ein Dampfkessel, dem der Pfeifdeckel so richtig hochgehen konnte. Erhard tobte und wir haben gelacht. Im Wahlkontor war ich wegen meiner Vergangenheit im SDS sozusagen der Linksradikale. Ich war auch dagegen, daß die SPD sich damals schon vom SDS – eine Folge von Godesberg – getrennt hatte. Das wußten die natürlich. Deshalb haben mich Härtling und Roehler im Flugzeug auf dem Weg nach Bonn in die Mitte genommen und haben auf mich eingeredet, von rechts Härtling, von links Roehler: »Wenn wir nach Bonn kommen und mit dem Wehner reden, dann hältst Du bitte die Klappe.« Ich versprach es. Schiller brachte uns zu Wehners Büro und der alte Knochen saß da mit seiner ewigen Pfeife. Ich habe Härtling und Roehler verhandeln lassen. Und plötzlich hörte ich mich reden, und zwar genau das, was die beiden mir vorher verboten hatten. Nämlich: »Herr Wehner, könnten Sie nicht darüber nachdenken, daß die SPD – auch aus taktischen Gründen – eine etwas nachsichtigere Position gegenüber dem SDS einnehmen sollte?« Ich hatte den Satz noch nicht richtig beendet, da nahm der Wehner die Pfeife aus dem Maul und ich wurde so unartikuliert angebrüllt, wie ich in meinem Leben nie mehr angebrüllt worden bin. Wir flogen wieder nach Berlin von Köln-Wahn aus, wie der Flughafen so schön heißt. Und Roehler und Härtling saßen wieder neben mir und warfen mir vor: »Du hast alles kaputt gemacht. Du Idiot, hättest Du nicht die Klappe halten können?«

Ihr habt ja ausschließlich für die Matadore der SPD gearbeitet.
Gab Euch das ein Gefühl der Macht?
Natürlich fanden wir es toll, daß wir für das Schattenkabinett schreiben durften. Und von der SPD aus gesehen war es bestimmt so, daß sie sagten: Die Intellektuellen arbeiten für uns. Der Witz war nur, daß sich das eigentlich nur auf Grass bezog. Man darf nicht vergessen, daß niemand von uns bekannt war: Nicolas Born kannte keiner, Peter Schneider hatte kaum eine Zeile geschrieben, den Wagenbach Verlag gab es noch keine drei Monate. Klaus Roehler kannten vielleicht drei, vier Leute, er wollte gerade sein Buch *Ein angeschwärzter Mann* veröffentlichen. Es war eigentlich ein Haufen selbsternannter Schriftsteller, wir mußten den Journalisten unsere Namen buchstabieren. Daß später aus vielen doch anerkannte Schriftsteller wurden, konnte damals niemand ahnen.

Man darf aber nicht vergessen, daß die SPD zur damaligen Zeit auch nur ein Vorzimmer der Macht war. Alle Leute, die wir kennen, Willy Brandt, Helmut Schmidt und andere, wurden erst später zu bekannten politischen Figuren. Es war schon so: Schreibstube hilft Vorzimmer. Und nicht: Geist hilft Macht.

Wer im Wahlkontor war, hat viel gelernt, auch für die eigene politische Praxis. Für mich war das damals sehr riskant, ich hatte praktisch den Verlag zugemacht, den ich erst kurz vorher eröffnet hatte. Ich kann aber nicht sagen, daß das verlorene Zeit war. Ich bin auch nicht sicher, ob Helmut Schmidt heute noch weiß, daß ich für ihn geschrieben habe. Auf der anderen Seite galt es ja dann eine Zeit als anstößig, für Helmut Schmidt Reden geschrieben zu haben. Ich bin damit sehr offensiv umgegangen, habe immer gesagt: Wenn ich für Erhard geschrieben hätte, würde ich mich genieren, aber wegen Helmut Schmidt nicht.

Wie endete die Liaison mit der SPD?

Für mich war die Große Koalition ein absoluter Bruch. Wir schickten noch das berühmte Telegramm. Die Sozialdemokratie war danach für mich eine verachtenswerte Partei. Es dauerte lange, bis ich dieses Urteil korrigiert habe. Es gab allerdings stets einzelne Leute, die ich akzeptierte. Das hatte mir Italien beigebracht, daß man einzelne Leute nicht mit der Partei verwechseln sollte. Zum Beispiel habe ich Willy Brandt in diese Verachtung nie einbezogen. Seit seinem Kniefall in Polen hatte er wieder meine volle Sympathie. Und ich habe verhindert – obwohl ich das gar nicht durfte –, daß ein rasend wütender Text über Willy Brandt Anfang der siebziger Jahre im *Kursbuch* erschien. Aber die Partei war für mich gestorben und ich glaube für fast alle.

Aus einem Interview im März 1990.
In: *Das Wahlkontor deutscher Schriftsteller in Berlin 1965*. Transit. 1990
[siehe Seite 218f.]

Renegaten

Das deutsche Gefühl, ein unerklärlich Ding. Am liebsten tritt es zur falschen Zeit auf.

Noch waren zum Beispiel die (west)deutschen Tränengüsse über die Schurigelung des tapferen (ost)deutschen Schriftstellers Stefan Heym durch die SED nicht ganz getrocknet, da bekam er als Alterspräsident des Bundestags für seine Rede Druckverbot im Zentralorgan einer Regierung, die kurz darauf wieder Tränen der Rührung vergoß über den Auftritt eines jiddischen Flötenspielers im Bundestag. Oh Deutschland, scheinheilige Mutter!

Oder der Schriftsteller Stephan Hermlin, Widerstandskämpfer und Jude, aber leider auch Kommunist, wurde noch vor einigen Jahren, als Staatsbürger der damaligen DDR, vom damaligen Präsidenten der damaligen BRD, Weizsäcker, von Ostberlin in unsere damalige Hauptstadt Bonn eingeladen. Nach der Wiedervereinigung wurde demselben Herrn erstmal die Rente gekürzt (klar doch, er war ja Widerstandskämpfer gewesen und kein Wehrmachtsoffizier), und zu seinem achtzigsten Geburtstag erhielt er nicht einmal einen Gruß des heutigen Präsidenten, Herzog. Der machte sich aber persönlich auf einen erheblich weiteren Weg, zu einem anderen Geburtstag [Ernst Jünger]. Klar doch, jener andere war Wehrmachtsoffizier gewesen.

Oder: Eine ganze Menge (west)deutscher Schriftsteller haben sich furchtbar darüber aufgeregt, daß es im Präsidium des PEN-Club West Überlegungen gab, sich mit dem PEN-Club Ost zu vereinigen. Furchtbar! Das muß verhindert werden! Da sind höchst zweifelhafte Leute drin, Spitzel! Fragt man genauer nach, werden einem, je nach Kriterien, zwei oder drei Namen von allerdings schon sehr älteren Herrn genannt. Na, da sollten die Aufgeregten doch noch mal in Ruhe die Mitgliederliste des PEN-Club West lesen. Was da für Leute drin sind (mich eingeschlossen)! Kaum zu glauben! Nein, nein, ich nenne mal keine Namen, jeder möge nachlesen. Wobei man die Wut von aus der DDR geflohenen Schriftstellern durchaus verstehen kann, die wenig Lust haben, möglicherweise mit einem ihrer ehemaligen Peiniger an einem

Tisch zu sitzen. Die lautesten Protestierer waren aber Renegaten respektive Apostaten aus dem Westen, deren linksdogmatische Kampfrufe aus den siebziger Jahren noch alle nachzulesen sind und die offenbar ein neues Feld für ihren alten Dogmatismus gefunden haben. Und sie gehörten früher oft auch zu denen, die eben jene Kontakte zum PEN-Ost hatten, der ihnen jetzt so eklig ist.

Sie verhalten sich genau wie jener Kulturreferent der Ständigen Vertretung der BRD in Ostberlin, der sich seinerzeit als Freund eines der bedeutendsten Schriftsteller der DDR ausgab und einige Jahre später – inzwischen Kulturreferent einer sächsischen Großstadt – zu feige war, denselben Schriftsteller vor Ort zu begrüßen. Und das zahlt sich aus! Sein ehemaliger Chef, Günter Gaus, verhält sich da anders – dafür darf dann auch eine politisch vollkommen ahnungslose Journalistin im *stern* nummernweise über ihn herfallen. Oh Deutschland, deine mutigen Kleingärtner!

Oder: In der *Frankfurter Allgemeinen Zeitung* vom 3. Juni 1995 wird wieder einmal der Zerfall der Linken beschrieben (das ist ja unser Schicksal: wir zerfallen seit hundert Jahren), diesmal in drei Gruppen. Interessant ist die zweite: »Die Renegaten, die den Verrat hochleben lassen und sich mit Begeisterung auf die Gegenseite schlagen, um dort ihren neuen Glauben genauso laut herauszubrüllen wie vorher ihren alten.« Gut gebrüllt, einverstanden. Nur: nimmt dieses Wort »Renegat« ein anderer in den Mund, der vom alten Glauben noch nicht lassen kann, womöglich ein Kollege, dann ist der Renegatenteufel los. Sarah Kirsch beispielsweise hat diese Bezeichnung derart aufgeregt, daß sie Elke Erb veranlaßte, auf einer öffentlichen Lesung feierlich um Rücknahme dieses Wortes zu bitten. Was haben Renegaten dagegen, Renegaten genannt zu werden? (Vielleicht weil sie das Wort nur aus Lenins Gebrauch kennen, wo es doch auf Gottsched zurückgeht?) Und in diesem Fall werden sich einige Leser des *Freibeuter* vielleicht noch der höchst freimütigen Bekenntnisse von Sarah Kirsch in Nummer 2 erinnern, eine wie begeisterte Anhängerin der FDJ sie gewesen sei. Wo ist, liebe Freunde, bloß dieser Freimut hingekommen?

Ja, ja, höchst unterschiedliche Geschichten, aber sie haben alle ein geheimes Zentrum: 1989. Die Wende hat viele doch offenbar wortwörtlich gewendet, das Innere nach außen, das Äußere nach innen. Daher die seltsame Empfindsamkeit nach außen und die oft überraschende Robustheit nach innen.

Freibeuter 64. 1995

Die Berliner Mitte. Ein nationaler Gedächtnisort

Das Thema, das wir heute [Diskussion der Senatsverwaltung am 17. September 1997] diskutieren, lautet: »Auf Distanz zum nationalen Erbe? Die seltsame Sprachlosigkeit der Intellektuellen und das Desinteresse der Jugend.« Es ist von grandioser Unverschämtheit. Die einzige akzeptable Erklärung für die Behauptung, *die* Intellektuellen seien vaterlands- wie sprachlos, könnte man darin vermuten, daß es sich dabei um eine Art Angelhaken handele, den kein Intellektueller unangebissen vorüberschweben lasse.

Allerdings hätte man bedenken sollen, daß auf den vorangegangenen Podien überwiegend Intellektuelle gesessen und nicht geschwiegen haben, und auf diesem Podium wird auch nicht geschwiegen werden. Die Unverschämtheit von den vaterlandslosen und »seltsam sprachlosen« Gesellen hat also andere Ursachen.

Vorerst aber zur dritten Unverschämtheit des Themas: »Das Desinteresse der Jugend«. Natürlich bin ich vom Alter her nicht befugt, über die Jugend zu sprechen, aber an ein paar Fakten wird man doch erinnern dürfen. Ich beschränke mich auf drei.

1982 wurde uns von einem immer noch amtierenden Bundeskanzler die »moralische Wende« versprochen. Wie schön hörte sich das an. Wie viele haben es geglaubt, und wie oft wurde das Lied von der moralischen Wende nachgesungen, mit Frankfurter allgemeinen Obertönen und Springerschem Generalbaß.

Herausgekommen ist, nach fünfzehn Jahren, ein – ich drücke mich höflich aus – moralisch verarmtes Land: In diesen fünfzehn Jahren sind die Reichen unverschämt reicher und die Armen unerhört ärmer geworden. Jeder weiß es, jeder sieht es, wenn er nur offenen Auges durch unsere Stadt geht. Daß das ein angeblich in geschichtlichen Höhen schwebender, in Wahrheit aber keineswegs nur durch Körperfülle am Blick nach unten gehinderter Bundeskanzler nicht bemerkt, mag ja sein. Aber daß ein ganzer Haufen von ihn umgebenden Christen die dritte religiöse Tugend – *caritas* – derart preisgegeben hat, bleibt zwar ein Geheimnis, aber kein religiöses. Mir, einem ehemaligen Ministranten, parteilos und intellektuell, erschließt es sich jedenfalls nicht.

Das zweite Faktum braucht man nur zu erwähnen: Die Arbeitslosenzahl betrug 1982 1,8 Millionen, jetzt liegt sie bei 4,3 Millionen. Auch das eine moralische Wende, aber was für eine. Und sie trifft etwa ein Drittel der jetzigen Jugend (das ist eine vorsichtige Schätzung) in der gesamten Lebensperspektive.

Wenn also der Jugend ein Staat vorgeführt wird, der einerseits der Bereicherung mehr als gelassen zusieht und ihr andererseits aber nicht einmal Arbeit verschaffen kann – wie soll dann eine Jugend (die ja moralisch bekanntlich schärfer urteilt als wir Älteren), wie soll dann eine Jugend Interesse für etwas zeigen, das sie im Stich läßt?

Das sie nicht nur im Stich läßt, sondern auch ohne Perspektive?

Wo war denn eigentlich die Vorgabe zu jenem Patrimonium, über das heute abend auch geredet werden soll? Wo war sie in jenem glücklichen Moment des Mauerfalls und der staatlichen Einigung? Wo war die Rede des Bundeskanzlers, die von den notwendigen – patriotischen – Opfern gehandelt hätte? Stattdessen: »Niemand wird es schlechter gehen«. Wo blieb der Versuch, die Bürger der beiden deutschen Staaten, die bis dahin den jeweils anderen oft nur als ideologisches Entsorgungsobjekt angesehen haben, wo blieb der Versuch, diese Bürger wenigstens einmal miteinander bekannt zu machen?

Ein Intellektueller (aber Kohl schätzt ja keine Intellektuellen) hätte den Kanzler einer Republik, die sich schon im Vorgriff auf die nationale Einheit »Deutschland« im Untertitel nannte, er hätte ihn an diese Pflicht erinnern können, vielleicht mit dem Hinweis auf das *peace corps* Kennedys. Vielleicht wäre es für viele junge Leute in der DDR eine Erleichterung gewesen, nicht gleich in einer ihnen völlig fremden Armee dienen zu müssen?

Womit ich endgültig beim Thema wäre. Das nationale Erbe und die angebliche Sprachlosigkeit der Intellektuellen.

Zur Sprachlosigkeit kann ich mich kurz fassen, weil ich 1979 darüber ein – glücklicherweise sehr erfolgreiches – Buch zusammengestellt habe, das wir dann zur Feier der Vereinigung bis 1990 fortgeführt haben; es heißt »Vaterland, Muttersprache« und enthält die Offenen Briefe, Manifeste, Reden und Polemiken deutscher Schriftsteller – in beiden deutschen Staaten – seit 1945. Da kann man – in den Fußnoten, die wir hinzugefügt haben – nachlesen, wie deutsche Staaten mit ihren Intellektuellen umgehen. Wie ihr Widerspruch niedergebügelt, sie selbst denunziert werden. Vor allem aber kann man nachlesen, wie sie *nicht* geschwiegen haben.

Wenden wir uns nun, seufzend, dem nationalen Erbe zu. Es ist, man muß daran erinnern, schwierig und es wird nicht einfacher dadurch, daß man die unbequemen Teile ausläßt, vergißt, vernichtet. Das aber geschah in beiden deutschen Staaten und es geschieht bis heute. Ich bleibe, das ist ja unser Thema, in Berlin.

Wie schön hört sich da, beispielsweise, das liebliche Tremolo an: Der gemeine Kommunist hat die Ruine des Berliner Schlosses gesprengt, während wir im Westen das kaum noch vorhandene Charlottenburger Schloß rekonstruiert haben.

Ruft man sich aber das eingeschlossene Westberlin der sechziger Jahre in Erinnerung, seine noch damals großen, öden Flächen und, vor allem, seinen Mangel an Gebäuden, die auch nur älter als hundert Jahre waren, so versteht man, daß den hier Wohnenden ein Stück geschichtlicher Boden zurückgegeben werden mußte, sei es das Charlottenburger Schloß oder die Kaiser-Wilhelm-Gedächtnis-Kirche. Wohin das Gedächtnis allerdings *nicht* reichte, war das – gleichfalls ehrwürdige – Prinz-Albrecht-Palais, dessen Ruine vom Westen ebenso weggesprengt wurde wie die Schloßruine vom Osten. Für uns war es die Erinnerung an das Gestapo-Hauptquartier, was da gelöscht wurde, für den Osten die Erinnerung an den wilhelminischen Junker-Staat. Was rekonstruiert wurde, waren sozusagen störfreie Solitäre – auch im Osten, etwa das Schauspielhaus am Gendarmenmarkt.

Es gehört deswegen seit Jahrzehnten für mich zu den Peinlichkeiten, ausländischen Autoren oder Verlegerkollegen, die sich selbstverständlich dafür interessieren, nur noch wenige intakte Nazi-Bauten zeigen zu können. Ich behelfe mich dann immer mit einer SS-Siedlung im perfekten »reichsdeutschen Heimatstil«, samt Thingstätte (Adresse wird nicht verraten), dem Speerbau in Siemensstadt, dem Bendlerblock oder, neuerdings, dem Reichsluftfahrtministerium. Aber dem Speerbau wurden in den letzten Jahren ein paar lächerliche postmoderne Metallkonstruktionen vorgeklebt; der Bendlerblock harrt auf den Bezug durch das Bundesverteidigungsministerium und wird wohl nur im Innenhof erhalten bleiben, als 20. Juli-Weiheraum; das Reichluftfahrtministerium wird gerade umgebaut – die Bestimmung des größenwahnsinnigen Innenhofs ist noch offen. Den Sportpalast, in dem der Reichspropaganda-Derwisch den »totalen Krieg« verkündete, haben wir sicherheitshalber abgerissen.

Es fehlt uns offensichtlich ein gelassenes und nachdenkliches Zulassen von Gebäuden, die mit den finsteren Teilen unserer

Geschichte verbunden sind. Die Italiener, unsere Mit-Faschisten, scheinen da, sieht man auf das EUR-Viertel oder die Paradestraße der Fori Imperiali, jedenfalls gelassener. Was da alles noch steht, samt Inschriften, wäre bei uns längst ›zurückgebaut‹ oder geschleift worden.

Moral: Bei veränderten Verhältnissen die Birne benutzen und nicht die Abrißbirne.

Wir aber neigen dazu, historische Stolpersteine aus dem Weg zu räumen, wie ein anderes Beispiel zeigt: die beiden Statuen Bülows und Scharnhorsts vor der Neuen Wache. Zwei bedeutende Bildwerke, die keineswegs nur Militaristen darstellen, sondern auch zwei Zeugen aus den Anfängen des Verfassungsstaats nach den Befreiungskriegen. Auch der große Caspar David Friedrich, der vom »edlen Scharnhorst« schreibt, sollte uns davon abhalten, Scharnhorst, den Unterstützer der Steinschen Reformen, für einen bloßen Militaristen zu halten. Aber nein, der Berliner Senat und der Bundeskanzler haben sich von den Erben von Käthe Kollwitz – Gutmenschen von läppischer politischer Korrektheit – erpressen lassen, die beiden Statuen dort nicht wieder aufzustellen. Dutzende von Intellektuellen (also das sind die angeblich so seltsam Sprachlosen) haben seinerzeit gegen die Zerstörung dieses innerstädtischen Gedenkraums protestiert. Vergeblich. *Wer* seltsam schwieg, das waren die Erpreßten.

Die aber gleich wieder laut werden, wenn es hundert Meter weiter wieder ans Abräumen geht: Da steht der Palast der Republik Ein peinliches Bauwerk, in jeder Hinsicht. Es erinnert an einen Staat, der ohne 1945 – und das ihm Vorangegangene! – gar nicht denkbar ist und in dem ein Fünftel der deutschen Bevölkerung jahrzehntelang lebte oder leben mußte. Dieses bauliche Musterbeispiel deutscher Provinz mit Sehnsucht nach internationaler Anerkennung will man abreißen, samt dem Saal, in dem die deutsche Einheit beschlossen wurde? Egal, Geschichte wird verbrannt.

Nur ein paar Meter weiter werden dann aber wieder die nationalen Chorgesänge angestimmt. Da geht es, so Bausenator Klemann, um »das zukünftige Verständnis von *civitas* in dieser Stadt«, um die »Gestaltung und Atmosphäre an diesem Ort« und um folgendes: »In der Mitte der Mitte wird sich Berlin neu vermitteln und zu erkennen geben müssen.«

Schön. Wie macht man das? Jedenfalls nicht durch eine Rekonstruktion des alten Schlosses. Das wäre weder maßgeblich für ein »künftiges Verständnis von *civitas*«, noch könnte es irgend etwas

»neu vermitteln«. Zu diesem aberwitzigen Projekt eines nostalgischen Tineff hat Tilmann Buddensieg ohnehin schon vor Jahren folgendes Schlußwort geschrieben: »Der kolossale Rückschritt in die Hohenzollernsche Vorzeit, das mythische Zurückkarren der abgeräumten Trümmer widerspräche eklatant dem berlintypischen Geist eines furchtlosen, immer riskanten, oft verhängnisvollen, manchmal glänzenden Neubeginns.« Sehen wir uns also diesen »berlintypischen Geist des furchtlosen Neubeginns« näher an!

Da zeigt sich, daß bereits die Schloß-Attrappe ein Versuch war, überhaupt irgend etwas in Bewegung zu bringen; denn bis dahin, und bis heute, wurde von Senat wie Bund immer wieder ein Konzept für den Schloßplatz versprochen, immer wieder verschoben, das letzte Datum für ein »gemeinsames Konzept« von Senat und Bund war der 1. August: Da sollte alles beschlossen sein, aber natürlich geschah nichts. In den Jahren vorher: Kompetenzmangel, Untätigkeit. Oder: Ausschreibungen.

Oder: Mehrere überdeutliche Sendschreiben des Bundesfinanzministeriums, daß die Kohle alle und der Ofen aus sei, man möge schon mal Brennholz sammeln.

Das muß man sich einmal vorstellen!

Da werden die heiligsten Güter der Nation beschworen, den Intellektuellen mit dem Patrimonium gedroht, das Vaterland aufgerufen – und was tun seine Verwalter? Sie winken ab. Kein Geld da. Was schert uns das Vaterland, wir sparen für den Euro.

Es nützt nichts, daran zu erinnern, daß die Hauptstadt eines Landes das Geld des Landes kostet. Solche Einsichten haben eine große Mehrheit nur in der FDP und PDS. Hier enden denn auch alle vollmundigen Vergleiche unserer Hauptstadt mit Paris, Rom oder London – das sind eben Hauptstädte, die müssen nicht in Bordeaux nachfragen, ob sie ein Centre Pompidou bauen dürfen.

Die erste Frage unseres Symposiums kann man also beantworten: Was die sogenannte Mitte der Mitte betrifft, so haben unsere regierenden Vertreter die größte Distanz zum nationalen Erbe.

Der derart abgebügelte Senat von Berlin macht sich also an das Sammeln von Brennholz, da auch hierorts die Kohle knapp ist. Aber man muß sich das auf der Zunge zergehen lassen, wie er das formuliert! Wie er seine Einfallslosigkeit, seinen Mangel an Mut und Geld zu einem sogenannten Anliegen aufbläht! Ich zitiere:

»Wo wäre ein gesellschaftlicher Träger? Was wäre eine ästhetische Vision? Ist die Neugründung eines anspruchsvollen öffentlichen Raums mit hoher Symbolkraft nicht die größte

Herausforderung für ein *public-private partnership* nach dem Untergang des Sozialismus?«

Auf deutsch: Wenn sich ein paar Investoren zu einem gesellschaftlichen Träger mit ästhetischer Vision erklären, stehen wir nicht an, einen öffentlichen Raum gegen ordentliche Gebühr zu vermieten, bezeichnen das als größte Herausforderung und versichern Investoren schriftlich, daß der Sozialismus untergegangen, die Rendite also sicher ist.

Letztes zuerst: Von einem Untergang des Sozialismus ist mir nichts bekannt, ich bitte den Verfasser des Textes um Aufklärung.

Nun zu den Investoren und ihren ästhetischen Visionen. Die *kennen* wir doch! Die quellen doch aus ihren Projekten wie der Schaumstoff aus den Ritzen der an die Betonmauern geklebten Marmorplatten im sparsamen Dünnschliff!

Diese toten Innenhöfe, über die man nach 18 Uhr nur noch mit Polizeibegleitung zu gehen wagt, eine sterile Zinseszinsarchitektur, die sich aber am liebsten »Piazza« oder »Galleria« nennt.

Oder: Wie wollen die Investoren des Potsdamer Platzes eigentlich rechtfertigen, daß für die Betonhochhausschluchten so adrette Namen wie Brüder-Grimm-Gasse oder Marlene-Dietrich-Platz vorgesehen sind?

Oder: Wie soll man verstehen, daß halb Berlin jubelt – der Investor an der Spitze –, wenn Aldo Rossi seinen Lehrling in den Hof des Palazzo Farnese schickt, die Fassade abkupfern läßt und als Entwurf nach Berlin schickt, in der (offenbar zutreffenden) Hoffnung, daß Investoren so einen Schmonzes ernst nehmen.

Investoren-Kultur: da darf man nicht genau hinsehen. Investoren-Kultur: das heißt acht Stockwerke statt fünf bei gleicher Traufhöhe. Investoren-Kultur: das heißt Kunst als Pappnase.

Und das soll in die Mitte Berlins? Sind denn die Leute, die so was zu verantworten haben, noch bei Trost?

Jedenfalls sind sie ohne Zivilcourage, keiner möchte sich blamieren, das Riesenprojekt macht mutlos. Vielleicht sollte man aber mal über die Gründe dieser Verzagtheit nachdenken.

Wenn es wahr ist, daß der Raum auf der Spreeinsel zwischen dem Alten Museum und der Werderstraße ein nationaler Gedächtnisort im Sinn Pierre Noras ist, dann ist ein Zögern bei seiner Bebauung sehr angebracht, und zwar um so mehr, je höher man ihn hängt. Macht man ihn beispielsweise zu *dem* nationalen Gedächtnisort, so müßte man daran erinnern, daß die alte Bundesrepublik über einen solchen Ort nicht verfügte – nur so ist ja verständlich (ich übertreibe), daß die Deutsche Bundesbank in Frankfurt diese Stelle einnehmen konnte. Wie auch immer: ein nationaler Gedächtnisort, der erst seit sieben Jahren zur Verfügung steht, muß nicht nur die Last seines Alters, sondern auch die Last dieser Jugend berücksichtigen.

Er muß warten können, nicht aus Geldgründen, sondern aus zwei viel wichtigeren Gründen.

Einmal aus architektonischen. Wir wissen nur vorläufig, wie der Potsdamer Platz aussehen, wir wissen kaum, wie der Alexanderplatz aussehen wird. Was wir wissen, ist, daß dort zwei gewaltige Hochhauskonglomerate entstehen, Kollhoffs Chicago und Renzo Pianos Detroit. Erst wenn beides erkennbar ist, wird man entscheiden können, was man dazwischen verantworten kann: ein historisches Puppenhaus, einen modernen Block in Traufhöhe oder einen Hochhaus-Solitär.

Zweitens: Ein nationaler Ort kann nur der Ort einer Nation sein. Wir sind aber, aller Vereinigungseuphorie zum Trotz, noch lange keine Nation. Je näher man am Ort der Vereinigung ist, um so genauer läßt sich das erkennen. Und Berlin ist *der* Vereinigungsort. Aber nicht einmal die Berliner Einwohner könnten von sich sagen: wir kennen uns inzwischen, von den Einwohnern in Cottbus oder Ludwigsburg ganz zu schweigen. Einer der deutlichsten Unterschiede beispielsweise ist immer noch das Geschichtsverständnis. Ost und West haben immer noch ein unterschiedliches, oft sogar entgegengesetztes Verständnis, zumindest eine unterschiedliche Kenntnis der deutschen Geschichte.

Und das wäre doch die Vorraussetzung für die Architektur am Ort eines nationalen Erbes: daß man sich ungefähr einig ist über das, was nationales Erbe ist.

Aus dem Manuskript 1997.
Eine – leicht zensierte – Fassung in *Schloß. Palast. Haus Vaterland.*
Hrsg. von Barbara Jakubeit und Barbara Hoidn. Birkhäuser. Basel 1998

Darauf freue ich mich! Endlich eine neue Regierung! Hatten wir lange nicht mehr! Dazu der Regierungsumzug nach Berlin! Endlich kommen mal andere Leute in unsere vermuffte Datsche! Und gleich so lustige, lauter Beamte!

Programmvorschau Herbst 1998

Zur Kritik der deutschen Intelligenz

Als vor einiger Zeit Hugo Ball Antisemitismus vorgeworfen wurde, habe ich seine *Kritik der deutschen Intelligenz* wiedergelesen und dort, statt antisemitischer Tiraden, einen mir bis dahin nicht präsenten Gedankengang entdeckt, der die jüdische Emanzipation und die unfreie Lage des deutschen Bürgertums zusammenbringt. So wie die Juden ihre Anerkennung als gleichberechtigte Bürger des Deutschen Reiches mühsam erkämpfen mußten und sie ihnen am Ende verwehrt wurde, so habe der nichtjüdische deutsche Bürger, Kleinbürger oder Prolet um seine Rechte kämpfen müssen, bis 1918, als Ball sein Buch schrieb, vergeblich.

Über den Charakter der wilhelminischen Gesellschaft findet Hugo Ball düstere Worte: »Deutsch sein, heißt quer zu der Menschheit stehen; deutsch sein, heißt alle Begriffe verwirren, umwerfen, beugen, um sich die ›Freiheit‹ zu wahren ... man stammelt, verneint, schwebt in der Luft.« Und er prophezeit – 1918! –: »Es ist meine feste Überzeugung, daß der Sturz der preußisch-deutschen Willkürherrschaft nicht genügen wird, die Welt vor einem ferneren deutschen Attentat zu schützen.«

Derjenige, der einer solchen Willkürherrschaft unterworfen war, beobachtete natürlich genau und neidvoll die Versuche anderer, sich einer solchen Herrschaft zu entziehen, durch Vermögen oder internationale Verbindungen. Und eben das haben die Nazis als Feindbild des Juden instrumentalisiert: Der Jude hatte Geld, dachte internationalistisch, also undeutsch, und war zumeist ein »Asphaltliterat«, also jemand, der nicht nur eine Trennschicht zwischen sich und deutschem Blut und Boden hatte, sondern auch zwischen sich und deutscher Tiefe.

Karl Marx versuchte, diese Kluft zu schließen, indem er jüdische und bürgerliche Emanzipation im Kommunismus aufzuheben versuchte, freilich, so Hugo Ball als durch und durch preußisch-zentralistisches Modell, in der (so Marx 1870) »die Franzosen Prügel brauchen«, damit sich der Schwerpunkt der Arbeiterbewegung nach Deutschland verlagere und das alles (so Ball) »aus der Desperation eines deutschen Patrioten, der sein Volk weder wirtschaftlich noch moralisch auf der Höhe des übrigen Europa sah und bei einer Generalgleichmacherei alles zu gewinnen, nichts zu verlieren hatte.«

Wie wir wissen, ist dieser Versuch ebenso gescheitert wie der Versuch der Nazis, die jüdische Emanzipation zu verhindern. In Europa freilich ist es ihnen fast gelungen. So stark war der Haß auf alles Unabhängige, Welthaltige, Freimütige, daß er geradezu selbstverständlich Zigeuner, Schwule oder Bibelforscher mit einbezog. Es war der Haß der Provinz gegen alles Nicht-Provinzielle. Der dumpfe Hochmut einer sogenannten heilen Welt, einer sehr deutschen, in der alles geregelt war, in der – wie es Ernst Bloch schon beschrieben hat – seit dem dreißigjährigen Krieg bereits sich das Gefühl politischer Ohnmacht mit übertriebener Urkundengläubigkeit gefährlich mischte. Folgerichtig waren es Kleinstädte wie Miesbach oder Goslar, die den Nazis zuerst in die Hände fielen.

Leicht zu verstehen, wie neugierig mich ein Roman über die Nazizeit in einer solchen Kleinstadt namens Wasserburg machte. Ich kenne den Autor, Martin Walser, seit seinem ersten Buch, das sehr unter dem Stern Kafkas stand, wie auch ich, damals wie heute. Und ich kenne ihn aus den sechziger und siebziger Jahren als politischen Weggenossen, der den Herausgebern des literarischen Jahrbuchs *Tintenfisch*, Michael Krüger und mir, öfters furchtbar kommunistische Texte schickte, die wir mit Freude abdruckten und die ihm heute keine Freude und Frank Schirrmacher in seiner Paulskirchen-Laudatio auf ihn kein Zitat wert sind. Natürlich wurde die Sache von Walser selbst ein wenig feiner formuliert, nämlich mit der Frage, man möge doch einmal versuchen, die politische Wandlung Thomas Manns anhand seiner Romane *Buddenbrooks* und *Zauberberg* nachzuzeichnen. Wie bitte? Das sollte nicht möglich sein? Wenn Walser das zu schwer ist, wie wäre es mit *Königliche Hoheit* und *Doktor Faustus*? Aber es ist ihm wahrscheinlich gar nicht zu schwer, sondern er will nur sagen: man soll politische Äußerungen von Schriftstellern – also auch die seinen – nicht so ernst nehmen. Echte Provinz.

Der Roman aus der deutschen Provinz, den ich also fasziniert zu lesen anfing, begann mit einem Kapitel, einem von dreien, mit dem Titel »Der Eintritt der Mutter in die Partei«. Tapfer, dachte ich, und so war es wohl auch gemeint, »zitternd vor Kühnheit« hatte Walser ja auch von der »Wunde Deutschland« und der »Moralkeule Auschwitz« gesprochen. Nun werde ich also, dachte ich, zitternd vor Aufmerksamkeit, erfahren, warum eine deutsche

Frau, wie übrigens viele andere, bereits vor 1933 in die Hitlerpartei eintrat. Um es kurz zu machen: ich habe es nicht erfahren. Als Erklärung wurde mir angeboten, die Gastwirtschaft der Mutter habe, wie viele andere Betriebe damals auch, kurz vor dem Bankrott gestanden und die Mutter sei deswegen in die Partei eingetreten, damit die Nazi-Parteiversammlungen künftig in ihrem Gasthaus stattfänden. So wurde Mutter Walsers Gasthaus Parteilokal und blieb es, offenbar bis 1945, denn die im Roman Josef und Johann genannten Söhne meldeten sich beide mit siebzehn freiwillig zur Wehrmacht, das heißt der zweite, Johann (hinter dem sich der Autor verbirgt), noch 1944 und nach dem Tod seines Bruders. Was für ein Stoff! Was hätte uns ein Autor, aufgewachsen unterm Stammtisch eines Nazi-Parteilokals, erzählen können!

Aber nein, er speist uns mit der klassischen Nachkriegs-Ausrede ab: Man mußte ja leider, man konnte nicht anders als in die Partei eintreten, die Umstände erzwangen es geradezu. Und Walser hat eben auch erst nach 1945 nachgefragt. Es ist die von Alexander Kluge so oft beschriebene zeitliche Verzögerung, die das Unglück im Moment der Entstehung so schwer erkennbar macht. Das sollte allerdings nicht für einen Schriftsteller gelten, der ja auch andere Quellen benutzt als nur Hörensagen und Eindrücke. In einem schönen Text von 1974 sagt Walser von Deutschland:»Lähmt hier nicht alles die narzißtische Idylle, in der man den Eindruck heilig spricht?«

Warum also verläßt sich Walser auf Eindrücke und Erinnerungen, wenn er sich, wie im Roman nachzulesen, von Wasserburg zum erstenmal mit elf Jahren auf dem Fahrrad ein paar Dörfer weit entfernt hat? Ich fürchte: Er will nichts Kränkendes erfahren, weder über sich noch gar über seine Mutter.

Dabei gibt es inzwischen genügend Zeitzeugen und Literatur zur Taktik der Nazis, die Frauen zu gewinnen, mit BDM und NS-Frauenschaft, mit Volkswohlfahrt, Kraft durch Freude, Müttergenesungsheim, Winterhilfswerk oder Mutterkreuz. Natürlich war man da in Berlin erfahrungsreicher: Ich mußte Spalier stehen beim Vorbeimarsch irgendwelcher Nazigrößen und befand mich inmitten einer gewaltigen Menge offenbar verrückt gewordener Frauen, ekstatisch, mit starrem Blick, heilschreiend und in den hinteren Reihen seltsame Stöcke haltend, mit einem Spiegel oben und einem unten, so daß man noch von weit hinten die Vorbeifahrenden sehen konnte. Begeisterte deutsche Frauen, ein unvergeßlicher, unheimlicher Anblick.

Solche Zeugenschaften halten allerdings einige Einsichten bereit, die Walser wohl fürchtet. Darunter die Einsicht, daß er den NS-Tiraden im familiären Parteilokal besser hätte zuhören sollen. Oder die Einsicht, daß auch Mütter lügen. Oder, schließlich, die Einsicht, daß es linke, keulenlose Patrioten gibt. Zum Beispiel mich. 1964 übersiedelte ich von Frankfurt nach Westberlin, um einen gesamtdeutschen Verlag zu gründen. Ein Jahr später machte die DDR diesem Traum ein Ende – ich erwähne ihn, um daran zu erinnern, daß auch Linke ein Deutschland im Kopf hatten, daß mehr war als nur das damalige Westdeutschland. Es gab einige Gründe, warum dieser absonderliche Patriotismus links liegen gelassen wurde:

Einmal gab es einen gewaltigen Haufen von Revanchisten, die »Deutschland in den Grenzen von 1937« wiederhaben wollten, mit denen war nicht zu reden.

Aber auch mit den Vertretern des »Kuratorium Unteilbares Deutschland« war kaum zu reden, wie es Jurek Becker einmal unübertrefflich formuliert hat: »Fast jedesmal, wenn ich an Gesprächen zur ›Deutschen Einheit‹ teilnahm, konnte ich eine Merkwürdigkeit beobachten: daß die anderen, die Vereinigungswilligen, auch noch ganz andere Positionen vertraten, die mir verdächtig vorkamen ... für sie ist Faschismus ein erledigtes, enthauptetes, exotisches Ungeheuer, nicht eine Möglichkeit, die gegenwärtig ist..., sie sind Geschichtssentimentalisten, sie glauben, im vereinten Deutschland würden sie den Gerüchen und Geschmäcken ihrer Kindheit wiederbegegnen; sie haben ein (für meine Begriffe) übersteigertes Bedürfnis nach Verwurzeltsein, daher bluten sie aus Wunden, die niemand außer ihnen wahrnimmt. Sie können es nicht bei konservativen Ansichten belassen, sie müssen immer gleich reaktionär werden.«

Und drittens, schließlich, paßten patriotische Gedanken nicht zu Linken, denn die, so der konservative Sprachgebrauch seit langem, waren eben »vaterlandslose Gesellen«.

Deswegen war, deutschnationale Köpfe werden es nie verstehen, Willy Brandt eine so wichtige Figur in jener Zeit: Er ließ sozusagen zu, daß man sich Deutschland wieder näherte, daß man sich langsam zuhause fühlte im eigenen Land. Daß ich wieder eine gewisse Zuneigung zu meinem schwierigen Volk fassen konnte, genau im Moment der Verlagsgründung. Denn wer einen Meinungsverlag leitet, wie es der Verlag Klaus Wagenbach ja ist, der kommt nicht ohne pädagogischen Eros aus, ohne Sympathie zu seinen Lesern, im Gegensatz zum Leiten eines Publikumsverlages, dem die Leser als Konsumenten genügen.

Es ergab sich deswegen geradezu von selbst, daß das Programm meines Verlags auch nach außen sah, insbesondere nach Italien, um deutsche Leser mit anderen Erfahrungen bekannt zu machen, von Giorgio Manganelli und Pier Paolo Pasolini bis Luigi Malerba, Natalia Ginzburg und Norberto Bobbio. Aus Frankreich Robert Pinget, Alain Corbin oder Mona Ozouf, aus Spanien Miguel Delibes, Javier Tomeo oder Manuel Vázquez Montalbán. Und es waren, auch nicht von ungefähr, viele Juden, die meinen Verlag als das angemessene Umfeld für ihre Bücher empfanden: Von Stephen Greenblatt bis Carlo Ginzburg, von Natalie Zemon Davis bis Yosef Hayim Yerushalmi. Fünf Juden habe ich besonders viel zu verdanken: Franz Kafka, dem Ehepaar Brigitte und Gottfried Bermann-Fischer, Peter Brückner, Erich Fried und Stephan Hermlin.

Franz Kafka, dessen Werk mich seit 1950 begleitet und dessen Leben ich seitdem viele Aufsätze und Bücher gewidmet habe, hat mir die deutsche Sprache vertraut gemacht wie kein anderer Autor. Das Ehepaar Bermann-Fischer hat mich in den fünfziger Jahren, zuerst als Lehrling, dann als Werkstudent und schließlich als Lektor, nicht nur das Metier gelehrt, sondern auch einen Blick werfen lassen in die Welt der Moderne, der sonst im Nachkriegsdeutschland schwer zu erlangen war.

Peter Brückner hat mich durch seine Arbeiten und seine Biographie deutsches Unglück auch als persönliches Unglück verstehen lassen: Verlust von Haus oder Vermögen, Flucht aus den Städten, Vertreibung, Heimatlosigkeit. Ich fürchte, daß unter anderem auch solche Erkenntnisse diesen liebenswürdigen Sozialpsychologen in den siebziger Jahren zu einer der meistgehaßten Personen in Deutschland machten.

Ein Haß, von dem auch meine beiden anderen Freunde, Erich Fried und Stephan Hermlin, nicht verschont blieben. Erich Fried, der die große, mir ganz unzugängliche Fähigkeit hatte, persönliche Freundschaften auch mit politischen Gegnern zu schließen, der sogar nachsichtig genug war, den Gestapo-Mann, der seinen Vater umgebracht hatte und nach dem Krieg als Zollrat bei Düsseldorf lebte, nicht anzuzeigen. Wohl aber wurde Erich Fried angezeigt, vom Berliner Polizeipräsidenten wegen Beleidigung. Oder er wurde als »Verschwörungsneurotiker« denunziert, dessen Gedichte verboten werden müßten und dann in der Tat auch aus deutschen Schullesebüchern hinausgesäubert wurden. Oder Stephan Hermlin, dem die Literatur der DDR so viel an Förderung verdankt, nicht nur Jude, sondern auch aktiver Widerstandskämpfer – eine Kombination, die auf eine bestimmte Sorte von erfahrungsarmen Literaturverwaltern offenbar besonders provozierend wirkt.

Sie sehen: ich kehre zu Hugo Ball zurück und entferne mich von Martin Walser. Denn mit seiner Andeutung, die »Auschwitzkeule«, mit der man uns angeblich jeden Tag traktiert, werde nur von Gutmenschen zur Aufbesserung des eigenen Gewissens gehandhabt, hat Martin Walser nicht nur den ihm vertrauten familiären Stammtisch in der Paulskirche aufgeschlagen, sondern ihn offenbar auch zum Maßstab machen wollen. Die Welt besteht aber nicht nur aus Walsers und Gutmenschen, sondern auch aus vielen anderen.

Das sind – und ich rede jetzt von Nichtjuden – Millionen, die in der Nazizeit nicht nur ihren Stammtisch verloren haben, sondern ihre Heimat, ihre Gesellschaft, ihre Selbstgewißheit. Und die fragten sich und fragen sich noch: Warum habe ich überlebt, warum andere nicht? Und in allen möglichen Antworten, die sie sich geben konnten, kam Auschwitz vor. Und diese seltsamen Leute können das nicht vergessen und erinnern manchmal daran, sich und andere.

Diese Leute sterben allerdings langsam aus. Dann wird sich auch die Frage nach dem Zusammenleben von jüdischen und nichtjüdischen Deutschen, nach ihrer gemeinsamen Emanzipation, neu stellen.

Dankesrede zum Hugo-Ball-Literaturpreis. Unveröffentlicht. 1999.
Leicht gekürzt um Passagen, die in die biographischen
Kapitel aufgenommen wurden.

Über das Recht auf das Neue und die Nullquote

Vor etwa einem Dutzend Jahren saß ich einmal im Rundfunkrat des Senders Freies Berlin, durch die Gnade eines Gesetzes, das Buchhändlern und Verlegern einen Sitz zuspricht. Das heißt: einen halben, die andere Hälfte gehört den Zeitschriftenverlegern. Die Mauer öffnete sich gerade und nun auch noch das: ein Kommunist im Rundfunkrat. Zwar nur ein halber und eigentlich gar keiner, aber im Westberliner Vergrößerungsglas zählten radikale Linke dreifach.

Zur Verblüffung der meisten anderen Rundfunkratsmitglieder widmete ich mich aber einer Form des berühmten »öffentlichen Bildungsauftrags«, die irgendwie in Vergessenheit geraten zu sein schien: der Literatur. »Bildungsauftrag«, so lautete offenbar der Konsens, war eine Torte, die unter Verbänden, Parteien, Interessengruppen aufzuteilen war. Jeder wollte das Sahnestück, und wer die größte Quote vorweisen konnte, der bekam es in der Regel auch. Wenn Kultur vorkam, dann zumeist als Oper (rechts) oder Kietzkultur (links). Literatur hatte überhaupt keine Quote. Wohlverstanden: eine Literatur, die die Welt nicht nur abbildet, sondern befragt, fordert, phantasiert.

So kam es, ganz logisch, recht bald zu einem Zusammenstoß zwischen Bildungsauftrag (siehe oben) und Nullquote. Als Quotennackter hatte ich aber nichts zu verlieren und antwortete: »Der Bildungsauftrag des Rundfunks in Sachen Literatur besteht darin, Schriftsteller zu ernähren.« Das Echo schwankte zwischen Verblüffung und Gelächter – das Neue, Ungewöhnliche, Experimentelle ist in Gremien ebenso unwillkommen wie bei Schriftstellern verbreitet.

Aber nicht nur das. In den Rundfunkredaktionen hat sich die Lage der Literatur im letzten Jahrzehnt nicht nur im zeitlichen Sinn verschlechtert (der Fünfminutentake statt der Stundensendung), sondern auch als intellektuelle Anstrengung. Es fehlt nicht nur die Zeit, sondern auch die Herausforderung, der Auftrag.

So könnte man sich doch vorstellen, daß einem selbstverliebten phallokratischen Autor aufgegeben wird, eine längere

Erzählung mit weiblichem Ich zu schreiben. Oder umgekehrt. Einem Sudler wird aufgetragen, sich in einen Stilisten zu verwandeln. Einem Jungautor könnte untersagt werden, über sich selbst zu schreiben (schwere Prüfung!) und statt dessen über einen Greis. Oder einer gefühlvollen Jungautorin könnte als Imaginationsaufgabe eine berufstätige kinderreiche Mutter mit Liebhaber ans zitternde Herz gelegt werden. Und erst Gedichte! Warum kann man sie nicht drei- oder fünfmal wiederholen, vom selben Sprecher oder mehreren oder vom Autor? Und schön langsam! Literatur dient der Verlangsamung der Zeit!

Oder Literatur als Kommentar: Zum Waldsterben Gedichte von Günter Grass und Erich Fried. Zur ewigen deutschen Sorgenfalte das »Steinerne Herz« von E. T. A. Hoffmann, zu unerfüllbaren Wünschen »Erstes Leid« von Kafka. Und wenn er sich wieder mal zeigt, der verklemmte, autoritäre Charakter: »Der Vater eines Mörders« von Alfred Andersch. Wie überhaupt man aus der Literatur viel über unseren Nationalcharakter erfahren kann.

Alles, versteht sich, ohne Zwischenmusik. Höchstens mal ein Paukenschlag oder ein Grillenzirpen. (Und immerhin für eine riesige Zuhörerschaft – mindestens zehnmal so groß wie ein normales Opernhauspublikum.)

Deutschlandradio Programmheft. 2003

Einerseits läßt sich Kultur nur bis zu einer gewissen Grenze auf ein mittleres internationales Niveau zurückschleifen. Sie bleibt – schon durch die Sprache – immer ein Stück weit national. Sie führt eigene Geschichte und eigene Literatur mit sich und erscheint dem Betrachter von außen immer etwas fremd, genügend fremd jedenfalls, um sich selbst besser zu erkennen. Das ist ein Stück politischer Kultur.

Andererseits weiß der gebildete Leser, im Gegensatz zum gewaltigen Chor derjenigen, die das Gegenteil behaupten, daß unsere Industriegesellschaft *nicht* die beste aller Welten ist. Auch das ist ein Stück politischer Kultur. 1991

Und dennoch gibt es dazu keine Alternative

Sehr geehrte Damen und Herren, liebe Freunde,
die Einladung für eine Festrede zu diesem schönen Jubiläum
[25. Jubiläum der Grünen] erhielt ich erst vor wenigen Tagen; die
Kürze erinnerte mich sofort an eine noch kurzfristigere Einladung
1976, anderntags die Grabrede für Ulrike Meinhof zu halten. Damals konnten sich die Genossen nicht so schnell entscheiden, heute,
über zwanzig Jahre später, geht es schneller. Das ist der Fortschritt!
Erheitert hat mich Ihr liebenswürdiger Vorstand aber nicht nur
durch einen gleich nachgesandten Brief, sondern auch durch zwei
mitgesandte Rotweinflaschen von unbestreitbarer Qualität. Das ist
der Fortschritt! Wäre es seinerzeit eine Anderthalb-Liter-Flasche
Valpolicella oder gar Kalterer See gewesen, so handelte es sich diesmal um einen Brunello aus der Mitte der Toskana und ich habe
auch, als bekennendes Mitglied der – allerdings parteiübergreifen-
den – Toskana-Fraktion die Anspielung begriffen: Es handelt sich
um den Lieblingswein Otto Schilys, meines tapferen Verteidigers
in den vielen Prozessen gegen mich und meine Bücher [siehe Seite
92ff.]. Für die Strenggläubigen füge ich hinzu: Der Brunello war
schon Ottos Lieblingswein, als er noch bei den Grünen war.
Womit wir schon bei den Gründerjahren der Grünen wären,
und ich möchte Ihnen ein wenig von diesen fernen Zeiten – und
ihren Typen! – berichten, um dann ein paar Gedanken darauf zu
verwenden, was aus ihnen und ihren Ideen geworden ist.

Da wären also zuerst die *Rechtsanwälte*. Das waren oft Verteidiger
in politischen Prozessen, die ihre Erfahrungen mit der Justiz gemacht hatten, gerade auch mit der Westberliner Justiz samt ihrem
berüchtigten damaligen Polizeipräsidenten Klaus Hübner. Es waren ganz praktische Erfahrungen: Niederschlagung von Anklagen,
Aussageverweigerung für Polizisten, Berufsverbote für mißliebige
Beamte, unbegründete Freisprüche oder Verurteilungen. Diese
Erfahrungen gingen dann in das zentrale Kapitel des ersten Programms der AL [Alternative Liste, Vorgängerin der Grünen] ein,
unter dem Titel »Zum Abbau demokratischer Rechte«.

Freilich: Obwohl es damals wie heute genügend Rechtsanwälte in Berlin gab und gibt, reichen sie nicht aus für eine ordentliche Parteibasis – ich erinnere mich lebhaft eines Gesprächs mit Otto Schily und Christian Ströbele im Kreuzberger Lokal *Exil*, als beide die Idee einer alternativen Partei entwickelten und von Christians Frau streng gerügt wurden: »Eine Partei? Seid ihr verrückt, wißt ihr denn nicht, in welchem Volk wir leben? Ich bin schließlich Lehrerin!«

Womit wir bei den *Lehrern* wären. Trugen die Anwälte das rechtsstaatliche Element bei (und das gehört zu den Meriten der Grünen von Anfang an, man sollte es nicht vergessen), so brachten die Lehrer den erzieherischen Furor mit. Die Lehrer, besonders die jungen, befanden sich damals aber in einer widersprüchlichen Lage. Einerseits sahen sie sich vom Staat mit Disziplinarmaßnahmen bedroht, andererseits kämpften sie, wie es im Programm heißt, für die »Entrümpelung der Lehrpläne von überflüssigem Ballast.« Was das sei, wurde nicht gesagt, aber man muß befürchten, daß darunter auch Dinge waren, die heutige wertkonservative Grüne den Lehrplänen wieder hinzufügen möchten, zum Beispiel deutsche Gedichte. Das seltsame Wort »Entrümpelung« kommt übrigens noch an einer anderen Stelle im Programm der Alternativen Liste von 1979 vor, nämlich in einer genau entgegengesetzten Forderung, daß nämlich die im neuen Hochschulgesetz vorgesehene »Entrümpelung der Lehrinhalte« unbedingt verhindert werden müsse.

Wir kommen damit zu den *Studenten*.
Ihre Absichten lassen sich zusammenfassen in dem Satz: »Wie kommen wir am leichtesten durch?« Konkret hört sich das, im Programm der AL, so an: »Wir sind für das Recht der Beteiligten, gemeinsam zu entscheiden, was in den Lehrveranstaltungen gemacht wird. Wir sind für freie Wahl der Prüfer und Lehrveranstaltungen.« Und so weiter. Wie sehr ein solches Narrenprogramm freilich von den Interessen der Pädagogikstudenten bestimmt war, zeigt die Schlußforderung: »Volle Planstelle für jeden Lehramtsanwärter!« Ja, die Planstelle! Ein altdeutscher Traum! Gott sei dank träumen ihn die Studenten von heute nicht mehr und mit ihnen hoffentlich die Grünen.
Aber die Studenten am Ende der siebziger Jahre bestanden natürlich nicht nur aus Lehramtskandidaten, sondern bildeten einen wahrhaft wilden Haufen. Wild nicht nur in Gedanken, sondern

auch in Worten und in einer Ausstattung, die die Selbstfindung förmlich mit einem Theaterauftritt verband: Der Schlapphut mit schwarzem Poncho (Modell: Der einsame Reiter). Der Frauenbefreier, Abteilung männlich: Wollpullover mit Jesuslatschen. Die Frauenbefreierin, Abteilung weiblich: Schaftstiefel, Jeansjacke, ungeschminkt. Der bleichgesichtige Körnerkauer. Das geschlechtslose Strickstrumpf. Palästinenserfeudel, *blues*-Schleier und Anarcho-Mütze. Der Struppi (in zwei Ausformungen: ungewaschen oder fein gefönt). Der schwäbische Feuerkopf (im authentischen Fall mit Schillerkragen). Der Vatermörder und die Schwanzabhackerin (beide stark in der Theorie, schwach in der Praxis). Der asketische Prophet (ehemals Klassensprecher, vertritt aber jetzt die Arbeiterklasse). Die scheue Theologin im Fließgewand. Der Wortabschneider und Zwischenrufer (zumeist nur eine Neuauflage des herkömmlichen Grobians). Die Glühende und der streng Gläubige. Der vorlaute Straßenkämpfer (sozusagen Kopf- und Handarbeitszwitter). Die politisch Korrekten mit der Strichliste ...

Und alle, alle wollten sich überall »einbringen«, was aber wegen der Fülle der Redeanträge nicht möglich war, zumal wenn immer wieder gefordert wurde, die Einbringerin oder den Einbringer ausreden zu lassen, eine Forderung, die selbstverständlich auch begründet werden mußte, und zwar nicht rein menschlich, sondern politisch. Eine gewisse Entlastung brachten da nur die stillen Indienfahrer, die allerdings nur noch in sich hineinhorchten, dafür aber nicht zuhörten.

Kurz: Eine Vielfalt schon hier, in der studentischen respektive jugendlichen Klientel (allerdings die Hauptklientel), die es unwahrscheinlich machte, daß sich aus ihr eine Partei bilden könne. So schallte es den Grünen in ihren Anfängen denn auch entgegen, selbst aus wohlwollenden Richtungen. Sie zerbrächen an ihren inneren Widersprüchen, erreichten ohnehin keine fünf Prozent und förderten damit nur Franz Josef Strauß, sie seien blauäugig, konsensbesessen, eigentlich nur eine Glaubensgemeinschaft, der in dem Moment, in dem sich der enge Keilrahmen einer Partei um sie schließe, eben diejenigen verlorengingen, die sie so attraktiv machten: die einzelnen, Verrückten, Intellektuellen, Randständigen, Nichtangepaßten.

Warum ist es dann doch anders gekommen? Ich versuche es, in vier Punkten zusammenzufassen: Was die Grünen einte, vor allem, war der Antifaschismus, so wie er auch im ersten Programm

146

der AL geradezu rituell immer wieder beschworen wird. Das war so offensiv in den siebziger Jahren keineswegs selbstverständlich. Für die FDP ohnehin nicht, aber auch für die CDU und die SPD nur in Maßen, nicht nur, weil man ehemalige Nazis als Wähler nicht verprellen wollte, sondern weil die SED den Antifaschismus sozusagen gepachtet hatte und es zum offiziellen, hochfliegenden, aber inhaltsleeren Antikommunismus gehörte, sogenannte Ost-Parolen zu ignorieren. Dieses Problem hatten die Grünen nicht. Die AL schon gar nicht, weil diese Sorte Antikommunismus in Westberlin um erhebliche Dezibel lauter war. Die Grünen nahmen den Antifaschismus im Wortsinn ernst, als historische Erfahrung (wie viele Kommunisten oder Sozialdemokraten), aber auch als private Erfahrung, noch über dreißig Jahre nach dem Krieg: die stummen Elternhäuser, die Nazis in Regierung und Wirtschaft, das autoritäre Gehabe, die alten, repressiven Gesetze, die dünne demokratische Decke. Selbst bei den Grünen der ersten Stunde war diese Decke noch dünn – da gab es ihn oft noch, den kerndeutschen Kommandoton und die eherne Forderung bei Strafe des unehrenhaften Untergangs mit insgesamt 111 Ausrufezeichen (im letzten Programm: 6)!

Zweitens einte die Grünen das Mißtrauen gegenüber einer rechenhaften, bloß effektiven, funktionalen Welt, in der alles machbar sei. Schon im ersten Programm der AL macht sich dieses Mißtrauen bemerkbar. Unter entsetzlich vielen Forderungen und Beschwörungen steht unverhofft der nachdenkliche Satz: »Die verbreitete Euphorie, anscheinend alle Probleme durch technische Hilfsmittel lösen zu können, hat zu der Auffassung geführt, die Probleme, die durch Nichtbeachtung der Naturabläufe entstehen, vernachlässigen zu können.« Ein echter »grüner« Satz, dem auch heute noch sicher alle Grünen zustimmen. Als Verleger von Pier Paolo Pasolinis *Freibeuterschriften,* die 1978 erschienen und eine gewaltige Verbreitung fanden, höre ich da natürlich auch die Stimme Pasolinis. Viel mehr natürlich noch in einem dritten Punkt, der die Grünen einte, die Kritik am Konsumismus.

Wobei der Ausdruck »Konsumismus« verkürzt ist, denn es handelt sich zugleich um eine Art aktiver Trauer um die Opfer der Konsumgesellschaft: die Kultur des einzelnen, Vereinzelten, des sogenannten Altmodischen und Rückständigen. Es gibt dazu einen großartigen Text Pasolinis, eine Art Grundlagentext, aus dem Jahr 1975, mit dem Titel »Herz«, in der Form eines Briefs an Italo Calvino. Ein Gespräch unter Intellektuellen, aus dem ich Ihnen die wichtigste Stelle zitiere:

»Das Problem ist ein ganz bestimmtes Selbstverständnis des Intellektuellen: Dieser hat zunächst einmal die Pflicht, immer wieder die eigene Funktion in Frage zu stellen, vor allem da, wo sie am wenigsten fragwürdig scheint, das heißt in ihren Grundannahmen von Aufklärung, Antiklerikalismus und Rationalismus. Die neue konsumistische und permissive Herrschaft hat sich aber gerade unserer geistigen Errungenschaften – des Antiklerikalismus, der Aufklärung, des Rationalismus – bedient, um sich daraus ihr Gebäude von falschem Antiklerikalismus, falscher Aufgeklärtheit, falscher Rationalität zu zimmern, um eine Vergangenheit mit entsetzlichen und idiotischen Heiligtümern loszuwerden. Zum Ausgleich hat sie ihr einziges Heiligtum aufs äußerste gesteigert: das Heiligtum, das im Ritus des Konsums und im Fetisch der Ware besteht. In diesem Zusammenhang sind die alten Argumente von uns Antiklerikalen, Aufklärern, Rationalisten nicht nur stumpf und unnütz geworden, sondern sie stützen im Gegenteil das herrschende Konzept.

Ich meine deswegen, daß man heute – ohne mit unserer geistigen Tradition des Humanismus und Rationalismus zu brechen – die Angst, das Heilige zu beglaubigen oder ein Herz zu haben, verlieren muß.«

Soweit Pasolini und Amen. Die CSU freut sich zu früh, denn sie ist ja bisher weder durch das Feuer des Antiklerikalismus noch das der Opposition gegangen, sondern hält sich, durchaus katholisch, für die Alleinseligmachende.

Die Wirkung Pasolinis auf die Grünen war hingegen vollkommen folgerichtig: Auch sie haben den Umweltschutz nicht nur auf die Natur bezogen, sondern ebenso auf lokale Lebensformen, fremde Kulturen oder die bäuerliche Welt – zu meiner Freude ist das für die letztere zuständige Ministerium zum erstenmal in der deutschen Nachkriegsgeschichte der Agrarindustrie und ihrer Lobby entrissen worden. Für all das galt der Slogan »Vielfalt statt Einfalt«, und er gilt noch heute.

Letztens hat dann die Absicht, diese Überzeugungen in Gesetze zu bringen, oder Gesetze, die ihnen entgegenstehen, abzuschaffen, die Grünen doch eine Partei werden lassen. Und da gab es viel zu tun, ich erinnere nur an das Familienrecht, die Gleichstellungsparagraphen, an Kind und Bett, Schule und Nahrung.

Lassen Sie mich zum Schluß noch eine kleine Spekulation anstellen darüber, was aus den vorhin genannten Typen heute wohl geworden sein mag.

Am einfachsten ist das bei den Anwälten und Lehrern. Sie sind Anwälte und Lehrer geblieben, öden uns aber manchmal an. Die Anwälte mit ihren Allmachtsphantasien von der Verrechtlichung der Welt und die Lehrer mit immer neuen Erziehungsmodellen statt mit dem Rückgriff auf das, was die Konsumgesellschaft fallengelassen hat, zum Beispiel die Kenntnis der deutschen Sprache, Geschichte, Literatur – das wäre doch ein Stück Anti-Globalisierung! Aber hoffen wir, daß die Anwälte und Lehrer den Rechtsausschuß und das Landesschulamt beleben.

Der dogmatische Linkshaber hingegen ist fast ausgestorben, das zeigte schon das erste Programm der AL, das – übrigens vollkommen zu Recht – ausdrücklich erwähnte, daß der KBW [Kommunistischer Bund Westdeutschland] nicht koalitionsfähig sei. Überladen allerdings ist das erste Programm der AL mit gewerkschaftlichen Forderungen, wie 35-Stunden-Woche, Rente mit 55, Verbot der Schichtarbeit, Verbot von Gewerkschaftsausschlüssen und so weiter. Das war zwar hauptsächlich das Ergebnis der ewigen Arbeiterstellvertreter aus gutbürgerlichem Haus, aber es war ein Irrtum in der Adresse. Gewerkschaften vertreten überwiegend ökonomische Interessen, wie die Industrie. Ich gebe Ihnen ein Beispiel aus meinem Beruf: Letzthin hat ver.di, die auch die Interessen der Schriftsteller vertritt, Ergänzungen des Urheberrechts gefordert und auch zum großen Teil durchgesetzt, alles vergleichsweise vernünftige Gesetzespunkte zur Besserstellung der Schriftsteller und Übersetzer. Die entscheidende Forderung, daß ein Schriftsteller, dessen Verlag verkauft wurde, seine Bücher kündigen könne, um sie in einem anderen, ihm angemessenen Verlag zu veröffentlichen, wurde gar nicht gestellt. Das hätte dem Ver- und Ankauf von Verlagen immerhin einen kleineren Riegel vorgeschoben. Aber da verbindet ver.di und die Verleger der blinde Fleck gegenüber dem Persönlichkeitsrecht. Kurz: Gewerkschaften sind für die Grünen der falsche Partner.

Ebenfalls fast ausgestorben ist der Vatermörder und die Schwanzabhackerin. Das heißt, sie leben noch, sind aber selbst Väter oder Mütter. Oder haben sich, traurig genug, umgebracht, wie Bernward Vesper.

Die Körnerfresser hingegen haben eine große Zukunft erfahren, von der sie selbst nie geträumt hätten und die ich Ihnen nicht näher zu beschreiben brauche. Sie sind allerdings auch heute noch oft bleichgesichtig und vergessen manchmal, daß es nicht nur schwarze Ackerkrume gibt, sondern auch braune.

Der Schlapphut schreibt Essays über seine Vergangenheit, manchmal auch Ministerreden. Der schwäbische Feuerkopf hat den Bausparvertrag eingelöst und sitzt im Stadtrat von Leonberg. Das geschlechtslose Strickstrumpf hat sich nicht vermehrt.

Der asketische Prophet ist Theatermacher oder Frührentner auf Mallorca, die Glühende lebt mit ihm zusammen.

Die politisch Korrekten haben ihre Strichliste zwar modernisiert, müssen aber Tag für Tag das Computerprogramm ändern, eine Sisyphusarbeit: Wieviel Türken leben wirklich in Berlin, wie viele davon illegal, wie viele Männer, Frauen, Kinder, wieviele tragen Kopftuch, wie viele sind im wehrdienstpflichtigen Alter, davon arbeitslos wieviel arbeitsscheu, wieviel kriminell (schwer oder leicht), wieviel? Und das alles in welchem Verhältnis zu rein deutschen Berlinern in erster, zweiter oder dritter Generation? Ergibt 1,2 % arbeitsloser aber arbeitswilliger Türken im wehrdienstpflichtigen Alter mit fehlendem Berufsschulabschluß. Für die muß endlich eine korrekte Ethno-Quote geschaffen werden! Ebenso für die kopftuchtragenden Minderjährigen!

Die Frauenbefreierin arbeitet heute im Frauenreferat, gründet oder leitet Verlage, Kindertagesstätten oder Bürgerinitiativen. Oder wird die erste lesbische Bürgermeisterin von Berlin.

Der Frauenbefreier. Ja, was mag er wohl machen? Er war immer so sanft und verständnisvoll. Vielleicht hat er doch die Sau rausgelassen und lebt als Masochist in einer verkehrsberuhigten Zweierbeziehung. Die scheue Theologin im Fließgewand ist heute Bundestagsvizepräsidentin, der vorlaute Straßenkämpfer Außenminister, der Strenge Umweltminister und die wortgewandte Zwischenruferin widmet sich, wie schon erwähnt, der Landwirtschaft.

Und alle, hoffe ich, haben im Kopf oder auf dem Schreibtisch das schöne Zitat von Rudi Dutschke aus dem Jahr 1977:

»Sich selbst zu verändern, glaubwürdig zu werden, Menschen zu überzeugen und den verschiedensten Formen von Ausbeutung und Terror entgegenzuwirken, das mag in manchen Augenblicken ungeheuer schwer erscheinen. Und dennoch gibt es dazu keine Alternative.«

Ja, einen Typus habe ich vergessen: den Struppi. Er steht vor Ihnen und dankt Ihnen für Ihre Aufmerksamkeit.

Festrede zum 25. Geburtstag der Grünen in Berlin.
Unveröffentlicht. 2003

HUNDSANGEN

Hundert Jahre in einem Dorf

Hundsangen liegt am südlichen Rand des Westerwalds, zehn Kilometer nördlich von Limburg an der Lahn. Es ist ein sehr altes Dorf (mit Funden aus der Römerzeit – der Limes lag etwa zwanzig Kilometer südlich), der Name weist auf das Roden, das Niederbrennen (Sengen) eines Waldes und auf einen Hundo, einen Unterrichter der alten Gaugrafen; er taucht bereits im 11. Jahrhundert auf. Ein Grenzdorf seit je, auch heute (in Rheinland-Pfalz, an der Grenze zu Hessen).

Hundsangen hatte seit Menschengedenken (und das heißt, wenn ein alter Einwohner von der Jugend seines Großvaters erzählt, etwa 1840) keine Feudalherren, es war sehr früh ein freies Dorf, nur die Kirche hatte viel Land, aber die blieb im Dorf; die Hundsänger sind stockkatholisch. Bis vor kurzem hatte das Dorf immer etwa tausend Einwohner, heute etwas mehr, man heiratete im Dorf und blieb im Dorf, schon die nächste Stadt, eben Limburg, war nicht nur de facto »Ausland«, sondern auch dem Gefühl nach. Das Dorf ist nicht besonders schön, der Boden ziemlich karg (Basaltuntergrund), die Witterung hart und der Wind so kalt wie im Lied und im übrigen Westerwald. Platt wird immer noch gesprochen, wenn auch nicht mehr so breit wie früher, und in der Schule überhaupt nicht – aber auch der gelingt es kaum, das rollende »r« aus der Gegend zu vertreiben.

Ein klassisches, armes Dorf. Die Leute heißen Mallm, Tripp, Hannappel, Höhl, Weidenfeller, Opper, Quirmbach, Hecker, Horn, Neundter, Kalteier, Herborn, Schürg, Eidt, Knebel, Merfels oder Wagenbach. Ich habe dort viele Verwandte und auch einige Jahre im Dorf gelebt. Die Namen reichen kaum über die Region hinaus, auch die nicht, deren Vorfahren offenbar wo ganz anders herkamen: Pistor, Leonardi, Burbones, Novian. Diese Schreibnamen werden aber noch heute kaum benutzt, was zählt, sind die traditionellen Dorfnamen, die entweder aus Vornamen entwickelt sind – wie »Miborwe« (Maria Barbara), »Klose« (Nikolaus), »Orems« (Adam) oder »Ogerts« (Achatz) – oder die Berufe bezeichnen. Diese Namen zähle ich hier vollständig auf, weil sie zugleich eine vollständige Liste der im Dorf früher ausgeübten Berufe (neben dem zentralen des Bauern) sind: »Amme« (Hebamme), »Bolmastersch« (Bürgermeister), »Däckersch« (Dachdecker), »Dingese« (Dingeleisen), »Firschdersch« (Förster), »Kirchemastersch« (Kirchendiener), »Klaschoustersch« (kleine Schuster), »Kneiberts« (Kneipe), »Kiezehebbels« (Tragekieze, also Wanderhändler), »Nerersche« (Näherin), »Nolschmitz« (Nagelschmiede), »Pastursch« (Pastor), »Pletschmillersch« (»Plätschmühle«, Müller), »Rechenersch« (Gemeinderechner), »Schaldorms« (Gendarm), »Schefersch« (Schäfer), »Schmids« (Schmied), »Schneirersch« (Schneider), »Wanersch« (Wagner), »Wewersch« (Weber), »Zimmerorems« (Adam, der Zimmermann).

Daneben gibt es noch Namen, die unmittelbar den Ort des Hauses bezeichnen (wie »Burnsches« = beim Brunnen, oder »Stahretsch« = bei der Steinrutsche), aber das ist selten, weil ja alle Namen einen Ort bezeichnen, eben das Familienstammhaus, das heißt eigentlich nur den Boden, auf dem es steht: Der Boden ist ja das einzige, was bleibt, bei allem anderen hat die Natur mitzureden: Feuer, Hagelschlag, Unwetter, Seuchen, Dürre. Das Vieh »geht kaputt«, das Haus brennt ab, Menschen sterben, die Ernte verfault, das Korn fressen die Mäuse – die Gemarkung aber fliegt nicht weg; sie bleibt liegen und mit ihr die Grenzsteine (»Flurbereinigung«: ein Schreckenswort in jedem Dorf!) und die Namen (nur die vielen neuen Häuser am Dorfrand haben keine Namen, die heißen so wie die Leute, die in ihnen wohnen). »Wo ich wohne«, »Der Ort, an dem ich lebe« – das sind so Probleme von Städtebewohnern (aber die wollen ja auch, wenn sie ins Dorf wollen, »aufs Land«, was einem Bauern nie einfiele, er nennt sein Dorf Dorf und sein Land Feld. Und eine »Landkommune« heißt »dot Haus mit dene Stodtdabbese« – »Stadttolpatschen« –, und das Haus muß aufpassen, daß es diesen Namen nicht ein Menschengedenken lang behält).

Anders ist es mit der Zeit – sie liegt förmlich zwischen Ort und Natur. Der Ort steht fest, die Natur wechselt; die Zeit wechselt *und* steht fest. Im Winter ist die Zeit lang und die Arbeit kurz, im Sommer umgekehrt – der abgemessene Achtstundentag sagt einem Bauern nichts, im Ernstfall nicht einmal der Sonntag (da muß nur abgewartet werden, bis der Pfarrer nach der Messe rituell verkündet, die »Sonntagsruhe ist wegen der notwendigen Ernte aufgehoben«). Und der Werktag sagt ihm nichts, wenn es regnet.

Die Jahreszeiten hingegen sagen ihm was, das ganze Jahr, drei Jahre (Fruchtwechsel) und die Generation – diese großräumigen Zeiteinheiten stehen fest und aus der großräumigsten, der Generation, ergeben sich Geschichten und Geschichte: »Mein Großvater hat erzählt...«, »als die Tante als Magd ging...«, »als Vater noch lebte...«. An diese Geschichtseinteilung will ich mich im folgenden halten; das ergibt bei 100 Jahren etwa vier Generationen, eher etwas weniger, denn man heiratete, wie in anderen Dörfern auch, spät in Hundsangen, durchschnittlich mit 28–30 Jahren. Die Frau mußte noch anpacken zuhause (so schnell gab man Arbeitskräfte nicht frei) und ein wenig mitsparen auf die Aussteuer, der Mann ebenso, und die Alten versuchten natürlich, die Erbteilung noch etwas hinauszuschieben (sie war ja auch mit der Hochzeit meist nur vorläufig, das eigentliche Erbe kam oft erst zwei Jahrzehnte später).

Geht man von den Generationen aus, so erhält man vier Zeitabschnitte, die auch so gewählt wurden, damit sich die entscheidenden Veränderungen im Dorf zeigen lassen: Heute (*1950–1980*); Die Zeit der Väter (*1925–1950*); Die Zeit der Großväter (*1900–1925*); Die Zeit der Urgroßväter (*1875–1900*).

Die Zeit der Urgroßväter (1875–1900)

1870 hatte Hundsangen 997 Einwohner, 251 Familien (das Dorfarchiv ist 1945 zerstört worden; im folgenden werden infolgedessen da, wo schriftliche Quellen vorliegen, genaue Zahlen genannt; die Schätzungen oder mündlichen Mitteilungen sind durch die Aufrundungen erkennbar). Nach den Berufsangaben des Mannes bei der Eheschließung ergibt sich: 67 % Bauern, 18 % Tagelöhner, 15 % andere Berufe, zumeist Handwerker. Sie gliederten sich in drei »Klassen«: Die reichen Bauern mit etwa 40 Morgen (etwa 5 Familien), die kleinen Bauern mit etwa 5–10 Morgen, zumeist mit Nebenerwerb (etwa 160 Familien), sowie die Handwerker, zumeist noch mit ein paar Morgen (etwa 40 Familien), und die Tagelöhner, meist nur mit einem Hausgarten oder einer Wiese (etwa 45 Familien). Die gesamte Gemarkung umfaßte 3200 Morgen, davon 800 Morgen Wald und etwa 200 Morgen Dorf und Wege. Die Kirche besaß (aus Stiftungen) 220 Morgen, die Gemeinde 50 Morgen; beides wurde verpachtet.

Die Masse der Bauern und Handwerker lebte in äußerster Armut, von den Tagelöhnern zu schweigen. Die vermögenderen in den größeren Fachwerkhäusern des Mitteldorfs, die ärmeren in kleineren Häusern im Unterdorf oder Oberdorf, die Tagelöhner in winzigen Häusern (im Erdgeschoß ein oder zwei Zimmer mit Kochstelle, im Dachgeschoß ein Lagerraum) auf der Schanzpurt.

Ein gewöhnliches Bauernhaus im Mitteldorf sah etwa so aus: Unten ein aus Basaltstein gemauerter Keller mit gestampftem Lehmboden (zur Lagerung von Kartoffeln, Äpfeln und Eingemachtem – Pflaumenmus, Sirup, Gepökeltes). Auf diesem Fundament dann das zweigeschossige Fachwerk (aus schweren Eichenbalken, die Fächer mit gespaltenen Eichenästen geflochten, über die Lehm geschmiert wurde), darüber ein hoher Dachstuhl, strohgedeckt. Die Wetterseite war meist aus Backstein oder mit Schieferschindeln abgedeckt; die Balken wurden mit Ruß geschwärzt, die Fächer mit Schlämmkalk gestrichen. Im Untergeschoß die Küche, eine steile Treppe in den Keller und ins Obergeschoß, und die Großstube mit einem Ofen, der einzige heizbare Raum, in dem im Winter gewebt, gesponnen oder geflochten wurde. Im Obergeschoß drei kleine Kammern und die Treppe zum Dachboden, auf dem das Getreide (für den Eigenbedarf) und getrocknete Pflaumen und Birnen in »Hutzelkörben« gelagert wurden; im (von der Küche hochgemauerten) Kamin befand sich der Rauchfang. In diesem Haus, also in vier Räumen, lebten normalerweise 10–12 Personen: Großeltern, Eltern und 6–8 Kinder. Die Kinder schliefen zu mehreren auf Strohsäcken in sogenannten Bettkisten, deren Deckel nachtsüber aufgemacht wurden. In der Küche ein großer Tisch und zwei Bänke, in der Regel nur ein halbes Dutzend Bestecke und Tassen, einige Töpfe und Milchgefäße, und ein großer Herd, auf dem auch das Schweinefutter (Kartoffeln) gekocht wurde. Als Beleuchtung ein Öllämpchen (das damals ebenso modern war wie das Spinnrad). Das Wasser wurde aus einem der Dorfbrunnen oder aus einem eigenen Brunnen am Hof geholt.

Der Hof war mit Basaltsteinen gepflastert, mit angrenzendem Misthaufen (samt »Herzhäuschen«, dem Klo) und Hausgarten (Salat, Bohnen, Erbsen, Johannisbeeren, Zwiebeln, Küchenkräuter, ein paar Obstbäume) und einem großen Gebäude, Scheune und Stall unter einem Dach, auf der einen Seite das Scheunentor, dahinter die Tenne, lehmgestampft, auf der anderen Seite Kuh- und angrenzender Schweinestall (für etwa 2–3 Schweine), über deren Decke dann das Stroh und Heu gelagert wurde; die Hühner hatten in halber Höhe ein Schlupfloch, in das die berühmte Hühnerleiter führte (über die kam der Fuchs nicht nach, schon eher Wiesel und Iltisse, aber für die waren die Hunde und Katzen auf dem Hof zuständig). Auf dem Hof oder der Tenne der hölzerne Wagen, die Räder mit Eisenreifen, der obere Teil als Gitter- oder Kastenwagen veränderbar. Außerdem ein eiserner Pflug und eine Egge aus Holz. Und das bekannte Jauchefaß, ebenso aus Holz, mit eisernen Ringen.

An der Innenwand der Scheune hingen die anderen Arbeitsgeräte: 2 Sensen, 2–4 Sicheln, mehrere Holzrechen, Weidenkörbe, 2 Dreschflegel, 1 Geißel, 1 »Heb« (etwa einer Machete ähnlich), 1 Vorschlaghammer, 1 Mistgabel und 1 »Kraaft« (eine Art gebogener Forke), mehrere Kartoffel- und Rübenhacken, 1 Axt, ein paar Eimer und einiges kleines Handwerkszeug. An der Außenwand hing das Geschirr (Stirnjoch, Zaumzeug, Zugketten, Sillscheider) für die (etwa 4–6) Kühe. Pferde gab es nur ein halbes Dutzend im Dorf, wohl aber viele Ziegen und Schafe.

Die Arbeit der Urgroßmutter: Im Haus und im Garten hatte die Frau die absolute Autorität, besonders in Hundsangen, dessen Frauen noch heute in der Gegend als resolute »Schafferinnen« bekannt sind. Ebenso bei dem Vieh, nur bei den Kühen mußte der Mann beim Füttern und Melken mithelfen. Von der Heirat (mit etwa 26–28 Jahren) an waren sie fast immer schwanger oder stillten (etwa ein halbes Jahr), bis ins Klimakterium. 6–8 Kinder (von etwa 10 Geburten) überlebten in der Regel. *Wenn* die Mütter überlebten: jede siebte starb am Kindbettfieber. Erst 1913 (!) hörte in Hundsangen das Müttersterben auf. Neben diesen ständigen Schwangerschaften war die Belastung durch die Kinder vergleichsweise gering: Sie erhielten als einziges Kleidungsstück ein Röckchen (Buben wie Mädchen) – Windeln oder Höschen gab es nicht – und liefen (barfuß) in der Küche oder auf dem Hof herum. In etwas größerem Alter mußten die Mädchen der Mutter helfen, die Buben dem Vater. Bei den einen hieß es Demut, Bescheidenheit, Frömmigkeit, bei den anderen wurde »Wildheit« zugelassen, bei Fehlern aber brutal gestraft. Für beide hieß das: Arbeit ab etwa fünf Jahren und absolute Anpassung an Rolle und soziales Dorfverhalten. Schuhe gab es nur im Winter (sie wurden, meist gegen Stellung des Leders, vom Schuster ein paar Nummern größer gemacht und dann mit Stroh ausgestopft), mit dem Schulbeginn dann auch Kleider, Hosen, Hemden, Jacken, jeweils höchstens 2 Stück, und jeweils für ein paar Wochen (Hemden eingeschlossen) zu tragen. Gewaschen wurde im Waschhaus, gebacken wurde im »Backes«, ebenfalls alle paar Wochen, in der Zwischenzeit lagerten die runden Brote in einem »Brotrost«. Butter wurde regelmäßig gemacht (im Butterfaß) und im Keller eingelagert, die Magermilch wurde an die Schweine verfüttert oder zur Herstellung von Bauernkäse verwendet, der kam ebenfalls, mit den Eiern, in den Keller. Etwa einmal in der Woche ging dann die Urgroßmutter mit dem Korb auf dem Kopf (Inhalt: etwa 50 Eier, 3 Pfund Butter, einige Bauernkäse) den »Eierpfad« nach Limburg zum Markt (hin und zurück etwa 4–5 Stunden, zu Fuß!). Die Küche: morgens (im Sommer: gegen 5) Frühstück: Brot, Pflaumenmus oder Schmalz, Zichorienkaffee (Butter und Milch waren – da verkäuflich – kostbar). Auf dem Feld dann eine Zwischenmahlzeit (Brot mit Schmalz, manchmal auch etwas Wurst oder Speck, mit einer Flasche Kaffee), mittags Kartoffeln mit Speck, geschmalztes Gemüse – dem Vater wurde es von einem der Kinder in einem Henkelmann aufs Feld gebracht –, abends dann wieder Brot, oder Eier (kostbar!) mit Speck. Fleisch – das war eine reine Sonntagsspeise. Zu diesen Pflichten der Frau kam dann noch im Sommer die Mithilfe beim Hacken und bei der Heu-, Getreide-, Runkelrüben- und Kartoffelernte; im Winter Heimarbeit, zumeist Spinnen oder Nähen. Die Bäuerinnen waren damals gnadenlos überlastet und starben fast stets vor den Männern.

Die Arbeit des Urgroßvaters: Pflügen und Eggen (ein Kind führte die beiden Kühe die Furchen entlang), Düngen mit Mist und Jauche, Säen (mit der Hand, aus dem umgebundenen Sack), Kartoffeln- und Rübenstecken (da mußten die Frauen und Kinder mithelfen), Unkrautziehen und Distelnstechen (ebenfalls mit Frauen und Kindern), Heu- und Getreidemähen (mit der Sense, oft auch mit der Sichel, da das Getreide damals viel niedriger stand), dahinter gingen die Frauen, machten aus einer Handvoll Getreide ein sogenanntes Winsel und banden damit die Garben, die zu »Hausten« aufgestellt wurden. Gedroschen wurde mit dem Dreschflegel auf der Tenne, danach mit einer handgetriebenen »Windmühle« Körner und Spreu getrennt. Runkelrüben und Kartoffeln wurden in »Mieten« auf dem Feld eingelagert, Stroh und Heu in der Scheune. Neben allen vier Getreidearten (Gerste und Hafer für die Hühner oder für die Schweinemast) wurden in Hundsangen noch Flachs und Raps angebaut, der Flachs wurde selber verarbeitet und als Leinen oder Sackleinen selber benutzt oder verkauft, der Raps wurde in die Ölmühle gefahren und verkauft, den Ölkuchen bekamen die Schweine. Korn und Weizen wurden (nach Abzug des Eigenbedarfs) verkauft: Das war dann die eigentliche Einkommensquelle, neben dem Viehverkauf und dem Geld, das die Frau vom Limburger Markt nach Hause brachte. Die Kirchweih, in Hundsangen Mitte August, also nach der Ernte (die vor der Mechanisierung einige Wochen früher begann: die Körner mußten noch festsitzen), war (und ist) – neben der Fronleichnamsprozession – das einzige große Dorffest, mit »Nachkirmes« einige Tage lang, zu dem die »Kirmesburschen« (mit – noch heute – blumenverzierten Hüten) durchs Dorf ziehen und an traditionell festgelegten Stellen tanzen. Nach der Kirmes (oder besser: nach Verkauf der Ernte) beginnt dann der große Zahltag: Wagner, Schmied und Schuster schickten die Jahresrechnung. Einige Preise: Wagenrad 11 Mark, Eisenreifen aufziehen 6 Mark 50 Pfennig, ein Paar Schuhe 13 Mark, Heugabelstiel 30 Pfennig, zwei neue Kuhplatten aufschlagen 40 Pfennig, ein Paar Schuhe sohlen mit Nägeln und Absätzen 2 Mark 50 Pfennig. (Zum Vergleich: Ein Morgen Acker kostete zwischen 700 und 900 Mark, ein Kilo Fleisch 80 Pfennig, ein »Dauborner Schnaps« 4 Pfennig.) Beim Krämer kaufte man eigentlich nur Salz, Zucker und Zichorienkaffee; Geschirr oder Stoff bei den durchreisenden Wanderhändlern.

Alles andere wurde selbst gemacht, vom Reisigbesen über den Holzrechen und den Körben bis zum Hausbau: dafür wurde nur das Holz aus dem Gemeindewald gekauft, und die Ziegel oder Schieferplatten, sowie der Kalk (es gab damals noch einen Brennofen im Dorf). Auch der Lohn für den Zimmermann (und eventuell für den Dachdecker) mußte gezahlt werden. Der Rest war Gemeinschaftsarbeit von Freunden und Verwandten (das ist zum großen Teil noch heute so). Mauern konnten ohnehin die meisten, weil fast alle Bauern sich nebenher noch verdingen mußten, da trotz maximaler Selbstversorgung die Einkünfte zu gering waren. Für solche Nebenarbeiten gab es drei Möglichkeiten: Heimarbeit (meistens Weben oder Körbeflechten), Maurerarbeit – meistens im Ruhrgebiet oder in den Niederlanden (Stundenlohn damals, bei 68 Stunden in der Woche, 47 Pfennig) oder Arbeit als Wanderhändler (meist mit Schirmen) bis nach Sachsen und Pommern, zu Fuß natürlich, die Kühe wurden ja zuhause gebraucht.

Politik war Männersache, blieb allerdings fast ausschließlich auf das Dorf beschränkt. Das hatte drei Gründe: Zwar existierte bereits das allgemeine Wahlrecht (für Männer), aber es war das

Großvaters Haus in Hundsangen. 1925

Dreiklassenwahlrecht (nach Steuerklassen), das in Hundsangen so aussah, daß, bei neun Gemeinderatsmitgliedern, die drei Gemeinderäte der ersten Klasse die sechs Gemeinderäte der zweiten Klasse überstimmen konnten (so verhinderten sie 1880 den Bau einer Eisenbahn durch die Gemarkung). Die »Drittklässler« (der etwa 80% der Wahlberechtigten angehörten) besaßen überhaupt keinen Sitz; es war ja auch nicht sehr reizvoll, vielleicht zwei oder drei Sitze im Gemeinderat zu haben und dennoch dauernd überstimmt zu werden – die Wahlbeteiligung war entsprechend gering (1893: 15%). Zweitens hatte der Bruch, der da durchs Dorf lief, auch einen größeren politischen Hintergrund, nicht von ungefähr wurden die Gemeinderäte die »Bismarcks« genannt: Hundsangen war 1866 preußisch geworden und Preußen war das Zentrum des Kulturkampfs – neben den Sozialdemokraten wurden von Bismarck ja auch die Katholiken als Reichsfeinde angesehen, sowohl ihre klerikale Hierarchie, als Konkurrenz zur staatlichen (1876 waren sämtliche Bischöfe Preußens verhaftet oder im Ausland), als auch ihre politische Organisation, das 1870 gegründete Zentrum (das sozialpolitisch, insbesondere durch den Mitbegründer Bischof Ketteler, zu den »Roten« gerechnet wurde). Es gab Jahre in Hundsangen, in denen sogar Kindstaufen nur bei Nacht und Nebel möglich waren.

Das also förderte nicht gerade das Interesse für große Politik. Drittens schließlich war die Selbstverwaltung in Hundsangen damals wesentlich autonomer als heute: Neben dem Bürgermeister und dem Gemeinderat gab es einen Gemeindegendarm, einen Ausrufer mit Glocke für die wichtigsten Nachrichten, ein eigenes Gemeindegericht und Gemeindegefängnis, das »Bollesje«.

Diese Autonomie entsprach allerdings durchaus dem von den harten Produktionsbedingungen diktierten Dorfmilieu. Da war nichts von »guter alter Zeit«. Die »Bismarcks« verachteten die Bauern, und die wiederum die Hungerleider und Tagelöhner von der »Schanzpurt« und alle zusammen die Nichtansässigen. Nicht aus Rassismus, sondern weil eben jeder zwar Nachbar, aber zugleich auch eine Bedrohung der eigenen Existenz war, bei soviel gemeinsamer Armut und »heimlicher« Arbeitslosigkeit. Dieses Mißtrauen ging bis in die eigene Verwandtschaft: acht Kinder waren acht Erben (also acht Konkurrenten), und Alte oder Kranke verstießen sozusagen von Natur aus gegen das eiserne Dorfgesetz: Arbeiten bis zum Umfallen – wer im Dorf leben und überleben wollte, mußte in dieses Korsett. Nicht von ungefähr waren deswegen die

Auseinandersetzungen um das Erbe oder den »Aushalt« (also das Leibgedinge, das die Alten bei Übergabe des Hofes verlangten) und der Streit um die Mitgift die heftigsten und im Dorf am meisten diskutierten. Da wurden Verträge bis ins kleinste Detail aufgesetzt und zudem oft noch das Los geworfen bei Erbteilungen (wie schön, wenn da einer Pfarrer wurde…). Und der Hoferbe (in der Regel der älteste Sohn) mußte dann seine Geschwister auszahlen, was er natürlich nicht sofort konnte, sondern oft ein Leben lang – bis zur nächsten Erbteilung. In der Zwischenzeit mußte den Geschwistern mit Spanndiensten oder zeitweiser Überlassung der Äcker oder Naturalien geholfen werden, wiederum eine Quelle vieler Auseinandersetzungen. Es ging eben – im Wortsinn – ums Überleben, und das waren oft lächerliche Beträge, wie das auserbetene Leibgedinge eines Hundsängers aus dieser Zeit zeigt: »2 Äcker, das Stübchen und 10 Mark jährlich«. Hier wirkte der Katholizismus tatsächlich als Bauernreligion: er mäßigte den kruden Rationalismus, setzte ihm die Dogmen der Nächstenliebe, *caritas* und Egalität entgegen, wertete die Frauen durch den Marienkult auf, durchbrach Armut und Monotonie des Alltags mit dem festtäglichen kirchlichen Zeremoniell, das bis in den Alltag reichte – von der Taufe über die Hochzeit, Haus- und Flurweihe (Dreikönig respektive Fronleichnam), Bittgottesdiensten und Wallfahrten bei Seuchen oder Dürre, bis zum Krankenbesuch (durch den Pfarrer oder eine heilkundige katholische Schwester am Ort – einen Arzt gab es nicht), Versehgang und Begräbnis. Das erklärt auch die im Verhältnis zum Protestantismus viel stärkere Bindung der Bauern an den Katholizismus. Selbst geflucht wurde nicht antireligiös, sondern charakteristischerweise mit »et laad« (das Leid) – wozu noch die Dorfgeschichte gehört, daß nach einem solchen Fluch auf dem Feld neben dem Bauern der Blitz einschlug, der daraufhin verdutzt – gen Himmel – sagte: »Mer werd doch noch e Wort redde derfe?« Dieses religiöse und soziale Netz, das »Dorfmilieu« – arm, regional, antipreußisch, katholisch – hielt zusammen.

Die Zeit der Großväter (1900–1925)

Mit dem neuen Jahrhundert kamen die Wasserleitung (1912), die Petroleumlampen (das Petroleum wurde mit einem Pferdewagen der Deutsch-amerikanischen Petroleumgesellschaft geliefert) und der Basaltsteinbruch (1894 eröffnet, seit 1898 von der Odenwälder Hartstein Industrie kommerziell betrieben). 1900 hatte

Hundsangen 994 Einwohner, in dreißig Jahren war also die Bevölkerung konstant geblieben: der statistische Beleg dafür, daß dies die äußerste Subsistenzgrenze war – bei minimalen Bedürfnissen und maximaler Selbstversorgung und neben der (heimlichen) Arbeitslosigkeit. Wie stark diese Arbeitslosigkeit war, zeigt sich daran, daß bereits kurze Zeit nach Eröffnung des Steinbruchs dort etwa 100 Hundsänger »schaffen« gingen (zudem einige Dutzend nach Limburg und Staffel), was sich in einem radikalen Wandel der Berufe niederschlug: Zwischen 1901 und 1918 (interpoliert aus den Berufsangaben bei Geburten und Eheschließungen) nannten sich bereits etwa 48 % »Arbeiter«, gegenüber 37 % Bauern und 15 % Handwerkern (1919–25: 59 % Arbeiter, 29 % Bauern, 12 % Hand-

Die halbe Verwandtschaft arbeitete im Steinbruch. Etwa 1920

werker). Der Beruf des »Tagelöhners« war so gut wie verschwunden, und von den Bauern wurden etwa die Hälfte »Arbeiter« – die Anführungszeichen muß man deswegen setzen, weil so gut wie niemand seine Äcker abgab, auch die Kuh, das Schwein, die Ziegen blieben im Stall und die Hühner auf dem Hof; aber »Bauer«, das wurde jetzt der Nebenberuf.

Im Steinbruch wurde damals fast ausschließlich von Hand gearbeitet. Die sechseckig auskristallisierten Basaltsäulen wurden mit schweren Brecheisen abgebrochen, mit Vorschlaghämmern kleingeschlagen und mit Kipploren einem dampfmaschinenbetriebenen Steinbrecher (bereits 1900; für Schotter und Splitt) oder den

»Kippern« zugefahren, den Steinhauern, die unter zwei gegeneinandergestellten Holzplatten saßen und kleine oder große Pflastersteine zurechtschlugen, für den wilhelminischen Straßenbau. »Geschossen« wurde erst später, mit Schwarzpulver und Zündschnur, die in das von Hand geschlagene Loch (Tiefe: zwei Meter, Arbeitsdauer: eine Woche) eingebracht wurden; die abgesprengte Wand wurde dann zerkleinert und abtransportiert (erst in den zwanziger Jahren wurde mit Preßluft gebohrt, mit Dynamit gesprengt und mit Dieselloks gefahren). Zum Waschen und Trinken gab es ein Wasserfaß, das Mittagessen brachten die Kinder im Henkelmann.

Die Bauernarbeit hatte sich gegenüber den früheren Jahrzehnten kaum verändert. Weben und Spinnen brachte (durch die industrielle Fertigung) nichts mehr ein und wurde höchstens noch für den Hausgebrauch ausgeübt, auch der Nebenerwerb durch Körbeflechten und Wanderhandel ging zurück, nur die Verdingung als Maurer oder, im Winter, als Holzfäller blieb. Unter diesen Umständen konnten nur die größeren (oder durch Zukauf oder Pacht vergrößerten) Bauernwirtschaften überleben, unter 10 Morgen gings nicht mehr. Deswegen gewann auch die Vorratswirtschaft an Bedeutung, weil sie die Selbstversorgung langfristiger sicherte: Die neumodische Konservenbüchse erreichte (einige Jahrzehnte nach ihrer Erfindung) Hundsangen und erlaubte nun nach der Hausschlachtung im Dezember das Konservieren von Wurst in Dosen; ein Fleischer baute das erste Kühlhaus (für das im Winter Eis gebrochen wurde), wie überhaupt, durch den Lohn der Arbeiter, mehr Geld ins Dorf kam, was auch die Struktur des Handwerks veränderte: Neben den drei Schmieden und den zwei Wagnern gab es jetzt vier Krämer, drei Bäcker (auch die Bauern ließen jetzt – gegen Stellung des Mehls – backen, der »Brotrost« und das »Backes« verschwanden), drei Metzger, vier Gasthäuser, zwei Schreiner, zwei Anstreicher, zwei Schuhmacher und einen Schneider.

Neumodisch waren auch die ersten eisernen Eggen, der Unterricht im Okulieren in der neu errichteten Gemeindebaumschule und in der Schule (deren Struktur gleichgeblieben war: drei Räume, zwei Lehrer) Vorträge über »zeitgemäße Düngung« – das hieß in Hundsangen damals hauptsächlich Guano (Phosphat, Ammoniak), Kalisalpeter und Kalk (später Thomasmehl). Die Dreifelderwirtschaft wurde allmählich aufgegeben. Im übrigen: Handarbeit, keine Maschinen.

Die Großväter waren Vereinsgründer: Mit der Trennung in Bauern und »Arbeiter« drohte das Dorfmilieu auseinanderzufallen – so wurden die Vereine zu einem Substitut des Zusammenhalts. Die erste Gründung war charakteristischerweise die eines Arbeitervereins, noch einige Jahre vor der Jahrhundertwende, kurz darauf ein Volksverein. Etwas später folgten dann kirchliche Vereine, wie der Lebendige Rosenkranz, der Kindheit-Jesu-Verein oder der Borromäusverein (mit einer kleinen Bibliothek). 1908 die Freiwillige Feuerwehr, 1909 der Keramik- und Steinarbeiterverband, 1912 der Kirchenchor Cäcilia. In dieser Zeit stieg dann auch die Wahlbeteiligung langsam an (1908: 24 %) und 1911 stellten die »Drittkläßler« zum erstenmal einen Gemeinderat (meinen Großvater), was zu einer demonstrativen Siegesfeier führte: aus dem Wald wurde die größte Tanne geholt und vor dem Haus des Gewählten eingepflanzt, mit Ständchen und Dankesrede, danach gab es in der »Großstubb« Eier und Schinken mit Brot, mit anschließendem Weiterfeiern im Gasthaus. Bei den Reichstagswahlen freilich wählte das Milieu geschlossen Zentrum, auch nach dem Weltkrieg schlossen sich der 1919 gegründeten (christlichen) Ortsbauernschaft sofort 120 Mitglieder an, exakt genauso viele der im selben Jahr gegründeten christlichen Gewerkschaft. Auch mit der Einführung des allgemeinen Wahlrechts wurde weiter Zentrum gewählt; die Frauen wählten genauso wie die Männer – die Roten

Ostern 1924. Der stolze Großvater: Nach dem frühen Tod seiner Frau [siehe Seite 11] hatte er alle acht Kinder durchgebracht (Vater von K.W.: Obere Reihe, zweiter von links)

oder andere Parteien hatten da nichts zu bestellen. In den zwanziger Jahren wurden dann noch vier nichtreligiöse und unpolitische Vereine gegründet: Der Radfahrerverein Frischauf (1921), der Rauchclub Gemütlichkeit (1923), der Sportverein Rot-Weiß (1926) und der Schützenverein Tell (1927) – das waren die ersten Zeichen für eine Auflösung des Milieus.

Die Zeit der Väter (1925–1950)

Durch den Steinbruch hatte Hundsangen zum erstenmal die jungen Leute im Dorf halten können, die Einwohnerzahl war gestiegen (1925: 1150 Einwohner). Auch die Lebenserwartung, besonders der Frauen, war gestiegen. Altersstruktur: Unter 25 Jahre: 589 Einwohner; 26–55 Jahre: 393; 56–70 Jahre: 132; über 70 Jahre: 36. Von den Arbeitern wurden zahlreiche neue Häuser gebaut, aber mit Backstein (auch die – seltenen – Neubauten der Bauern waren aus Backstein; Fachwerkhäuser wurden nicht mehr gebaut, die Stroh- durch Schieferdächer ersetzt). Der Aufbau der beiden Geschosse war denen der alten Bauernhäuser ähnlich, der Dachboden aber (wenn es ihn überhaupt gab) wesentlich kleiner, dafür aber ein ausgebauter Keller, nicht nur für das Eingemachte, sondern auch für die Waschküche – man wusch jetzt im Haus. Das elektrische Licht (1918/22) diente nur zur Beleuchtung, auch die modernen Bügeleisen wurden mit einem Brikett geheizt.

Veränderung der Landarbeit: In den zwanziger Jahren kamen die ersten Maschinen, hauptsächlich waren es zwei: Die zweirädrige, von den Kühen gezogene Mähmaschine, mit einem nach rechts herunterklappbaren Mähbalken, dessen Messer vom Rad aus gegenläufig angetrieben wurden (und in den dreißiger Jahren gab es dann auch schon einige Mähbinder). Und dann Dreschmaschinen, zwei riesige Ungetüme, die zuerst an den beiden Dorfenden installiert, später aber den Winter über von Bauer zu Bauer in die Scheunen gefahren wurden und innerhalb eines Tages das gesamte Getreide droschen. Auch das brauchte noch viele Hände: Die Garben mußten auf die Maschine geworfen, von dort weitergereicht und dann eingelegt werden, die Spreu wurde nach hinten aus der Scheune geblasen, die Strohballen mußten aufgenommen und gestapelt, die Kornsäcke abtransportiert und der Traktor (der im Hof stand und die Dreschmaschine über einen langen Treibriemen antrieb) mußte gewartet werden (und damit war er im Dorf, der ominöse Traktor, er blieb dreißig Jahre lang der einzige). Aber alle diese Hände wurden nur kurzfristig gebraucht, das ließ sich leicht unter Verwandten und Nachbarn organisieren und wurde mit einem Festessen entlohnt – daher der Ausdruck: »Die fressen wie die Scheunendrescher«. Diese beiden Maschinen waren in der Tat eine Revolution – das Mähen reduzierte sich auf ein Zehntel der Zeit (Sense und Sichel kamen langsam außer Kurs) und die Zeit für das Dreschen und die »Windmühle« von vielen Wochen auf einen Tag.

Finstere Zeiten: Die Zeiten schienen günstig für Hundsangen: Ein neues Rathaus (1922/23), gepflasterte Straßen, eine begonnene Kanalisation. 1925 gab es 156 landwirtschaftliche Betriebe (Nebenerwerbsbetriebe eingeschlossen), im Steinbruch arbeiteten 256 Mann, davon 116 aus Hundsangen, weitere Arbeiter fuhren mit dem seit 1925 verkehrenden Postauto (vorher gab es nur, seit 1876, eine unregelmäßige Pferdepost) in die Eisenbahnwerkstätten nach Limburg oder in die Buderus-Werke nach Staffel. Die Zahl der Handwerker und Gewerbetreibenden erhöhte sich auf 42.

Die Wirtschaftskrise Ende der zwanziger Jahre brachte Hundsangen zum erstenmal Arbeitslose, die weder im Dorf noch sonstwo Arbeit fanden. Dadurch entstand ein »Gegenmilieu« und das lief zu den Nazis über, deren Verkehrslokal auch ganz konsequent die ärmlichste, am weitesten von der Dorfmitte entfernte Kneipe wurde – dort tönte der (im ganzen Dorf so genannte) »Hitlerbabbe«, der früher ein bißchen rot gewesen war und jetzt braun wurde. Auch einer der Lehrer (ohnehin eine Rekrutierungsbasis der Nazis im Reich) machte mit, und schließlich einige arme Bauern, vor allem aber auch Steinbrucharbeiter, denen ein angereister Agitator (wiederum ein Lehrer) in einer Versammlung eine »neue Gewerkschaft« vorgestellt hatte – das war dann, wie beim ersten »Kameradschaftstreffen« herauskam, die SA. Bei der Reichstagswahl 1930 hatten die Nazis 31 Stimmen (Zentrum 496, Wirtschaftspartei 13, KPD 12, SPD 7, Deutschnationale 4), im November 1932 bereits 138 (Zentrum 445, SPD 11, Landvolk 8, KPD 7; Enthaltungen – es war die vierte Wahl in diesem Jahr! – 120), womit Hundsangen stärker »umkippte« als zum Beispiel die Nachbargemeinde Obererbach (NSDAP 7, Zentrum 132), wenngleich immer noch weit (um 32 %) unter dem Reichsdurchschnitt, auch bei der letzten, bereits diktatorisch eingeschränkten Reichstagswahl im März 1933 blieb der Zentrum-Block geschlossen (445

Stimmen), die Nazis nahmen noch auf 202 Stimmen zu, das war aber – dies galt auch für die folgenden Jahre – ihr Zenit in Hundsangen, selbst die SA hatte in den besten Zeiten nicht mehr als 20 Mitglieder, die NSDAP eher weniger. Was da umgekippt war, ist sehr deutlich: politisch eher uninteressierte, radikalisierte Arbeiter und Arbeitslose, und Bauern und Handwerker, denen die Wirtschaftskrise an den Kragen ging. Wenn man heute die Leute im Dorf fragt, wer damals die Nazis gewählt habe, so lautet die Standardantwort: »Alles Faulenzer«, was zwar die Analyse bestätigt, in der Wertung tritt aber auch der Hochmut des Dorfmilieus gegenüber der Herausforderung durch ein anderes, randständiges zutage. Jedenfalls: Hundsangen hätte uns Hitler erspart. Es hätte uns nach 1945 allerdings auch nacheinander Adenauer, Erhard, Barzel und Strauß beschert.

Nach 1933 stagnierte Hundsangen fast für zwei Jahrzehnte, es trat förmlich eine »Wiederverländlichung« ein, was nicht nur »Reagrarisierung« heißt (die ja den Zielen der Nazis entsprach – hier »Reichsnährstand«, dort Abzug der Arbeiter in die Industriezentren und Massenbaustellen), sondern auch die Wiederbelebung des in der Kulturkampfzeit erprobten katholischen und sozialen Milieus, das – insbesondere nach dem Erlöschen der Vereine 1936 – zu einem Widerstandspotential wurde, mit massenhaften, demonstrativen Wallfahrten und Prozessionen, bis hin zu Protesten – auch des Bischofs – gegen die Euthanasie der Geisteskranken im nahen Hadamar. Zwölf Jahre lang knurrten die Bauern gegen die Sittenlosigkeit und Unvernunft »in der Stadt«, und diesmal hatten sie recht.

Heute (1950–1980)

Nach dem Krieg hatte Hundsangen kaum mehr Einwohner als 1925: Etwa 1200, seitdem kamen über 400 Einwohner hinzu, und zwar weniger von außen (ein paar Flüchtlinge blieben hängen, ein paar Rentner aus dem Ruhrgebiet haben sich angesiedelt, ein knappes Dutzend Türken und Jugoslawen leben im Dorf, sogar ein paar Protestanten) als von innen: die Hundsänger bleiben jetzt am Ort. Dennoch ist das Dorf heute – so sehen es selbst schon viele Hundsänger – »verschandelt«, das Milieu existiert nur noch im Kopf.

Das »Bauernlegen« und die »moderne Welt«: Mit der »freien Marktwirtschaft« spürten die Hundsänger Bauern plötzlich zum erstenmal den Druck der Konkurrenz. Ihr Boden war schlecht, in anderen Regionen war er ertragreicher, also hieß das Zauberwort »Rationalisierung«, und mit ihm kamen die Landmaschinenvertreter, die jedem Bauer nicht nur einen Traktor aufschwätzten, sondern die dazugehörigen Mähmaschinen, Mähbindemaschinen oder gar Mähdrescher samt Strohpressen. Oder automatische Heuwender. Oder Kartoffelerntemaschinen. Oder Melkmaschinen. Oder Kraftfutter fürs Vieh. Oder Spezialdüngemittel. Alles im einzelnen ganz vernünftige Dinge, aber die Bauern verschätzten sich gegenüber so viel Neuerungen, übernahmen sich, verschuldeten sich, gaben auf. Bereits Ende der fünfziger Jahre lag etwa ein Drittel der Felder in Hundsangen brach, dann kam die Flurbereinigung (1960 – die letzte war 1852 gewesen), umkämpft wie überall, aber auch ersehnt – viele Felder waren durch dauernde Erbteilung kaum mehr zu bestellen. Da gab es noch einmal Aufschwung bei den übriggebliebenen Bauern, Rentabilität oder Aussiedlung (drei Bauern siedelten ins Feld) hieß die Parole, 50 Morgen und Monokultur waren die Richtschnur. Das ging noch eine Weile gut; heute gibt es nur noch drei Vollbauern im Dorf, der Rest spielt ein wenig den Feierabendbauer oder hat seine Felder verpachtet, entweder an umliegende Güter oder an eine Baumschule. Die alten Bauern halten sich noch ein paar Hühner, bearbeiten den Hausgarten, schütten Kondensmilch in den Kaffee, samstagsabends öffnen sie zwei Türen in der Schrankwand und sehen sich im Farbfernseher die Peter-Alexander-Show an und verstehen die Welt nicht mehr. Von ihren Kindern will keines den Hof übernehmen, sie wohnen am Dorfrand in Villen, die genausogut in Berlin-Zehlendorf oder Frankfurt-Eschersheim stehen könnten (Neubauten seit 1974: 52 Häuser), auch im Dorf wurden die Fachwerkhäuser eingerissen und durch moderne Häuser ersetzt, oder zumindest wurde das Fachwerk zugeputzt, die Straßen wurden verbreitert, die Linden gefällt, die Kapellchen und die Brunnen abgerissen, Vorgärten entstanden, mit Tuja, Blautanne und Krüppelkiefern, Steingärten mit Phlox und Rhododendren – der Rasenmäher ist das einzige landwirtschaftliche Gerät, das heute jeder Hundsänger besitzt. Und innen sitzen sie in schweren Polstergarnituren, mit dem Blick, wahlweise, auf Fliesenterrasse, Schrankwand oder Kamin. Wie in Essen-Bredeney oder Essen-Steele, das bleibt sich fast gleich. Und Zäune gibt es auch, aber nicht mehr gegen die Hühner, sondern niedliche, kleine aus Plastik, mehr symbolisch, gegen durchreisende Liliputaner.

Was war geschehen? Das Dorf hatte sich – zum erstenmal in seiner Geschichte – unterworfen, kampflos seine Identität preisgegeben. Wir, die Städter, hatten es besetzt, ohne es zu wissen. Das begann bereits in den fünfziger Jahren, als die Bauern sich nach einem neuen Beruf umsehen mußten. Und die Steinbrucharbeiter ebenso, denn auch sie wurden wegrationalisiert: im Steinbruch wird heute nur noch Splitt für den Asphaltstraßenbau hergestellt und dafür genügen zwanzig Leute. Alle paar Wochen reist ein Sprengmeister an und sprengt eine halbe Wand weg, dann fährt ein riesiger Bulldozer vor, der die Brocken auf ebenso riesige Lastwagen lädt, die sie in den Steinbrecher karren, da arbeiten auch noch ein paar Leute, und ein paar im Büro. Und das wurde dann das Zauberwort für die arbeitslosen Hundsänger: das Büro. In der Bank, im Kaufhaus oder in Betrieben. Oder Beamter: in der Verwaltung, bei der Post oder bei der Bahn.»Da weiß man, was man am Monatsende hat, und muß nicht nach dem Wetter sehen«, sagen die Hundsänger heute. Kapital für mittlere Gewerbebetriebe gab es nicht im Dorf. Die Bauern waren froh, wenn sie keine Schulden hatten, die Arbeiter hatten kein Kapital, bei den Handwerkern reichte es für eine Baumschule, zwei kleine Rolladenfabriken, zwei Baugeschäfte, einen Vulkanisierbetrieb, einen Steinmetzbetrieb, einen Supermarkt. Einen Arzt gibt es und eine Bank, eine neue Mittelpunktschule und eine Apotheke, ein paar Vertretungen und eine Tankstelle – Lebensqualität, aber kaum hundert Arbeitsplätze. So wurden die Hundsänger zu Pendlern, auch die jungen Mädchen, die plötzlich in die Lehre gingen und, wenigstens für kürzere Zeit, einen Beruf hatten. Da wurde dann, schon in den fünfziger Jahren, der Neckermann- oder Quelle-Katalog zum meistgelesenen Buch, das die gelungene Emanzipation von der drakonischen Härte des Landlebens einzulösen schien. Da flogen die alten Möbel raus und die Fliesentische kamen mit der Post, da wurde der Traktor nochmal aus der Scheune geholt und mit ihm das Fachwerk eingerissen und durch moderne Dämmplatten oder Fertigbeton ersetzt, da wich Opas Uhr dem modernen Wecker und Omas Küchenherd dem modernen Küchenset. Da verband sich das Weiblich-Praktische mit dem bäuerlichen Materialismus und der Rationalität des Konsumismus. Den Rest besorgte, in den sechziger Jahren, wie von Pasolini beschrieben, das Fernsehen. Warum dennoch im Kopf die Welt in Ordnung blieb, warum das Dorfmilieu zusammenhielt, das hängt mit den gesellschaftlichen Erfahrungen der Hundsänger zusammen: Konkretes lokales Handeln ist ihnen seit Jahrhunderten vertraut, nationale politische Rechte haben sie erst hundert Jahre und die wurden überwiegend gegen sie angewendet – fast siebzig Jahre versuchte die Zentrale (vom Kulturkampf bis zu den Nazis), das katholische Dorfmilieu zu vernichten. »Verpreuß mer net!« war der Wahlspruch, den drei Generationen weitergaben, und der blieb wirksam, auch wenn man in den Lebensformen längst in die Angestellten-Unkultur ausgewandert ist. Die »Randständigen« wählen heute die SPD, als deren Vereinslokal – das kommt einem Stadtlinken schwer über die Feder – wiederum jene schon genannte kleine Kneipe fungiert ... freilich: es ist ein anderes, neues Gegenmilieu. Das alte der NSDAP gliederte sich nach 1945 wieder dem Dorfmilieu ein, selbst der Ortsbauernführer – »Trommeljohann« – wurde zum vielbelachten »Kirchenknierutscher«. Insgesamt: ein totaler Sieg des Konsumismus, der dennoch die Köpfe nicht erreichte. Und in der Stadt würden manche Leute inzwischen schon ganz gern einen schönen Holzschrank kaufen wollen, eine Wolldecke oder ein Leintuch (aber das kommt jetzt aus Schweden), sie würden gern Pflaumenmus essen, Eier von Mistkratzern oder Bauernbrot (und gern auch das Doppelte dafür zahlen), aber auch in Hundsangen gibt es das ebensowenig wie andernorts. Stadt und Land sind zusammengekommen, auf mittlerem Niveau. Man versteht es nicht.

Freibeuter 6. 1980

Stadtkind bei der Begegnung mit einem riesigen Tier im Hof des Großvaters

AUTOREN, FREUNDE, NICKEL

Nachruf auf Erich Fried

Als Verleger Erich Frieds möchte ich etwas über seine Arbeit als Schriftsteller sagen. So habe ich ihn ja auch kennengelernt, als jemand, der diesen Beruf sehr ernst nahm. Das drückte sich in vielem aus, zuallererst in der Kenntnis der Arbeit von Kollegen. Es begann mit Gryphius und hörte mit Trakl keineswegs auf, sondern wurde, schon von der Goethezeit an, förmlich immer dichter; von der gegenwärtigen Literatur kannte er praktisch alles, vieles auch auswendig – Celan, Bachmann, Jandl, Born. Und es beschränkte sich keineswegs auf die E-Literatur: Kinderreime, Schlager, mißratene Gedichte seines Vaters, Limericks – jede Form gebundener Sprache übte offensichtlich eine große Faszination auf ihn aus, blieb in seinem schönen Pferdekopf mit den wunderbar leuchtenden Augen hängen und konnte stets abgerufen werden mit einer Stentorstimme, die jedem Mikrophon seine Überflüssigkeit bewies und jedem Wort das Gegenteil: Nichts wurde verschliffen, unterdrückt oder beiseite gesprochen, alles stand klar und deutlich für sich. Auch mit dieser Art des Rezitierens zeigte Erich Fried seinen Respekt vor der Literatur.

Charakteristischerweise konnte er von seinen eigenen Gedichten kaum eines auswendig, wußte manchmal nicht einmal den Titel und fragte dann irritiert:»Na, wie heißt denn das Zeug?« Das hatte, ganz deutlich, zwei Gründe. Einmal sein uneitles, ganz und gar praktisches Verhältnis zu seiner schriftstellerischen Arbeit. Zweitens aber war für ihn jede letzte Fassung eines Gedichts immer nur eine vorletzte, jede Anordnung innerhalb eines Bandes nur eine vorläufige, jeder Titel nur ein Vorschlag. So haben wir bei jedem der über zwanzig Bücher, die ich veröffentlichen durfte, viele Stunden telefoniert oder diskutiert über manchen einzelnen Wortlaut, über die Auswahl, die Anordnung oder den Titel. Andererseits: Wie kamen die Manuskripte an! Auf der Rückseite von Formularen oder Wurfsendungen, auf gelbem, hellgrünem oder überraschenderweise auch mal weißem Papier, oft drei oder vier Gedichte auf einem Blatt, dann aber öfters beziffert, um den gedachten Stand innerhalb des Bandes zu bezeichnen. Oder mit vertauschten Strophen, samt einer richtigstellenden Bezifferung am Rand und, sicherheitshalber, einer Wiederholung am Fuß der Seite. Oft übersät von Korrekturen mit kräftigem Filzstift über dem ursprünglichen Text, und falls das nicht ausreichte, griff er zum äußersten Mittel: Die Strophe wurde mit Leukoplast überklebt.

Erich Fried ändert, der Verleger schreibt mit

Ich habe mehrere Jahre gebraucht, Erich die Erfindung von Tipp-Ex nahezubringen, obwohl er ja sonst selbst ein großer Erfinder war – ich erinnere an seine Fähigkeit, aus drei dem Sperrmüll entrissenen Drehstühlen einen funktionsfähigen herzustellen, eine Schreibmaschine auch ohne Rückzugsfeder in Gang zu halten, oder an ein gewisses, in den österreichischen Archiven vielleicht noch auffindbares Patent für dauerhaftere Glühlampensockel...

Und schließlich: Die regelmäßige Vor-Freude im Verlag, wenn telefonisch die Absendung eines Manuskripts angezeigt worden war! Noch bevor es eintraf, kamen die ersten Korrekturen, telefonisch oder telegraphisch oder mit Eilpost. Und erst nach dem Eintreffen! Weitere Eilposten, reitende Boten, nächtliche Telefonate!

Warum erzähle ich das?

Weil ich aufmerksam machen möchte auf Erich Fried als literarischen Arbeiter, als der er mir um so mehr entgegentrat, weil wir ja politisch kaum Meinungsdifferenzen hatten. So gehörte es zu meinen widerlichsten Erfahrungen als Verleger, immer wieder erleben zu müssen, wie nach Erscheinen der Bücher *politische* Angriffe als *literarische* getarnt wurden, beginnend schon bei den

Vietnamgedichten (1966), mit Haßausbrüchen von Kollegen bis zu einem sogenannten Nachruf, in dem ein Kollege, der Fried viel zu verdanken hat, seine Gedichte als »Gedachte« bezeichnet. Angriffe auf die Ästhetik, um damit die Inhalte zu disqualifizieren. Es wird aber anders kommen. Ein Blick in die über zwanzig Jahre alten Vietnamgedichte zeigt, wie beständig ihr Lakonismus geblieben ist:

Das sind Todesursachen
zu schreiben auf unsere Gräber
die nicht mehr gegraben werden
wenn das die Ursachen sind

Es wird bleiben die Form des Gedankenspruchs, mit der Fried angefangen hat, es werden bleiben die spracherfinderischen, die sprachspielerischen Gedichte wie »Leilied bei Ungewinster«, es werden bleiben die dialektischen Gedichte wie »Angst und Zweifel«, es wird bleiben die große Gedankenlyrik mit jenem unverwechselbaren Einschluß des Zweifels an allem Machbaren, wie »Hölderlin an Sinclair«, »Was es ist« oder »Trakl-Haus, Salzburg«.

Und selbstverständlich wird ein Geschenk Frieds an die deutsche Literatur bleiben, das von den Lesern noch nicht angemessen erkannt worden ist: seine Shakespeare-Übersetzungen, insgesamt 27 Stücke, mehr als Schlegel und Tieck übersetzt haben.

Es werden aber auch viele der politisch eingreifenden, »öffentlichen« Gedichte bleiben, die der Großen Klage (wie »Höre, Israel«) wie die der Aufklärung (wie »Karl Marx 1983«), insbesondere die, die beides verbinden, wie etwa ein riesiges Prosa-Gedicht aus dem Nachlaß mit dem Titel »Nachwissen?«.

Es denkt darüber nach, warum Jean Améry sich getötet hat: weil er wußte, »daß es ohne Auschwitz kein Stammheim gegeben hätte«: Der Baumeister von Stammheim war derselbe, der 1939 »im Block Drei des Zuchthauses Brandenburg die erste probeweise Vergasung durchgeführt hat«. Das wußte Jean Améry, und dieses Wissen hat ihn umgebracht. Aber das Gedicht teilt noch mehr mit, was Jean Améry nicht wußte. Und schließt dann:

Ihr aber wißt das jetzt. Und was tut ihr mit diesem Wissen?
Ihr werdet nachhause gehen und den Kopf schütteln und
vielleicht darüber sprechen oder vielleicht schlecht träumen
und dann werdet ihr es wieder vergessen.

Rede im Wiener Burgtheater. 1988

Erich Fried wäre nun 75 Jahre alt

In den Jahren seit seinem Tod 1988 hat der Verlag die Gesamtausgabe der Shakespeare-Übersetzungen veröffentlicht, die vierbändige Werkausgabe der Prosa und Lyrik, zwei weitere Bände mit politischen und literarischen Essays und vor wenigen Tagen einen großen, von Catherine Fried und Volker Kaukoreit herausgegebenen Bildband zu Leben und Werk.
All das war erst jetzt möglich. Noch vor einem Dutzend Jahren wäre es unvorstellbar gewesen, weil Erich Fried fast in seiner gesamten Lebenszeit ein erst lange unbekannter oder unterschätzter Autor war, dann ein bekämpfter oder zensierter und schließlich ein sogenannter »umstrittener«.

Als Erich Fried am 6. Mai 1921 als einziges Kind des Spediteurs Hugo Fried und der Graphikerin Nelly Fried in Wien geboren wurden, war die ehemalige Hauptstadt der k. u. k. Donaumonarchie erst seit drei Jahren die viel zu große Metropole einer viel kleiner gewordenen Republik Österreich, verarmt, voller Flüchtlinge, die einzige europäische Millionenstadt mit rein sozialdemokratischer Verwaltung. Das Wohnhaus der Frieds befand sich im neunten Wiener Gemeindebezirk, dem mittelständischen Alsergrund, wo viele Juden wohnten. Insgesamt lebten damals über 220.000 Juden in Wien, das insgesamt 1,8 Millionen Einwohner zählte.
    Erich Fried hat sehr früh zu schreiben begonnen, noch vor der Schulzeit, und er hatte zeitlebens eine förmlich photographische Bild- und Texterinnerung, die ihn nicht nur mit großer Genauigkeit Erlebnisse aus seiner Jugend reproduzieren ließ, sondern auch Texte jeder Art, vorzüglich Gereimtes. Der Vater hatte nicht nur als Wunderheiler, sondern auch als Dichter dilettiert – das waren wohl die ersten Gedichte(in der Machart von Uhland oder Salus), die das Kind zu hören bekam, neben Schlagern, Dienstmädchenliedern, gereimten Weisheiten des ungewaschenen Volksmunds und später dann auch den Klassikern des sozialdemokratischen und jüdischen Milieus: Goethe, Heine, Schiller, Platen, Geibel. Auch Erzählungen waren darunter, an die sich Erich noch Jahrzehnte

später erinnerte, wie etwa »Das kalte Herz« von Wilhelm Hauff, die Geschichte von den Menschen, die ihr Herz eingetauscht haben gegen ein steinernes, um besser durchs Leben zu kommen.

Schon der Schüler war ein »Wunderkind« – wie es dazu kam, hat Erich Fried später in seinem Erinnerungsbuch *Mitunter sogar Lachen* beschrieben. Und zugleich: Wie wird man politisch? 1927, als Sechsjähriger also, erlebt Erich Fried den »Blutigen Freitag«. Er war der Anfang einer schleichenden Veränderung der Republik Österreich in einen reaktionären und klerikalen Ständestaat, der dann 1938 den Nazis praktisch ohne Gegenwehr in die Hände fiel.

Der zunehmende Antisemitismus in den dreißiger Jahren und schließlich die Besetzung Österreichs machten, wie Fried es beschrieb, »aus einem 17jährigen österreichischen Gymnasiasten einen verfolgten Juden«. Den Vater brachten die Nazis um, die Großmutter wurde im KZ ermordet, dem Gymnasiasten gelang die Flucht nach England, wohin er dann auch seine Mutter retten konnte. Als er 1938 von einem Mitarbeiter des Jewish Refugee Committee nach seinem Berufswunsch gefragt wurde, antwortete er: »Deutscher Dichter«.

Der Wunsch wurde belächelt und ging erst viele Jahre später in Erfüllung. Vorerst brachte sich Fried als Bibliothekar und Hilfsarbeiter durch, ab 1950 durch gelegentliche Übersetzungen und durch regelmäßige Kommentare im Programm der BBC für die »Ostzone«. Erst fünfzehn Jahre nach seiner Flucht besuchte er zum erstenmal wieder Deutschland, nachdem er 1949 eine angebotene Lektorenstelle an der Ostberliner Humboldt-Universität abgelehnt hatte: Er wollte nicht unter den Bedingungen Stalinscher Kulturpolitik arbeiten. Aus Westdeutschland kam keine Einladung.

Ab Mitte der fünfziger Jahre wollte Fried nicht mehr zurück. Die Restauration der Adenauerzeit, die Rehabilitierung vieler Nazis, die Wiederbewaffnung und das KPD-Verbot schreckten ihn ebenso ab wie der geistige Kalte Krieg, in dem, wie er schrieb, »fertig gekaufte Mißverständnisse aus den politischen Schlagwortmagazinen« ausgetauscht wurden. So kam es in den fünfziger Jahren zu einer merkwürdigen Konstellation: In der DDR war Erich Fried ein bekannter, immer wieder die Widersprüche im Sozialismus benennender politischer Kommentator, dessen Bücher unveröffentlicht blieben. In der Bundesrepublik wurden zwar zwei Bücher gedruckt, ihr Autor aber kaum zur Kenntnis genommen, wenn überhaupt, dann als ein eher hermetischer Dichter der Emigration.

Das war auch richtig insofern, als Fried sich nach einer Phase früher, »engagierter«, aber nach konventionellem Muster gearbeiteter Poesien sich nun literarischen Techniken zuwandte, die experimenteller waren und mit denen damals beispielsweise Ernst Jandl oder Helmut Heißenbüttel zu operieren begannen. Diese schöpferischen Sprachspiele tauchen immer wieder im Werk Erich Frieds auf.

Sie waren Antworten auf Fragen, die anders als durch Sprache nicht beantwortet werden konnten.

Es war in Berlin, in der Akademie der Künste, im Innenhof, wo mir Erich Fried 1965 seine Lage schilderte, mit großer Stimme und kleinen Händen, deren eine die schon damals unvermeidliche Plastiktüte schlenkerte.

Seine politische Lage war die eines in London lebenden Schriftstellers, dem am neutralen Ort und mit den mehr als zwei Jahrzehnte alten Erfahrungen eines Linken Kenntnisse zur Verfügung standen, die er als lyrische Konterbande zu exportieren gedachte. Es ging um den Vietnamkrieg, der bis dahin für die deutsche Öffentlichkeit nicht existierte, weswegen die Gedichte darüber, die schon seit einigen Jahren entstanden waren, auch kein deutscher Verleger drucken wollte.

Wie sich dann zeigte, nicht ganz grundlos, denn Land und Geschehnis waren so wenig bekannt, daß der Band *und Vietnam und* mit einer Landkarte und einer Chronik der Ereignisse erschien: ein seltsamer Gedichtband. Der aber doch der deutschen Literatur einen Raum zurückgewann, den die Nazis ruiniert hatten: das politische Gedicht. Meinungsbildung durch Beschreibung. Das Nachpfeifen der Realität so lange, bis sie Wahrheiten preisgibt. Das Befragen von schnellen Antworten so lange, bis sie langsamer und wahrscheinlicher werden.

Die Rezeption durch die großen Zeitungen – von der *Frankfurter Rundschau* über die *Zeit* bis zur *Frankfurter Allgemeinen Zeitung* – war gleich Null, mit der rühmlichen Ausnahme des *Spiegel*, dem Peter Rühmkorf den Raum für eine beispielhafte Rezension abgehandelt hatte. Die eigentliche Rezeption fand aber woanders statt: In Dutzenden von Kirchenblättern und Schülerzeitungen. Hier, am moralisch empfindlichen Ort und bei sehr jungen Lesern, fand die längst fällige Einbürgerung Erich Frieds statt, also bei denjenigen, die wenige Jahre später auf die Straße gingen, weil ihnen weder zuhause noch in der veröffentlichten Meinung auf ihre Fragen geantwortet wurde.

Es war, als hätte Erich Fried mit der Rückgewinnung eines literarischen Raums zugleich auch die Tür geöffnet zu den politischen Fragen, die diesen Raum inzwischen füllten, denn nicht nur die Nazis hatten das Feld des politischen Gedichts vergiftet, sondern die deutsche Gesellschaft der Adenauerzeit hatte das gleiche Gelände anschließend auch noch abgeriegelt und mit Warnschildern versehen wie »Alle Wege des Sozialismus führen nach Moskau«.

Zur selben Zeit, in den frühen sechziger Jahren, begann Erich Fried mit einer Arbeit, die ihn bis an sein Lebensende beschäftigen sollte – mit der Übersetzung sämtlicher Dramen Shakespeares. Sein erster Auftraggeber war Peter Zadek. Er wie Erich Fried waren der Meinung, daß die Mühe lohne, Shakespeare nicht nur aus dem bürgerlichen Glasschrank zu nehmen, sondern ihm auch seine barocke Lebens- und Todeslust, seine politische Dimension zurückzugeben.

Die Widmung der *Othello*-Übersetzung 1970 an den britischen Innenminister, der die Ausweisung des schwerverletzten Rudi Dutschke verfügte, fällt in eine Zeit, in der die Staatsgewalt zurückschlug gegen die Studentenbewegung, also gegen jene jungen Leute, deren Leistung für die geistige und politische Entrümpelung Deutschlands auch heute noch gerne unterschätzt wird.

Die konservative bürgerliche Gesellschaft beteiligte sich an diesem Kampf, und Erich Fried bekam es zu spüren: In der *Frankfurter Allgemeinen Zeitung* wurden seine Gedichte »Mörderpoesie« genannt, in der *Zeit* ihr Verfasser ein »dichtender Verschwörungsneurotiker«, der Berliner Polizeipräsident strengte ein Beleidigungsverfahren gegen ihn an, die gerade eben erst in die Schulbücher aufgenommenen Gedichte wurden wieder herausgesäubert, der Vorsitzende der Bremer CDU wollte die Arbeiten dieses »sogenannten Dichters« gleich »verbrannt wissen«. Es war eine Art zweiter Ausbürgerung und es war ein widerliches Schauspiel.

In diesen siebziger Jahren wurde Erich Fried zum unermüdlichen »Reiserabbi«: Keine Infogruppe, deren Einladung er nicht angenommen, kaum ein Ort in Deutschland, den er nicht besucht hätte: ein freundlicher, geduldiger Zuhörer, ein angesehener und geliebter Ratgeber, dessen Rat gesucht wurde, weil er sich von dem vieler linker Leitfiguren hauptsächlich durch drei Eigenarten unterschied: durch den radikalen Zweifel, durch das Nicht-Vergessen-Wollen und durch die ermutigende, vereinheitlichende Sicht der Linken.

Der versuchten zweiten Ausbürgerung aus Deutschland trat dann, im »deutschen Herbst« 1977, auch die internationale Solidarität von sieben Verlegern entgegen, die Erich Fried den ersten großen Preis verliehen, der mit einer gleichzeitigen Veröffentlichung des Gedichtbands *Hundert Gedichte ohne Vaterland* in sieben Sprachen verbunden war.

Zwei Jahre später schickte mir Erich Fried ein Konvolut Gedichte, umfangreicher als üblich, aber ungeordnet wie stets und in abenteuerlichem Zustand wie stets. Und auch, wie stets, nur mit einem Arbeitstitel: »Liebesgedichte«. Von diesem Arbeitstitel kamen wir nicht mehr ab, er wurde zum endgültigen Titel, wiewohl Fried sonst durchaus literarischer Handwerker war, offen gegenüber Aufträgen wie Ratschlägen. Hier war es aber offenbar so, daß er mit diesem Titel wiederum ein Etikett abstreifen und zugleich einen neuen Raum öffnen wollte, wie schon beim Band *und Vietnam und* anderthalb Jahrzehnte zuvor. Waren es damals die Erfahrungen mit der experimentellen Poesie, die in das politische Gedicht eingingen, so jetzt die Erfahrungen politischer Wirkung durch Montage, Anfrage oder Nachrede, die nun eingingen in die Arbeit an der Neugewinnung einer – (teilweise auch durch die Studentenbewegung) – verwüsteten emotionalen Landschaft. Wie schwierig das war, zeigt eine »Nachbemerkung« zum Band – es war die einzige, die Fried je schrieb, und sie klang fast entschuldigend ...

Die 1979 erschienenen *Liebesgedichte* wurden zum erfolgreichsten Band eines deutschen Lyrikers nach 1945, interessanterweise gegen eine entweder stumme oder vernichtend-negative Kritik, genauso, wie es sich schon mit dem Band *und Vietnam und* verhalten hatte.

Mit dem Erfolg der *Liebesgedichte* kam dann in den achtziger Jahren – Erich Fried war fast schon sechzig Jahre alt und hatte nur noch wenige Tage zu leben – auch die endgültige Einbürgerung bei den deutschen (und endlich auch den österreichischen) Lesern. Und es kamen die Preise: 1980 der Preis der Stadt Wien, 1983 der Bremer Literaturpreis, 1986 der Österreichische Staatspreis und 1987, ein Jahr vor dem Tod, der Georg-Büchner-Preis.

Eine gewandelte, auch durch die Arbeit Erich Frieds gewandelte literarische Öffentlichkeit begann langsam zu begreifen, wie hier politisches Schicksal, persönliche Haltung und großes Talent der deutschen Literatur einen außergewöhnlichen Schriftsteller geschenkt hatten, ein Geschenk, das sie eigentlich gar nicht hatte haben wollen.

Nun sah man auch Ältere in den immer noch von Jungen dominierten Auditorien der Lesungen von Erich Fried – in den letzten Jahren oft mit mehr als tausend Zuhörern. Seine Stimme füllte leicht auch große Räume, zudem las er seine Gedichte sehr genau, fast schulmäßig vor, Zeile für Zeile, Strophe für Strophe. Die Zuhörer sollten erkennen: Dies sind die Zeilen, in denen gefragt wird, dies sind die Zeilen, in denen Antworten versucht werden, dies sind die Zeilen mit den Rückfragen, das sind die Strophen mit den vorläufigen Folgerungen, und so fort.

Die Gedichte haben eine dialogische Struktur, und dieses Prinzip sollte erkennbar bleiben, die Konfrontation von Material und Bearbeitung, von Geschichte und Gegenwart, von Erinnertem und Erfahrenem.

Das war die eigentliche Arbeit Erich Frieds: Fragen zu stellen, Geschichte und Erfahrungen vorzustellen in einer auf Vergessen angelegten Gesellschaft. Wer aber vergißt, der bringt sich »um Klarheit«, wie einer der letzten Gedichtbände Frieds heißt. Erst wer sich erinnert, kann in der Gegenwart leben, erst wer weiß, kann zweifeln.

Man könnte fast sagen: Nur wer Gedichte liest, kann politisch handeln. Die Gedichte Erich Frieds beziehen jedenfalls aus dieser Spannung ihre Dialektik und ihre Würde.

Rede in der Akademie der Künste, Berlin. Unveröffentlicht. 1996

Für Stephan Hermlin zum 70. Geburtstag

Stephan Hermlin hat sich vor fünf Jahren an einem verborgenen, wenn auch gedruckten Ort als »Dinosaurier« in meinem Verlag bezeichnet, nicht nur unter so viel jüngeren Kollegen, sondern weil er »ein bißchen aus dem Rahmen fiel«. Betonung auf »ein bißchen«, denn sieht man auf die literarische und politische Arbeit Stephan Hermlins im deutschen Kontext, dann fällt sie schon mehr als ein bißchen aus dem Rahmen.

Von links: Günter Grass, Hans Mayer, Stephan Hermlin, Günter Kunert

Auch diese Versammlung hier, lieber siebzigjähriger Dinosaurier Stephan (siebzig ist übrigens für einen Dinosaurier ein extrem junges Alter), selbst diese Versammlung also fällt ziemlich aus dem Rahmen: Günter Grass, ein »Flüchtling« aus Danzig, aber Bürger der Bundesrepublik seit ihrem Bestehen. Günter Kunert, der die Nazizeit nur mühsam überlebte, Bürger der DDR noch heute, aber seit einigen Jahren bei uns wohnend. Hans Mayer, Emigrant und Remigrant wie Du, lange Zeit Professor in Leipzig, heute in Tübingen. Sie alle lesen Texte von Dir vor, darunter auch manche, die hier [im Westen] lange nicht gedruckt wurden.

Und vor einigen Tagen veranstaltete in Ostberlin das Berliner Ensemble Dir zu Ehren eine Lesung Deiner Texte, darunter einen, der in der DDR noch nicht erschienen ist. Freilich auch mit dem Lied »Der heilige Krieg« – in Deiner Übersetzung –, das die sowjetische Armee seit dem Überfall durch die Nazis sang, mit dem sie sich, in verzweifelter Lage, sozusagen Mut machte. Ich sage »freilich«, weil dieses Lied wiederum in den heiligen Hallen dieser [der West-]Akademie kaum gespielt werden könnte – zu wenig ist bei uns immer noch eine gewisse Dankbarkeit gegenüber der Roten Armee verbreitet für ihre Mithilfe bei der Beseitigung des braunen Gesindels.

Beide Versammlungen fallen also etwas aus dem Rahmen, aus dem jeweils ihrigen sowohl als auch dem der anderen. Womit die nationale Rahmenfrage nicht geklärt ist, aber erst einmal beendet sein mag. Denn *daß* in *beiden* deutschen Staaten der siebzigste Geburtstag eines Schriftstellers gefeiert wird, ist zwar selten, aber in diesem Fall besonders angemessen, ich würde sogar sagen: es geschieht Stephan Hermlin gerade recht. In seinem erstaunlichen Interview mit Günter Gaus sagte Hermlin: »Ich bin Deutscher. Ich kann nicht aus mir heraustreten. Ich bin nichts anderes. Infolgedessen geht mich alles an, was in deutschem Namen geschieht, was in deutschen Ländern geschieht.« Und auf die etwas überraschte Rückfrage von Gaus, ob sich das auf beide deutschen Staaten bezöge, bestand die Antwort aus einem einzigen Wort: »Selbstverständlich«.

Dieses – im Wortsinn – Selbstverständnis muß man, vor allem anderen, berücksichtigen, wenn man Hermlin verstehen will. Sohn aus großbürgerlichem Haus, aufgewachsen in Chemnitz und Berlin, hatte er das Glück, daß ihm – in kunstsinniger Umgebung –»nie ein Buch verboten wurde«. Mit dreizehn fand er in einem Buch den Hinweis auf »die Nützlichkeit geplanter Arbeit«, und so stellte er sich einen »Leseplan« mit den wichtigsten literarischen Texten auf; der Plan reichte, nachdem drei Jahre später noch marxistische Theorie hinzugekommen war, bis ins zwanzigste Lebensjahr. (Sie werden verstehen, daß ich als Verleger dieses Detail besonders heraushebe angesichts mancher heutigen Leser, die bereits nach einstündiger Lektüre geistig derart erschöpft sind, daß sie sich keinen anderen Rat als den sogenannter körperlicher Ertüchtigung wissen.)

1931 trat Hermlin dem kommunistischen Jugendverband bei, arbeitete nach 1933 weiter in der Illegalität für die Partei, emigrierte 1936, kämpfte für die spanische Republik und im französischen Widerstand, konnte sich in die Schweiz retten und kehrte sofort nach der Befreiung zurück, zuerst nach Frankfurt, als Mitarbeiter des Rundfunks, dann, 1947, nach Ostberlin, wo er seitdem lebt.

Schon diese wenigen Angaben zeigen, wie sehr die politische Entscheidung lebensbestimmend war, wie sehr Herkunft und Bildung der »Forderung des Tages« gegenüberstand oder, um es einmal ganz einfach, wenn auch nicht ganz dem allgemeinen Sprachgebrauch entsprechend, zu sagen: wie *deutsch* diese Biographie ist. Wir haben uns ja leider zu sehr an andere deutsche Biographien gewöhnen müssen und vergessen so die eigentlichen, nämlich diejenigen, die bestimmt sind von *tatsächlich* »vaterländischen« Absichten.

Muttersprachliche natürlich eingeschlossen: Nichts ist zum Beispiel falscher als die oft gehörte Meinung, Hermlin sei ein Bruder oder Nachfahre der französischen Surrealisten. Das stimmt nicht einmal für das von ihm häufig verwendete Versmaß, den Alexandriner, der zwar in der Tat »französisch« ist, aber zugleich im deutschen Barock seine größte Verbreitung fand, bei Fleming, Günther, Gryphius, die in der Tat zu den literarischen Ahnen Hermlins gerechnet werden müssen, ebenso wie die Luther-Choräle, die sogar noch ein reines Agitationsstück wie das *Mansfelder Oratorium* beeinflußt haben. Von Hölderlin zu schweigen, dem Hermlin ein Hörspiel gewidmet hat und dessen Prosodie noch in seinem »deutschesten« Buch, dem *Abendlicht*, spürbar ist.

Will man Hermlin gerecht werden, muß man neben diesem »Deutschsein« noch zwei Haltungen würdigen: als Kommunist und als Vermittler.

Über Hermlin als Kommunist eine Anekdote und zwei Zitate. Die Anekdote ist kurz. Als ich Hermlin einmal fragte, wie er Kommunist geworden sei, erzählte er mir, wie er mit kommunistischen Arbeitslosen 1931 in Berlin diskutiert und später dann einen Beitragszettel unterschrieben habe. Dann sah er mich etwas ironisch an und fügte hinzu: »Tja, damals konnte man noch auf der Straße Kommunist werden.«

Das erste Zitat stammt von Günter Kunert, ebenfalls nicht ohne Ironie, ist erst ein paar Tage alt und lautet: »Stephan Hermlin zeichnet jenes gesunde Unvermögen aus, die einmal gefundene Wahrheit (mit oder ohne Gänsefüßchen) aufgeben zu können: die unerläßliche Voraussetzung aller Kreativität. Er hat mit einer Hartnäckigkeit sondergleichen an dem festgehalten, was er für richtig erkannt zu haben meinte. So bestand er beispielsweise darauf, Kommunist zu sein, wenngleich dieser Begriff sich in seinem Gebrauch unablässig verwandelt hat.«

Das zweite Zitat stammt aus einer Nachfrage zu dem schon erwähnten Interview mit Günter Gaus, das von Marcel Reich-Ranicki mit der Bemerkung angegriffen worden war, daß Hermlin, wenn er Stalin einmal als »Symbol für eine große Sache« angesehen habe, damit rechnen müsse, daß Hitler-Anhänger ihr Idol ebenso angesehen hätten. Die Antwort von Hermlin lautet: »Wer kann im Ernst leugnen, daß die Lehren von Marx und Engels (›die große Sache‹) sich unter den Theorien des europäischen Humanismus befinden, ob man den Marxismus nun bejaht oder verneint. Andererseits steht der Name Hitler für gar nichts Großes, außer für sich selbst, die nackte Barbarei. Der deutsche Faschismus hat sich nicht unter dem Zwang von Umständen zum ›Schlimmeren‹ entwickelt: er stand von Anfang an da als das, was er ist. Die Vernichtung der Juden steht in *Mein Kampf*, die Vernichtung der Sowjetunion und ihre Verwandlung in eine deutsche Kolonie steht in *Mein Kampf*, die Menschheit teilt sich von allem Anfang an in Menschen verschiedenwertiger Rassen sowie in Untermenschen.«

Das Zitat und seine Vorgeschichte ist nur eines von vielen Beispielen für die Schärfe der Polemik, die sich immer wieder an der Person Hermlins entzündete. Auch am Werk – etwa der Erzählung »Der Weg der Bolschewiki« –, aber doch hauptsächlich an der Person und da offensichtlich an jenem von Kunert beschriebenen »gesunden Unvermögen«: Der deutschen Bourgeoisie (ich betone hier bewußt: der deutschen) scheint es immer noch *besonders* schwer zu fallen, sich mit einem gebildeten Kommunisten abzufinden. Schon gar nicht mit einem Kommunisten, der sagt: »Ich glaube schon, daß viele Leute mir Feindschaft entgegenbringen, aber ich kann diese Feindschaft nicht erwidern.« Oder der sagt: »Ich habe mich immer als jemand empfunden, der dazu gemacht ist, Leute zusammenzubringen und nicht auseinanderzubringen.« Obwohl er wußte, wie es am Schluß der Erzählung »Die Zeit der Gemeinsamkeit« heißt, daß »es mit dem Heimischwerden in der Welt nicht so leicht ist.«

Für diese Tätigkeit des »Zusammenbringens« müssen wir alle Stephan Hermlin dankbar sein. Von seiner Tätigkeit am Frankfurter Sender, wo er als einer der ersten nach dem Krieg für Franz Kafka warb, von den Übersetzungen Paul Éluards und Attila Józsefs bis zur öffentlichen Unterstützung der DDR-Lyrik der sechziger Jahre:

Wolf Biermann, Karl Mickel, Adolf Endler. Von der Parteinahme für Peter Huchel bis zur berühmten Rede »In den Kämpfen dieser Zeit«. Von der Hilfe für junge Autoren über die Erklärung zur Ausbürgerung Wolf Biermanns bis zur Einberufung der »Berliner Begegnung zur Friedensförderung«.

Solche Tätigkeit des »Zusammenbringens« ist mühselig. Es gibt immer viel mehr Leute, die alles – Menschen wie Dinge – fein säuberlich getrennt haben möchten. Die lieber in Feindschaften leben als in Freundschaften. Da hat es die Minderheit nicht leicht, und Hermlin hat es zu spüren bekommen, mit erzwungenen Rücktritten, Angriffen, öffentlichen Demütigungen. Kürzlich befragt, ob man »am Stigma der Minderheit gelegentlich ermattet«, antwortete er: »Ja, es gibt Momente der Ermattung.« Und, nach einer Pause, als sei das eigentlich schon eine zu weit gehende Antwort gewesen: »Mehr möchte ich darüber eigentlich nicht sagen«.

Ich entnehme daraus, lieber Stephan, daß Du gewillt bist, in Deinen äußerst nützlichen Tätigkeiten des »Zusammenbringens« fortzufahren, daß Du dabei aber auch Ermutigung brauchst, wie jeder. Durch Freunde, Kollegen, Leser. Wie Du siehst, werter Dinosaurier, sind wir dabei.

Herzlichen Glückwunsch zum Geburtstag

Rede in der Akademie der Künste, Berlin. 1985
Gedruckt in: *Freibeuter* 24. 1985

188

Grabrede für Stephan Hermlin

Wir begraben heute Stephan Hermlin auf einem Friedhof, auf dem
viele seiner Freunde liegen, leibliche wie geistige. Auf dem Doro-
theenstädtischen Friedhof, den er selbst einmal genannt hat, vor
gut zehn Jahren, in einer seiner vaterländischen Klagen:
»Die mißlungene, verfehlte Geschichte, die man einholen
möchte, aber nie ganz einholt, längst vergangen, aber immer noch
in ihrer Unvollkommenheit gegenwärtig, unversehens auftretend,
nachts, aus den Werken der Kunst hervorblickend, hervordrohend,
das fahle gemarterte Fleisch in Colmar ... die Horizonte Altdor-
fers in furchtbar zerreißender Bläue, die wahnwitzigen bayrischen
Schlösser mit den Schmerzen Amfortas ... Tübkes Bauernkrieg
dort, wo der Kaiser schläft ... die Gräber in Tübingen und Zürich
und auf dem Montmartre ... Fürstengruft und Dorotheenstadt, die
Asche ohne Gräber, die verbrannten roten Fahnen ... Du kaltes,
schönes Vaterland, in sich erstarrt, scheinbar blühend zwischen
verpesteten Flüssen, von undurchdringlicher Gleichgültigkeit ...«

Es gibt nur wenige deutsche Schriftsteller, die unsere »mißlungene,
verfehlte Geschichte« so beklagt haben wie Stephan Hermlin. Deren Trauer darüber so grundlegend und lebensbestimmend war.

1915, einem katastrophalen Jahr, in diese verfehlte Geschichte
hineingeboren, wuchs er – zuerst in Chemnitz, später in Berlin –
unter Umständen auf, die politische Erkenntnisse weniger begünstigten als künstlerische: Literatur, Kunst und Musik waren die
bestimmenden Erlebnisse für ein Kind, das schon früh lesen und
Geige spielen lernte und das schon im Alter von dreizehn Jahren
das Gefühl hatte, nicht nur diesem Milieu, sondern auch sich selbst
»etwas entgegensetzen« zu müssen, was dann, mit sechzehn Jahren, zum Eintritt in den Kommunistischen Jugendverband führte,
eine Entscheidung auf Lebenszeit.

In dieser Zeit wählte Stephan Hermlin auch sein Pseudonym
als Schriftsteller – es lohnt, an die Geschichte dieses ersten Heiligen zu erinnern: Stephanus »nahm als Haupt einer Gruppe von
Judenchristen aus der Diaspora eine freiere Stellung zu Tempel

und Gesetz ein als die übrige Urgemeinde«; die Dogmatiker und Buchstabengläubige haben ihn dann gesteinigt.

Die »freiere Stellung zu Tempel und Gesetz«, als Jude wie Kommunist, kennzeichnete Stephan Hermlin ebenso ein Leben lang wie sein Festhalten an Grundüberzeugungen, die ihn sehr bald aus einem Land trieben, das er so liebte. Im *Abendlicht* kann man nachlesen, wie schwer ihm im Januar 1933, angesichts der betrunkenen Massen am Brandenburger Tor, die Trennung fiel, wie »eintönig und hartnäckig« ihm eine innere Stimme sagte »Ich gehöre nicht zu euch«. Eine große Einsamkeit. So einsam, daß nur ein anderes, fast erträumtes Deutschland daraus befreien konnte, bis hin zu dem seltsamen, tieftraurigen Satz: »Die Engel des Vaterlandes standen um mich her.«

Das Vaterland wird beschworen gegen die Vaterlandsverräter. Wer diese Haltung nicht versteht, versteht den ganzen Mann nicht, der, so lange es ging, in Deutschland blieb und Widerstand leistete, um mit der Befreiung, so schnell als möglich, zurückzukehren in sein Vaterland, das ihn wenige Tage vorher noch umgebracht hätte, wäre er in seine mörderischen Hände gefallen. Und der sich dann daran gewöhnen mußte, wie er schrieb, »unter Wahnsinnigen zu leben…, die behaupten konnten, sie hätten … nichts gewußt.« Unter Leuten, deren Gesichter, erinnerte man sie an Dinge, die sie selbst gesehen hatten, plötzlich denen von »Schlaftrunkenen glichen« und denen zugleich die »Sehnsucht nach Deutschland«, die jene exilierten Kosmopoliten hatten, ganz unverständlich blieb in einer Nachkriegszeit, in der kaum ein Deutscher Deutscher, sondern selbstverständlich Kosmopolit sein wollte.

Später hat Stephan Hermlin gesagt: »Man konnte wählen zwischen Beschädigtwerden und Sichheraushalten. Die sich herausgehalten haben, die edlen Geister, die kein Wort nach der einen oder anderen Richtung gebraucht haben, die die Kämpfe abgelehnt haben, die nicht daran teilgenommen haben, die kommen als Unbeschädigte davon. Ich möchte nicht auf diese Weise unbeschädigt davonkommen.«

Ich wiederhole: Wer diese Liebe Hermlins zu einem ihm vertrauten Deutschland nicht versteht, seine Hoffnungen auf ein anderes, neues Deutschland, der versteht weder die Person noch ihre Handlungen.

Er versteht nicht diesen schönen, hochfliegenden und hochgebildeten Mann, so sorgfältig gekleidet wie formulierend, von feiner Gestik, ein aufmerksamer, ernster Zuhörer. Zurückhaltend, oft distanziert, selbstverständlich: er befand sich ja im Land seiner (potentiellen) Mörder.

Diese ferne Nähe hat ihm viele Feinde eingebracht: Sie fühlten sich getroffen, die Herren ohne Biographie, die ewigen Mitläufer oder jene Leute, von denen er einmal sagte (1979, also zu DDR-Zeiten), »deren Amt es war, die Kunst in eine Art Kasernenhof zu verwandeln ... im besten Fall von Zweifeln gestreift, verlegen, hilflos, häufig allerdings brutale Ignoranten.« Wer ihn näher kannte, lernte ihn als höflichen, liebenswürdigen Gastgeber und selbstlosen Freund kennen. Dann nahm er auch mal die Pfeife aus dem Mund und lachte – wir haben jedenfalls viel zusammen gelacht.

Besonders in Angelegenheiten der Kunst war er stets hilfreich, die hier Versammelten wissen es alle, ich erinnere aber trotzdem noch einmal daran, daß er wegen der Vorstellung vieler junger Autoren – von Wolf Biermann über Volker Braun bis Rainer und Sarah Kirsch – seinen Posten als Sekretär der Akademie der Künste verlor, daß er nach der Entlassung Peter Huchels ebenfalls aus der Leitung der Zeitschrift *Sinn und Form* ausschied, daß er Günter Kunert im Schriftstellerverband gegen Angriffe und Ausschlußforderungen verteidigte, so wie er auch viele andere Schriftsteller vor dem Ausschluß aus dem Schriftstellerverband bewahren oder ihnen (auf seine stille Weise) die Ausreise ermöglichen konnte.

Er hat außerdem dafür gestritten, daß Franz Fühmanns Trakl-Buch und Wolfgang Hilbigs Erstpublikation erscheinen konnte, daß die Zensur gegen Kafka, Proust, Sartre, Koeppen, Conrad, Faulkner und schließlich auch Nietzsche aufgehoben wurde.

Ich lasse viele Namen und Bücher weg, die Liste würde sehr lang. Ich lasse nicht weg, daß Hermlin im Westen fast zwanzig Jahre nicht gedruckt, daß manche seiner Bücher im Osten um mißliebige Stellen »bereinigt« wurden, ich lasse nicht weg, daß seine Bücher auch in der DDR über Jahre nicht gedruckt wurden und keinesfalls aus Papiernot.

Ein selbstloser, ein unerschrockener, ein beispielhafter Mann!

Daß er nach 1958 keine Gedichte mehr geschrieben hat, ist für die deutsche Literatur ein Verlust: Ich hätte gerne gewußt, was er nach »Die Vögel und der Test« und »Der Tod des Dichters« geschrieben, wie er mit anderen Formen als den klassischen des Sonetts oder der Terzine umgegangen wäre. Ich hätte auch gern eine Fortsetzung des *Abendlicht* gelesen, in der er diese wunderbare Mischung aus Erinnerung und Parabel gefunden hatte und, wie er sagte, »ohne didaktischen Vorsatz«. Dann, nach einer Pause: »Ein Text findet ja immer seine Fortsetzung im Kopf des Lesers«.

Die Fortsetzung dieser Anstiftung wird uns fehlen. Es ist heute ja gängige Münze, so zu tun, als sei die DDR ein Betriebsunfall der deutschen Geschichte gewesen, die nun nach ordnungsgemäßer Reparatur weiter fortschreiten könne.

Die Bücher von Hermlin werden uns – hoffentlich – vor solchem Kinderglauben bewahren. Sie haben die Haltung, die er einmal, samt Konsequenzen, in einem Aufsatz über einen politischen Gegner, Chateaubriand, notierte: »Die Unabhängigkeit meiner Positionen verletzte fast immer die Männer, mit denen ich ging.«

Das traf sicher auch auf eine Prognose unserer Zukunft zu, die 1956 (im Zusammenhang mit Heine) geschrieben wurde und heute unglaublich wirklichkeitsnah klingt: »Heine ... hat darunter zu leiden gehabt, daß die Deutschen in ihrer Lebensfrage, in ihrem Verhältnis zu sich selber, keinen wirklichen Standpunkt gewinnen konnten. Ein Ausweichen ... hat sie daran gehindert, ... das Vaterländische als etwas nicht dem Menschheitlichen Entgegengesetztes, sondern vielmehr mit ihm tief Übereinstimmendes zu erfassen.«

Ein Leitmotiv, das bis in die letzte Erzählung reicht, einen kurzen Text mit dem Titel »Der Baum«. Gemeint ist die Moosbacher Linde bei Eisenach, mit dem Blick auf die Hörselberge. Eine Landschaft, von der Hermlin zweimal gesprochen hat, 1956 und 1986, bevor er ihr 1989 in diesem Stilleben die letzte Form gab. Und immer ist davon die Rede, daß es eine Landschaft sei, auf die ein Wort passe, das er »Ausländern oft schon vergeblich begreiflich zu machen« versucht habe, das Wort »hold«. In den beiden frühen Erwähnungen heißt es dazu noch: »Hier ist Deutschland am deutschesten.«

In der endgültigen Fassung fehlt dieser Satz. Und der Mann, der unter der Moosbacher Linde sitzt, träumt nur noch. Der Hörselberg, Tannhäuser, werden nicht mehr genannt. Aber alles ist noch präsent. Tannhäuser, dem keine Absolution erteilt wurde, ist in den Berg zurückgekehrt. Die Wilde Jagd und ihre Zerstörungswut sind noch nicht eingetroffen. Aber der ihnen vorauseilende getreue Eckart, der Warner vor der Wilden Jagd, scheint schon da zu sein.

Es scheint der Mann unter der Linde zu sein, von dem es heißt: »Er träumt. Über ihm träumt der Baum.«

Und die Erzählung endet mit den sieben Worten: »Hier findest Du Deine Ruh. Ja. Hier.«

Freibeuter 72. 1997

Johannes Bobrowski

Er ist schwer zu beschreiben. Nicht besonders groß, aber breit und gewichtig – 196 Pfund; ich erinnere mich daran, weil er einmal ausführlich erörterte, wie die vier auf die zwei Zentner ausstehenden Pfunde wohl zu erwerben seien. Dabei war er beweglich, ging schnell, bevorzugte Anzüge von altväterlich bequemem Schnitt, in denen er förmlich turnen konnte. Franz Kafka, der ewige Leptosome, notierte einmal bewundernd über einen ähnlich statuierten Freund: »In diesen dickwandigen Gefäßen wird alles gargekocht.« Die Bemerkung Kafkas paßt vorzüglich auf Johannes Bobrowski, auf seine freundliche Ruhe, sein konzentriertes Zuhören und bedächtiges Argumentieren.

Zum gedrungenen Körper gehörte ein mächtiger Kopf mit hoher Stirn und meist ungebändigten Haarmassen. Das Gesicht breitflächig, mit hohen Backenknochen, mächtigem Kinn und den »schönen Nilpferdaugen«, wie Günter Bruno Fuchs, einer seiner Freunde, schrieb. Die Fotos zeigen oft einen verlegen lächelnden Mund, besonders die Fotos aus den letzten beiden Jahren »Wie wollt ich sagen deinen Namen, wenn mich ein kleiner Ruhm fände« so hatte es, Februar 1962, im Gedicht »An Klopstock« geheißen. Als ihn dieser kleine Ruhm einige Monate später fand, blieb er mißtrauisch, lächelte verlegen bei offiziösen Gelegenheiten und photographischen Veranstaltungen. Im Umgang war das anders: Er lachte gern, wenn auch nicht laut, hörte mit Genuß allen bizarren Geschichten zu, improvisierte leichtsinnige Späße wie den sagenhaften Neuen Friedrichshagener Dichterkreis und berichtete Neuigkeiten des Volksmundes, die dann auch immer wieder in der Prosa auftauchen, kapitale Sätze wie »Die deutsche Frau hat warten gelernt, auf den Mann.« Oder: »Die Türen in diesen Jägerklausen gehen nach außen auf, wie bekannt.« Oder: »In Altenburg oder auch nicht in Altenburg gab es ein Ehepaar, er schielte, sie schielte, die beiden haben sich im Leben nie gesehen.«

Freilich: Es gab auch Tage und Wochen, in denen er schwer ansprechbar war, maulfaul und trübsinnig, Krankheit vorschützend. Krankheit hieß fast immer, daß er schrieb. Man blieb ihm dann besser vom Leib und sorgte dafür, daß er seine Zigaretten, Rothändle, erhielt, ohne die er ungern schrieb. Er gehörte zu den Autoren, die sehr schnell schreiben – einige Gedichte oder viele Seiten Prosa an einem Tag; dazwischen oft monatelange Pausen. Zu Gedichten machte er Notizen und schrieb zahlreiche Fassungen, bei Prosatexten bedachte er die Konzeption sehr lange, die erste Niederschrift war dann aber in der Regel schon die Druckfassung.

Bei meinen ersten Begegnungen lernte ich Bobrowski von beiden Seiten kennen: Das erste Mal, im Herbst 1960 – ich kannte nur einige Gedichte, ein Band war noch nicht erschienen –, nahm ich ihn mit zur Tagung der Gruppe 47 in Aschaffenburg. Er ging bewundernd um mein Auto und sagte »Schönes Auto«, was mich ungeheuer für ihn einnahm, denn das hatte noch niemand von diesem damals immerhin elfjährigen Gefährt gesagt. Auf der Reise war er dann fast stumm. Das zweite Mal sah ich ihn einige Monate später in Berlin-Friedrichshagen, in seinem Haus in der Ahornallee. Ich hatte Manfred Bieler besucht und mit Bieler und einem Gummibaum, den wir unterwegs gekauft hatten, dann Bobrowski. Der Gummibaum wurde, da keiner von uns Gummibäume leiden konnte, sehr gefeiert und mir eine Urkunde überreicht mit der Ernennung zum »Korrespondierenden Mitglied des Friedrichshagener Dichterkreises«, der sonst eigentlich nur aus Präsidenten bestand: Manfred Bieler, Johannes Bobrowski, Robert Wolfgang Schnell und Günter Bruno Fuchs. Die Satzung besagte außerdem, daß jeder Präsident immer recht habe, und vereidigte jeden auf den Satz von Peter Hille: »Nur innerhalb der Wahrheit kann ich vergnügt und ruhig sein.«

Gewiß, ein Spaß, aber doch selbst im Spaß das benennend, was für Bobrowski der wichtigste Motor seiner literarischen Arbeit blieb: Toleranz und Verpflichtung zur Wahrheit. Fast gleichzeitig mit seinem Auftritt als Autor (der sich nur auf wenige Jahre beschränkt), 1961, wenige Monate nach dem Erscheinen seines ersten Gedichtbandes – *Sarmatische Zeit* – bei der Deutschen Verlags-Anstalt, formulierte er seine Absichten für die Anthologie *Widerspiel* von Hans Bender. Ohne diese Sätze, auf die sich Bobrowski auch später immer wieder berief, ist sein literarisches Werk nicht gerecht zu beurteilen. Bobrowski schrieb: »Zu schreiben habe ich begonnen am Ilmensee 1941, über russische Landschaft, aber als Fremder, als Deutscher. Daraus ist ein Thema geworden, ungefähr: die Deutschen und der europäische Osten. Weil ich um die Memel herum aufgewachsen bin, wo Polen, Litauer, Russen, Deutsche miteinander lebten, unter ihnen allen die Judenheit. Eine lange Geschichte aus Unglück und Verschuldung, seit den Tagen des deutschen Ordens, die meinem Volk zu Buch steht. Wohl nicht zu tilgen und zu sühnen, aber eine Hoffnung wert und einen redlichen Versuch in deutschen Gedichten. Zu Hilfe habe ich einen Zuchtmeister: Klopstock.«

Ungewöhnlich ist schon die Stellung dieser Sätze innerhalb des Kontexts der Anthologie, denn verlangt war ein »poetologisches« Zitat, und während fast alle anderen Autoren dem Genüge tun, spricht hier einer von einem Thema, begründet und erläutert historisch und verweist schließlich hinsichtlich der Formen ausgerechnet auf einen Autor, dessen formale Eigenheiten selbst von manchen Fachgermanisten der »Krankengeschichte« des deutschen Verses zugerechnet werden. Zudem: Von »Landschaft« ist die Rede zu einer Zeit, wo die Kollegen vom »Labor« sprachen. Allerdings: von einer Landschaft im weiteren Sinn, gebunden an eine bestimmte Geschichte – Bobrowski dachte bei der Formulierung dieser Sätze sicherlich an die hundertsiebzig Jahre zuvor geschriebenen seines Landsmannes Johann Gottfried Herder, der in den *Ideen zur Philosophie der Geschichte der Menschheit* von derselben Landschaft sagt: »Die Menschheit schaudert vor dem Blut, das hier vergossen ward in langen wilden Kriegen, bis die alten Preußen fast gänzlich ausgerottet, Kuren und Letten hingegen in eine Knechtschaft gebracht wurden, unter deren Joch sie noch jetzt schmachten. Vielleicht verfließen Jahrhunderte, ehe es ihnen genommen wird, und man zum Ersatz der Abscheulichkeiten, mit welchen man diesen ruhigen Völkern ihr Land und ihre Freiheit raubte, sie aus Menschlichkeit zum Genuß und eigenen Gebrauch einer besseren Freiheit neu bildet.«

Zu Bobrowskis Kindheit war diese Beschreibung Herders fast noch unverändert gültig, gültig jedenfalls die Mentalität, *gegen* die sie gerichtet war, die Gleichgültigkeit, das Desinteresse, die Unwissenheit. Immer wieder kam Bobrowski in Interviews und Diskussionen darauf zurück, daß wir zu wenig wissen von unseren östlichen Nachbarn, ihre Geschichte nicht kennen, sie falsch beurteilen. Dabei war ihm die Wirkungslosigkeit der Literatur vollkommen klar; er schrieb im Bewußtsein der Ohnmacht. Befragt in einem Interview, ob er meine, seine Leserschaft ändern zu können, antwortete er: »›Ändern‹, das ist ein großes Wort. Ich weiß es nicht, da habe ich mindestens Manschetten, so etwas zu sagen.

Ich erinnere daran, daß Beecher-Stowe mit ›Onkel Toms Hütte‹ die Rassengeschichte nicht abgeschafft hat in den Vereinigten Staaten, obwohl sie ein Riesenerfolg war. Und daß die Französische Revolution nicht in den Stuben der Aufklärer ausgebrochen ist, sondern einfach wegen Mehlmangels in Paris.«

Die deutschen Leser, dies nebenbei, haben Bobrowskis Skepsis, bis heute, vollkommen bestätigt. Nicht einmal die Auflagen – von der Wirkung zu schweigen – seiner Bücher sind irgend nennenswert. Wenige tausend Exemplare von jedem Buch, nur eins seiner Bücher erreichte neuntausend Leser. Sicher, die Verachtung der eigenen Literatur ist in Deutschland, von wenigen Ausnahmen abgesehen, traditionell – aber dieses Beispiel der Mißachtung eines Werkes, dessen außerordentlichen Rang die literarische Kritik durchaus beschrieben hat, ist wohl ungewöhnlich und hat sicherlich etwas mit dem »Thema« zu tun. Wir wollen von unseren östlichen Nachbarn nichts wissen, das scheint nun einmal abgemacht. Bobrowski hat sich von dieser mangelhaften Wirkung nicht irritieren lassen. Noch in einem der späteren Gedichte, mit dem Titel »Sprache«, beharrt er auf seinem Thema:

Der Baum
größer als die Nacht
mit dem Atem der Talseen
mit dem Geflüster über
der Stille

Die Steine
unter dem Fuß
die leuchtenden Adern
lange im Staub
für ewig

Sprache
abgehetzt
mit dem müden Mund
auf dem endlosen Weg
zum Hause des Nachbarn

Schreiben im Bewußtsein der Ohnmacht, mit der bestimmten Position, wie es in einem frühen Brief heißt: »Wir müssen unsere Litaneien in die gräßlichen Prospekte des Welttheaters hineinsagen … Das muß so sein, zwischen allen Stühlen, das ist eine Position.« Dieses Beharren auf der Position macht auch die Berufung auf

Klopstock erklärlich – Manfred Seidler hat auf die Verwandtschaft beider Positionen hingewiesen mit Klopstocks Satz:»Die Menschen moralischer zu machen, ist und soll so sehr unsere Absicht seyn, daß wir unserer Neigung, zu gefallen, nur insofern folgen dürfen, als sie uns zu diesem letzten Endzwecke führt.« Die sprachliche »Zucht« Klopstocks, deren Formen Bobrowski, der vorzüglich Latein und Griechisch beherrschte, ohnehin vertraut waren, faszinierte Bobrowski deswegen, weil sie eben dadurch zustande kam, daß sie *nicht* mit präfabriziertem Material arbeitete. Die metrische Wut Klopstocks bezog sich auf Gegenstände, die damals weithin als literarisch untauglich galten. Dieselben Widerstände schien Bobrowski bei seinem Stoff, seinem Thema vorzufinden. In einer Diskussion im Frühjahr 1965 sagte er dazu:

»Ja, das ist nämlich so. Es gibt doch Gedichte, zum Beispiel im religiösen Bereich oder im politischen Bereich, die präfabriziertes Material verwenden. Nicht also, ich meine jetzt Pindar.

Ja, aber ich bin an Gedichten, die das, was ihnen als präformuliert geliefert wird, verarbeiten, nicht interessiert, weil ich der Meinung bin, daß solche Gedichte wirkungslos sind. Nicht wahr, wenn etwas vorgegeben wird, und wenn nur das in dem Gedicht behandelt wird oder in andere Form gebracht, dann ist es wirkungslos, weil solch ein Gedicht nur ankommt bei den Leuten, die ohnehin dieselbe Meinung haben. Es dient also entweder zum Zierat oder zur Aufstellung von Denkmälern, es rennt offene Türen ein, und ich weiß nicht, warum die Gedichte geschrieben werden, für mich. Das ist meine Meinung.«

Viele Jahre – von ersten Versuchen als Soldat 1941 bis etwa 1960 – verwandte Bobrowski nur die lyrische Form, besonders die alkäische und sapphische Strophe. Es schien ihm, daß sich »sein« Thema im Gedicht genauer behandeln lasse als in der Prosa, die sich einlassen müßte auf Lokalität und Umstände, auf Geschichten, historisch fixierbar und damit auch leicht abzutun als Vergangenheit.

Daneben gab es gewiß andere Gründe: Herkunft und Bildung. Die Herkunft aus dieser literarisch sozusagen nicht vorformulierten Landschaft des Gebietes zu beiden Seiten der Memel: Tilsit, wo er 1917 geboren wurde; Willkischken, Rastenburg und Motzischken, wo die Verwandten lebten und Bobrowski zur Schule ging. Der Besuch des Kneiphof-Stadtgymnasiums in Königsberg, zu dessen Hauptfächern die alten Sprachen zählten, machte ihn mit den lateinischen und griechischen Klassikern bekannt, ebenso aber mit den deutschen Autoren des 17. und 18. Jahrhunderts, die er später fast sämtlich als Erstdrucke in seiner Bibliothek versammelte. Ein Gespräch über Barocklyrik, das sich nicht überwiegend auf Zuhören beschränkte, war riskant – Bobrowskis Kenntnisse von Vita und Werk auch des entlegensten Poeten des 18. Jahrhunderts waren furchterregend.

In Königsberg begann Bobrowski Kunstgeschichte zu studieren und setzte das Studium in Berlin, nach dem Umzug 1938, fort. In beiden Städten lernte er zum erstenmal das Proletariat kennen; er schrieb darüber 1965: »Es gab Demonstrationen, Streiks, wir wohnten damals in einem Arbeiterviertel, es gab Begegnungen, Gespräche, Bekanntschaften mit Jungarbeitern. Es stellte sich heraus, daß es junge Leute in meinem Alter gab, die über die Dinge, an die ich nie gedacht hatte, feste und einleuchtende Meinungen hatten: ›Mehrwert‹, ›Zuwachsrate‹.«

Diese Begegnungen, Gespräche und Überlegungen vertieften sich während der Begegnung mit Rußland, als Soldat, und in der sowjetischen Kriegsgefangenschaft, aus der er im Dezember 1949 als Kommunist, wie er einem Freund schreibt, zurückkehrt. In den folgenden Jahren verstärkte und differenzierte sich sein politisches Interesse – die Richtung des Engagements blieb stets die gleiche. So erinnere ich mich noch seiner Antwort, wenige Wochen vor seinem Tode, als ich ihm mitteilte, daß ich Wolf Biermanns Buch *Die Drahtharfe* publizieren werde. »Das mußt Du machen«, sagte er, und dann, nach einer Pause, mit listigem und mitleidvollem Augenaufschlag: »Aber Du wirst Ärger kriegen, bei Euch.« Er fürchtete, daß ich mit dieser Publikation nun ganz und gar zum Kommunistenverleger abgestempelt werde, und so war es ja auch zuerst, bis die Angriffe im *Neuen Deutschland* hiesigen Zeitungen Gelegenheit zur Umstilisierung boten.

Bei dem Entschluß zur Prosa, in den Jahren 1960/61, spielten sicherlich politische Überlegungen eine Rolle, genauer: Überlegungen hinsichtlich der politischen Wirkung. »Meinen Landsleuten etwas erzählen, was sie nicht wissen«, sagte er, »möglichst vielen Leuten zumindest ein Nachdenken beibringen.« Der unmittelbare Anlaß waren Gespräche, die ich mit ihm führte wegen eines Beitrags für die Prosaanthologie *Atelier*. Er zögerte, schickte dann aber doch drei kleine Texte. Der Versuch begann, ihn zu interessieren, allerdings immer wieder in Hinsicht auf die Wirkung. So sehr lag ihm daran, daß er bereit war, den »kleinen Ruhm«, der ihn gefunden hatte, hinzugeben. Noch nach dem Abschluß des ersten Romans *Levins Mühle* – für den er dann den

Heinrich-Mann-Preis und den Charles-Veillon-Preis erhielt – blieb er skeptisch, er schickte mir das Manuskript mit der Bemerkung, damit sei er »abgetreten aus der Literatur, als es gerade anfangen sollte«.

Da er aber auf Menschen wirken wollte, mußte von Menschen die Rede sein, und das war nach Bobrowskis Überzeugung in der Prosa besser möglich. Die Fixierung der Prosa auf Zeit, Begebenheit und Umstände schien ihm hingegen die größte Schwierigkeit. So sah er auch das Lokale stets nur als das ihm zugängliche Material an, für Modelle. Nicht auf Bukolisches waren seine Texte angelegt (und nichts konnte ihn, den so selten Verärgerten, ärgerlicher machen, als sich als Spezialist extremer Gegenden fixiert zu sehen), sondern auf Beispiele – selbst das Kuriose gab Beispiel ab von Verhalten und Bewußtsein. Immer wieder heißt es in *Levins Mühle*, daß sich diese Geschichte so auch zu anderer Zeit und in anderer Gegend zugetragen haben könne. Und im zweiten Roman, *Litauische Claviere*, heißt es: »Wenn man das weiß: was das ist, Zeit. Das Gegenwärtige? Das schon immer, in dem es bemerkt wurde, abgeschlossen ist, vergangen, Vergangenheit geworden. Das Zukünftige? Das immer herankommt, ganz nah heran, und nie eingetreten ist, immer draußen geblieben. Die Vergangenheit? Abgeschlossen, abgetan, nicht mehr zu rufen, weil ohne Gehör.«

Da Bobrowski die Zeit, hier nur als Beispiel, austauschbar erschien, jedenfalls aber nicht Anlaß zur Fixierung bot, da ihm Personen, Handlungen und Umstände in ähnlicher Perspektive erschienen, als Modelle und Muster, so konnte die Prosa Bobrowskis stets an der Grenze bleiben zum Lyrischen, dem die Fixierung formal ferner liegt. Und so ließ sich, in beiden Formen, das Thema vorstellen, das Bobrowski, wie er sagte, zu seiner »bestimmten Absicht« machte: Das Völkergemisch, Babylon, das Urbane, das nur durch den Hochmut einer Gruppe jene Tendenz zu »Unglück und Verschuldung« entwickelt, in sich aber, im Gegenteil, die Nachbarschaft, die Toleranz erzwingt.

»Nachbarschaft« – ein Kenn- und Hauptwort im Bobrowskischen Werk. Nachbarschaft hieß auch redliche Betrachtung der deutschen Vergangenheit. Sich von dieser Vergangenheit nicht auszunehmen, daran lag Bobrowski.

Sender Freies Berlin. 1965

Günter Bruno Fuchs

Günter Bruno Fuchs (1928–1977), Berliner, war dick, freundlich, begabt. Das erstere (hier lag er in schönem Wettstreit mit seinem lebenslangen Freund Johannes Bobrowski) war unübersehbar, das zweite ebenso: Fuchs war rundum freundlich. Das führte natürlich auch zu Irrtümern; es gibt ja viele, die freundliche Menschen für dumm halten. Solchen Leuten hörte Fuchs eine Weile geduldig zu und sagte dann plötzlich mit Bärenstimme (tief, brummend, wohlartikuliert, mit unverkennbarem Berliner Lispeln): »Mein Herr, Sie sind ein hervorragender Idiotenkaiser.«

Die Beurteilung seiner Begabung gereicht den Rezensenten nicht zur Ehre: die Arbeiten von Fuchs wurden wenig und fast immer beiläufig rezensiert, seine Bücher (bei denen er stets Typographie, Umschlag und Graphik selbst entwarf) erschienen in kleinen Auflagen. Fuchs galt, wie Kafka oder Hebel, als »Meister der kleinen Form«, und das war er auch, aber ein anständiger Kulturbetrieb verlangt eben dicke Romane. Für Romane fiel Fuchs zu viel ein, das ist schädlich für Romane. Romane leben von ausschweifenden Details, da wird viel vorgeschrieben und die Phantasie des Lesers gerät dabei manchmal ins Hintertreffen. Das mochte Fuchs nicht. Er las gern vor – ein glänzender Interpret seiner Texte –, mochte es, wenn die Zuhörer lachten und führte gern innerhalb einer Lesung unterschiedliche Genres vor: Gedichte, Märchen, Fabeln, Geschichten für Kinder, seine Graphiken. Das läßt sich mit Romanen nicht veranstalten.

Der Kulturbetrieb hat es ihm heimgezahlt: in die oft lächerlich dünnen Bändchen, die er bei den verschiedensten Verlagen veröffentlichte, ließ sich nicht nur kein Werbeetat investieren, sondern sie galten vielen deswegen auch nicht als rezensionsreif oder lesenswert. Besonders schön war es dann, wenn er allen Freunden androhte, jetzt wolle er aber endlich mal ein richtiges, dickes Buch schreiben, und wenn es dann erschien, war es wieder ein »Roman« von 130 Seiten, eigentlich ein Geschichtenbuch, im größten verfügbaren Schriftgrad gedruckt, mit Zeichnungen, Kopfleisten und Vignetten.

Schwierig für die Rezeption der Arbeiten von Fuchs war auch ihre Kontinuität: Allerneueste Luftsprünge der Saison waren von Fuchs nicht zu erwarten. Vor überlieferten literarischen Formen bekam er keine modernistische Platzangst, sondern benutzte sie, wenn sie zum Material paßten: Polizisten reden in Sprichwörtern, autowaschende Väter geben Richtlinien aus, Zustände werden da, wo sie märchenhaft unglaublich sind, als Märchen erzählt. Insofern machte Fuchs auch keine Schule, hatte nicht die Sorgen eines Patriarchen, der seinen Jüngern voranschreiben muß. Aber der alltägliche Ärger mit der Staatsgewalt fand sich in seinen Texten schon, als es noch nicht Mode war, und als es Mode wurde, schrieb er von einfachen Leuten, die später auch in Mode kamen. Da schrieb er dann doch lieber wieder von reisenden Bären und Rittern in der Gruft.

Günter Bruno Fuchs hatte eine Biographie, die nicht nur manchem jüngeren Autor (der bereits mit 25 seine Erfahrungen zu verwalten beginnt), sondern auch uns heutigen Achtstundenarbeitern geradezu abenteuerlich vorkommt: In Berlin geboren, wurde er bereits mit vierzehn Jahren Luftwaffenhelfer und kam als Siebzehnjähriger aus belgischer Kriegsgefangenschaft zurück. Er war dann Maurerumschüler, Hilfsarbeiter und später Student an der Berliner Hochschule für Bildende Künste. Von 1948 bis 1950 arbeitete er als Schulhelfer in Ostberlin, ging dann nach Westberlin zurück, wurde Zirkusclown und, als das nichts einbrachte, nacheinander Bergmann und Bauarbeiter. 1958 eröffnete er zusammen mit Robert Wolfgang Schnell im Berliner Arbeiterbezirk Kreuzberg eine vier Jahre existierende Galerie, die zinke. Danach gründete er mit Freunden die Werkstatt der Rixdorfer Drucke. Erst Mitte der sechziger Jahre versuchte er von seiner graphischen und literarischen Arbeit zu leben: Vom Verkauf der Holzschnitte und Zeichnungen, von Hörspielen, Anthologien, Buchhonoraren, Lesereisen und Vorschüssen auf so aberwitzige Projekte wie beispielsweise ein *Lexikon der Gemeinheiten*.

Das Schönste an Fuchs war sein Staunen. »Unglaublich«, sagte er dann, oder, als höchster Steigerungsgrad: »Unglaubloch!« Dieses Staunen findet sich fast in jedem seiner Texte wieder, in ihrer charakteristischen Hauptsatz/Hauptsatz/Hauptsatz-Form, die die Vorstellungskraft des Lesers nicht erdrückt, sondern ihr Raum läßt zum Staunen zwischen diesen kapitalen Sätzen, die zugleich Nachäffung sind des kapitalen Herrschaftsgeredes.

In diesen Texten werden keine Totalitäten kraft Kunst vorgeschwindelt, sondern Bruchstücke einer großen Zerstörungswut aufgezählt, der Zerstörungswut der Fabrikgesellschaft. Sie staunen diese »Realität« an. Sie sind dialektisch und phantastisch. Sie nehmen die Phantasie des Lesers für voll, seine Angstträume und seine Wunschträume.

Nachwort in *Die Ankunft des Großen Unordentlichen*
in einer ordentlichen Zeit. Wagenbach. 1977

Das Verlagssignet,
gezeichnet von Günter Bruno Fuchs

Jodl

Man denkt immer, es sei später gewesen, aber es war früher. 1967 also (oder, spätestens, im Frühjahr 1968) veranstaltete Horst Bingel ein Schriftstellertreffen in Frankfurt, das sowohl der Literatur als auch der Revolution dienen sollte, aber eigentlich doch mehr der Revolution, jedenfalls der Revolutionierung des Alltags, und so fand dieses Schriftstellertreffen an mehreren Orten zugleich statt, nacheinander zwar, aber doch förmlich gleichzeitig, jedenfalls habe ich in Erinnerung, daß wir am selben Tag morgens im Saal diskutierten, nachmittags im Rohbau der entstehenden Untergrundbahn an der Hauptwache von den Schriftstellern signierte Hocker zugunsten von Vietnam versteigert wurden und am Abend eine Autorenlesung in einer Fabrikhalle, vor einigen hundert Arbeitern, stattfand, auf Einladung der Gewerkschaft.

Als Zuhörer in der Fabrikhalle

Die Schriftsteller zogen – ich schwöre: es ist die Wahrheit! – unter Absingung der Internationale in die Halle, lautstark, aber textschwach, was die Arbeiter nicht besonders lustig fanden, die Gewerkschafter schon gar nicht. Zuerst sprach ein Mitglied des Betriebsrats, dann lasen die Autoren. Ich erinnere mich nur noch an zwei, und zwar deswegen, weil es im Anschluß an die Lesung eine Diskussion gab, an der sich wiederum nur der Betriebsrat beteiligte, der den parteilichen und verständlichen Romanausschnitt von »Herrn Zwerenz« lobte, gegenüber den »sogenannten Gedichten von Herrn Jodl« aber sein Unverständnis erklärte.

Gerhard Zwerenz hatte einen seiner ungeheuer langweiligen, aber krachend gutgemeinten Texte vorgelesen, während Ernst

Jandl sichtlich angestrengt, aber mit steinerner Miene seine Poesien in den Saal geschmettert hatte und sich über das regelmäßige Gelächter ebenso wunderte, wie es die Zuhörer hinterher genierte. Über Kunst und andere ernste Angelegenheiten lacht man nicht: atombo, lechts und rinks, schtzngrmmm.

Nach der Lesung fragte ich Ernst Jandl, was er von einer Schallplatte seiner Gedichte halte, und er versprach, seinen Verlag zu fragen, was der davon halte. Zu meinem Glück hielt der Verlag nichts davon und ich mußte eine Schallplattenabteilung einrichten, für die ich allerdings nicht einmal über Grundkenntnisse verfügte. So erschien *Laut und Luise* und wurde ein Erfolg, 1968!, als alle Zeichen auf Zwerenz standen. Wir haben natürlich nach den Gründen für diesen Erfolg geforscht, das Ergebnis aber zuerst geheimgehalten und dann nur dosiert an den Autor weitergegeben, weil es ihm offensichtlich nicht gefiel: Die Platte war ein Hit unter Kindern (an der Spitze: »die tassen«). Da aber in der Folge die Kinder andere Kinder anstifteten, ihre Eltern zum Kauf der Platte anzustiften, verbreitete sich die Platte auch unter Erwachsenen, so daß wir langsam mit den Dosierungen gegenüber dem Autor aufhören und die Sprachregelung einführen konnten: »Die Platte hat Erfolg bei Kindern *und* Erwachsenen.«

Der Autor, der bürgerliche Verkehrsformen schätzt, hat mir das offenbar nicht vergessen. Denn Jahre später, in den Zeiten, in denen die deutsche Polizei gegenüber dem Verlag vollends die bürgerlichen Verkehrsformen fahren ließ und seine vier Räume mit einigen Dutzend Polizisten dergestalt besetzte, daß der Verkehr innen wie außen zusammenbrach (was wohl auch der Zweck dieser Geländeübung war), da also, nach Abzug der Polizei und der Wiederherstellung der telefonischen Kommunikation, rief Ernst Jandl an, aus Wien, räusperte sich und fragte sehr förmlich: »Herr Doktor, ich höre, bei Ihnen war die Polizei?« Ich bejahte, ebenfalls ganz förmlich, und er fuhr fort, nur um eine Winzigkeit weniger förmlich: »Das tut mir aber leid!«

Wer sich erinnert, wie es um die Verkehrsformen in den mittleren siebziger Jahren bestellt war, wird nachfühlen können, wie sehr mich dieser Anruf Jandls erheitert und getröstet hat.

Vielen Dank, Herr Professor Jandl!

Ernst Jandl. Texte – Daten – Bilder. Hrsg. von Klaus Siblewski. Luchterhand. Frankfurt am Main 1990

Paul Celan: Todesfuge

Das Gedicht Celans, eines der frühesten und sein bekanntestes, wurde 1945 geschrieben, in Bukarest, wohin der vierundzwanzigjährige Celan im April, ein Jahr nach der Besetzung seiner Heimatstadt Czernowitz durch die Rote Armee, übersiedelt war.

In Czernowitz, der Hauptstadt der Bukowina, war Celan aufgewachsen und hatte dort das Gymnasium besucht. Die jüdische Gemeinde, der Celan angehörte, war groß: etwa 50 000 von insgesamt 110 000 Einwohnern. Viel hatte sich aus der Zeit der k. u. k. Doppelmonarchie erhalten: Deutsch war die Verkehrssprache, die Buchläden hatten ein großes Sortiment an deutscher Literatur, es war, wie Celan in seiner Bremer Ansprache sagte, »eine Gegend, in der Menschen und Bücher lebten«. Der Überfall der Nazis (Juli 1941) war für die Bukowina, in der seit Jahrhunderten Völker, Sprachen und Rassen nebeneinander lebten, eine Katastrophe; sie führte zur Vernichtung der deutschen Kultur und später zur Spaltung des Landes in einen sowjetischen und einen rumänischen Teil. Die Juden wurden in Arbeitslager in den besetzten sowjetischen Gebieten deportiert, auch die Eltern Celans, und fast alle ermordet. Celan konnte fliehen und überlebte. Es gehört zur Absurdität des nazistischen Wahnsinns, daß er, in der Absicht, alle Welt am deutschen Wesen genesen lassen zu wollen, eben das vernichtete, was die deutsche Kultur für die Völker Osteuropas bedeutete – bis 1933/39 wurde dort (ob in der Tschechoslowakei, in Rumänien, Ungarn, Polen, Jugoslawien, Finnland oder der Sowjetunion) deutsche Literatur gelesen und verehrt, Deutsch als Mutter- oder Fremdsprache gesprochen.

Von diesem Zusammenstoß, vom Auftreten der »Meister aus Deutschland« als Mörder, berichtet das Gedicht, ein deutsches Gedicht gegen deutsche Kulturbarbarei, und nicht nur das: Es ruft förmlich, in immer wieder auftretenden Zitaten, die gesamte deutsche Tradition zum Zeugen, von Goethe (»Margarete«) bis zum Meister Sachs, von Luther (in seiner Übersetzung des Hohelieds) bis zum romantischen Volkslied (»Spielt weiter zum Tanz auf«);

bis hinein in die formale Struktur der Variation, Bachs »Kunst der Fuge« zitierend. Die zentralen Zitate aber entstammen dem Werk eines Autors, dessen Gedichte und Leben geradezu das Paradigma der Verzweiflung und Melancholie über den Zusammenbruch der osteuropäischen »Nachbarschaft« sind: Georg Trakl. Man kann sogar das Buch benennen, das Celan in der Hand hatte: eine 72 seitige Broschüre mit dem nüchternen Titel *Gedichte*, 1913 in der berühmten Serie *Der jüngste Tag* bei Kurt Wolff erschienen. Dort heißt es (im Gedicht »Psalm«):

»Auf silbernen Sohlen gleiten frühere Leben vorbei / Und die Schatten der Verdammten steigen zu den seufzenden Wassern nieder. / In seinem Grab spielt der weiße Magier mit seinen Schlangen. / Schweigsam über der Schädelstätte öffnen sich Gottes goldene Augen.«

Bei Trakl sind diese Zeilen bezogen auf die »Kindheit«, wie auch in einer weiteren Zeile (aus dem Gedicht »Abendlied«), die Celan aufnimmt: »Wenn uns dürstet, / Trinken wir die weißen Wasser des Teichs, / die Süße unserer traurigen Kindheit.« Oder (im Gedicht »Im Dorf«): »Auch neigt ein weißes Haupt sich hochbejahrt / Aufs Enkelkind, das Milch und Sterne trinkt«, und, an anderer Stelle im gleichen Gedicht: »Durch ihre Arme rieselt schwarzer Schnee«. Selbst das Celansche »Grab in den Lüften« ist eine Anspielung auf Trakls »Leichenzug in Lüften« (im Gedicht »Die Raben«).

Sehr eigenartig, daß die Germanistik zwar bereits diskutiert, welche Metaphern der »Todesfuge« Celan seinen Landsleuten Immanuel Weißglas und Rose Ausländer zu verdanken habe, aber nicht bemerkt, daß alle drei selbstverständlich ihren österreichischen Landsmann Trakl kannten (dessen Grab in Mühlau Celan 1948, sobald es ihm möglich war, besuchte).

Auch Celans Gedicht handelt von einer »Schädelstätte« und den Gedanken an »frühere Leben«, die sie hervorruft. Aber Celan, der moderne, schweigsamere Poet, formuliert zurückhaltender; es fehlen völlig die »prunkvollen« expressionistischen Adjektive wie »silbern« oder »seufzend«; auch heißt es sehr charakteristisch nicht »Grab«, sondern »Haus«, nicht »Magier«, sondern »Mann«, und selbst wenn sich dieser »Mann« in späteren Zeilen zum »Meister« wandelt, so ist damit ein Handwerker gemeint: Wenn im Hohelied (in der Lutherschen Übersetzung) die Schönheit Sulamiths gerühmt wird, so heißt es, »Deine Lenden stehen gleich aneinander wie zwei Spangen, die des Meisters Hand gemacht hat.« Der Meister, der nun die Schönheit Sulamiths vernichtet.

Ein einfacher Handwerker, der seine Arbeit ordentlich ver-
richtet, abends Briefe an sein Mädchen schreibt und ihm von seinen goldenen Haaren schwärmt, danach vor das Haus tritt, »und
es blitzen die Sterne« – auch dieses offene Opernlibrettozitat
bestätigt, daß dieser Mörder nichts besonderes ist, kein *thanatos*,
kein Magier, sondern ein ganz gewöhnlicher, etwas sentimentaler
Deutscher, einer von uns, ein Tierfachmann, der seinen »Rüden«
pfeift, und »seinen« Juden, die er ein Grab schaufeln heißt, mit
etwas Musik.

Genauso ist es gewesen, sentimental, professionell, mecha-
nisch. Kühl wird das registriert und doch politisch genau: Dem
»Wir« der Opfer steht das »Er« des Täters gegenüber, nicht ein
»sie«. Nur die Herkunft wird präzisiert: »aus Deutschland«.

Eine Ortsangabe. Zwölf Jahre lang hieß die Adresse vieler
Mörder eben Deutschland – genauer und zugleich zurückhaltender könnte man es kaum ausdrücken. Deutschland, das der Kultur
die Techniker nachschickt, die sie zerstören, das goldene und das
aschene Haar – dieses Oxymoron bestimmt auch die ästhetischen
Formen des Gedichts, die »schwarze Milch der Frühe«, das »Grab
in den Lüften«; in der Schlußstrophe wird das Motiv noch einmal
aufgenommen: »der Tod ist ein Meister aus Deutschland sein Auge
ist blau / er trifft dich mit bleierner Kugel er trifft dich genau«.
Auch das ein Zitat, wenn auch sehr fern, fast nur – dem musikali-
schen Aufbau entsprechend – einen Ton zitierend, den Balladen-
ton von Goethes »Erlkönig«: »Mein Sohn, mein Sohn, ich seh' es
genau; / Es scheinen die alten Weiden so grau.«

Kaum mehr als eine Allusion. Nimmt man sie ernst, faßt sie
den Inhalt der »Todesfuge« zusammen: Damals gab es noch Väter,
die zu retten versuchten, heute, wo den Toten nicht einmal mehr
die Erde gegönnt wird, nur das Grab in den Lüften, verraten sie
sich selbst, also ihre Kultur, mit Hölderlin als »Frontausgabe« im
Tornister. Von dem Deutschland, das da den Tod als Meister sen-
det, bleiben nur ferne, verschwommene Erinnerungen an frühere,
bessere Meister.

Sender Freies Berlin. 1965 / Freibeuter 1. 1979

Ingeborg Bachmann in Berlin

Ingeborg Bachmann nahm im Frühjahr 1963 eine Einladung der Ford Foundation für ein einjähriges Berlin-Stipendium an und wohnte in der ersten Zeit, zusammen mit dem ebenso eingeladenen Witold Gombrowicz, in einem Gästezimmer der Akademie der Künste am Hanseatenweg. Im Frühjahr 1964 zog sie in eine eigene Wohnung in einem Haus am Hasensprung, an der Königsallee in Berlin-Grunewald: Dort ist auch *Ein Ort für Zufälle* entstanden.

Ingeborg Bachmann kam, erschöpft von einer unglücklichen Liebe, aus Rom nach Berlin, aus einer lebendigen Metropole in eine beschädigte, gewesene Metropole, die ihr zuerst fast menschenleer erschien, wie sie in den Erinnerungen an Witold Gombrowicz schreibt: »ich erinnre mich, daß wir durch die uns beiden so fremden Straßen von Berlin gingen und oft lachten und riefen, voyez, il y a quelqu'un, denn die Straßen waren so unendlich leer, jedenfalls für uns«. Im selben Text taucht auch zum erstenmal die Krankheitsmetapher auf: »... und wenn wir etwas voneinander begriffen haben, ohne es einander je zu gestehen, dann, daß wir verloren waren, daß dieser Ort nach Krankheit und Tod riecht, für ihn auf eine Weise, für mich auf eine andre.«

Berlin als Krankenhaus (Ingeborg Bachmann war selbst eine Weile krank in Berlin), Berlin als ein Ort für Zufälle im von Georg Büchner in seiner Erzählung *Lenz* benutzten Sinn: »Zufälle« als Wahnanfälle. Es war kein nachsichtiger Blick auf Berlin. Ingeborg Bachmann kannte den *Lenz* gewiß schon vor der Verleihung des Georg-Büchner-Preises im Oktober 1964, denn Paul Celan (mit dem sie befreundet war) hatte drei Jahre zuvor in seiner berühmten Rede »Der Meridian« schon über die Figur des Lenz nachgedacht, den Büchner »durchs Gebirg« gehen läßt, »entsetzlich einsam«, den die »Landschaft beängstigte, sie war so eng, daß er an alles zu stoßen fürchtete«, und dem es »manchmal unangenehm war, daß er nicht auf dem Kopf gehen konnte«.

Riß, Enge, Krankheit, Wahn, die »Zufälle« – um diese Themen kreiste dann die Rede Ingeborg Bachmanns zum Büchner-Preis, die die Basis für die spätere Buchausgabe von *Ein Ort für Zufälle* bildete. Außerdem ein Bachmannscher Ur-Topos: der Sand. In einem autobiographischen Text lautet die Antwort auf die Frage, wie sie zur Literatur gefunden habe:»... ich weiß nur, daß ich gern am Bahndamm lag und meine Gedanken auf Reisen schickte... Immer waren es Meere, Sand und Schiffe, von denen ich träumte...« In Berlin lernte Ingeborg Bachmann eine ganz andere Form des Sandes kennen; den Sand, der überall ist, Bäume mit »Wüstenerfahrung«, versandete alte Villen, und den bösen Ratschlag:»Am besten: Man schaut mit den Augen fest in den Sand.«

Ingeborg Bachmann kannte ich aus den Tagungen der Gruppe 47, auf denen sie sich mit leiser, oft stockender Stimme höchste Aufmerksamkeit erzwang. Keineswegs zerbrechlich, sondern eher robust, mit einem schönen, kantigen Kopf. Neugierig, eine aufmerksame Zuhörerin, aber sich fast nie an den Diskussionen beteiligend. Zurückhaltend, gern vor sich hin-, aber ungern geradeaus blickend. Wie überhaupt ihr das sogenannte Gerade, Gläubige nicht lag. In politischen Grundsatzfragen trat sie freilich entschieden auf – schon 1958 hatte sie das Manifest gegen die atomare Bewaffnung unterschrieben, 1960 das zur Unterstützung des Rechts auf Gehorsamsverweigerung im algerischen Krieg.

Etwas näher lernte ich sie bei der redaktionellen Mitarbeit an der internationalen Zeitschrift *Gulliver* kennen, die 1963 erscheinen sollte, aber nie erschien. Ihr erhaltener Beitrag spricht mit leichter Resignation davon, daß die allseitige Beschreibung der »Krankheit Westeuropas« kleinlaut mache und man »alles schmerzliche Nachdenken als Kompetenzüberschreitung begreifen« müsse.

Ab Sommer 1964, mit meinem Umzug nach Berlin, sah ich dann Ingeborg Bachmann öfter, zumeist auf den von Günter Grass initiierten und reihum abgehaltenen opulenten Sonntagsfrühstükken, die sich freilich oft bis in den Abend zogen (und deswegen leider bald wieder aufgegeben wurden). Bei einem dieser Frühstücke entstand dann wohl die Idee, ihre Dankrede zum Büchner-Preis als selbständigen Text in einem *Quartheft* zu veröffentlichen. Es wäre freilich ein sehr schmales *Quartheft* geworden, und so erklärte sich Günter Grass bereit, einige Zeichnungen beizusteuern.

Ich ließ außerdem ein Stück Text im größtmöglichen Linotype-Schriftgrad (Cicero) setzen, der der Autorin sehr gefiel:»Du zauberst«, sagte sie, mit ihrem allerfeinsten Lächeln.

Aus dem Nachwort zum bibliophilen Druck
von *Ein Ort für Zufälle*. Wagenbach. Berlin 1999

Zum 80. Geburtstag von Günter Grass

Die mir zugemessene Viertelstunde möchte ich als Zeit- und Generationszeuge nutzen. An Jahren trennt Günter Grass und mich wenig – drei Jahre –, an Herkunft viel: Grass war Autodidakt und kam aus einer kleinbürgerlichen Nazifamilie, ich kam aus einer bürgerlichen Antinazifamilie und war Germanist – eine Profession, der Grass bekanntlich nicht zugetan ist. Wir haben uns Ende der fünfziger Jahre kennengelernt und wurden trotz dieser Unterschiede bald enge Freunde. Der Grund war sehr einfach: Wir waren weder mit dem damaligen Literaturkanon noch mit dem damaligen Zustand der Bundesrepublik einverstanden. Außerdem waren wir Pilzsammler.

Ich könnte also erzählen, wie wir in die mageren Westberliner Wälder zogen, ohne Frauen, aber mit fünf Kindern, die Grass entgegenkommenden Pilzsammlern stets mit den Worten vorstellte: »Haben wir alle gemeinsam gemacht«. Oder wie ich, als Lektor eines ganz anderen Verlages, die *Hundejahre*, die mir zu umfangreich schienen, um einige Kapitel kürzte, was er akzeptierte (ein besonders eitler Autor ist Grass nicht, da trennen ihn Welten von Hans Mayer). Aber in der Widmung der *Hundejahre* heißt es dann doch: »Für die fehlenden Kapitel ist der Setzer verantwortlich.« Und erzählen könnte ich schließlich, und ich tue es schnell, die große, unerwartete Freundestat von Günter, als er – nachdem ich als Lektor bei S. Fischer aus (bleiben wir höflich) »zeittypischen« Gründen entlassen worden war [siehe Seite 6of.] – mich damit tröstete, daß aus mir einmal ein großer Verleger werden würde, und das gleich damit beförderte, daß er zu Beginn des Verlages im März 1965 mit mir auf Verkaufsreise ging, in ein Dutzend Buchhandlungen von Itzehoe bis München, vorsorglich mit vielen Büchern im Auto, denn die meisten Buchhändler hatten nur sein Buch – *Onkel, Onkel* – bestellt. Denen ließ er keine Ausrede durchgehen: Er las ihnen Bobrowski und Bachmann vor, ich holte sie aus dem Auto, er informierte sie inzwischen über den Verlag und die SPD, danach sangen wir noch das »Onkel«-Lied – und schon war der Verlag wieder etwas liquider.

Das könnte ich erzählen. Ich erzähle aber was anderes. Die Geschichte beginnt in den sechziger Jahren auf einer Terrasse in Vira im Tessin beim ausgiebigen Skatspiel. Darin war Grass Meister und konnte sich auf diese Weise beiläufig für meine Kritik an seiner Kochkunst rächen. An diesen Abenden entstand das Projekt einer kurzen Biographie, das leider nicht zustande kam. Im April dieses Jahres stieß ich beim Aufräumen auf ein kleines Konvolut mit meinen damaligen Notizen. Wären sie mir ein paar Monate früher in die Hände gefallen, hätte ich eine der hinterlistigsten journalistischen Untaten in jüngerer Zeit zumindest kommentieren können. Ich fand nämlich in meinen Notizen an der betreffenden Stelle die genaue Beschreibung des Wegs von Grass in den letzten Kriegsmonaten: Vom Freiwilligen, der (wie die meisten Danziger) zur Marine wollte, die es aber praktisch nicht mehr gab, so daß man ihn, siebzehn Jahre alt, der Waffen-SS zuteilte, siebzehn Jahre alt, als Kanonenfutter. Diesen Text habe ich, mit einem kleinen Kommentar, in der *Zeit* veröffentlicht. Die *Frankfurter Allgemeine Zeitung*, die es seinerzeit für richtig hielt, die – sagen wir – höchst unvollständige Meldung »Grass in der SS« als Schlagzeile auf die erste Seite zu setzen, antwortete auf meine Mitteilung in der *Zeit* noch am selben Tag [siehe Seite 216 f.]. Das mag technisch möglich sein, gedanklich aber nicht. So hört sich die famose Antwort dann auch an: »Wagenbach will auf diese Notiz erst nun wieder gestoßen sein ... selbst wenn dem so wäre ...«. Da lacht der ehemalige Katholik, der noch weiß, was Schuldbewußtsein ist. Aber es ist nicht nur Schuldbewußtsein, sondern auch ein Beispiel »verfolgender Unschuld«. So hat sie Lothar Baier in einem glänzenden Essay genannt, wenn auch anhand eines ganz anderen, linken Beispiels, einem Interview zweier Journalisten der *taz* mit Jorge Semprun.

»Sempruns Auskunft, er habe als Kommunist wirklich geglaubt, die kommunistische Bewegung im Westen verändern zu können, weckt in den Interviewern keineswegs Neugier. Sie wollen nicht wissen, welche Anhaltspunkte es für Semprun *damals* gegeben hat, an die Reformierbarkeit der kommunistischen Bewegung zu glauben. Wichtig ist nur, dass der Glaube ein Irrtum war; da ist die Unschuld ganz in ihrem Element.«

Wer handelt, macht Fehler; der Bürostuhl wird es nie begreifen.

Dahinter steht freilich eine Strategie: Sind einmal die linken Ikonen – mögen sie Habermas, Grass oder Mitscherlich heißen – diskreditiert, so wird damit auch ihre Kritik an deutschen

Zuständen obsolet. Die frühen Jahren der Bundesrepublik erscheinen in einem besseren Licht, das dann konsequent weiter aufgehellt wird, indem man Figuren aus der Mottenkiste holt wie Joachim C. Fest, der sich nicht von ungefähr vom NS-Bau- und -Rüstungsminister Albert Speer die schönsten Bären hat aufbinden lassen.

Inzwischen werfe ich noch einmal einen Blick in meine alten Notizen und stelle mir vor, was wir daraus erfahren hätten, wenn sie 1964 als Buch erschienen wären. Wir hätten eben nicht nur von einem überzeugten Hitlerjungen erfahren, der zur Marine will und in die SS gestopft wird. Wir hätten von einem Schüler erfahren, der nächtelang Geschichtstabellen verfaßte, als Versuch, gegenüber der ausschließlich gelehrten deutschen Geschichte historische Proportionen zurückzugewinnen.

Wir wüßten mehr von seiner ihn prägenden Heimatstadt Danzig, einer Hochburg der Nazis, denen sich sogar der feinsinnige Völkerbundkommissar Carl Jacob Burckhardt anbiederte. Wir könnten den abenteuerlichen Lektüren des Schülers folgen, beginnend mit Schenzinger, Thiess, Dominik, Freytag und Dahn, denen dann in der Nachkriegszeit dermaßen viele Autoren und Bücher folgten, daß sie fast ein ganzes Blatt meiner Notizen füllten, von Lorca, Eluard und Apollinaire bis Faulkner, Kafka und Vittorinis *Gespräch in Sizilien*. Ausgeliehen in Caritasheimen, bei Bekannten, in Klosterbibliotheken von einem allein, immer noch in umgefärbten Militärklamotten durch Westdeutschland reisenden Neunzehnjährigen auf der Suche nach seinen Eltern, die er erst zwei Jahre nach Kriegsende wiederfand. Wir hätten einen Neunzehnjährigen vor Augen, der 1946/47 in der Burbach Kali AG, Werk Siegfried Großgiesen, zum erstenmal Diskussionen zwischen sozialdemokratischen und kommunistischen Arbeitern ebenso zuhört wie den Reden Kurt Schumachers, denen er zuhörte, auch wenn sie ihm zu laut waren. Kurz: jemanden, der sich in der Kinderstube der Republik zurechtzufinden versucht.

Aber diese Kinderstube roch nach Turnhalle und Besserungsanstalt. Da boten die 1951 ausgestellten Reisepässe die erste Möglichkeit, das Land zu verlassen, und Günter Grass machte, wie viele andere junge Leute, sofort davon Gebrauch. Daß er es allerdings geschafft hat, mit der allgemeinen Kopfquote von 300 D-Mark vier Monate in Italien zu bleiben, habe ich immer bewundert (mein Rekord waren drei Monate), allerdings konnte er sich als Maler noch einen kleinen Nebenverdienst verschaffen, mit einer Leuchtschriftreklame für Butangas. Italien war damals für viele junge Leute das begehrteste Reiseziel, insbesondere für einen angehenden Bildhauer, der die Originale sehen wollte.

Wer zu jener Zeit als Deutscher mit schmaler Börse und per Autostop durch Italien reiste, machte aber auch einige politische Erfahrungen, zumindest zwei: die berühmte Erfahrung nicht-liquidatorischer Diskussionen unter politischen Gegnern und die Erfahrung einer großen und selbstbewußten kommunistischen Partei, der die meisten Künstler und Intellektuellen angehörten. Hauptgrund für das Selbstbewußtsein waren der Partisanenaufstand im Norden und der – sehr knappe – Sieg beim Volksentscheid zwischen Republik und Monarchie.

Das Deutschland, in das Grass zurückkam, nannte er später »die fünfziger Jahre der Persilscheine«. Nirgends Täter, überall Mitläufer. Eine Gesellschaft zwischen Waschzwang und Erziehungsfuror, mit der fatalen Sehnsucht nach Geborgenheit und einer Ordnung, die sich gegenüber freien Köpfen sofort als Bevormundung demaskierte.

So gab es immer noch die, wie sie Grass nannte, »Schummelwörter«. Bei den Altnazis hießen sie das »Entsetzliche« oder »Höllenspuk«, in der Politik »Schicksal«, in der Literatur das »Unfaßbare«, in der Germanistik das »Numinose«. Die erfolgreichste Anthologie der fünfziger Jahre hieß *Ergriffenes Dasein*. Viel Ergriffenheit, wenig Begreifen. Nicht zu vergessen die Philosophie, wo ebenfalls das Raunen vorherrschte, an der Spitze Martin Heidegger, mit so närrischen Behauptungen, Dichtung sei »worthafte Stiftung des Seins« und spräche aus einer zweideutigen Zweideutigkeit. Grass antwortete in den *Hundejahren*: Neben den Schummelwörtern und dem altdeutschen Gemurmel waren freilich auch noch die Fanfaren der Nazizeit zu hören, das Laute und Schmetternde in den *Wochenschauen*. So hat es mich auch nicht gewundert, daß wir erst vor wenigen Monaten erfuhren, die Mitarbeiter des Bundeskriminalamts seien mehrheitlich Funktionsträger in der SS gewesen – man brauchte es nicht zu *wissen*, man konnte es *hören*. Um so mehr konnte man *sehen*, was die Remilitarisierung bewirkte und mit welchen Mitteln sie durchgesetzt wurde, bis zum Verbot einer Volksbefragung (1952). Bezeichnend für unsere berüchtigte Neigung zur Panik. Im gleichen Jahr wurde übrigens das Tragen von Nazi-Orden wieder erlaubt, allerdings mit der Auflage, das Hakenkreuz abzufeilen – wir sind eben auch (im doppelten Wortsinn) ein putzsüchtiges Volk ... Grass kam in *Katz und Maus* darauf zurück.

Das Erscheinen der *Blechtrommel* im Herbst 1959 war dann in der Tat ein Epochenbruch. Junge Kritiker wie Walter Jens oder Hans Magnus Enzensberger begrüßten das Buch mit ausführlichen Rezensionen, ältere Kritiker antworteten mit herben Verrissen, wie etwa der Kritiker der *Frankfurter Allgemeinen Zeitung,* der allerdings Gerd Gaiser für den bedeutendsten Nachkriegsschriftsteller hielt. Der Erfolg war dennoch außerordentlich. Die Leser stürmten die Buchhandlungen, um ein Buch zu erwerben, das in Anlage und Wirkung eine »Aufforderung zum großen Mundaufmachen« war – dies der Titel eines Gedichts aus derselben Zeit:

Wer jene Fäulnis,
die lange hinter der Zahnpaste lebte,
freigeben, ausatmen will,
muß seinen Mund aufmachen

Hier schrieb der Autor, den Tabuzonen geradezu reizten, weil er in ihnen, ganz zu Recht, auch die Gründe für die Wunde seines jugendlichen Irrtums vermutete (schon deswegen finde ich es selbstgerecht, einem Autor vorzuschreiben, wie er mit diesem Irrtum umzugehen habe). Seine Fragen waren die Fragen junger Leute: Was wird uns verschwiegen? Warum werden wir gegängelt?

Es ist deswegen irrig, den jungen Grass für »unpolitisch« zu halten. Die *Blechtrommel* selbst ist ja ein durch und durch politisches Buch. Daß ihr Autor an der öffentlichen politischen Diskussion teilnahm, zeigte sich schon wenige Monate später, mit seiner ersten Unterschrift unter ein Manifest. Es handelte sich um eine Solidaritätserklärung für 121 französische Intellektuelle, die zur Desertion im Algerienkrieg aufgefordert hatten. In Deutschland wurde daraus ein Skandal gemacht, angeführt vom seinerzeitigen Literaturpapst Sieburg, der den »keineswegs repräsentativen« Unterzeichnern empfahl, zu diesem Streit »in einem anderen Land« den Mund zu halten. Grass kannte aber die blutigen Razzien der Pariser Polizei gegen die Algerier aus eigener Anschauung und machte den Mund auf.

Der nächste folgenreiche Anstoß war die Beleidigung des Berliner Bürgermeisters (und SPD-Kanzlerkandidaten) Willy Brandt durch den Bundeskanzler Konrad Adenauer im Wahlkampf 1961: Brandt sei ein uneheliches Kind und habe eine norwegische Uniform getragen. Beide Argumente muß man sich auf der Zunge zergehen lassen: Das eine richtete sich an die Spießer, das zweite richtete sich an alle, die *keine* norwegische Uniform getragen hatten, sondern eine deutsche. Von beidem gab es genug, und so wurde Adenauer auch gewählt. Wieder machte Grass den Mund auf, und diesmal im großen Stil und auf eigene Kosten, literarisch wie politisch; ich will das nicht weiter ausführen.

Leider haben Günter und ich uns 1972 furchtbar zerstritten, er als unverbesserlicher Sozialdemokrat und ich als unverbesserlicher Anarchist.

Wir kamen erst 1989 wieder zusammen, aus einem ganz pragmatischen Anlaß, aber ich erzähle ihn gern (und als letztes), weil es ein besonders eindrucksvolles Beispiel für die außerordentliche Zivilcourage des damals schon über Sechzigjährigen ist. Es ging um das Buch *Die satanischen Verse* und seinen Autor, Salman Rushdie, der von Ayatollah Khomeini zum Tode verurteilt worden war. Das Buch wagte niemand zu veröffentlichen, und so begannen Michael Naumann vom Rowohlt Verlag und ich bei Kollegen für eine Gemeinschaftsausgabe deutscher Verlage zu werben. Ich versage es mir, die Ausreden, die wir hörten, zu berichten. Ganz zu schweigen von den Ausreden unserer tapferen deutschen Presse, die sich, zur Veröffentlichung von Exzerpten aus dem Buch aufgefordert, auf das Copyright-Argument zurückzog: man könne nicht unautorisierte Texte abdrucken. Die Wahrheit kam freilich mit dem Erscheinen der Gemeinschaftsausgabe ans Licht – in ihr fehlen sämtliche Tageszeitungen als Herausgeber, mit der großen und ehrenvollen Ausnahme der *taz*. Wie überhaupt die Namensliste der Herausgeber auf den ersten Seiten dieser Gemeinschaftsausgabe auch als Liste der Schande gelesen werden kann.

Für diese Liste hatte auch Günter Grass viele Autoren geworben und plante eine öffentliche Lesung an der Berliner Akademie der Künste. Sie wurde abgelehnt und wir fanden schließlich einen Gasthaussaal in der Hasenheide.

Zur Veranstaltung fanden wir ihn überfüllt vor, auch mit ziemlich ungemütlichen Leuten. Als wir, mit einigen Kollegen, als günstige Zielscheiben auf dem Podium saßen, sah ich auch, zum erstenmal in meinem Leben mit Wohlwollen, zahlreiche Polizisten.

Günter aber, als sei nichts, begann aus den *Mitternachtskindern* zu lesen und gewann schließlich fast den gesamten Saal als Zuhörer, ein bewundernswertes Schauspiel.

Ich füge nichts weiter hinzu als: Günter Grass hat die Bundesrepublik ziviler, freier und demokratischer gemacht, kurz: bewohnbarer.

Rede in Lübeck. Unveröffentlicht. 2007

Grass hat nichts verschwiegen

Vor einigen Wochen fiel mir ein schwarzer Umschlag mit dem Titel »Grass-Monographie« in die Hand. Er enthält zehn Blätter, auf denen ich mir Notizen für eine Monographie über Günter Grass gemacht hatte.

Ich wußte sofort, wo und wann: im Sommer 1963 in einem Ferienhaus der Schwiegereltern von Grass in Tessin. Wir waren damals sehr befreundet, ich war auch einige Jahre sein Lektor. Obwohl Grass zu dieser Zeit schon ein bekannter und in viele Sprachen übersetzter Autor war, existierte noch keine biographische Darstellung. So gab er mir zahlreiche Interviews, ich schrieb mit, und wir kamen, chronologisch, bis 1953. Das Projekt zerschlug sich dann, weil ich kurz darauf als Lektor entlassen wurde und einen eigenen Verlag gründete.

Bei der Lektüre dieser Notizen las ich an einer bestimmten Stelle etwas ganz anderes als erwartet: »Die Majorität der Klasse meldete sich zur Marine (auch G.), kam aber zu den Panzern. G. kam zur Sturmgeschützabteilung eines Panzerregiments. Zuerst Dresden, dann Tschechoslowakei und Lüneburger Heide. Januar/Febr. 45 Marschbefehl zur Kompanie zuerst Schlesien, dann Berlin (Gruppe Steiner, SS.) erster Einsatz, März/April«.

Das heißt: Bis 1963 hat Günter Grass keineswegs verschwiegen, daß er in der SS war, und es ist auch mit Gewißheit keine Äußerung nur mir gegenüber gewesen (die Interviews waren ohnehin zur Veröffentlichung bestimmt), was sich sicher anhand anderer Interviews aus jener Zeit nachweisen ließe, die heutigen Sykophanten haben sie offenbar nicht überprüft. Ja, die journalistische Sorgfaltspflicht ...

Bleibt die Frage, warum Günter Grass *danach,* also etwa seit Mitte der sechziger Jahre, nicht mehr über seine drei Monate bei der SS gesprochen hat. Es waren offenbar zwei Gründe:

1. Bis etwa Mitte der sechziger Jahre konnte sich Grass darauf verlassen, daß – aus Zeit- und Generationsnähe – jeder wußte, was für die Nazis in den letzten Kriegsmonaten nur noch Kanonenfutter war, gleichgültig ob als Flakhelfer, SS oder Volkssturm. Danach konnte sich Grass darauf nicht mehr verlassen, und zwar

keineswegs nur deshalb (wie auch Grass hie und da annahm – siehe einige Gedichte in *Ausgefragt*, 1967), weil unter den Studenten vermehrt glaubensstarke Linkshaber auftraten, die von den Älteren eben jene lupenreinen Biographien verlangten, die sie selbst noch gar nicht haben konnten.

Sondern auch, weil in den beiden Jahrzehnten nach Kriegsende andere – erfolgreich – damit beschäftigt gewesen waren, sich in »Mitläufer« zu verwandeln, auch per Gerichtsbeschluß, wie der spätere Arbeitgeberpräsident Schleyer, der als ehemaliger SS-Offizier zu diesem Zweck gleich drei Dienstgrade unterschlug.

2. Erst in den sechziger Jahren (trotz Kogons Buch *Der SS-Staat*, das bereits 1946 veröffentlicht wurde) begann eine größere deutsche Öffentlichkeit die mörderische Rolle der SS in ihrem ganzen Umfang zu begreifen, hauptsächlich durch die charakteristischerweise von einem Emigranten, dem tapferen Frankfurter Generalstaatsanwalt Fritz Bauer, initiierten Auschwitz-Prozeß.

Aber nicht nur durch ihn, sondern auch durch eine Publikation, an der Grass unmittelbar beteiligt war, den sogenannten »Stroop-Bericht«. Es handelt sich um eine Art Fotoalbum mit dem Titel *Es gibt keinen jüdischen Wohnbezirk in Warschau mehr*, in dem der SS-General Jürgen Stroop die Vernichtung des Warschauer Ghettos schilderte. Dieses Dokument, das in Polen entdeckt worden war, erschien 1960, durch Vermittlung von Günter Grass und Andrzej Wirth, im Luchterhand Verlag, damals Verlag von Grass.

Es sind furchtbare, inzwischen in der ganzen Welt bekannte Bilder, und es gehört zu den unverschämtesten historischen Gedankenlosigkeiten des *Spiegels* (die sich leider häufen), daß er vor wenigen Wochen eines dieser Fotos zur Bebilderung eines weiteren Angriffs auf Günter Grass benutzte, als hätte ein zum Kanonenfutter herabgewürdigter Siebzehnjähriger etwas mit der Vernichtung des Warschauer Ghettos zu tun.

Der dazugehörige Text – von Matthias Matussek, Moritz von Uslar et alii – ist freilich mehr als gedankenlos, er ist einer der vielen Versuche, die moralische Integrität von Personen zu untergraben, indem man ihnen Fehler im schulpflichtigen Alter nachweist. Die Matusseks und Uslars dieser Welt werden nie begreifen, daß sie nicht Enthüller anderer, sondern Verhüller ihrer eigenen Biographien sind und auf eine seltsam windige Art den puristischen Laienpredigern der 68er Jahre ähneln.

Die Zeit. 2007

Zum Tod Willy Brandts

Nicht als Verleger, sondern als ehemaliger Kassierer und Reden-schreiber im Wahlkontor deutscher Schriftsteller für die SPD will ich einige Worte über Willy und die Intellektuellen sagen.

Das Wahlkontor deutscher Schriftsteller, das Willy Brandt und Günter Grass 1965 initiierten, war geradezu das Symbol ei-ner Verbindung zwischen Schriftstellern oder Intellektuellen und den politisch Handelnden, die es bis dahin kaum gegeben hatte.

Bis dahin, also im Muff der Adenauerzeit, galten die Intellek-tuellen eher als Störenfriede beim Wiederaufbau des alten Wah-ren, als potentielle Vaterlandsverräter, oder einfach – so Kanzler Erhard – als »Pinscher«. Aus genau diesen Gründen interessierte sich Willy Brandt für die Intellektuellen: Sie waren für das Neue, Unerprobte, sie sangen nicht den ganzen Tag vaterländische Lie-der, und sie waren eben keine »Pinscher«.

Willy Brandt war damals etwas über fünfzig Jahre alt, die mei-sten Mitglieder des Wahlkontors waren unter dreißig, oft kaum zwanzig Jahre alt. Er war unser Vater, reich an politischer Courage und Erfahrung. Er selbst hingegen fühlte sich wohl eher als unser ältester Bruder, äußerst neugierig und aufmerksam gegenüber diesen jungen, ebenso neugierigen Leuten: Es war die ganz natür-liche Neugier des Emigranten auf die Generation, die nicht durch die Schule der Nazis gegangen war.

Diese Lust, etwas zu erfahren, *auch* von gerade aus der SPD geworfenen SDS-Mitgliedern, *auch* von jungen Leuten mit ku-riosen Ideen – diese Lust machte Willy Brandt auch in der SPD später oft sehr einsam.

Damals war das noch nicht so spürbar: Es ist mir unvergeßlich, wie beispielsweise Karl Schiller mir einmal beichtete, er habe in den langweiligen Kabinettssitzungen Saul Bellows Roman *Herzog* gelesen, heimlich unterm Tisch und natürlich besonders verbor-gen vor den Argusaugen Herbert Wehners.

In der Berliner Wohnung Karl Schillers haben wir uns dann auch öfters mit Willy Brandt getroffen und lernten besonders zwei seiner Eigenarten schätzen:

Erstens: Er konnte zuhören. Der Kopf wurde dazu in Schieflage gebracht, die linke Hand wanderte zum Kinn oder zur Wange, und die Augenlider gingen ein wenig herunter, ohne die Pupillen ganz zu verdecken.

Gingen die Augenlider hoch, so bedeutete das, daß er alles begriffen hatte und man möglicherweise zu weitschweifig geworden war und daß er nun zu sprechen wünschte. Und er endete meist mit seiner zweiten schönen Eigenart, mit Ermunterung. Samt dem dazugehörigen Lächeln und dem kurzen Satz:»Machen Sie mal.«

Zwei andere schöne Eigenarten hat er wohl im Verkehr mit uns eingeübt.

Einmal hatte er damals in seinen Reden die Unart, dauernd ›äh‹ zu sagen oder zu stottern. Wir rieten ihm, den Satz oder einen Satzteil einfach zu wiederholen.

Sie werden sich alle erinnern:»Und ich sage, und ich sage: Die Mauer muß weg.«

Später, als reifer Redner, hat er einfach nur eine Pause gemacht: Seine schönen Denkpausen, die natürlich auch vorher schon da waren: Willy Brandt war immer ein *denkender Redner*.

Zweitens rieten wir ihm zu mehr Gestik. Das war schwer bei einem nachdenklichen Norddeutschen. Aber es führte zu seiner allerschönsten Handbewegung, die ganz seinem Nachdenken entsprach.

Wenn er etwas Wichtiges sagen wollte, dessen er sich selbst noch nicht so ganz sicher war, dann machte er den rechten Arm lang, im Ellenbogen angewinkelt, mit leicht gekrümmter Hand, die dann fast einen halben Meter vor seinen Augen förmlich schwebte.

So sah er in die Lebenslinie seiner Handinnenfläche und doch in die Weite.

Er war bei sich und doch in der Zukunft.

Er schaffte sozusagen Raum zwischen Kopf und Hand, zwischen *vita contemplativa* und *vita activa*.

In diesem Raum befand sich die Utopie einer gerechten und friedlichen Welt.

Rede auf der Gedenkveranstaltung der SPD in Berlin.
Dann in: *Freibeuter* 54. 1992

Zum Tod von Peter Brückner

Für die erste Nummer der Zeitschrift *Freibeuter*, 1979, bat ich Peter Brückner um einen Aufsatz über Zivilcourage. Die Leser des Textes werden sich erinnern, *wie* Brückner über die »Zivilcourage am unsicheren Ort« geschrieben hat. Als etwas, das den »Bürgermut« und den »Stolz vor Fürstenthronen« vergangener Tage hat hinter sich lassen müssen mit dem Eintritt in die heutigen Industriegesellschaften, die Gesellschaften der »Normalität«, die förmlich nachgeschichtlichen Gesellschaften des *posthistoire*:
»Im *posthistoire* beginnt die Zivilcourage damit, daß einer die jeweils besondere Situation gegen die übermächtige Tendenz zur Homogenität, zur Normalität, zur Linearität *verteidigt*, ja sogar: daß er sie als ›besondere‹ wahrnimmt. Zivilcourage erscheint jetzt bereits als Spontaneität, das heißt als Wagnis eines respektlosen Denkens, das sich dem majoristischen Druck der Normalität, den *geordneten Verhältnissen*, der bröckligen Glätte des Funktionierens, entgegenwirft… Dieses ›Besondere‹ ist nur noch in Teilen das spezifische Interesse einer Klasse: Revolutionär, Dialektiker kann der Mutige nicht mehr ganz sein. Er ist eben Dissident, und sein Mut ist der des *einsam wandelnden Nashorns*. Des Einzelgängers, der seiner Autonomie nicht mehr ganz traut…« So sah er sich wohl auch selbst, wenn er, hochgewachsen, aber vornübergebeugt (und sich damit förmlich für seine Körpergröße entschuldigend), durchs Dickicht der Städte schnaubte. Etwas lotterhaft gekleidet, dabei oft mit witzigen oder geradezu anspruchsvollen Accessoires, weise oder auch wieder fatalistisch die Schultern hebend, gestenreich redend. Häufig mit zartem, ironischem Lächeln – das hatte er Nashörnern voraus.

Diejenigen, die für die »geordneten Verhältnisse« und für die »Glätte des Funktionierens« verantwortlich sind, haben sich an demjenigen, der sich ihnen entgegenwarf, gerächt; natürlich ist Peter Brückner auch einsam *gemacht* worden. Es hat mich immer wieder überrascht, welchen Haß und welche Rachsucht dieser höfliche, liebenswürdige, leicht schusselige Mann auf sich zog; da wurde etwas auf die Person projiziert, was dem – allerdings unerbittlichen – Denken galt. Diese Rachsucht hinderte noch nach dem Tod Peter Brückners das Kopfblatt geordneter Verhältnisse, die *Frankfurter Allgemeine Zeitung* (die ihn zeit seines Lebens Dutzende Male angegriffen hatte), daran, ihren Lesern den Tod auch nur in ein paar Zeilen mitzuteilen (geschweige denn in einem Nachruf). Die Rachsucht zu Lebzeiten ist bekannt, wobei allerdings daran erinnert werden muß, daß den Beginn der Suspendierungen als Hochschullehrer ein sozialdemokratischer, nicht ein (solchen Vorbildern nur nacheifernder) christdemokratischer Kultusminister Niedersachsens machte. Und warum? Wegen eines (noch nachzuweisenden) Nachtquartiers für Ulrike Meinhof; dafür kam dann ein Jahrzehnt Berufsverbot heraus. Zehn Jahre hinderte die niedersächsische Kultusbürokratie einen der bedeutendsten deutschen Gelehrten an Forschung und Lehre, und das heißt (jeder, der Brückner auch nur einmal als Lehrenden erlebt hat, wird mir zustimmen) am Leben.

Die Mitherausgabe des *Mescalero*-Textes gab dabei den Ausschlag, und das war nun in der Tat ein Lehrstück auch für das Verhalten der Linken. Heide Gerstenberger hat ihn einmal beschrieben, diesen Eiertanz der verbeamteten Genossen: Wie Kollegen an derselben Hochschule ein Papier verfaßten, »das ausführlich erläuterte, daß die Linke sich schade, wenn sie sich mit Aktionen solidarisiere, welche die Verkehrsformen der bürgerlichen Gesellschaft verletzten. Daß Provokationen nicht der Linken dienten und also Provokateure bei den Folgen ihrer Aktionen nicht auf Solidarität rechnen dürften.« Oder wie die anderen Mitherausgeber sich Stück für Stück zurückzogen und am Ende einen ihnen vom Kultusminister vorgelegten Gehorsamsrevers unterschrieben. Oder die großformatige Anzeige, mit der bekannte linke Professoren die (nur *daran* interessierte) Öffentlichkeit wissen ließen, sie seien keine Sympathisanten. Am Ende war es dann in der Tat so, daß Peter Brückner sich »nie von der politischen Provokation der Herausgabe distanzierte, der ›Fall Brückner‹ aber von der Linken zurechtgestutzt worden war zum Kampf für ihre eigenen verfassungsmäßigen Rechte.« Man zog sich auf Festgeschriebenes zurück, auf jene (wie sie Brückner im genannten *Freibeuter*-Aufsatz bezeichnet hatte) »Löcher im Vergesellschaftungsprozeß, wo es frei, schäbig, bedeutungslos zugeht.«

Jetzt, da Peter Brückner tot ist, wäre es wohl an der Zeit, daß die Linke sich den Provokationen seines Denkens mehr stellt als bisher. Also zum Beispiel den Konsequenzen der Feststellung, daß

»die Krise des Marxismus gewiß etwas mit der Geschichte seiner *Ausgrenzungen* zu tun hat.«

Oder: »Erst in den Massengesellschaften wird die bürgerliche Trennung von *Politik* und *gelebter Erfahrung*, von politökonomischer Steuerung im Weltmaßstab und menschlich-alltäglicher Erfahrung im Nahraum, zu einer Schere mit wahrscheinlich dramatischer Konsequenz.«

Oder: »Wir haben die Geschichte der Massen unter dem objektiven Zwiespalt von fortschreitender Vergesellschaftung und verschiedenen Formen der Verelendung betrachtet, obwohl schon das *Kommunistische Manifest* uns zur Frage nach den vielfältigen *Orientierungsleistungen* hätte nötigen sollen, die Bevölkerungen zu vollbringen haben.«

Oder: »Das ›Management‹, das die Arbeits- und Lohnbedingungen dauernd verändert, das heißt die umwälzende Natur der kapitalistischen Gesellschaftsformation, erzeugt in den Massen auch ein Bedürfnis nach *Ruhe*, nach stationären Zuständen – es soll alles endlich so bleiben, wie es ist.«

Das sind einige Sätze aus Peter Brückners nachgelassenem Buch *Psychologie und Geschichte*.

Die sanfte Unbedingtheit Peter Brückners wird uns sehr fehlen, das freundliche Schnaufen des treppensteigenden Nashorns angesichts unkonzessionierter *Freibeuter*. Die Aufmerksamkeit, List, Neugier und außerordentliche, allseitige Bildung, die ihn zu einem raren Gesprächspartner machten.

Und sein Freimut! Der auch ihn selbst einbezog, den eigenen Werdegang. Der ganz im Gegensatz zu manch anderem gradlinigen linkshaberischen Rückblick die Nahsicht bevorzugte aufs Kurvenreiche, so zum Beispiel 1975 in einem Interview: »Ich hätte 1961/62 wahrscheinlich mit ebenso gutem Gewissen wie 1967 gesagt: ›Ich bin Kommunist.‹ 1969 neigte ich schon eher dazu, mich einen Sozialisten zu nennen. 1971 habe ich mich das erste Mal als einen bürgerlichen Intellektuellen auf der Seite der Arbeiterbewegung bezeichnet. Heute würde ich sagen: Ein bürgerlicher Intellektueller, der sich auf die Seite der historisch emanzipativen Kräfte stellt.«

Wir müssen nun ohne die Gesellschaft des einsam wandelnden Nashorns auskommen.

Freibeuter 12. 1982

Carlo Feltrinelli:
Mein Vater, der Terrorist

Warum schreibt ein Sohn die Biographie seines Vaters? Um ihn zu rechtfertigen, anzuklagen, zu vergessen? Carlo Feltrinelli, Sohn eines der großen europäischen Verleger, Giangiacomo Feltrinelli (1926–1972), hat eine umfangreiche Biographie seines Vaters geschrieben, die keinem dieser Muster folgt, sondern verstehen will – den Vater, und sich, den Sohn, der erst zehn Jahre alt war, als der Vater tot am Fuß eines Elektromastes in der Nähe Mailands gefunden wurde. Entstanden ist deswegen auch keine eigentliche Biographie, sondern etwas fast Altmodisches: ein Charakterbild, das Bild eines Mannes und einer Epoche.

Ich muß allerdings gleich meine Parteilichkeit einräumen: Ich kannte Giangiacomo Feltrinelli gut und habe ihn als selbstlosen Kollegen schon 1965, als ich zum erstenmal an der Buchmesse teilnahm, erlebt. Er holte mich am Stand ab und machte mich mit allen seinen Verlegerfreunden bekannt. Und noch 1971 – Giangiacomo lebte schon längst im Untergrund – haben wir eine Nacht lang nicht etwa über revolutionäre Strategien, sondern darüber diskutiert, wie nach der Revolution (der Sieg stand ja fest, das Datum nicht) entfremdete Arbeit zu verteilen sei.

Carlo Feltrinelli, der Sohn, hat offensichtlich umfangreiche Forschungen angestellt, und es sind ihm nicht nur in den Familienchroniken, sondern insbesondere in den Archiven der Kommunistischen Partei PCI und denen der italienischen Geheimpolizei überraschende Funde gelungen. Der eindrucksvollste ist wohl ein riesiges Curriculum, das der dreiundzwanzigjährige Giangiacomo 1950 an das »Kaderbüro der Ortsgruppe Mailand des PCI« schickt. Er beschreibt darin seinen Vater als Großkapitalisten (zu Recht), den er 1935 verlor, die Mutter Giannalisa, Bankierstochter, noch lebend, und sich selbst: »Ich habe, aus bürgerlicher Sicht, eine sehr orthodoxe Erziehung genossen, mit Gouvernanten, Komfort, Reisen usw. und immer isoliert von meinen Altersgenossen. Bis 1941 habe ich keine Schule besucht, sondern nur Privatunterricht erhalten. Ich wuchs auf diese Weise praktisch ohne Freunde auf.«

Giangiacomo schildert dann, wie er durch einen Arbeiter zuerst von der Existenz der Kommunistischen Partei gehört habe, in die er 1945 eingetreten sei. Er beschreibt seine Arbeit in verschiedenen Kommissionen der Partei und begründet seinen Wunsch auf Teilnahme an einem dreimonatigen Schulungskurs damit, »1. meine theoretischen Kenntnisse zu vertiefen ... 2. durch den Aufenthalt zu lernen, in einer Gemeinschaft zu leben und dadurch meinen Charakter so zu verändern, daß ich mit anderen Genossen zusammenzuarbeiten lerne. Dieses zweite Ziel halte ich angesichts meiner besonderen Lebensumstände für außerordentlich wichtig, damit ich mich bessere, um besser für die Partei arbeiten zu können.«

Natürlich ist das auch Zeitstil – es sei nur erinnert an eine Passage in einem Klassiker der italienischen Literatur, dem *Familienlexikon* von Natalia Ginzburg: »Es war in den ersten Nachkriegsjahren bei uns sehr üblich, Selbstkritik zu üben, das heißt, die begangenen Fehler öffentlich zu analysieren und auseinanderzunehmen. Wir begingen Fehler über Fehler, und die Selbstkritik überlagerte die Fehler und verschmolz mit ihnen, so wie die Musik mit den Worten der Oper ...«

Wie auch immer: Wer meint, die Schädigungen durch Reichtum und Mangel an Zuwendung ließen sich mit der Volljährigkeit abstreifen wie ein Handschuh, dem seien die ersten hundert Seiten dieses Buches ans Pädagogenherz gelegt, und nicht nur die ersten hundert Seiten. Der Eiseshauch aus der Kindheit prägt noch einen der letzten Briefe Feltrinellis aus dem Untergrund an den achtjährigen Sohn, worin er ihn warnt, nicht »nur zu leben, um Geld zu machen«.

Der Leser wird aber auch die Trauer und die Wut begreifen, die jemanden aus diesem Milieu zwischen Kapital und Krone ergreifen konnte, wenn er nach dem Krieg die überwiegend von der Linken geführte Widerstandsbewegung, die *resistenza* (an der Feltrinelli noch als Siebzehnjähriger teilgenommen hatte), ohne politischen Erfolg untergehen sah. »Wenn wir uns trafen, wollte Feltrinelli von mir vor allem eine Erklärung dafür, warum die *resistenza*, die doch triumphiert hatte, von politischen und ökonomischen Interessen fast hatte ausgelöscht werden können, die dieselben herrschenden Klassen an die Macht brachten, die Faschismus und Monarchie in ihrem Schoß getragen hatten« – so Giovanni Pesce, eine der Ikonen der Widerstandsbewegung und späterer Freund Feltrinellis.

Heute sind die Gründe dafür klar: In Jalta waren die Einflußsphären festgelegt worden, und die CIA sorgte dafür, daß es dabei blieb. Vom Sturz der Regierung Tambroni über die Geheimloge P2, das Attentat an der Piazza Fontana und die Ermordung Aldo Moros bis zu den Putschversuchen Lorenzos oder Borgheses galt für Italien, daß die Kommunistische Partei niemals an der Regierung beteiligt werden dürfe, der *compromesso storico* nicht stattzufinden habe.

K.W. hält die Grabrede. Mailand 1972 [siehe Seite 67]

Damals war das kaum erkennbar – selbst ein so zentrales politisches Ereignis wie das Blutbad an der Piazza Fontana konnte erst vor kurzem als neofaschistische Provokation aufgeklärt werden. Hier erwies sich Giangiacomo Feltrinelli als hellsichtig und realistisch (zumal wenn man den griechischen Obristenputsch einbezieht), auch wenn ihn dann sein Weg in das Dunkel des bewaffneten Untergrunds führte.

Dieser Weg begann 1947, als Feltrinelli volljährig wurde und damit über sein gewaltiges Vermögen (Holzhandel, Bau- und Immobiliengesellschaften, Grundbesitz) verfügen konnte. Er beginnt zuerst, im zerstörten Nachkriegseuropa, sich der linken Vergangenheit zu vergewissern und sammelt mit großer Konsequenz nicht nur Inkunabeln des Marxismus, sondern auch die gesamte spätere Literatur – es entsteht die (heute noch existierende, für das Studium des Sozialismus unentbehrliche) »Biblioteca Feltrinelli«. Der Vergewisserung folgen (wie bei vielen jungen Verlegern) die pädagogischen Absichten: die Einrichtung eines unabhängigen Vertriebsnetzes und schließlich, 1955, die Gründung des Verlages.

Dieser Verlag stand von Anfang an unter einem guten Stern. Nicht nur erschienen gleich zu Beginn zwei Bestseller, Pasternaks *Doktor Schiwago* und Lampedusas *Gattopardo*, vielmehr machte auch der Charakter beider Bücher gleich klar, daß der Verlag offen war für vieles. Auch von der Einrichtung, der Organisation und den Vertriebsformen her war der Verlag Giangiacomo Feltrinellis ein moderner Verlag und sein Verleger in der Tat ein *homo novus*, wie es Kurt Wolff ausdrückte: elegant, zurückhaltend, weit gereist, anspruchsvoll und zugleich ohne exaltierte Bedürfnisse (außer dem der Zigarettenmarke Senior Service, die dem Buch den Titel gibt), neugierig und extrem entscheidungsfreudig. Ein Verleger, der von sich selbst sagt, mit seinem Programm »eine Wette auf die Geschichte« eingehen zu wollen (und natürlich Recht zu behalten), und der dennoch auf die ewige Grundsatzfrage, ob ein Verleger die Welt ändern könne, die bescheidene Antwort gibt: »Ein Verleger kann nicht mal den Verlag wechseln.«

Die sechziger Jahre – mit den Lektoren Giorgio Bassani, Enrico Filippini, Mario Spagnol, Valerio Riva, Nanni Balestrini – waren dann die Glanzjahre des Verlages, mit umfangreichen Enzyklopädien, mit politischen Pamphleten, farbigen Buttons (*fa l'amore non l'editore*), Literatur (auch Günter Grass und Uwe Johnson wurden den italienischen Lesern damals zuerst vorgestellt) und einem langsam wachsenden Netz von ausgezeichneten Buchhandlungen. Es waren schöne Zeiten, in denen Industrielle (Adriano Olivetti) Bücherschauen organisierten, internationale Zeiten, in denen die Hoffnungen auf Kuba blühten, merkwürdige Zeiten, in denen kündigende Lektoren mit der Pistole bedroht oder ihre Schreibtische zertrümmert wurden.

Der Sohn berichtet getreulich darüber, und die einzelnen Kapitel hängen so lose aneinander, daß immer wieder kleine, treffende, melancholische oder heitere Portraits von Personen oder Umständen entstehen. Hier schreibt jemand, der neugierig ist, auch wenn dem Leser manchmal der innerfamiliäre Schlüssel fehlt – es trägt ihn aber die Aufrichtigkeit dieser Neugier und eine erzählerische Distanz, die bewußt schwankt zwischen »GF« und »Papa« und »Feltrinelli« und »Vater«. Eine Distanz, die sich sogar manchmal auch auf den Autor bezieht, wenn es plötzlich »Carlo Fitzgerald« heißt statt »ich«.

Ein schönes, bewegendes, desperates (und auch ein wenig disparates) Buch.

Literaturen 9. 2001

Der Verleger Kurt Wolff

Im Winter 1908/09 trat in einen wenige Monate zuvor gegründeten Verlag ein Teilhaber ein, Student der Germanistik, 22 jährig, genauso alt wie der Verlagsgründer. Der Verlagsgründer hieß Ernst Rowohlt, sein Teilhaber Kurt Wolff. Gründungs- und Teilhaberkapital waren je fünfzig Mark und dafür konnte man – damals – ein Buch herstellen. 1911 erschien in diesem Verlag ein Buch, das einen Rezensenten fand, der nur ein halbes Dutzend Buchkritiken geschrieben hat, ein Jahr später aber Autor dieses Verlages wurde: Franz Kafka. Das Buch, das Kafka besprach, hieß *Heinrich von Kleist's Anekdoten.* Er vermerkt, daß »große Werke«, einzeln publiziert, »dann vielleicht ganz besonders in unsere trüben Augen schlagen«, und er lobt den »klaren Druck«, die »ernsthafte Ausstattung« und den Preis des Buches – »die Kleinigkeit von zwei Mark«. Diese erste Einzelausgabe der Kleistschen Anekdoten erschien als »Zwölfter Drugulindruck«. Nach dem ersten Weltkrieg begann, im gleichen Verlag, eine »Neue Folge« der Drugulindrucke: der vierte dieser Serie, im Mai 1919 publiziert, war Franz Kafkas Erzählung »In der Strafkolonie«. Dieses Buch rezensierte ein damals noch kaum bekannter Kritiker der Zeitschrift *Die Weltbühne,* der sich hinter dem Pseudonym »Peter Panter« verbarg und recte Kurt Tucholsky hieß. Tucholsky bezeichnete den Rang dieser Prosa durch einen Vergleich mit eben der Prosa Kleists, die Kafka neun Jahre zuvor »rezensiert« hatte.

Verleger aller dieser Autoren war Kurt Wolff – der Verlag hieß, nachdem Ernst Rowohlt im Herbst 1912 als Prokurist zu S. Fischer gegangen war, Kurt Wolff Verlag: vom Februar 1913 bis 1932, als Kurt Wolff sich entschloß, den Verlag aufzulösen. Man hat geschrieben, es sei die Wirtschaftskrise gewesen, die ihn zur Liquidierung des Verlages gezwungen habe. Das mag so gewesen sein. Daß es aber zugleich der Unmut über die deutschen Zustände war, zeigt Kurt Wolffs Entschluß zu emigrieren, als andere Verleger noch versuchten, diesen Zuständen entgegenzusteuern. Kurt Wolff kehrte nicht zurück, obwohl er nicht unter das Gesetz fiel, das die Nazis als eines zum Schutze von Blut und Rasse bezeichneten. Er lebte zehn Jahre in Florenz, Nizza und Paris; 1941 emigrierte er nach Amerika und tat dort das, was er meinte, ein deutscher Verleger müsse es tun: mitten im Krieg verlegte er deutsche Autoren, die dem amerikanischen Publikum bis dahin unbekannt geblieben waren: Hermann Broch, Robert Musil, Romano Guardini, Hugo von Hofmannsthal, Martin Buber, Stefan George. Aber auch »klassische« Bücher der deutschen Literatur – das für den Verlag erfolgreichste waren *Grimms Märchen*. Nach dem Krieg kehrte Kurt Wolff nicht nach Deutschland zurück – der deutsche Verlagsbuchhandel mußte auf Bücher mit dem von Tiemann entworfenen Signet – die kapitolinische Wölfin – verzichten, unter dem gewiß zahlreiche Werke der zeitgenössischen deutschen Literatur erschienen wären. Sie erschienen nun, in englischer Übersetzung, unter dem Signet von Pantheon Books, und später unter dem von Harcourt & Brace.

So fanden dennoch die deutschen Autoren zu ihm oder: er fand sie. Heute vor einer Woche starb Kurt Wolff, überfahren von einem Lastwagen. Noch nie hat mich der Tod eines um Jahrzehnte Älteren so betroffen. Kurt Wolff war 77 Jahre alt – aber niemals spielte er diese Altersdifferenz einem Jüngeren gegenüber aus. Im Gegenteil, sie war ihm geradezu Anlaß, sie dem anderen als Prävalenz zuzuspielen – er möge doch ihm, als dem Alten, literarische Gegenstände erklären, die er, man möge es dem Alter verzeihen, nicht mehr verstehe. Das war vollkommene, liebenswürdige Schauspielerei (denn er verstand diese Gegenstände ganz genau), vorgetragen mit einem listigen Augenzwinkern, das nicht auf Vertraulichkeit anspielte, sondern einfach die Distanz des Respekts verringerte. So war es seine ständige Redewendung, wann immer wir uns trafen: »Ich muß sie etwas über Kafka fragen, das wissen Sie besser als ich.« Dies, seitdem ich ihn vor vielen Jahren um Auskunft einiger Details aus Kafkas Leben gebeten und ihm einige Jahre später meine Kafkabiographie geschickt hatte. Dies mir, der ich nur Kafkaphilologie betrieb, von ihm, der Kafka natürlich gut gekannt hatte. Und dennoch war dieser regelmäßige Eröffnungssatz nicht Floskel; freundlich lächelnd vorgetragen, ein wenig ironisch intoniert, war er dennoch ehrlich. Kurt Wolff war sich seiner Kenntnisse nie sicher, eher schon seiner Urteile in literarischen Dingen. Er fragte kurz, beiläufig, fast allgemein, forderte einfach zum Erzählen auf und führte erst dann das Gespräch durch Zwischenfragen auf die Details, die ihn interessierten. Erst dann mußte er, notgedrungen gleichsam, seine Kenntnisse »zugeben«, nahm sie aber sofort zurück durch jungenhafte Freude, Neues zu hören. Er genoß es regelrecht, Neues zu hören. Urteile und Fakten – Vermutungen interessierten ihn nicht.

Kurt Wolff hatte viele Freunde, Verleger und Autoren. Ich wüßte keinen unter den gewiß scharfzüngigen Literaten, der sein Feind gewesen wäre. Am Donnerstag voriger Woche wurde Kurt Wolff in Marbach begraben – er war auf dem Weg dorthin gewesen, um das Deutsche Literaturarchiv zu besichtigen, das wohl die umfangreichste Sammlung von Büchern und Manuskripten seiner Autoren besitzt. Er hat sie nicht mehr gesehen. Zu seinem Begräbnis kamen seine Freunde: alle deutschen Verleger, es fehlte keiner, und viele Autoren. Doktor Fischer, der Freund der Emigration, sprach am Grab – ich habe diesen eher nüchternen Verleger noch nie so bewegt gesehen. Günter Grass sprach für die Autoren, auch er bewegt, mit dem traurigen Satz schließend: »Wir werden nun ohne Kurt Wolff tagen müssen.« Das meinte die Tagung der Gruppe 47, die anderntags in Saulgau begann, zu der Kurt Wolff zum erstenmal eingeladen war und auf die er sich sehr gefreut hatte. Mit Recht, denn er war dort als Doyen erwartet worden (und vor der ersten Lesung erhoben sich die versammelten Schriftsteller und Kritiker Kurt Wolff zu Ehren).

Ein großer Mann – er wird dem deutschen Buchhandel sehr fehlen, er wird auf der Frankfurter Buchmesse sehr fehlen, wo er alljährlich seine Freunde um sich versammelte. Es wird fehlen nicht nur die hochgewachsene Gestalt mit den sparsamen Gesten, dem freundlichen Lächeln und Zuhören, sondern auch sein fast unheimlich sicheres Urteil über die Qualität eines Buches. Die bedeutendste Dokumentation dieses Urteils, dieser sicheren Prognose ist die berühmteste Serie des Kurt Wolff Verlages: die schmalen, erst weißen, später schwarzen Heftchen der im Mai 1913 begonnenen Bücherei *Der jüngste Tag.* Band 1 dieser Bücherei enthält *Die Versuchung* von Franz Werfel – der gleichzeitig Lektor im Kurt Wolff Verlag war, so wie später Willy Haas, Georg Heinrich Meyer und Kurt Pinthus. Als Band 2 des *Jüngsten Tag* erschien ein Drama von Walter Hasenclever, als Band 3 die Erzählung »Der Heizer« von Franz Kafka. Die weiteren Bände versammelten dann fast alle großen Autoren des Expressionismus: Ferdinand Hardekopf, Albert Ehrenstein, Georg Trakl, Carl Sternheim, Kasimir Edschmid, René Schickele, Johannes R. Becher, Franz Jung, Oskar Kokoschka, Ludwig Rubiner, Gottfried Benn, Ernst Blass, Max Brod und Alfred Wolfenstein. Neben dieser Reihe *Der jüngste Tag* gab es andere: *Der Neue Roman, Die schwarzen Bücher*, es gab Zeitschriften und es gab die berühmten Almanache: im Jahre 1913: *Arkadia*, 1914: *Das bunte Buch*, 1916: *Vom jüngsten Tag*, 1917: *Almanach neuer Dichtung* und *Der neue Roman*, 1918: *Das neue Geschichtenbuch* und *Die neue Dichtung*. Dieser letzte Almanach zeigt die Breite des in wenigen Jahren Erreichten: die Gesamtausgaben von Heinrich Mann, Gustav Meyrink und Else Lasker-Schüler, viele Autoren, die inzwischen von anderen Verlagen zu Kurt Wolff gekommen waren: Ernst Stadler, Paul Zech, Arnold Zweig, Georg Heym, Fritz von Unruh, Robert Walser und Mechtilde Lichnowsky. Ausländische Autoren interessierten Kurt Wolff weniger, aber auch hier wählte er sicher: Paul Claudel, Francis Jammes, Anatole France, Maxim Gorki und Petr Bezruč.

Zu dieser Zeit war Kurt Wolff tatsächlich, wie Kafka einem Freund, der ihn um Vermittlung bat, 1918 schrieb, ein »unter Autoren begrabener Verleger«. Dennoch hat ihn der sichtbare Erfolg seiner Unternehmungen niemals zu den tönenden Manifesten verleitet, die heute manche Verlagsankündigungen kennzeichnen. Im Vorspruch zum Almanach des Jahres 1916 wehrte er jeden »programmatischen Zusammenschluß«, jede »Sondergruppe« ausdrücklich ab. Sein Programm, so drückte es ein Almanach des Jahres 1918 aus, war vielmehr, »nicht eingeengt durch Vorurteile literarischer, politischer, nationaler Art« zu publizieren »unter Prüfung der Frage, ob ein Buch gut ist«. Eine undogmatische, nüchterne, ja fast nichtssagende Formulierung der Wünsche eines Verlegers. Sie charakterisiert Kurt Wolff vorzüglich: seine ruhige, freundliche, scheue Würde. Er bedurfte der Lautstärke und der Programmatik nicht. Er konnte sich bei der Beschreibung seiner Wünsche als Verleger kurz fassen – er wußte eben einfach, »ob ein Buch gut ist«.

Bayerischer Rundfunk. 1963

Michael Krüger zum 60. Geburtstag

Werthe Freundinnen und Freunde, lieber Genosse Michel,

so fing einmal vor langer Zeit meine Gegenrede auf eine Geburtstagsrede von Michel an – um auf den Fortgang der Zeit hinzuweisen, denn vor noch längerer Zeit, also vor dreißig Jahren, waren viele von uns Genossen, was sich hauptsächlich in ungeheuren Verkehrsströmen ausdrückte, mit denen unsere Wohnungen überflutet wurden. Wildfremde Menschen standen an der Tür und begehrten als Genossin oder Genosse Quartier, und man wußte nie genau, ob für einen Tag, für eine Woche oder einen Monat. So wurden aus Genossen oft auch Bettgenossen.

Das war bei Genosse Michel nicht anders als bei uns. Nur der Empfang der Gäste durch den Hausherrn unterschied sich beträchtlich von den üblichen Ritualen. An der Wand beispielsweise hingen nicht Poster wie »Auch Du Genosse räumst die Küche auf!« oder »Sind wir aber erst zu dritt, macht der zweite nicht mehr mit« oder »Enteignet egal was!« Bei Michel empfing den Gast vielmehr eine Fotomontage von Heartfield: Ein männlicher Hintern mit Ohren. Untertitel: *Deutsches Sprichwort*. Auf dem Fensterbrett befand sich eine kleine Sammlung von allerlei Blechspielzeug: trommelnde Affen, hüpfende Frösche, Elefanten mit Propeller. So ein Genosse also war Michel. Von den Büchern im Regal ganz zu schweigen – da war viel sogenanntes konterrevolutionäres Zeug dabei. So wie heute in seinem Bücherturm sich bestimmt ein geheimes Regal befindet mit schärfsten anarchistischen Sachen. Nicht nur Bakunin, auch Kafka.

Ja Kafka! Der uns zusammengebracht hat vor ziemlich genau vierzig Jahren. Ich war damals Lektor für deutsche Literatur im S. Fischer Verlag, und mitsamt den vielen täglichen Manuskripten erhielt ich auch einen Brief aus Berlin mit einer Anfrage, ob es sich bei einer bestimmten Ausgabe Kafkas in Kurt Wolffs Buchserie *Der jüngste Tag* um eine Erstausgabe handele oder um einen Nachdruck. Der Inhalt dieses Briefes war respektvoll an die Kafka–Witwe gerichtet, die Form aber offensichtlich an den Lektor: In kurialer Schrift mit breiter Füllfederhalterfeder machte hier jemand deutlich »Warte nur, nächstens komme ich Dir als Dichter!« Was auch geschah, wiewohl über den Umweg als Literaturredakteur. Es begann die schöne Zeit der gemeinsamen Redaktion des literarischen Jahrbuchs *Tintenfisch.*

Damit man nicht meint, die Erinnerung trübe mir die Pupille, zitiere ich einen mehr als zwei Jahrzehnte alten Text über das Entstehen dieses Jahrbuchs:

»Der erste *Tintenfisch* erschien im Mai 1968, wenige Tage nach dem Beginn des Pariser Mai. Ein Zufall, natürlich, allerdings aus heutiger Sicht; denn für die damaligen Leser und Rezensenten war es konsequent: Erst Cohn-Bendit und dann das.

Konzipiert wurde der *Tintenfisch* natürlich wesentlich früher, im Sommer 1967, bei einem Besuch von Michael Krüger in Berlin. Krüger war zu der Zeit etwa so lange – drei Jahre – Lektor im Hanser Verlag wie ich Verleger. Er 24 Jahre alt (konnte nach damaligen Maßstäben also noch knapp als jung gelten), ich 37. Er ein ästhetischer Jodler von hinreißender Misanthropie, ich ein politischer Knurrer von hemmungslosem Optimismus.

In der Betrachtung des zu jener Zeit herrschenden Überbauzaubers waren wir uns ziemlich einig: Gleich übellaunig sowohl gegenüber einer sich förmlich zu Tode formulierenden abstrakten Fliesenlegerei wie auch einer grundlos vollmundigen Konkretheit, einem Realismus der kleinen Schritte. Und übellaunig gegenüber zahlreicher werdenden Sprechchören: Die Literatur habe ausgedient, sei als reines Produkt des Bürgertums tot oder doch zumindest so schnell wie möglich abzuschaffen. Die Chöre standen linkerhand, wir auch. Die Chöre wollten statt ›schöner Literatur‹ die politische Wirkung, wir hielten das für keinen Widerspruch.«

Soweit meine früheste Beschreibung Michael Krügers als jugendlicher Held: »Ein ästhetischer Jodler von hinreißender Misanthropie«. Ich komme darauf zurück, möchte aber vorher noch etwas bei der radikalen Seite des ästhetischen Jodlers verweilen. Wir hatten ausgemacht, daß die nur wenige Zeilen umfassenden Vorworte zum *Tintenfisch* jeweils einer von uns verfassen solle, mal er, mal ich. Und da zeigte sich, daß es fast stets die Kommentare von Michel waren, die den größten Effekt machten. Der schärfste Knaller war das Vorwort zum *Tintenfisch 8,* 1975, als der Stammheimer Prozeß begann und die beiden großen Parteien, angeführt von Schmidt und Strauß (beide nicht von ungefähr ehemalige Oberleutnants der reichsdeutschen Wehrmacht), als die SPD und CDU also Zensurgesetze vorbereiteten (und dann einführten), die eigentlich besser in die DDR gepaßt hätten. Michael Krüger schrieb:

»Ein Gespenst geht um in Deutschland: die Langeweile.

Die ehemals radikalen Schüler sitzen schwitzend über Bonus- und Malus-Werten; die ehemals radikalen Studenten sitzen frischrasiert an ihren sauberen Schreibtischen und entdecken die alte oder die neue Ordnung, auf jeden Fall eine Ordnung; die ehemals radikalen Schriftsteller liegen in den warmen Armen der Gewerkschaft, seitdem sind sie ruhig.

Das Wort radikal fühlt sich nur noch im Zusammenhang mit der Bürokratie wohl, sei es substantivisch als Radikalenerlaß, sei es adjektivisch als radikaler Gesetzentwurf der Bundesregierung zur Zensur. Unter dem weichen, weiten Mantel der Langeweile wird in Deutschland die Zensur vorgeschlagen. Auch diese reimt sich auf Natur.«

Für dieses Vorwort hagelte es ziemlich einhellig Kritiker-Dresche, aber wir konnten auf einen sehr tapferen Satz des ehemaligen Bürgermeisters von Berlin, Heinrich Albertz, verweisen, der auf Seite 43 dokumentiert war: »Eines Tages werden uns noch die Augen übergehen vor lauter Staat.« 1975! Eigentlich ganz aktuell, so ein Satz.

Wir kommen zu den Eigenschaften des Jubilars.

In einem seiner jüngeren Texte, in dem er den Titelheld unter dem Ansturm einer Horde von Frauen fast zusammenbrechen läßt (übrigens ein häufiges Motiv in seinem Werk), legt er ihm folgende Charakteristik in den Mund: »Ein weicher Kerl, ein harter Träumer, zwischen diesen beiden durch und durch schwammigen Begrenzungen bewegte sich das Profil des Mannes, den ich vergebens in meinen eigenen Zügen zu entdecken hoffte.« Bei genauerer Überprüfung erkennen wir einen Peripatetiker (»unruhig, zappelig, aber nicht wirklich unglücklich« – so er selbst) mit Sitzfleisch (das braucht er für die Lektüre), man könnte ihn einen Wanderer mit angeschnalltem Melkstuhl nennen. Ein gar nicht so weit hergeholtes Bild, denn Michael Krüger hat sich als Freund der Kühe ausgewiesen. Er ist eben beides: der einsame Reiter, der dennoch Damen in den totgesagten Park einlädt, und zugleich der versunkene Denker, der verzweifelt sein Kopfhaar zum Mitdenken auffordert. Die »Stirnlocke des Odysseus« habe ich sie vor Jahrzehnten einmal überzeichnet, aber sie ist immer noch da! Ein Beweis für Michels harte Träume.

Sie bestehen – so denke ich mir – nicht aus Bildern, sondern aus Worten, denn Michael Krüger ist ein Sammler und Jäger von Worten. Im Lauf unserer langen Freundschaft hat er mir viele Worte zugeschoben, und zwar in der Regel Worte in ungewohnter Umgebung. Manuskripte für den *Tintenfisch* beispielsweise bekam ich mit seltsamen Bezeichnungen zurückgesandt, zum Beispiel: »Friseur!«, »Feigling!«, »Buchhalter!«, »Kommunist!« oder »Karnickel!«. Andere Vernichtungsvokabeln sang er im Diskant: »Grrrrauauauenhaft!«; »Niiiiiiiiedlich!« Da konnte man hören, daß hier ein begabter Koloratursänger vor die Hunde der Literatur gegangen ist. Aber auch als Schauspieler käme er gut durch: Man betrachte nur einmal seine Taktik des Leisesprechens (ganz in der Tradition von Ingeborg Bachmanns ersterbender Stimmlage) oder das artistische Stottern oder gar die nachdenkliche, förmlich nach Worten suchende Kunstpause vor einer besonderen Gemeinheit!

Bei dem an sich interessanten Thema »Michael Krüger und die Frauen« muß ich mich nicht lange aufhalten, denn Michel hat Umwelt wie Fachwelt stets ausführlich über sein Leiden an den Frauen informiert. Dabei schreckt er auch vor Allgemeinheiten nicht zurück. Ich zitiere: »Frauen hatten mich zerstört, an diesem Befund, nüchtern vorgetragen, war nicht zu mäkeln.« Was an dieser offensichtlich im volltrunkenen Zustand niedergeschriebenen Behauptung ist, bitte, nüchtern? Anstatt sich bei seinen älteren, alle in dritter oder vierter Ehe lebenden Freunden sachkundig zu machen, beklagt er sich nicht nur, sondern ruft auch noch die Literatur als Zeugen auf, so in einem anderen Buch: »Ein großer Teil der Weltliteratur ist geschrieben worden, um vor Frauen zu warnen, der Rest warnt unbeabsichtigt vor ihnen.« Das Buch ist gottlob nicht bei mir erschienen, wohl aber eins, in dem ein Herr der liebenswürdigen Einladung einer Dame, »Nimm mich!«, nicht etwa höflich nachkommt, sondern die Flucht ergreift. Wieso ich? mag der Verfasser damals gedacht haben. Heute denkt er gewiß anders darüber: Älter werden heißt ja auch standhalten.

Seit langem hingegen verdient der Jubilar höchstes Lob als Countertenor des Untergangs; er pflegt damit zugleich, sagt er, eine der ältesten Literturformen. Ich zitiere eine Fassung von 1994, also etwas abgehangen, aber doch auch – sieht man auf die Länge der Berufsausübung – gereift: »Wie fast alle berufsständisch organisierten Gruppen reden wir [die Verleger] gerne und ausführlich über uns. Dabei bedienen wir uns in der Hauptsache einer der ältesten Literaturformen überhaupt, der Klage. Sie ist unser bevorzugter Ausdruck der Freude. Alle, die mit uns am Tisch sitzen – Autoren, Kritiker, Buchhändler, Leser –, wollen uns die Kunst, ausdauernd auf höherem Niveau klagen zu können, streitig machen, doch hat es bislang keiner geschafft. Das mag daran liegen, daß die Klage in unserem Beruf im Zentrum liegt, während sie in den Zuliefersparten nur sekundär ist.«

Das muß man sich auf der Zunge zergehen lassen! »Zuliefersparten!« Autoren, Kritiker, Buchhändler, Leser – alles Zulieferanten des Verlegers. Daraus ergibt sich keineswegs nur ein hermeneutisches Problem, sondern auch ein praktisches für den Verfasser dieser bewegten Klage, der ja bekanntlich auch Autor, Kritiker und Leser ist; sogar Buchhändler war er, wenn auch nur in London. Wann haben wir Krüger primär, wann haben wir Krüger sekundär vor uns? Nehmen wir beispielsweise Krüger als Leser, beim Betreten seines bekannten Bücherturms, dem eine Druckkammer vorgelagert ist, zur Entstaubung und Meditation. Läßt Krüger in dieser Zeremonie den Verleger sekundär hinter sich und betritt den Bücherturm als primärer Leser? Oder nimmt er tertiäre Verlegerfragmente mit sich? Schon aus Vorsicht: man liest ja auch Manuskripte, Fremdsprachiges, Neuauflagenträchtiges. Von den schizoiden Verwerfungen ganz zu schweigen, wenn sich Verleger Krüger primär in den sekundären Zulieferanten Schriftsteller Krüger verwandelt. Dies zur Definition der Form.

Der Inhalt der Krügerschen Klage ist der Untergang. In der Regel der Untergang der Literatur, in Einzelfällen auch der Untergang ganz allgemein. Ich will mich dabei nicht länger aufhalten, wir stimmen dieser Klage zumeist zu, einige Details können wir schon im Chor mitsingen (»Fest bleibe der Ladenpreis«, »Befreie uns von den Ketten, o Herr« usw.). Außerdem läuft meine Redezeit ab.

Ich will nur auf eine Krügersche Charakterstärke aufmerksam machen: Er trotzt dem Elend. Denn dem Elend ist bekanntlich nur mit Büchern beizukommen. Also muß jedes neu zutage tretende Elend mit Büchern bekämpft werden. Je größer das Elend, je mehr Bücher. Und da das Elend keineswegs vor Österreich und der Schweiz haltmacht, muß es auch dort, lokal sozusagen, bekämpft werden. Ein Pessimist mit Zeugungswahn.

Das machst Du, lieber Michel, sehr fein.

Du hast einmal, vor ziemlich kurzer Zeit, geschrieben: »Wir basteln sechzig bis achtzig Jahre an unserem Leben herum, und dann, wenn wir ungefähr wissen, wie man leben sollte, müssen wir sterben. Und das Schlimme ist, daß man das, was man wirklich über das Leben weiß, den anderen nicht mitteilen kann.« Sehr wahr. Aber das Patenkind, dem Du das in Deinem Text sagst, antwortet: »Dann schreib es doch auf.« Und Du hast es ja auch aufgeschrieben. Und ich als Geburtstagsgratulant verwandle mich auch, Dir zuliebe, in einen sekundären Zulieferanten (unter Zulieferung eines von uns geschätzten Poeten):

> Daß er wie stets ihm
> dreizehn Jahre voraus sei
> und daß er ihm für die
> nächsten dreizehn Jahre
> nicht nur Gutes versprechen könne
> wenn auch nicht den Untergang
> den von ihm so oft beschworenen
> das entspreche ganz dem von
> ihnen seit vierzig Jahren
> geübten Gleichgewicht

Rede in München. Unveröffentlicht. 2003

Mit Michael Krüger auf der Feier zum 25jährigen Bestehen des Verlags

Eselsohr, Radiergummi

Siegfried Unseld, Leiter des Suhrkamp Verlages. Niemand käme auf die Idee, daß dieser stramme ehemalige Marinefunker ein heimlicher Anhänger und Verbreiter des Eselsohrs sein könnte, und doch ist es so. Wie jeder weiß, begann Siegfried Unseld sich schon früh als Klassiker zu betrachten, wozu ihn eine ausschweifende Lektüre von Hermann Hesse verführt hatte. »Was meinen Autoren recht ist, soll mir teuer sein«, sagte er, und ließ sein Haus samt Vorgarten und Liegewiese unterkellern. Dort wurden, nach Jahrgängen geordnet (hier scheint der schwäbische Sinnspruch »Biecher machet bsoffe« mitgewirkt haben), sämtliche Bücher des Suhrkamp Verlags eingelagert. So wohnt Siegfried Unseld über seinen Büchern und betrachtet sich als Klassiker. Zweifler führt er in den Keller. Da werden Edelstahltüren vom Typ Chase Manhattan Bank geöffnet und der Büchertresor vorgeführt. Wer kann bei solchem Anblick noch am Wert der Bücher zweifeln?

Was den meisten Besuchern freilich entgeht, ist ein kleines Bügelbrett, mit dem es folgende Bewandtnis hat: Wenn alle Besucher, Lektoren und Söhne aus dem Haus gejagt sind, verschließt Unseld die Türen und begibt sich in den Keller, wo der Jäger zum Gejagten wird. Gepeinigt von der selbst in die Öffentlichkeit verbrachten Behauptung, er lese alle seine Bücher (anstatt sich, wie jeder vernünftige Verleger, mit der Behauptung, »ich habe alle gelesen, wenn auch nicht persönlich«, aus der Affäre zu ziehen), nimmt er Buch für Buch in die Hand, um an bestimmten Stellen kleine Striche oder auch Eselsohren anzubringen – für die Nachwelt, als gesichertes Zeichen einer gründlichen Lektüre. Freilich, und das macht die Arbeit so uferlos, müssen die im Lauf der Zeit sich herausstellenden Irrtümer wieder ausgebügelt werden. Diesem Zweck dient ein kleines Neu-Ulmer Bügeleisen und ein Radiergummi aus dem Brecht-Archiv.

Aus »Schnüffeln, Tasten, Eselsohr«.
In: *Rasch-Hour*. Festschrift. 2000

Lieber Jörg Wallenstein

Um Jörg Wallenstein zu feiern, muß ich weit zurückgreifen, bis auf einen Brief vom 17. Juni 1965, mit dem er erklärt, daß er gerne für mich arbeiten würde: »Nachdem ich 1959 meine Buchhändlerlehre in Mannheim abgeschlossen hatte, studierte ich an der Kunstakademie in München bzw. Frankreich und Griechenland Malerei und Graphik. Seit Beginn dieses Jahres arbeite ich als Verlagsvertreter.« Da ich im gleichen Jahr als Verleger begonnen hatte, dachte ich: »Das paßt, der ist genau so grün wie Du, und eine künstlerische Ader hat er auch.« Die Erfahrung, daß man wegen politischer Überzeugungen gefeuert wird, machte er ein paar Jahre später. Denn das verband uns von Anfang an: Daß wir Überzeugungen hatten. Natürlich solche, die sich mit der Zeit auch veränderten, versteht sich, sonst hätten wir ja erbleichen müssen. Aber Meinungen waren uns wichtiger als der Markt. Da sollten andere um die Marktführerschaft kämpfen. Wir nicht. »Markt-Führer«: Da hätten wir ja zum Markt Heil Hitler sagen müssen.

Der Markt sagte aber erst mal zu uns: Verschwinden Sie bitte! Jörg Wallenstein hat sie getreulich überliefert, die Ausreden der Buchhändler im Jahre 1965: »Herr L. ist katholisch, hat dafür keine Käufer.« »Herr T. ist in Urlaub, wenn er zurückkommt, übt vielleicht seine Frau einen guten Einfluß auf ihn aus.« »Frau S. will die *Quarthefte* bestellen, wenn sie verlangt werden.« »Herr F. hat kein Personal. Ein unglaublich lahmer Bursche.« »Herr H. senior bestellt sage und schreibe erst nach den Wahlen – man könne ja nie wissen.« »In Speyer waren unnötigerweise alle in Ferien.«

Sie lachen so, wie ich gelacht habe. Aber es waren eben auch Zeiten, in denen der Vertreter noch auftauchte wie Zieten aus dem Busch, ohne monatelange Voranmeldung. Zeiten, in denen die Vertreterkonferenzen erst Mitte Januar stattfanden und die letzten Frühjahrstitel Ende Juni erschienen: Eines unserer erfolgreichsten Bücher, *Vaterland, Muttersprache,* erschien am 28. Juni 1979. Aber diese miesen alten Zeiten hatten auch ihre Sonnenseiten und die meldeten sich schon 1965 zu Wort. Originalton Wallenstein: »Ein apartes Mädchen kaufte ein, will auch eventuell Schaufenster machen.«»Manche sagen zwar ›mir habet des Publikum net‹, holen dann aber doch den Lehrling zur Entscheidung.«»Frau B. hatte keinen Mut, ihre Mädchen mußten ihr erst gut zureden, sie bestellte dann aber doch nur per RR [Rückgaberecht] – die sehr netten Mädchen versicherten mir augenzwinkernd, daß davon kein Exemplar übrigbleibe.«»Einkäufer im Sanatorium; einem begeisterten Mädchen die Produktion gezeigt.« Dieser letztere Brief fing übrigens mit der Entschuldigung an,»daß mich ein zwei Tage dauerndes Fest jegliches Pflichtgefühl vergessen ließ.« Kurz: Jörg Wallenstein gewann die Jugend für unser Programm und brachte auch sonst Heiterkeit ins Gewerbe – noch vor wenigen Wochen erreichte mich eine Postkarte des ehrenwerten Kollegen Christoph Jung aus Mainz, die folgendermaßen begann:»Lieber Wagenbach; mein alter, lieber Freund Jörg Wallenstein war bei seinem letzten Besuch am Ende genauso besoffen wie ich – statt des wunderbaren Buchs *Die Bitte* von Michèle Desbordes notierte das alte Känguruh 5 Exemplare von diesem alten Spanier Delibes. Von mir erst jetzt bemerkt ... usw.«

Sie werden sich nicht wundern, daß ich gegenüber solch sybaritischem Lebenswandel manchmal ausfällig wurde. So überliefert die Korrespondenz aus etwas späterer Zeit von mir einen Vergleich zwischen Verleger- und Vertreter-Leben:

»Die Verleger bitten um Nachsicht für vielerlei: höhere Preise, mangelnde Liquidität, Kopfgrimmen, lotterhafte Auslieferungen.

Wie gut haben es da die Vertreter! Sausen in der Gegend rum, bei Sonne, durch die schönsten Gegenden, an den Wochenenden immer mit Lachs im Mund, Petersilie in den Ohren, Sekt in der Gurgel und Freundin im Arm – da lassen sich die wütenden Sprüche der Buchhändler über die Kommunisten schon ertragen.«

Über den Kommunismus wäre natürlich viel zu sagen, es waren die Zeiten, als Jörg achtzehn (!) zumeist sehr revolutionäre Verlage in der Tasche hatte, darunter nicht nur Wagenbach, sondern auch den kryptokommunistischen Hanser Verlag: außen gelb und innen rot.

Meinen Schlußgesang will ich ganz der Person von Jörg Wallenstein widmen.

Daß er heiter und liebenswürdig ist, habe ich schon gesagt. Man soll das aber nicht geringschätzen, denn Deutschland im allgemeinen und der deutsche Buchhandel im besonderen quillt ja nicht gerade über von heiteren Leuten, auch die Liebenswürdigkeit hält sich in Grenzen. Allgemein verbreitet ist vielmehr das, was Jörg treffend als »Muffkaiser« bezeichnet.

Zweitens ist Jörg gebildet. Auch das soll man nicht geringschätzen. Es ist ja heute üblich, vollkommenen Quatsch nicht nur als Literatur zu verkaufen (was ja noch ginge), sondern auch für Literatur zu halten. Ich verkneife mir Beispiele, obwohl sie mir auf der Zunge liegen, aber dafür haben wir ja Reich-Ranicki. Jörg habe ich solchen Irrtümern selten folgen sehen.

Drittens: Jörg ist ein hervorragender Kenner unseres schönen Berufs. Er käme nie auf die Idee, einen Salto nur für eine Form des Kunstsprungs zu halten oder eine Partie nicht für reizbar.

Jörg Wallenstein beißt ins Buch

Er hält Valuta zwar für etwas Befremdliches, aber nicht für eine Fremdwährung, Halbleinen nicht für etwas Halbseidenes, Hotmelt nicht für Heizöl, Dispersion nicht für Zerstreuung. Als kundiger Gärtner topft er öfters ein Buch von der einen in die andere Serie, beschneidet Verlegerschwulst oder düngt eine magere Anthologiepflanze. Da hat er uns oft vor Fehlern bewahrt und zu schönen Projekten angestiftet; zum Beispiel, indem er mir mal einen Kalbsbraten in Milch samt einer folgenden Zitronen-Schlagsahne vorsetzte und als Quelle eine Broschüre vorwies, aus der dann die Autorin, Alice Vollenweider, eins unserer meistverkauften Bücher entwickelte, *Italiens Provinzen und ihre Küche*, ein ordentlicher Schlag in die Kasse, in seine und unsere.

Schließlich und letztens: Jörg Wallenstein hat Geschmack. Er kennt sich aus unter den Photographen und Künstlern des zwanzigsten Jahrhunderts wie kaum einer und wir haben ihm sehr viele Ideen für die Umschläge unserer Bücher zu verdanken. Er hat ja, wie schon erwähnt, Malerei nicht nur studiert, sondern auch ausgeübt. Deswegen unser ausgesuchtes Geschenk, das sich durch sein Format verrät: ein Malkasten.

Rede in Köln. Unveröffentlicht. 2001

Lieber Otto Sander

Ich sage Dir und den hier Versammelten nicht Neues, wenn ich sage: Du bist ein Schlurfer. Du steigst nicht gelassen an Land, wenn es Abend wird, sondern schlurfst gelassen auf die Bühne.

Auf der habe ich Dich nach Deiner Ankunft in Berlin 1974 aber nicht zuerst gesehen, sondern, wie sich das in Berlin gehört, in einer Kneipe namens AX BAX, unter Freunden (oder: Genossen, wie man damals sagte) auch AU BACKE genannt. Dort lehntest Du gelassen an der Wand und machtest mich mit Deinem Wohnungsproblem bekannt. Auch das war in den siebziger Jahren üblich: Wohnungen wurden als Konterbande unter Gesinnungsgenossen gehandelt.

Daß Du allerdings ein nach Ableistung des Wehrdienstes ordnungsgemäß aus der Bundesmarine Entlassener warst, hast Du mir verschwiegen. Ich konnte vielmehr davon ausgehen, daß Du ein redlicher Wehrdienstverweigerer seist. Nachträglich leuchtet mir das aber ein: Als Schlurfer konnte Marschtritt nicht Deine Sache sein, also hast Du angemessen schwankenden Schiffsboden gewählt. So standest Du auch vor mir: schwankend.

Ich wußte Wohnungs-Rat und so wurden wir Nachbarn in der Jenaer Straße. Es war ein ziemlich bürgerliches Haus und ich hatte ein dringendes Interesse an lockeren Vögeln, als welche dann Monika, Meret, Ben und Otto einflogen, direkt gegenüber, sodaß schon bald das Projekt entstand, die beiden Wohnungen durch einen Gang zu verbinden, um Speisen, Lärm, Gäste oder Getränke besser austauschen zu können. Das Projekt scheiterte an einem wilhelminischen Fahrstuhl, in dem noch das preußische Verbotsschild angebracht war: »Es ist verboten, Personen in Aufzügen zu befördern, in denen das Befördern von Personen verboten ist.«

Das Kollektiv-Projekt wurde in jenen Jahren dann von unseren Kindern abgewandelt, in Ballspielen auf der Straße (konnte man damals noch), der Jagd nach ausgebrochenen Zwergkaninchen oder in einem gemeinsamen Tierfriedhof im Hinterhof. Ich rühme Otto ausdrücklich als gelungenen, liebenden Vater, also als leicht abwesenden, gelassenen, schlurfenden Vater.

Wie oft habe ich Dich dann gesehen, vom Fenster meines Arbeitszimmers, am späteren Vormittag, Zigaretten holend am auch mir damals wohlbekannten Zigarettenautomat an der Ecke Güntzel/Jenaer. Aber: Du holtest nicht einfach Zigaretten, sondern Du holtest Zigaretten als Schau-Spieler. Am besten hast Du mir als zigarettenholender, alter Miesnickel gefallen. Den mußtest Du im *Sparschwein* spielen, einen etwa vierzig Jahre älteren Herrn. Den spieltest Du dann, nach Theaterschluß, beim Zigarettenholen. Schlurfend, in unsäglichen Filzlatschen mit schwarzgelbem Muster, gebückt, hustend und schweratmend: So absolvierte der jugendliche Held Otto die etwa fünfzig Meter zum Zigarettenautomat hin und zurück. Und ich stand fasziniert, als Mit-Schlurfer, also Sachkenner, am Fenster und mußte mir staunend sagen: nicht einmal als Schlurfer kannst Du diesem Genie die Schlappe reichen.

Daß Du ein wunderbarer Schauspieler bist, einer, der selbst akrobatische Leistungen wie im *Tasso* geradezu beiläufig abliefert, das haben andere viel besser beschrieben, als ich es kann. Ich kann es sozusagen nur bestätigen durch eine Anekdote.

Als ich durch irgendeine Fügung des Schicksals an einem Abend einen Platz in der ersten Reihe der Schaubühne hatte, ortete mich Otto sofort und trat dann später, mitten im Stück (ich glaube es war jenes, in dem drei Schwestern dauernd den dringenden Wunsch haben, nach Moskau zu fahren, um dort zu arbeiten), mitten im Stück also trat er an die Rampe, fixierte mich und extemporierte: »Wir werden auch älter«. Niemand hat es gemerkt, der Satz paßte ja auch irgendwie ins Stück. Und er paßt auch ins Leben. Wir werden auch älter.

Mit diesem allgemeingültigen Satz leite ich zum Schluß über mit meiner Lieblingsanekdote. Einmal, in jenen siebziger Jahren, als ich auch schon älter war, gut in den vierzigern und in alkoholischen Dingen immer noch relativ unwissend, stellte Otto bei einer nächtlichen Begegnung im Treppenhaus fest, daß ich in Sachen Champagner nicht nur unwissend, sondern sogar jungfräulich war. Er führte mich umstandslos in die Küche, entnahm dem Kühlschrank eine Flasche, die er mit »Moettschandang« bezeichnete, entkorkte sachkundig, goß uns ein und nötigte mir ein moussierendes Getränk auf, dem ich seitdem öfter näher getreten bin, selbstverständlich auch gemeinsam mit Otto. Sein damaliger Kommentar: »Mußt Du mal trinken! Schmeckt wie Brot!«

Rede in Berlin. Unveröffentlicht. 2001

Zwei Miesnickel

Gedichte von F. C. Delius druckte ich zum erstenmal in meiner Anthologie *Das Atelier* (1963), er war damals neunzehn. Ich lernte einen hochgewachsenen Jüngling kennen, intelligent, stilsicher, ein wenig pingelig, stotternd (sein Vater, Pfarrer in Nordhessen, hatte ihm buchstäblich die Sprache verschlagen). Das einzige, was mich als alten Lachsack wirklich störte, war seine vollständige Humorlosigkeit. Zuerst half er mir beim Lektorieren und wurde 1965 mit seinem ersten Gedichtband Autor des Verlages. Danach wollte er einen Roman über Butzbach schreiben, der mir aber zu deskriptiv schien und bei der Lesung vor der Gruppe 47 auch durchfiel (»Beschreibungsimpotenz« hieß damals das Debatten-Stichwort). Er wählte daraufhin die Form der »Dokumentarsatire«, zuletzt mit *Unsere Siemenswelt* (1972), die er als Stipendiat in Rom schrieb, wo wir auch über das Manuskript sprachen. Meine Reserve gegenüber dieser »Dokumentarliteratur« bemerkte er natürlich, zumal die Diskussion darüber seit dem Erscheinen der *Bottroper Protokolle* von Erika Runge drei Jahre zuvor schon längst eine öffentliche war: das bloß Dokumentarische als Vorhut politischer Resignation. Dennoch blieb Delius Autor und später Lektor des Verlages.

Seit 1970 arbeitete der Verlag in kollektiven Formen und ich war ein begeisterter Kollektivist, nachzulesen im Almanach: »Mündigkeit *muß* von der Annahme ausgehen, daß der einzelne sich sozial und rational verhält oder zu diesem Verhalten überzeugt werden kann.« Es war einer meiner dümmsten Sätze, und Delius belehrte mich nach seiner Rückkehr aus Rom, 1972, bald eines Besseren. Er spielte sich sofort als Vertreter der reinen Lehre auf, deren Endziel die noch reinere Lehre war: die Übertragung des gesamten Kapitals (die Hälfte hatte ich schon zugesagt), meinen Rücktritt als Geschäftsführer und die Einschränkung der Lektoratsautonomie, das heißt bei Differenzen (die es natürlich längst gab) sollten alle Mitarbeiter entscheiden. Das war absolut utopisch und hörte schon beim Italienischen auf. Ein Verlagsprogramm muß Charakter haben und kann nicht aus dem Mittelmaß zufälliger Mehrheiten entstehen.

Inmitten von *papers*, Kollektivsitzungen, Satzungsdiskussionen und Anwürfen jeder Art (in denen Delius stets als Lordsiegelbewahrer der Statuten fungierte) nahm ich endlich meinen störrischen Bartlebyverstand zu Hilfe und sagte: »Ich möchte lieber nicht.« Eine Autorenversammlung empfahl dann die Trennung.

Im anschließend entstandenen Rotbuchkollektiv dauerten die Auseinandersetzungen an und führten 1977/78 zu einem Massenexodus von fünf Mitgliedern, an dem sich Delius nicht nur beteiligte, sondern auch seinen nächsten Roman entgegen einer früheren Zusage nicht mehr bei Rotbuch erscheinen ließ. Das so heiß erkämpfte Kollektiv überließ er kalt seinem Schicksal.

1981 habe ich dann im *Freibeuter* meine seinerzeitige Rede veröffentlicht, samt einigen grundsätzlichen Überlegungen zur Arbeit in Kollektiven [siehe Seite 105ff.]. Die Redaktion erhielt sofort einen Brief von Delius mit der Forderung nach einer Replik, der wir entsprachen. Ein Text kam freilich nie und ich räumte das Ganze ins Fach »Lebenserfahrungen«.

Weit gefehlt!

2005, mehr als dreißig Jahre später (die Ruine des in Konkurs gegangenen Rotbuchkollektivs war längst – satzungswidrig – verkauft worden), überraschte Delius die Gäste einer Geburtstagsfeier unseres gemeinsamen Freundes Peter Schneider im Berliner Literaturhaus mit dem Satz, daß hier zwar nicht der angemessene Ort sei, er aber zu den damaligen Ereignissen doch einiges richtigstellen müsse ...

So sei es eine »Legende«, daß das Kollektiv die Lektoratshoheit habe antasten wollen. In der Satzung des Rotbuchverlags steht aber genau das: »Die Lektor(innen)en treffen eine Vorauswahl; verabschiedet wird das Programm vom Gesamtkollektiv mit einfacher Mehrheit.«

Zudem hätte ich das Kollektiv als »raubgierig« dargestellt. Der Ausdruck gehört zwar nicht zu meinem Vokabular, aber ich habe später doch einmal anhand der Akten (Dank an das Mainzer Verlagsarchiv!) die Beute besichtigt:

Am 31. März 1973 verfügte der Verlag über 459.000,– DM an liquiden(!) Mitteln (zumeist auf Festkonten) sowie 333.000,– Außenständen, also insgesamt 792.000,– DM. Davon zahlte der Rotbuchverlag 315.000,– an mich, wovon 128.000,– für die Lagerübernahme derjenigen Bücher, deren Autoren für mich gestimmt hatten, zurückzuzahlen waren. Also Wagenbach 187.000,-, Rotbuch 605.000,–.

Dem Rotbuchverlag wurden außerdem 1200 Buchabonnements, 60.000 Kundenadressen und manches andere übergeben. Der Namensraub – das Kollektiv wollte tatsächlich als »Verlag Klaus Wagenbach« weiterarbeiten (mein »neuer« Verlag hätte »Quarthefteverlag« heißen sollen) – konnte juristisch abgewendet und auf »Rotbuchverlag« abgemildert werden (einer 1968 gegründeten politischen Serie hatte ich den Namen »Rotbuch« gegeben). Insgesamt doch wohl etwas mehr als 50 %. Aber Freiheit ist kostspielig, das war mir bekannt.

2005 hingegen, in einem wahrlich anderen Jahrhundert, sang Delius immer noch seine alte hochdramatische Koloratur von »Putsch« und »Betrug«. Die Übernahme der kompletten Wagenbach GmbH halluzinierte er sogar als »tollkühne Neugründung«. Das Pfaffentum in Höchstform.

Anschließend schob dieser Moraltrompeter aus Korbach noch ein paar Belehrungen nach: Ich hätte mich im »Ruhm des Altruismus gesonnt« (anstatt in den Schatten des Egoismus zu flüchten?). »Enttäuscht von politischen Hoffnungen«, »gereizt von Schwierigkeiten« und »beansprucht von Prozessen« hätte ich »mehr und mehr Zweifel über das Kollektiv-Projekt geäußert.«

Wohl wahr. Aber hinter der korrekten Beschreibung meines Gemützustands verbarg sich keine Bemühung, ihn zu verstehen, sondern das Gegenteil, sozusagen die Forderung, sich mal zusammenzureißen im Namen einer höheren Idee, und diesen Ton kannte ich von 1973: »Wagenbach war derjenige, dem die Kollektivierung am meisten abforderte.« Er erinnerte mich schon seinerzeit an eine furchtbare Szene, in der Gudrun Ensslin, ebenfalls Pfarrerskind, Andreas Baader anherrschte: »Du bringst das jetzt, Andreas!« Diese deutsch-protestantische Unbedingtheit (»hier stehe ich und bleibe unbelehrbar«) noch nach über drei Jahrzehnten war mir unheimlich.

Das alles hätte ich den Geburtstagsgästen im Berliner Literaturhaus erzählen können, wollte aber Peter seinen 65. Geburtstag nicht noch mehr verderben, zumal schon sein (damals) jüngstes Buch *Skylla* von Tätern handelt, die Opfer sein wollen.

Hatte Delius zu wenig Selbstbewußtsein, so Wolf Biermann deutlich zu viel. Zuständig dafür war Emma, seine Mutter, Hamburger Kommunistin *ex ovo*. Sie brachte ihn schon als Jugendlichen in die DDR, die das Arbeiterkind gern in ihre Obhut nahm. Den Vater hatten die Nazis ermordet. Als Liedermacher machte ihn zuerst

Stephan Hermlin 1962 auf dem berühmten Lyrikforum der Akademie bekannt und spielte mir später Tonbänder vor: Schöne, witzige, dialektische Lieder, aber ziemlich Agitprop, was mich freilich nicht störte, im Gegensatz zu anderen westdeutschen Verlegern, die ihn bereits abgelehnt hatten.

Auch in der DDR fand er – als verdächtiger Häretiker – keinen Verlag, und so erschien 1965 das erste Buch (*Die Drahtharfe*) eines Ostberliners in einem Westberliner Verlag. Die Mauer durch Berlin war noch frisch verputzt und wurde in diesem Buch außerdem noch verspottet. Ulbricht tobte vor dem Zentralkomitee der SED und man ließ mich wissen, daß ich mit diesem konterrevolutionären Tun sofort aufzuhören habe. Als ich es fortführte, erhielt ich nacheinander Lizenz-, Einreise- und endlich Durchreiseverbot, so daß ich Westberlin für viele Jahre nur mit dem Flugzeug verlassen konnte und der Verlag – samt Helfershelfern – ein Versorgungsnetz einrichten mußte für jede Art von Westware nach Osten und manchmal auch für Ostware nach Westen: Manuskripte und sogar Tonbänder, weil sich inzwischen auch die Schallplattenfirmen weigerten, Biermanns Lieder zu pressen, das machten dann wir, als blutige Laien. Insgesamt eine zeitraubende und kostenträchtige Angelegenheit, aber wir blieben zusammen.

Bis zur Verlagsspaltung 1973, die den Autoren das Recht gab, zwischen Wagenbach und Rotbuch zu wählen. Biermann lehnte das ab und ließ auf der Autorenversammlung einen Brief vorlesen, in dem er seine Rechte zurückforderte und das Ganze als »kleinbürgerlich« bezeichnete – der Rest ging im Hohngelächter der Autoren unter.

Ich nahm die Sache nicht so ernst, weil mich Biermann von Anfang an als »Kleinbürger« titulierte, was ich mir als Vorstadtkind gefallen ließ – er war ja immerhin von proletarischem Adel. Aber ihm war dieser Adel kaum mehr als ein Wechselrahmen für beliebige Inhalte, das wurde spätestens nach der Ausbürgerung 1976 deutlich. War der Vater im Osten noch Prolet und Kommunist gewesen, so im Westen eher Jude und Naziopfer. Mich erreichte dieser Wechsel ein Jahr später: Sämtliche bei mir verlegten Bücher erschienen plötzlich als Sammelband (*Nachlaß 1*) bei Kiepenheuer & Witsch, ohne an irgendeiner Stelle auch nur die Provenienz zu erwähnen. Im nachfolgenden Prozeß hieß der Gerichtsstand Westberlin, und das wußte Biermann zu nutzen. Auf die Frage des *West*berliner Richters (der natürlich aus vorangegangenen Prozessen wußte, was für ein gefährlicher Linker ich

246

sei) nach dem Grund seines Verhaltens antwortete Biermann: »Ich wollte zu einem weniger politischen Verlag«.

Wir haben uns dann verglichen, aber Biermann hat mich noch manchmal mit seinen Passepartout-Possen erheitert, die schönste war seine Berliner Ehrenbürgerschaft. Er hatte sich mit einer CDU-Lokalgröße zusammengetan, die die Ehrenbürgerschaft beantragte, um die Koalition aus SPD und der Linken in Verlegenheit zu bringen. Fast wäre es gelungen. Aber Biermann bekam die Ehrenbürgerschaft. Und den Kiepenheuer Verlag hat er inzwischen wieder verlassen, zu einem vermutlich noch weniger politischen Verlag.

Unveröffentlicht. 2009

Sieben Ratschläge für den Umgang mit Autoren

→ Du kannst Dich nicht mehr auf die früher üblichen beruflichen Gehege verlassen. Heute ist jeder Schriftsteller Rezensent und jeder Rezensent Schriftsteller. Oder wenigstens Anthologist. Oder schlimmstenfalls Verleger, also Kollege.

→ Glaube keinem Autor (besonders in Vertragsdingen), daß er etwas stellvertretend für andere durchsetzen wolle: er tut es für sich selbst.

→ Wenn Dir an einem Manuskript etwas nicht gefällt, sag es deutlich, mache aber gleichzeitig genaue Korrekturvorschläge – der Autor ist ein Arbeiter und kein Empfänger von Predigten.

→ Ablehnungsbriefe müssen kurz sein, längere führen nur dazu, daß der Autor Dir in einer umfangreichen Antwort beweisen wird, wie unrecht Du hast, kurz: was für ein Blödmann Du bist. Das weißt Du aber auch selber.

→ Vergiß nicht, daß jüngere Autoren Dich öfters mit ihrem Vorgesetzten/Vater/Lehrherrn verwechseln.

→ Beachte das »Dreimonatssyndrom«: Spätestens drei Monate nach Erscheinen seines Buches stellt der Autor fest, daß die Welt unverändert ist. Die Schuld hast Du.

→ Die Dankbarkeit des Autors für die Veröffentlichung seines ersten Buches! Überlaß Dich ihr ganz! Zieh die Schuhe aus, wenn der Autor Dir die Füße küssen will! Denn das dicke Ende kommt bestimmt, besonders, wenn Deine Tat erfolgreich war: Du hast ihn zu früh veröffentlicht, es war das falsche Buch, Du wurdest dazu genötigt, Du hast es aus Berechnung getan, die Werbung war bekloppt, Du liebst ihn nicht, Du bist ein Geizkragen, ein Spießer. Und deswegen muß er jetzt zu einem anderen Verlag.

Auszug aus dem Kommentar zu Ernst Rowohlt,
Über den Umgang des Verlegers mit Autoren. Freibeuter 17. 1983

Das Kaninchen.
Eine Osterbetrachtung

Da der Osterhase vor lauter Tradition (Brauch-
tum, Liturgie) kaum noch laufen kann, soll
unsere Betrachtung ganz dem beweglichen
Kaninchen gelten, auch wenn es ein wenig
norddeutsch-protestantisch riecht (der Hase
hat ja deutlich was Katholisches). Dabei geht
es selbstverständlich um Grundsätzliches, oder
besser um die Trennung von Licht und Scheffel.

Steht der Hase im vollen Licht der Naturschützer und Gour-
mets, so das Kaninchen unter dem Scheffel des Untergrunds und
der Armenspeise. Und muß sich auch noch Beleidigungen gefallen
lassen, wie etwa die des berüchtigten Agitators Matthias Beltz:
»Das Kaninchen zwingt dem menschlichen Antlitz die Mimikry
der Kindchenschemareaktion auf, und auf der zum Blöden hin –
blöd im Sinne der Romantik – sich verzerrenden Gesichtsfläche
entsteht die Imago des Kinderwunsches.« Eine empörende Behauptung, die Infantilität und Blödheit, Romantik und Zeugungs-
lust derart unziemlich vermengt, daß es den deutschen Kaninchenzüchter auf die Barrikaden seines Jägerzauns treibt.

Nehmen wir also den Scheffel weg, so sehen wir: Hier das
Kaninchen, mit kurzen Löffeln, nackt und blind in einer Höhle
geboren, ein Nesthocker, dort der langohrige Hase, gleich mit Fell
und offenen Augen geboren und (gut beraten, da im Freien) Nest-
flüchter. Hier eine Tragezeit von 31 Tagen, dort eine von 42 Tagen
nach der Zeugung, zu der wir einen Fachmann zu Wort kommen
lassen wollen; den Feldhüter O. H. in G., der im Fachblatt *Der Kaninchenzüchter* folgende Beobachtungen mitteilt:

»Ich war acht Jahre Feldhüter, und als Kaninchenzüchter habe
ich auch ein besonderes Interesse für die Wildhasen gehabt. Ich
kann bestimmt solche von Wildkaninchen unterscheiden und
habe viele Wildhasen decken, aber nie gesehen, daß der Hase die
Häsin im Laufen bespringt, sondern es war nach dem vorherge-
gangenen Umherjagen immer ein kurzer Moment des Stillstandes

der Häsin, wo der Deckakt stattfand und der Rammler nicht, wie bei unseren Zahmkaninchen, seitlich oder nach hinten umkippt, sondern immer in die Höhe sprang, sozusagen einen Luftsprung in ungefährer Höhe von 50 cm ausführte. Das sind meine Beobachtungen beim Decken der Hasen, und es waren in 8 Jahren nicht wenige dieser Deckakte, die ich mit ansehen konnte.«

Das sind doch deutliche Unterschiede, auch im Gefühlsleben! Wobei unser Fachmann noch vergessen hat zu erwähnen, daß der Karnickelrammler bei der Sache zärtlich knurrt und anschließend auch noch eine Weile bei seiner Zibbe liegen bleibt. Anstatt brotlose Artistik vorzuführen und sogleich das Weite zu suchen! Hasenpanier eben. Asozialer Strolch. Wie anders die Techniken und geselligen Sitten des Kaninchens, die schon der gute alte Alfred Brehm mit bewegenden Worten zu schildern wußte:

»Die Bewegungen des Kaninchens unterscheiden sich wesentlich von denen des Hasen. Im ersten Augenblick übertrifft es diesen an Schnelligkeit, immer an Gewandtheit. Es versteht das Hakenschlagen meisterlich. Ungleich verschmitzter und schlauer als der Hase, läßt es sich höchst selten auf der Weide beschleichen. In seinen Sitten hat es manches Angenehme: Es ist gesellig und vertraulich, Mütter pflegen ihre Kinder mit warmer Liebe, die Jungen erweisen den Eltern große Ehre, und namentlich der Stammvater einer ganzen Gesellschaft wird hoch geachtet.«

Stammvater – das schreibt Brehm ein wenig leichtsinnig so hin, denn ein heiteres Paar Karnickel bringt es innerhalb zweier Jahre leicht zu zehntausend (!) Nachkommen. Hohe Achtung durch zehntausend Nachkommen, wer hat das schon? Da müßte sich schon der halbe bayerische Beamtenapparat zusammenrotten, vor einem freilich unklaren Stammvater ... Der Vergleich hinkt, ich weiß, nicht nur, weil der Beamte naturgemäß mehr dem Hasen zuneigt, der von nichts weiß, sondern auch, weil das Karnickel eher dem sandigen Preußen als dem fruchtbaren Bayern zuzuordnen ist, womit wir auch noch einige anderen Unterschiede benennen müssen.

Das Karnickel wird, als Anarchist und proletarischer Wühler, nicht zum »jagdbaren Wild« gerechnet, dem nur der geprüfte Waidmann (den treuen Hund zur Seite und Hermann Löns in der Seele) ans Fell darf. Das Karnickel darf sich jeder greifen, mit Schlinge und Frettchen, mit Netz und Knüppel.

Dabei entsteht natürlich auch eine gewisse Zuneigung. So berichten die Autoren Friedel und Bolle in ihrem Standardwerk *Wirbeltiere der Provinz Brandenburg* (1886): »Im Berliner Botanischen

Garten sowie in den Sandhügeln der Stadtteile Gesundbrunnen, Wedding und Moabit ist es gemein.« So ist es noch heute und der gemeine Berliner ist dem Karnickel dankbar dafür, daß es ihn nachts noch mit Purzelbäumen und anderen Narreteien erfreut, mitten in der Stadt.

Die Karnickel waren übrigens auch standhafte Verfechter der Wiedervereinigung: Jahrzehntelang hockten sie im Todesstreifen hinter der Mauer (eine kluge Entscheidung – Futter war da, für die Minen waren sie zu leicht und für Schüsse zu schnell), warteten geduldig auf die von Mauerspechten geschlagenen Löcher und gewannen als erste die Freiheit, wenn auch nur die des Tiergartens, wo sie zudem überwiegend in Abschiebehaft genommen wurden.

Trotzdem muß das Kaninchen als unsicherer Kantonist betrachtet werden, was schon Erich Fried auffiel: »Das Kaninchen widerspricht den Normen / Es besteht fast nur in Verkleinerungsform / Bloß in einer süddeutschen Sprachoase / heißt es heute noch ganz königlich Küniglhase.« Es ist auch politisch ein Hakenschlager. Es unterhöhlt, was ihm unter die Pfoten kommt, und handelt doch patriotisch, ist ein beliebtes Wappentier sowohl der Venus wie der Jungfrau Maria, hat sowohl (wie es in einem *Ratgeber für die Kaninchenzucht* von 1917 heißt) »die Angehörigen des geistlichen Standes« zu Förderern ebenso wie den kommunistischen Schrebergärtner, den Internationalisten (Spanien! Italien! Frankreich! – alles traditionelle Freunde des Kaninchens) wie den Rassisten: In Deutschland allein gibt es 54 vom Deutschen Kleintierzüchterverband anerkannte Rassen.

Obwohl die Rasse dem Karnickel selbst schnuppe ist: Jedes zahme Rassekaninchen, einmal freigelassen, verwildert wieder und mendelt sich schnellstens ins Graubraune zurück. Die reine Rasse – so lehrt uns das Karnickel – bleibt nur ein kurzer Traum ...

Noch ein letzter Vergleich zum Osterhasen. Jener ist stur, das Kaninchen gelehrig. Schon Lenz in seiner *Gemeinnützigen Naturgeschichte* von 1835 berichtet davon, daß »man Kaninchen zu kleinen Künsten« verführen könne und er welche gesehen habe, »die die Trommel mit den Pfoten schlugen, mit diesen einen hingehaltenen Hund prügelten oder die Pistole durch den Druck einer Pfote abfeuerten.«

Süddeutsche Zeitung. Ostern 2000

WERTHE COLLEGAE

»Der Umgang mit Büchern bringt die Leute um den Verstand.«
Erasmus von Rotterdam

Hedonismus, Geschichtsbewußtsein, Anarchie

Dies ist der erste Preis, den ich erhalte, und ich nehme an, daß Sie ihn mir auch als Kollegen zugesprochen haben, von dem Sie einige Überlegungen zu seinem Beruf und den Absichten, mit denen er ihn ausübt, erwarten.

Insofern freue ich mich, daß ich diesen Preis in Berlin erhalte, dem Sitz des Verlages, und der ist nicht zufällig, er hat mit den Absichten zu tun; als ich 1965 den Verlag gründete, war ich ja frei in der Wahl des Standorts. Trotzdem kam für mich, damals in Frankfurt lebend, kein anderer Ort in Frage. Die meisten von Ihnen werden wissen, daß dieser Ort dem Verlag – im Wortsinn – ziemlich teuer zu stehen kam. In Westberlin mußte ich viel Zeit – statt am Schreibtisch – in den architektonisch ja nicht gerade berückenden Sälen des Landgerichts zubringen, stets in der Begleitung meines lieben Freundes Otto Schily – und wir haben alle Prozesse (und alle wegen Gedrucktem!) redlich verloren [siehe Seite 92ff.]; Ostberlin steuerte ein siebenjähriges Durchreiseverbot bei, so lernte ich meine Flugangst überwinden und machte – notgedrungen, weil angeschnallt – viele Bekanntschaften.

Berlin hatte den Vorteil, daß man sich hier ziemlich sicher auf deutschem Boden befindet: Während man in Frankfurt eher in Chicago ist, in Düsseldorf etwa zwischen Japan und Bottrop, in Hamburg sich entscheiden muß zwischen Bond Street und Hans Albers, in München immerfort mit der Organisation von Freizeit beschäftigt ist, weiß man in Berlin genau: Hier bist Du zuhause, unter Deutschen, da gibt's Ärger, man kennt sich einfach zu gut.

Alles ist da: die Ordnung und der Größenwahnsinn, altdeutscher Stuck und neudeutsches Plastikuniversum, Wüstenrot und Betonsilo, Herrenmensch samt Schäferhund. Der Kalte Krieg heißt hier Springer wie überall, die zwischen 1933 und 1945 Geborenen heißen Hartfest oder Sieglinde wie überall. Die sozialistische Gleichmacherei heißt Goldbroiler, die kapitalistische Wienerwald und wegen der berühmten deutschen Fraaache machen hier die Straßen öfters einen Knick. An diesen Knicks liegen meist Kneipen, die so lange offen bleiben wie die deutsche Fraache und in denen

Leute verkehren, die man sofort als Landsleute erkennt: Sie tragen gesundes Schuhwerk und wetterfeste Kleidung über kräftigen Körpern, haben eine solide Kost hinter sich, aufrechte Gedanken in sich und das deutsche Lied vor sich.

Als Verleger zeitgenössischer Literatur und als Linker kann man aber ohne ein Verhältnis zu seinem Volk und seiner Geschichte nicht arbeiten. Ich sage »Verhältnis«, das schließt Konsens und Dissens ein. Reden wir also vom Dissens, das heißt von Anarchie, Geschichtsbewußtsein, Hedonismus.

Diese drei Begriffe bezeichnen ungefähr die Absichten des Verlages. Sehr heterogene Absichten, die ganz offensichtlich nur für die Veröffentlichung von Büchern für *deutsche* Leser gelten können – wäre ich französischer oder italienischer Verleger, müßten die Absichten ganz anders formuliert werden.

Es sind auch durchaus nicht traditionell »linke« Kategorien, sondern zum Teil bürgerliche, was damit zusammenhängt, daß die deutsche Linke – im Gegensatz zu fast allen anderen Ländern Europas – deswegen nicht auf begrenzte Bündnisse mit einem radikal liberalen oder konservativen Bürgertum zählen kann, weil es so gut wie nicht existent ist. Ich erinnere nur an den Satz de Gaulles, als man ihm gegenüber erwähnte, Jean-Paul Sartre müsse verhaftet werden, weil er nicht nur die Redaktion der Zeitschrift *Cause du peuple* übernommen hatte (die verboten worden und deren Redakteure bereits verhaftet waren), sondern die Zeitschrift auch auf den Straßen von Paris verkaufte. De Gaulle sagte lediglich: »Einen Voltaire verhaftet man nicht.« Da haben Sie alles zusammen: Den Hedonismus einer luxurierenden Oberschicht, ein über 200 Jahre zurückreichendes Geschichtsbewußtsein und die Anarchie eines Staatspräsidenten, der die Strafgesetze der Republik bricht.

Wenn ich also Hedonismus sage, so meint das weder eine solche Haltung noch jenen von Pasolini zu Recht kritisierten zwanghaften Konsumismus, sondern den deutschen Kontext, das Syndrom des Uniformen, den vernünftelnden Gebrauchswert, die Genußunfähigkeit, die Angst vor Individualität, das Mißverständnis von Literatur als ausschließlich politischer Botschaft. Hedonismus enthält ein Moment der Selbstbestimmung, ein Stück Zivilcourage, und beides ist bei uns ja nicht gerade volkstümlich, ebensowenig wie die Literatur.

Die Literatur aber, und damit bin ich beim zweiten Punkt, erzählt Geschichten. Darauf hat Alfred Andersch seinerzeit beharrt, als ein Teil der deutschen Linken den »Tod der bürgerlichen

Literatur« verkündete (die neuere Literatur kann aber, wie ein Kommunist, Stephan Hermlin, noch 1978 formulierte, kaum etwas anderes sein als »bürgerlich«): In einem Moment, als die Bourgeoisie – erodierend in die allgemeine Angestellten-Unkultur ebenso wie die Arbeiterklasse – eines ihrer bedeutendsten Produkte, eben die »bürgerliche Literatur«, bereits preisgegeben hatte, als da also ein Teil der deutschen Linken sozusagen noch einmal nachtrat, widersprach Andersch mit der Bemerkung, Literatur erzähle Geschichten von Menschen, und wer die nicht hören wolle, sei ihm verdächtig. Mit Recht. Denn wer Geschichten von Menschen nicht hören will, will nichts von Geschichte wissen, und darin war jener genannte Teil der deutschen Linken nicht links, sondern sehr deutsch. Deswegen, scheint mir, ist ein deutscher Verleger *besonders* verpflichtet, Geschichten und Geschichte zu veröffentlichen, denn, wie Bloch sagte (und zwar deutlich in bezug auf uns), wer seine Geschichte nicht kennt, ist verdammt, sie zu wiederholen. Da sei Kleist, Büchner, Heine, Marx und Kafka vor.

Schließlich und endlich: die Anarchie. Es ist ja bekanntlich schwer, die deutsche Seele – die ohnehin knietief in den »Müttern« steckt – zu ergründen, aber eins steht fest: Eine ihrer Hauptbestandteile ist Ordnung, Disziplin, Regelmäßigkeit, Gefolgschaftstreue. Zu den absoluten Gegenbildern, die von solchen kollektiven Untiefen ins nationale Bewußtsein geschickt werden, gehört die Anarchie.

In dem mir lieben, schön positivistischen *Etymologischen Wörterbuch* von Kluge/Götze (1881) wird »Anarchie« definiert mit »Zustand ohne Anführer«. Wer möchte gegen eine solche Definition einen Stein aufheben, außer uns, der wir in einem »Zustand ohne Anführer« offenbar nicht leben können? Das Wort »Anarchist« wurde übrigens durch Joseph Görres in die deutsche Sprache gebracht, der sich 1798 in dem von ihm herausgegebenen *Roten Blatt* darüber mokierte, daß man »aus meinem Namen und meinen Haaren zu beweisen suche, ich sei ein Anarchist«. Görres war damals 22 Jahre alt, im besten Terroristenalter, würde man heute sagen – auch die neuerliche Erklärung des Anarchismus durch die Haartracht scheint mithin so neu nicht. Und das *Rote Blatt* dieses älteren Kollegen von mir wurde natürlich auch sofort verboten – auf Antrag Hessens übrigens. Und diesen frühen Görres wollen die heutigen christlichen Konservativen, zu deren Hausphilosophen der späte Görres ja gehört, ebensowenig wahrhaben wie das Ahlener Programm der CDU.

Noch eine Definition, und zwar eine der frühesten, im berühmten *Grammatisch-kritischen Wörterbuch der Hochdeutschen Mundart* von Adelung (1793): »Anarchie ist derjenige Zustand einer bürgerlichen Gesellschaft, nach welchem sie kein gemeinsames Oberhaupt hat, und eine solche bürgerliche Gesellschaft selbst, im Gegensatz des Staates im engeren Verstande.« Das muß man sich einmal vorstellen, was da im öffentlichen deutschen Denken inzwischen geschehen sein muß, seit Adelung die Anarchie für eine Form der bürgerlichen Gesellschaft erklärte, und das auch noch »im Gegensatz zum Staat im engeren Verstande«. Was da geschehen ist, mag eine letzte lexikographische Erklärung belegen, die von *Meyers Konversations-Lexikon* von 1874: »Frankreich war häufig ein Schauplatz der Anarchie; es scheint dem Germanenthum vorbehalten zu sein, die richtige Vereinigung von Herrschaft (Macht, Gewalt) und Freiheit zu finden.«

An diesem begrifflichen und politischen Imperialismus haben die letzten hundert Jahre deutscher Geschichte gerüttelt, den politischen kräftig verbogen, den begrifflichen etwas lädiert, aufgehoben haben sie ihn nicht – ich erinnere nur, in welcher Weise die »Herrschaft« noch heute, vor aller Augen, mit einem der bedeutendsten deutschen Intellektuellen, Peter Brückner, umspringt. Das ist eben der Unterschied zwischen dem Konservativen de Gaulle und dem Konservativen Carstens [damals Bundespräsident].

Daraus resultieren also die drei genannten Absichten des Verlages, die eigentlich ganz normale Pflichten eines deutschen Intellektuellen sind, wenn er diesem Land, sei es auch kritisch, zugetan ist.

Und es sind sehr angenehme Pflichten, weswegen ich meinen Beruf nach so vielen Jahren immer noch mit großer, ja geradezu leidenschaftlicher Lust ausübe. Da wird einem ein ordentliches, leicht gelangweiltes, ziemlich unsinniges, eher puritanisches Volk mit kräftig gestörter nationaler Identität sozusagen in den Schoß gelegt und man erhält als Intellektueller den Widerpart zugesprochen. Das ist ja fast eine Gnade! Denn natürlich ist es viel lustiger, für mehr Gesellschaft einzutreten und weniger Staat, mehr Geschichten und Geschichte erzählen zu dürfen als weniger, so radikal sein zu dürfen wie in anderen Ländern die Konservativen, freier als gesetzlich vorgeschrieben, liberaler als die Polizei erlaubt.

Rede zum Kritikerpreis für Literatur. 1979. Mehrfach gedruckt.

Ökonomie und Bewußtsein im Buchhandel

»Wie wird man Verleger?« – das ist bezeichnenderweise eine der häufigsten Fragen von Lesern. Dahinter verbirgt sich eine ganze Ideologie, mehr als dem Fragenden lieb sein kann: Die Vorstellung nämlich, daß der Verleger Reste jener »Persönlichkeit« sich habe erhalten können, die von der Gesellschaft in anderen Berufen zwangsweise untergebuttert wurde.

Solche Vorstellungen beruhen auf zwei Ursachen: Erstens der allgemeinen Unkenntnis der Ökonomie im Buchhandel und zweitens der Unkenntnis dessen, was ein Verleger so tut. Man muß allerdings zugeben, daß viele Buchhändler und Verleger dieser Unkenntnis Vorschub leisten: Das immer noch sehr verbreitete Elitebewußtsein, die gestärkte Kulturhemdbrust und eine nach außen hin etwas geheimnisvolle und alberne ständische Folklore haben nicht gerade geholfen, Kenntnisse zu verbreiten.

Charakteristischerweise haben aber die wirklich großen Verleger, die prägenden Vertreter des Standes, zumeist sehr nüchtern über ihre Arbeit gesprochen. Zum Beispiel Kurt Wolff:

»Die allgemeine Vorstellung des Laien, wie der Verleger seinen Beruf ausübt, ist erstaunlich primitiv: man meint, er lese Manuskripte oder lasse sie lesen (diese Manuskripte kommen anscheinend in Mengen von selbst) und dann schickt er dem Drukker, was ihm oder seinen Lektoren am besten gefällt. Damit das Buch auch hübsch und anziehend aussieht, sucht er sich einen Graphiker, der Einband und Umschlag zeichnet. Die Wirklichkeit ist etwas anders.

Es scheint mir ein besonderer Reiz unseres Berufes, daß er nicht erlernbar ist. Man muß nur die nicht erlernbare Hauptsache mitbringen: Enthusiasmus. Zunächst hat man sich natürlich klar zu sein, auf welcher Linie man verlegerisch tätig sein will. Aber das ist ja prinzipiell durch Geschmack und Enthusiasmus des einzelnen vorausbestimmt. Unter Geschmack verstehe ich nicht nur Urteilsfähigkeit und Qualitätsgefühl für literarische Werte. Der Geschmack sollte auch ein sicheres Gefühl dafür einschließen, in welcher Form – Format, Satzspiegel, Schrift, Einband,

Schutzumschlag – ein spezifisches Buch repräsentiert werden sollte. Selbstverständlich können wir uns irren, und wir irren uns sehr oft. Die Bemühung gilt, der Erfolg ist nicht maßgebend – oft ist er Zufall. Ja, die Gewinnung eines guten Autors ist sogar häufiger Zufall als Verdienst.«

Ein zweites Beispiel: Peter Suhrkamp, der große Verleger der fünfziger Jahre, von Bertolt Brecht bis Uwe Johnson. In einem Interview definierte er Beruf und Aufgabe des Verlegers:

»Ich glaube, jeder Verleger ist auf anderem Wege zum Verleger geworden. Was mich betrifft, hatte ich gar keine Ahnung, als ich schon weit drin war, daß ich überhaupt auf dem Wege war. Und wenn ich nun ehrlich über mich Auskunft geben soll, muß ich sagen: ich weiß heute noch nicht, ob ich ein wirklich richtiger Verleger bin.

Ich glaube nur, daß es eine Begabung bei mir gibt, die mich doch bestimmt hat, Verleger zu werden, und die mir auch die Möglichkeit gibt, einige Dinge richtig zu realisieren. Das ist allerdings nicht die Begabung, die man meistens voraussetzt, nämlich fürs Literarische, sondern die Begabung, das, was auf Blättern geschrieben da ist, auf einem ganzen Konvolut von Blättern, in eine plastische Gestalt zu übersetzen, in die Buchgestalt. Sie können sich wahrscheinlich den Prozeß gar nicht vorstellen, den das mit sich bringt. Daß es tatsächlich so ist, daß ich das Manuskript gelesen habe, daß es mich interessiert, daß es mich angeregt hat, es nun wirklich in einen Buchkörper zu übersetzen, daß ich aber herumlaufe, wie Sie vielleicht als Schriftsteller, geplagt von der Vorstellung: ja, wie kann man das machen, was muß man da machen, wie muß es sein; die Vorstellung bildet sich aus und dann ist es sehr oft noch ein langer Weg bis zur Realisierung dieser Vorstellung.«

Enthusiasmus, Zufall, technische Besorgnisse – ich könnte als vergleichsweise unerfahrener Verleger es kaum anders definieren als meine großen Kollegen. Freilich, und diese Einschränkung macht auch Peter Suhrkamp an einer anderen Stelle des Interviews, welcher Beruf braucht nicht ein Minimum an Enthusiasmus und bei welcher Berufswahl spielt nicht der Zufall mit? Bleiben die technischen Besorgnisse, und die charakterisieren den Beruf des Verlegers in der Tat mehr als vieles andere. Wenn Verleger *ad hoc* bekennen müßten, was sie an einem bestimmten Tag getan haben, so sähe die Liste wohl recht gewöhnlich aus: Briefe gelesen und (teilweise) beantwortet, die Bestellungen der Buchhändler durchgesehen und mit Vermerken für die Auslieferungsfirma versehen,

Werbetexte für den Prospekt gekürzt, mit dem Papierhändler telefoniert, den Buchbestand kontrolliert, ein Stück einer Übersetzung korrigiert, einen Umbruch für die Druckerei vorbereitet, den Umfang eines Manuskriptes geschätzt, den Ladenpreis eines Buches kalkuliert – von Steuer, Buchhaltung und Finanzplanung ganz zu schweigen. Lauter Langweilereien also – die wirklich vernünftigen Arbeiten des Verlegers machen vielleicht ein knappes Fünftel von dem allem aus: Die typographische und äußere Gestaltung eines Buchs, Lektüre und Diskussion eines Manuskripts, das Schreiben von Klappentexten für ein Buch.

Es sind also Technik, Verbreitungssystem und Ökonomie, die den Buchhandel hauptsächlich prägen, nicht die Literatur selbst, vielmehr ist es eher umgekehrt: aus dieser Struktur erklärt sich eine weitverbreitete Auffassung von Literatur.

Vorerst zum *Verbreitungssystem* des Buchhandels:

Es ist dreistufig: Verlag, Grossist – auch Barsortiment genannt – und Sortiment, also das, was allgemein Buchhandlung heißt. Der Verlag verhandelt mit dem Autor, stellt das Buch her und liefert es aus.

Das heißt, er liefert auf zwei Wegen aus: an die Grossisten und direkt an die Sortimentsbuchhandlungen. Diese Zweiteilung des Lieferweges hat folgende Ursache: Bevor ein Buch erscheint, wird es den Sortimentsbuchhändlern im Fachblatt angezeigt und von Reisenden des Verlages, den Verlagsvertretern, im einzelnen vorgestellt, zweimal im Jahr. Die Sortimentsbuchhändler teilen dann dem Vertreter oder dem Verlag mit, wieviel Exemplare eines Buches sie geliefert haben möchten. Für den Verlag hat dies den Vorteil, daß er noch vor dem Druck des Buches einen Teil der Bestellungen erhält und dadurch eventuell die endgültige Auflage korrigieren kann. Da die Verleger natürlicherweise daran interessiert sind, möglichst früh über genauere Bestellzahlen zu verfügen, honorieren sie dem Sortimentsbuchhändler diese Hilfe: die Vertreteraufträge werden zu einem höheren Rabatt ausgeliefert.

So wie der Verleger kann sich freilich auch der Buchhändler irren – die bestellte Anzahl der Bücher reicht nicht. Es bleiben ihm zwei Möglichkeiten: Entweder wird er plötzlich sehr mutig und bezieht eine größere Menge direkt vom Verlag nach, ebenfalls günstiger rabattiert, oder er bleibt vorsichtig und bestellt nur einige Exemplare nach, und diese Exemplare bezieht er beim Grossisten oder Barsortimenter, der über ein umfangreiches Lager von allen Verlagen verfügt – das ist schneller und, falls es sich um verschiedene Titel aus verschiedenen Verlagen handelt, wegen der Portoersparnis auch ungefähr genauso teuer. Der Verlag hingegen muß dem Grossisten dafür, daß er ständig ein größeres Lager fast aller Titel führt, einen höheren Rabatt einräumen.

Wie man sieht, ist der Verlag, etwas vereinfacht, der Bankier des Buchhandels: Er bezahlt Autor, Graphiker, Papierfabrik, Drukker, Buchbinder, Auslieferung und Werbung und erhält nach einer gewissen – ihm natürlich immer zu lang dünkenden – Zeit das investierte Geld zurück, entweder mehr oder weniger. Das Risiko eines Verlages ist aber nicht nur wegen dieser Bankiersfunktion deutlich höher als in fast allen anderen Wirtschaftsbereichen. Denn auch die Zahlungsfristen im Buchhandel gehören zu den längsten überhaupt existierenden: viele Monate. Das hat seinen Grund darin, daß der Verleger, nicht ganz zu Unrecht, glaubt, daß seine Bücher in einer Buchhandlung besser aufgehoben sind als im Lager. (In einer Buchhandlung könnte sie ja vielleicht doch plötzlich jemand kaufen wollen und also räumt er dem Buchhändler lange Zahlungsfristen ein, damit auch seine Bücher länger in der Buchhandlung stehen.) Das zweite Risiko des Verlegers resultiert aus der Sache selbst: er stellt ja eine Ware her, die – wenn der Verleger nicht geradezu seinen Beruf verrät – nicht verlangt wird: für einen unbekannten Lyriker besteht kein Bedarf. Daraus ergibt sich ein weiteres Risiko für den Verleger: Da für seine Ware kein Bedarf besteht, kann er nicht wie ein Monopolist kalkulieren, das heißt, er muß seine Ware möglichst billig verkaufen. Etwas Nutzloses darf nicht teuer sein.

Wie sieht nun das Risiko bei einem Verlag im einzelnen aus, wie kommt ein *Ladenpreis* zustande? Nehmen wir an, ein Buch kostet im Buchhandel DM 10,-, wie setzt sich der Preis zusammen?

Von diesen 10 Mark muß der Verleger vorerst den Buchhändlerrabatt abziehen, das sind etwa 42 %. Das wird Ihnen sehr hoch erscheinen und es ist auch sehr hoch – es erklärt sich aus der außerordentlich langsamen Umschlaggeschwindigkeit von Büchern. Ein Brötchen muß innerhalb eines Tages, ein Ei innerhalb weniger Tage verkauft sein, ein Buch steht oft viele Monate, oft Jahre in einer Buchhandlung, bis es verkauft wird. Deswegen kann die Handelsspanne beim Bäcker klein sein – sie ist dennoch, auf ein Jahr bezogen, größer als beim Buchhändler. Hier zeigt sich allerdings eine Gefahr: Ein korrupter Buchhändler, der nur das am Lager hat, was sich innerhalb weniger Wochen verkauft, hat in der Tat eine ungewöhnlich hohe Handelsspanne. Solche Buchhändler gibt es, leider. Aber es gibt ja auch Verleger, die nur das produzieren, was verlangt wird, leider. Der Rabatt von 42 % ist ein Durchschnittsrabatt – er setzt sich zusammen aus dem hohen Rabatt, den die Vertreter gewähren, dem niedrigeren Rabatt für Nachbezüge und dem hohen Rabatt für die Grossisten. Von dem angenommenen Ladenpreis von 10 Mark abgezogen, ergibt das einen Nettopreis von DM 5,80. Von diesem *Nettopreis* geht der Verleger aus. Vorerst muß er den *Autor* bezahlen. Er wird in Anteilen vom Ladenpreis pro Exemplar bezahlt, dieser Anteil liegt zwischen 10 % und 15 % vom Ladenpreis. 10 % würde in unserem Beispiel 1,– heißen, vom Nettopreis zu DM 5,80 abgezogen ergibt das DM 4,80. Hiervon müssen die sogenannten *Verlagsgemeinkosten* abgezogen werden, d. h. die Kosten für die Vertreter, die Auslieferung, die Werbung, die Gehälter der Verlagsangestellten, die Post- und Bürokosten, Steuern und Miete. Diese Verlagsgemeinkosten betragen durchschnittlich 40 % vom Nettopreis, sie gliedern sich ungefähr folgendermaßen auf: Auslieferung 9 %, Vertreter 4 %, Werbung 8 %, Gehälter 11 %, Postkosten 3 %, alles übrige 5 %.

40 % Verlagsgemeinkosten heißen in unserem Beispiel DM 2,32. Von DM 4,80 abgezogen, ergibt das DM 2,48. Hiervon muß der Verleger mindestens weitere 10 % vom Nettopreis abziehen, es ist die Sicherheitsreserve für den Fall, daß die Auflage nicht vollständig verkauft wird, und das ist leider die Regel. (Wird die Auflage vollständig verkauft, bleiben die 10 % als Gewinn – freilich muß der Verleger dann entscheiden, ob er eine zweite Auflage druckt.) 10 % vom Nettopreis, das heißt in unserem Beispiel DM –,58. Es verbleiben also am Ende für die *Herstellungskosten* DM 1,90. Nach diesem Beispiel weiß also der Verleger, daß er die Herstellungskosten für das einzelne Exemplar mit etwa 5,3 multiplizieren muß, um auf den Ladenpreis zu kommen: DM 1,90 als Herstellungspreis mal 5,3 ergibt den Ladenpreis von DM 10,–, von dem wir ausgegangen sind. Der Verleger geht natürlich umgekehrt vor – er rechnet vom Herstellungspreis hoch: er kennt ja den »Multiplikator« für den Herstellungspreis, der dann den Ladenpreis ergibt.

Ich sagte nun, daß das Autorenhonorar zwischen 10 % und 15 % liegt – das schwankt je nach Autor und Verlag. Diese Schwankung ist aber sehr entscheidend für den Ladenpreis: Ein Verlag, der einem Autor einen Honoraranteil von 15 % vom Ladenpreis einräumt, erhält, bei unserem Beispiel, am Ende einen ganz anderen

Multiplikator, nämlich einen Multiplikator von 1 : 7,15 – das heißt, daß das gleiche Buch bei gleichen Herstellungskosten im Laden des Buchhändlers statt DM 10,– nun DM 14,30 kostet. Auch der Herstellungspreis ist keine objektive Größe, er schwankt außerordentlich, je nach Höhe der Auflage. Ich habe es für Sie anhand eines einfachen Beispiels ausgerechnet, eines Gedichtbandes von 60 Seiten, in Buchdruck und auf holzfreiem Papier, als einfache Broschur gebunden. 200 bis 250 kostenlose Exemplare (für Rezensenten und den Autor bestimmt) abgezogen, ergibt das folgende Herstellungspreise: Bei 1500 Exemplaren DM 1,36, bei 2000 Exemplaren DM 1,10, bei 3000 Exemplaren DM –,87, bei 5000 Exemplaren DM –,71 und, ganz utopisch, bei 10000 Exemplaren DM –,60. Das heißt, nach unserem Beispiel und bei 10% Honorar für den Autor, einen Ladenpreis zwischen DM 7,– und DM 3,10. Diese sehr kräftigen Unterschiede im Ladenpreis wirken sich natürlich auch auf den Absatz eines Buches aus – so steht der Verleger also dauernd vor der kleinen Unsicherheit der kleinen Auflage und der großen Unsicherheit der großen Auflage.

Diese Verunsicherung, die scharfe Konkurrenz, die niedrigen Gehälter und gewiß auch das Gewicht der persönlichen Entscheidung führen nun leicht zu einer buchhändlerischen Ideologie, die die »Persönlichkeit« über- und die Zwänge einer organisierten Gesellschaft unterschätzt.

Zur übertriebenen Einschätzung der »Persönlichkeit« wäre zu sagen, daß es innerhalb des Kapitalismus ohne Zweifel geschlossenere und offenere Zonen gibt: Kein Mensch, mag er noch so sehr »Persönlichkeit« sein, kann heute eine Fabrik eröffnen, ohne zugleich eine sehr vermögende »Persönlichkeit« zu sein, und er kann sie nicht vergrößern ohne hohe Gewinne, die irgend jemand bezahlen muß, ob Käufer oder Arbeiter bleibt sich gleich. Das große Geld fließt zwangsläufig zum großen Gewinn, und so bleiben die Zonen mit geringeren Gewinnchancen und höheren Risiken von solchem Druck eher frei, und da herrscht dann in der Tat jene freiere Luft, die zum Beweis der Vorzüglichkeit des ganzen Systems gern herangezogen wird. Der Buchhandel als Alibi unserer Freiheit. Wie wenig solches Alibi taugt, zeigt jene Stelle im System des Buchhandels, wo die Einheiten größer werden, von den Konglomeraten aus Buchgemeinschaften und Verlagen bis hin zu den Zeitungskonzernen – da wird die freiheitliche Luft denn doch erheblich dünner. Auf der unteren Etage geht es freilich noch einigermaßen gesittet zu – allerdings nicht aus Gründen des Systems. Hier kann jemand »Persönlichkeit« sein, weil die Mittel, die er einsetzen muß, höchst bescheiden sind und weil die Verlage trotz ihrer geringen Größe eine Art Minimonopolschutz haben: wenn auch für unbekannte Autoren kein Bedarf besteht, so besteht doch ein (wenn auch eingeschränkter) Bedarf für bekannte Autoren, und dieses Monopol auf bestimmte Autoren, die ein Verlag »hat«, erleichtert ihm das Überleben. Auch der Sortimentsbuchhandel hat ein gewisses Verbreitungsmonopol – jeder Verleger weiß davon zu berichten, wie stark eine Buchhandlung einen bestimmten Verlag boykottieren oder fördern kann.

Dennoch reicht diese sozusagen innere Privilegierung offenbar nicht aus und wird in fast allen Ländern durch staatliche Privilegien unterstützt. Der Buchhandel arbeitet in einem doppelten ökonomischen Naturschutzpark: Er zahlt nur die halbe Umsatzsteuer und er gehört zu den wenigen Gewerben, denen die feste Bindung des Ladenpreises erlaubt wurde. Freilich mit gutem Grund: Wollte man den Ladenpreis ins freie Ermessen der Buchhändler stellen, so wäre die Folge eine drastische Schrumpfung der Buchlager in den Sortimentsbuchhandlungen – nur die bestverkäuflichen Titel würden geführt (und in der Tat billiger, da sie sich schnell verkaufen) und nicht nur der Leser hätte den Schaden einer völlig ungenügenden Auswahl, sondern die gesamte schwerverkäufliche Literatur, also insbesondere progressive Belletristik und wissenschaftliche Abhandlungen. Ein großer Teil dieser Bücher würde überhaupt nicht erscheinen oder nur zu schwachsinnigen Preisen. Am Ende eröffnete sich die nicht gerade freundliche Perspektive staatlicher Subvention alles Progressiven, Experimentellen und wissenschaftlich Neuen – der Staatsverlag für nichtgesellschaftskonforme Literatur.

Kurz: der ökonomische Naturschutzpark des Buchhandels ist zwar ohne jeden Zweifel lebensnotwendig für die »Kultur«, führt aber zwangsweise zu Überlegungen der Organisation unserer Gesellschaft, samt ihrem Kulturverständnis. Was gehört in einen Naturschutzpark? Das Exotische und Aussterbende. Und in der Tat ist ja auch ein Gewerbe mit hohem Risiko und geringem Profit exotisch zu nennen innerhalb einer Gesellschaft, die so organisiert ist, daß derjenige am schnellsten hochkommt, der hohen Profit mit geringem Risiko zu verbinden weiß.

Und dieser Exotismus des Buchhandels schlägt allzuhäufig durch bis in das Kulturverständnis: Der bürgerliche Kunstverstand zumal hat sich dem vollkommen angepaßt. Feierabend und sonntags, da geht's in den Kulturzoo, zur Kunstbetrachtung, zur Besichtigung dieser Autorenaffen mit ihren unverständlichen Turnübungen, ihrem aufgeregten Gebrüll und ihren obszönen Gebärden. Und natürlich gibt es auch eine Literatur, die solchen Konsumwünschen nachläuft.

Wie stark solcher Exotismus, solcher außerökonomischer Freiraum der Kunst, sich fortsetzt bis in die feineren Verästelungen des Kunstbetriebes und der Kunsterziehung, können Sie leicht feststellen, wenn Sie beispielsweise einmal Rezensionen daraufhin überprüfen, ob in ihnen das Wort »Produktionsvorgang« zu finden ist. Oder wenn Sie in einer Buchhandlung nachfragen, wie ein Dichter entlohnt wird. Oder wenn Sie in der Schule darüber diskutieren, wie ein Gedicht »gemacht« ist. Da fällt der halbe Kulturtempel zusammen, denn Dichtung ist, nach Gero von Wilperts weitverbreitetem *Sachwörterbuch der Literatur*, »nicht als Ausdruck von etwas anderem zu erforschen, sondern selig in sich selbst«.

Man sieht: Hier wird der dem Buchhandel zugehörige Idealismus zur Waffe gegen die Kunst und solches Mißverständnis von Literatur als Geraune dient am Ende einer reaktionären Interessenstrategie, die die Kunst aus dem Prozeß von Produktion und Konsumption eliminieren und also unschädlich machen will. Gerade die Einsicht in die ökonomische Lage verlangt aber entschiedenen Widerstand gegen alle nur aus den Produktionsbedingungen resultierenden Vorurteile.

Diese Einsicht verlangt zuallererst vom Buchhandel, alle idealistischen Perversionen aufzugeben. Wohl ist es wahr, daß die Gehälter im Buchhandel niedrig sind und wahrscheinlich stets niedriger bleiben werden als in anderen Berufen. Wenn aber fast im gesamten Buchhandel weder von Gehältern gesprochen wird, noch Bilanzen publiziert werden, so ist das um so alberner, als beides ein besseres Verständnis eben der Öffentlichkeit, auf die der gesamte Stand angewiesen ist, zur Folge hätte. Gleiches gilt vom ständischen Hochmut und vom Patriarchengehabe: Da wird die Einsicht, auf der unteren Stufe einer am Profit orientierten Gesellschaft zu stehen, kompensiert mit einem Elitebewußtsein dritter Hand. Widerstand, striktester, wäre schließlich notwendig – und deswegen war hier soviel von Ökonomie die Rede – dort, wo die Basis zum Überbau gemacht werden soll; wo die kaum zu ändernde ökonomische Randlage des Buchhandels Meinungen produziert, die ins öffentliche Bewußtsein einsickern.

Etwa: (Wir sind noch »Persönlichkeiten«, also:) »Kunst muß mehr persönlich denn gesellschaftlich sein.«

Oder: (Unser Beruf gilt wenig, also:) »Schriftsteller müssen verkannt sein.«

Oder: (Wir sind Idealisten und Exotiker, also:) »Das, was wir verbreiten, ist idealistisch, eine schöngeistige Exklave, und auch die Wissenschaft sollte mehr philosophisch-allgemein denn politisch-konkret argumentieren.«

Am übelsten aber: (Wir sind eine Elite, also:) »Bücher sind nur für wenige Auserwählte bestimmt.«

Mit einem Wort: die gesamte Ideologie vom »guten Buch«, hochmütig, elitär, abstrakt. Nicht produziert wird, sondern »geschöpft«.

Solchem Selbstverständnis wäre ein anderes entgegenzusetzen, das die Arbeit des Buchhandels ehrlicher einschätzt: Vermittlung nach besten Kräften, Gegenmanipulation mit begrenzter Wirkung. Ein solches Verständnis wird auch dem Produkt gerechter: Bücher als bare Notwendigkeit, wie Lebensmittel auch.

Sender Freies Berlin, innerhalb der Serie
Wagenbachs Handbibliothek neuerer deutscher Literatur. 1970

WC-Buchhandlungen und I-Buchhandlungen

Wenn man einen Blick in die Zukunft unseres Berufsstandes werfen und sich zugleich auf zehn Minuten beschränken will, dann muß man ein paar Voraussetzungen machen.

Ich mache sie schnell, indem ich davon ausgehe, daß uns in – sagen wir: – zehn Jahren der feste Ladenpreis noch unsere Arbeit erlaubt, ebenso wie der dreistufige Vertriebsweg. Ich mache außerdem die Voraussetzung, daß das, was wir »Lesekultur« nennen, weiterexistiert, wenn auch mit der Einschränkung, daß Bücher ein klassisches Minoritäteninstrument sind.

Das führt mich zu einer letzten, allerdings einschneidenden Voraussetzung: Ich möchte hier eine Perspektive versuchen, die sich konzentriert auf das, was – qua definitionem – den eigentlichen Inhalt dieses Minoritäteninstruments ausmacht, also das Innovative, Experimentelle, Radikale, Prognostische, das Neue und Unerhörte.

Das ist doch, alles in allem, der Kern unseres Metiers: Köpfe zu erleuchten, die (allerdings besonders schwer erreichbaren) regierenden Köpfe eingeschlossen.

Hält man daran fest, verbunden mit der Einsicht, daß das Neue und Ungewohnte erst einmal auf den Widerstand des Hergebrachten und Allgemeinen trifft, also in der Auflage kurzgehalten wird, natürlich oft nur vorläufig und durchaus nicht immer, dann gewinnt man förmlich einen Maßstab für die Beurteilung eines künftigen Buchhandels.

Einen Maßstab, der sozusagen aus den edelsten Teilen unseres Berufs besteht, jedenfalls aber aus seinen zartesten.

Fragen wir also: Was wird mit dem ungewöhnlichen Buch in kleiner Auflage künftig geschehen? Das heißt: Was wird in Zukunft mit dem Buch geschehen, das wiederum die »Lesekultur« der weiteren Zukunft bestimmen sollte?

Mit der Antwort nähern wir uns wieder der Gegenwart, denn sie ist ja schon im Börsenblatt nachzulesen als Rat für die Zukunft: »Im Lager sind zu viele Titel da, die sich zu langsam bewegen.« Was mögen das für Titel sein? Gedichtbände von Paul Celan? Oder die Reizpartien des Familienromans vom Vorjahr? Darüber schweigt der zitierte Kollege, und das ist das ganz charakteristische Schweigen von EDV-Panegyrikern und Lagerumschlagsbetäubten, die sich als »Vorreiter der Branche« betrachten, wo sie doch nur die »Nachhut der Warenhäuser« sind.

Die Begründung für die ersehnte totale Computerisierung des Buchhandels ist immer dieselbe: der Ruf nach einem »Führungsinstrumentarium, um Lagerkontrolle und Einkauf in den Griff zu bekommen«. Es kommt aber darauf an, den Einkauf in den *Grips* zu bekommen, und wie soll sich der bilden, wie soll er sich schulen, wenn der Blick auf den Bildschirm geht und nicht ins Buch, wenn die Köpfe sich an der Umschlaggeschwindigkeit erhitzen statt am Beleuchtungsgrad?

Ich bezweifle nicht, daß der Idolatrie der Warenbewirtschaftung und Computerisierung – kürzen wir's ab mit WC – die Zukunft gehört, freilich nur ein Teil von ihr, wenn auch vermutlich der größere.

Dieser *WC-Buchhandel* wird blühen und gedeihen mit dem Verblühten und Unanstößigen. Mit den Innovationen in der Literatur, Politik, Philosophie oder Naturwissenschaft wird er wenig zu tun haben, und zwar aus Kostengründen.

Der WC-Buchhandel wird nämlich aus zwei Gründen unter einen Kostendruck geraten, von dessen Ausmaß viele offenbar noch keine rechte Vorstellung haben.

Einmal sind nicht nur die Investitionskosten so hoch, daß sie fast schon als Geheimnis gehandelt werden, sondern auch die Folgekosten sind (wie jeder, der sich etwas mit der Materie befaßt hat, bestätigen wird) sehr hoch und, vor allem, dauerhaft. Zweitens führt die starke Barsortiments-Abhängigkeit zu einer Reduktion der Handelsspanne.

Wo dann gespart werden wird, liegt auf der Hand: an der Qualifikation der Mitarbeiter und an der Qualität des Buchlagers.

Aber überlassen wir den WC-Buchhandel den Problemen, die die Zukunft für ihn bereithält, übergehen wir den FWW-Buchhandel (den Feld-Wald-und-Wiesen-Buchhandel) und wenden wir uns dem interessanten *I-Buchhandel* zu, der die Verbreitung von Ideen im Sinn hat, man könnte ihn auch – im ursprünglichen Sinn des Wortes – Idioten-Buchhandel nennen, weil er von Eigenartigen für Eigenartige gemacht wird. Es ist sozusagen die Kehrseite des WC-Buchhandels: Was der an Lesern verliert, wächst ihm zu – eine Entwicklung, die man in größeren Städten schon beobachten kann:

das Entstehen von Spezialbuchhandlungen oder Buchhandlungen mit einem hochqualifizierten Lager, an deren wohlsortierten Regalen die besten, die »eigentümlichen« Leser hängenbleiben und zu »Stammkunden« werden.

Diese I-Buchhandlungen werden deswegen überleben, weil sie *prospektiv* sind, während die WC-Buchhandlungen auf *retrospektiver* Basis arbeiten.

Die einen lauschen den künftigen Wünschen der Leser, die anderen versuchen indessen, aus *getätigten* Käufen eine Umschlagsprognose zu errechnen.

Natürlich sind die I-Buchhandlungen trotzdem gefährdeter, weil es selbstverständlich sicherer ist, auf der Basis des Alten Wahren zu arbeiten als auf der Basis des Neuen Zweifelhaften. Die beschriebene Leser-Polarisierung muß deswegen unterstützt und ergänzt werden durch zahlreiche Listen, von denen ich hier nur einige nennen kann: eine hohe Qualifikation aller Mitarbeiter und eine regelmäßige Ausbildung von Lehrlingen.

Ich nenne das an erster Stelle und bewußt unter dem Rubrum »List«, weil es ja gewiß »betriebswirtschaftlich« unsinnig ist, über Bücher zu diskutieren, sich über Rezensionen zu verständigen, Weiterbildung zu finanzieren und insbesondere junge Leute geduldig unseren Beruf zu lehren. Nur: Alles das sind auch Herausforderungen an die eigene Qualifikation. Ich will ja gern einsehen, daß jemand, der keine Lehrlinge ausbildet, Geld spart, aber er verdummt auch.

Die Qualifikation der Mitarbeiter im I-Buchhandel wird besonders an drei Stellen wirksam: beim Vertreterbesuch, bei der Kundeninformation und beim Schaufenster. Nicht von ungefähr sind eben das die Defekte beim WC-Buchhandel: möglichst kurze oder gar überhaupt keine Vertreterbesuche, mangelnde Kundeninformation und Schaufenster, die gegen Gebühr an Verlage vermietet werden, womit man dann glücklicherweise auch der öffentlichen Selbstdarstellung enthoben ist.

Davon aber, von der Selbstdarstellung, von der Zivilcourage, die eigene Meinung zu Büchern offenzulegen, lebt der I-Buchhandel – das Sortiment mit Schaufenster und Kundenbriefen, der Verlag mit Informationstexten und Werbemitteln.

Die letzte »List« des I-Buchhandels besteht schließlich im gezielten Einsatz von EDV, und zwar auf drei Ebenen:

Erstens im Terminal, über den er gemischte oder eilige Bestellungen an die Barsortimente und größere Nachbestellungen an die

Verlage (über H3- oder VA-Taste) geben kann. Diese Trennung ist übrigens sehr wichtig und gehört zu den Überlebensstrategien des I-Buchhandels. Der Barsortiments-Anteil am Gesamtumsatz darf 25 bis 30 Prozent nicht übersteigen, der Rest muß direkt beim Verlag bestellt werden, bei befreundeten Verlagen natürlich mit Jahresabschlußkonditionen.

Die zweite Ebene, auf der EDV sinnvoll und notwendig ist, ist die gesamte Kontenführung – das wird von den meisten Firmen ja auch schon so gehalten, und zwar durch Vergabe an Service-Firmen.

Die dritte Ebene schließlich ist die regelmäßige und möglichst spezifische Information der Kunden – auch hier wird sich eine Vergabe an Service-Firmen einbürgern oder hat sich schon eingebürgert.

Weitere Maschinerie braucht der I-Buchhandel nicht, der Rest ist Sorgfalt, Kenntnis, Neugier.

Vortrag, gehalten auf der Mitgliederversammlung der Berliner Verleger- und Buchhändlervereinigung. 1986

In den siebziger Jahren haben die Genossen unseren Büchern grauenhaft hohe, das heißt schön hohe Auflagen beschert – ein politisches Buch konnte man in einer Startauflage von fünfzehntausend Exemplaren drucken.

Wenn ich heute ein Grundlagenbuch wie *Rechts und links* von Norberto Bobbio veröffentliche, so interessiert das offenbar keinen Mensch mehr. Ende der siebziger Jahre waren die Genossen in den Institutionen, wo sie immer hinwollten, und die meisten hörten schlagartig auf zu lesen. Das ist eine bittere Erfahrung für einen Verleger: Abhängigkeit. Die Abhängigkeit von Lesern.

Aus einer Rede in München. 1999

Vereinigte Buchhändler

Wie schön sich die Zeiten ändern! Zu den letzten Berliner Buchhändlertagen 1987 traten Rainer Nitsche und ich noch als Berliner Tanzbären auf, in echtem Fell, was uns öfters in Hitzewallungen brachte, so daß wir ab und an den Bärenkopf abnehmen mußten, damit der Menschenkopf abkühlte. Kühlung hatten wir auch sonst nötig, denn der damalige – ahem – ziemlich konservative Börsenverein hatte durch eine sehr schnurrige Interpretation des Vereinsrechts verhindert, daß ich die Begrüßungsrede halten konnte. Es waren eben noch die Zeiten des guten alten Westberlins, der guten alten Mauer und des guten alten Kalten Kriegs.

So standen wir also da als zwei linke Bärenbrüder und verteilten den ersten *Lesebär*, den wir uns zur Information und Erheiterung der Gäste ausgedacht hatten – einen »Almanach über Buchhändler und Berliner«, der nicht nur ganz selbstverständlich Ostberliner Schriftsteller und Orte einschloß, sondern auch in manchen Texten die Stadt als Ganzes in den Blick nahm.

Trotzdem traf uns 1989 (ich war inzwischen dann doch Vorsitzender des Berliner Verbandes) die Öffnung der Mauer relativ unvorbereitet, besonders das dann (weiß der Himmel von wem!) vorgelegte Tempo der Vereinigung: Kaum mehr als ein halbes Jahr bis zur ökonomischen, kaum mehr als ein dreiviertel Jahr bis zur politischen Vereinigung. Wir mußten improvisieren. Zum Beispiel: Mit wem sollte sich der Westberliner Verband zusammenschließen und wer könnte unser Gesprächspartner sein? Ich bekenne nachträglich, daß wir am Rande der Legalität (damit war ich ja vertraut) gezaubert haben. Den Westberliner Verband erklärten wir einfach zum Berliner Verband, boten den Ostberliner Kollegen die gesamte Logistik des Verbandes an, samt besonders niedrigen, mit dem Öl der Nachbarschaftshilfe gesalbten (und auch jahrelang gültigen) Mitgliedsbeiträgen. Sie kamen gerne zu uns, auch wegen der vielen Schulungskurse, die wir einrichteten. Nicht nur der Vorstand, sondern auch viele einzelne Westberliner Mitglieder fuhren abends nach Ostberlin, um sich über die »westliche« buchhändlerische Praxis zu informieren.

Dann richteten wir unser Auge auf die zarten Hügel Brandenburgs. Aber wer hätte dort unser Vertragspartner sein sollen, da der staatliche Handel sich in Auflösung befand? Aber es gab noch den – halbprivaten – Evangelischen Buchhandel. Den luden wir ein, sich mit uns zusammenzuschließen, und fertig war die Berlin-Brandenburgische Hütte, in der nach und nach alle Platz fanden. Nach und nach? *Sehr* nach und nach. Die Westler begriffen erst langsam, daß sie oft als Kolonisatoren gehandelt hatten, die Ostler ebenso langsam, daß ihnen oft die Erfahrung nichtvorgegebenen Handelns gefehlt hatte.

Wie schwer das im einzelnen war, mag ein Erlebnis erläutern: In einem meiner vielen Kurse in Ostberlin erläuterte ich die Probleme der Buchkalkulation, die sich *notabene* besonders im Dreieck Ladenpreis – Herstellungskosten – Druckauflage tummelten. Den Ladenpreis, hatte ich erklärt, könne man entweder anhand der Marktlage bestimmen (und dann über höhere Auflage oder billigere Produktion zu erreichen suchen) oder anhand einer festen Auflage und Ausstattung mit einem entsprechenden Multiplikationsfaktor errechnen (und anschließend versuchen, den Markt dafür erst zu gewinnen). Die

Vor Buchhändlern aus der DDR. 1990

Verblüffung der Zuhörer war allgemein und gipfelte in der Frage: »Welche Kalkulationsart ist denn nun die richtige?« Ich antwortete: »Beide«, hatte aber nicht mit der Pfiffigkeit einer Kursteilnehmerin gerechnet, die zurückfragte: »Und wie machen Sie es?«

Wie gesagt: Die Westler mußten sich im Umfeld von Institutionen zurechtfinden, die sie nicht nur nicht kannten, sondern die oft auch gelähmt waren; die Ostler in einer Marktwirtschaft, die ihnen Hekuba war. Die Berliner hatten allerdings einen Platzvorteil: Sie kannten sich schon und hatten dieselbe Schnauze.

Dankesrede zur Verleihung der Ehrenmitgliedschaft im Landesverband Berlin-Brandenburg e.V. Unveröffentlicht. 2000

271

Nachbemerkung zur Vorigen, 2010

Die »schnurrige Interpretation des Vereinsrechts« durch unseren Zentralverband, den Frankfurter Börsenverein des Deutschen Buchhandels, hatte folgende Vorgeschichte:

Seit der sporadischen Begleitung meines Vaters beim Aufbau der Demokratie im Landkreis Gießen schien mir freiwillige Arbeit sinnvoll, so war ich auch lange Beisitzer im Berliner Verleger- und Buchhändlerverband und wurde 1985 zweiter Vorsitzender. Ende 1986 trat die erste Vorsitzende zurück, im November teilte ich den Mitgliedern mit, daß ich den Verband stellvertretend bis zur nächsten Wahl (in wenigen Monaten) leite. Quasi auf der Stelle flog der halbe Börsenvereinsvorstand aus Frankfurt ein, an der Spitze ein besonders unangenehmer Vogel namens Friedrich Georgi, Verleger von *Wild und Hund*, also fährtensicher, der in mir einen gefährlichen Kommunisten witterte, mich im besten Kasernenhofton mit »Junger Mann!« (ich war damals 46 Jahre) niederzubrüllen versuchte und als das nicht fruchtete, jene schnurrige Interpretation des Vereinsrechts vortrug, nach der der stellvertretende Vorsitzende eines Landesverbands niemals automatisch Vorsitzender werden dürfe, sondern allein der zentrale Börsenverein in Frankfurt ex officio dazu berechtigt sei. So kam es, daß eine hilfswillige Buchhändlerin für wenige Monate Vorsitzende wurde und – das war die eigentliche Absicht – auf den Anfang April 1987 in Berlin stattfindenden bundesweiten »Buchhändlertagen« die Begrüßungsrede hielt.

Drei Wochen später wählten mich dann die Berliner Buchhändler zum ersten Vorsitzenden. Als eine meiner ersten Amtshandlungen habe ich die geradezu wilhelminische Vereinssatzung demokratisiert, sie wurde auf der nächsten Generalversammlung mit großer Mehrheit gebilligt. Dies zum Zustand bürgerlicher Verkehrsformen gegenüber Linken noch 1987.

Ach ja, das Volk. Plötzlich ist es wieder da, als sei nichts gewesen. So lange war es krank und macht nun auf gesund.   Zwiebel 1990

Der wilde Leser

Der Leser, mit dem in Zukunft zu rechnen ist, ist ein Leser auf eigene Faust. Er liest nicht mehr innerhalb der Bildungsvorstellungen einer Klasse und läßt sich auch von Pfarrer, Lehrer, Vater nichts mehr sagen (wenn sie ihm noch etwas zu sagen haben). Er ließe sich auch von keinem Bildungskanon, gäbe es ihn noch, etwas sagen. Er kann sich nicht einmal mehr *gegen* einen Bildungskanon, gegen religiöse Gewißheit oder pädagogische Vorstellungswelten stellen. Gegen Nichts kann man schlecht opponieren. Also nicht nur ein vereinzelter Leser, sondern auch ein Leser ohne Voraussetzungen. Eine Entscheidung bleibt ihm freilich nicht erspart: Folgt er eher dem Wind der Moden oder wird er zum selbständigen,»wilden« Leser. Die Folgen dieses Dilemmas haben die Verlage in den letzten Jahren zu spüren bekommen: Sie können nicht mehr mit der mittleren, von irgendeinem Kanon sanktionierten Auflage rechnen, sondern sind ebenfalls zwischen dem Modensturm der Bestsellerauflage und dem Windhauch noch zarterer Auflagen hin und her gerissen.

Wenden wir uns also dem interessanten, wilden Leser zu und da zuerst seinem Bildungsgang und seinen sozialen Erfahrungen. Sein Bildungsgang ist heute fast der immer gleiche: Abitur, Studium der Geisteswissenschaften, M.A., meistens mit anschließender Promotion. Unter heutigen Umständen ist dieser potentielle Leser oft 30–32 Jahre alt, wenn er die Universität verläßt und sich auf Arbeitssuche begibt. Im Verhältnis zu früher ist er mit viel mehr Kommilitonen durch einen viel engeren und längeren Bildungstunnel gegangen, an dessen Ende er blinzelnd in das sogenannte Leben tritt, das ihn offensichtlich nicht brauchen kann: sein »erfolgsorientiertes« Studium führt in die Arbeitslosigkeit.

Unsere künftigen Intellektuellen haben dann eine Ausbildung hinter sich, in der Originalität so gut wie nie gefordert oder gar belohnt wurde: schon in der Schule waren Gedichte eher obsolet, Romane wurden nur abschnittsweise gelesen, Essays in der Regel in Fotokopien oder gar auszugsweise. Das heißt, die Bücher, in denen auch andere Gedichte stehen, in denen auch andere Essays über ganz andere Gegenstände zu lesen sind, diese Bücher mit ihren verlockenden Irr- und Seitenwegen gerieten den Schülern selten in die Hand, und das blieb so während des Studiums. Die Seminarbibliotheken sind zumeist dem Geldmangel zum Opfer gefallen, in den Universitätsbibliotheken ist das gewünschte Buch in der Regel nur in einem Exemplar vorhanden. Kurz: Die »Bibliothek« unserer künftigen Intellektuellen besteht oft nur aus langen Reihen von Aktenordnern voller Fotokopien, zumeist Textauszüge und auch die eher mit dem »Infomarker« gekennzeichnet denn gelesen. Kondensliteratur.

Diese Produktion von Intellektuellen, die zu lange mit einer zu beschränkten Lernvorgabe auf der Schulbank festgehalten wurden, um dann zu erfahren, daß sie zu Fachidioten ausgebildet wurden, für die kein Bedarf da ist, wird dazu führen, daß die aufmerksamen Teile dieser Intelligenz sich Gedanken der Selbstvergewisserung und Neuorientierung machen werden, und die findet man nicht in fotokopierten Auszügen, sondern in Büchern.

Dabei treffen diese Leser freilich nicht nur auf den gewaltigen Mangel an Rat im eigenen Umkreis, sondern auch auf ein immer größer werdendes Defizit bei den beiden zentralen Informationsmitteln des Bücherlesers: Feuilleton und Buchhandel. Die Feuilletons enthalten immer mehr Informationen über die Meinungen der Redakteure und immer weniger Informationen über Bücher, und die Buchhandlungen werden immer größer und zugleich leerer – man betritt halbleere »Erlebnisräume«, in deren Mitte sich Glaskugeln mit Elektronenblitzen befinden und an deren Seitenwänden keineswegs Gedankenblitze schimmern, sondern Stapelware dümmster Sorte. Während immer mehr Buchhändler im eigenen Laden vor Langeweile umfallen werden, steht der immer mehr allein gelassene Leser dumm da, obwohl er sich ja gerade schlau machen möchte.

Er steht zudem vor einer Welt, die nun auch nicht gerade die Originalität herausfordert, sondern überwiegend nach dem binären Prinzip organisiert ist: X oder O. Dagegen war die Aufforderung »Deine Rede sei ja, ja, nein, nein« noch geradezu revolutionär. Einer Welt, der die schönen Konjunktive oder Optative ebenso fremd sind wie ein bloß spekulatives Denken – das aber ist die Welt der Bücher. Und er steht vor einer Welt, die auf eine »Eindrittelgesellschaft« hinausläuft, auf eine Gesellschaft, an der zwei Drittel nicht mehr teilnehmen wollen, können oder dürfen und in der das sozial und politisch aktive Drittel ein »zerbrechliches Inseldasein« (so Oskar Negt) führt.

Das Problem ist nun, wie der im Stich gelassene, unberatene, potentielle Leser zum tatsächlichen Leser wird. Woher er, selbst ein Ergebnis der stattgehabten Klassenverschleifung, der untergegangenen Salonkultur, der preisgegebenen Bildungsautorität und der Verengung des gesellschaftlich aktiven Teils der Bevölkerung, woher er die Kräfte nimmt für Widerstand und Autonomie? Denn die braucht er, um die Buchhandlungen zu finden, die ihm seine Wünsche erfüllen, die Zeitungen, die ihm die nötigen Rezensionen liefern, um sich – allein oder mit anderen – ein eigenes Bildungs- und Informationsnetz zu knüpfen. Dieser wilde Leser muß sich ja förmlich mit den Fäusten durchschlagen, wenn nicht mit der bekannten Kafkaschen Axt für das gefrorene Meer in uns!

Sehr viel verlangt, aber der Rückenwind kommt unmittelbar aus einer Gesellschaft, die ihn immer mehr in einen Zustand der inneren Leere und der äußeren Bedrohung geraten läßt. Die Kraft für den wilden Leser kommt – nehmen wir einmal an – aus den Gegenkräften.

Gewiß ist das nicht. Und viele werden diesen Weg nicht gehen. Und was die übriggebliebenen wilden, autonomen Leser mit ihren keineswegs (wie früher) gebündelten, sondern höchst disparaten Wünschen für die Produktion von Büchern bedeuten mögen, das steht in den Sternen. Vorerst bleibt ungewiß, ob der wilde Leser nur kurzfristige Lösungen sucht – die ›Ratgeberliteratur‹ spricht eher dafür – oder ob da langfristige Phantasien am Werk sind, der Versuch, etwas von dem zurückzugewinnen, was früher einmal die allseits gebildete Persönlichkeit genannt wurde. Für sich selbst mehr zu erfahren, als von den Massenmedien zu erfahren ist. Der Neugier auf eine andere als bloß konsumistische Gesellschaft nachzugeben. Solche langfristigen Phantasien und derart grenz-überschreitende Begierden sind aber ohne Bücher nicht denkbar.

Wieso Bücher? Wagenbach. 1994

Wie es mit uns und dem allseits halbgebildeten Leser weitergeht? Da muß ich mal meine Regierung fragen, die letzthin den Ausdruck »Unterschicht« ersetzt hat durch das Wort »bildungsfern«. Soll das heißen, die Oberschicht sei »bildungsnah«? Da habe ich meine Zweifel und vertraue lieber auf den neugierigen »wilden« Leser, aus welcher Schicht auch immer.

Dankrede für den Ehrenpreis des österreichischen Buchhandels. 2006

Oh heilige Einfalt! Zur Buchpreisbindung

Ich will versuchen, die vorgebrachten Argumente für die Aufhebung des festen Ladenpreises für Bücher zu prüfen.

Erstens wird den deutschen Verlagen vorgehalten, ein großer Teil der anspruchsvollen Bücher sei aus dem Englischen übersetzt – in England und den USA seien aber die Buchpreise frei, es
sei also offenbar möglich, anspruchsvolle Bücher auch bei einem
liberalisierten Buchmarkt zu veröffentlichen. Das heißt nun wirklich, ein Straußenei mit einem Mückenei vergleichen. Nach – sehr
vorsichtigen – Schätzungen wird das Englische über zehnmal so
häufig gesprochen wie das Deutsche. Als Muttersprache! Ganz zu
schweigen von einem gewaltigen Reservoir an Fremdsprachenle-
sern, von Europa bis Indien, von Kenia bis Lateinamerika. Von einem normalen, »anspruchsvollen«, wissenschaftlichen Buch druckt
der amerikanische oder englische Verlag aber genauso zwei- oder
dreitausend Exemplare wie der deutsche von seiner Übersetzungs-
ausgabe. Hinzu kommt noch, daß fast die gesamte wissenschaftliche Literatur in University Presses erscheint, die samt und sonders
von Universitäten oder privaten Sponsoren subventioniert werden.
Ganz abgesehen von den buch-verödeten Landstrichen außerhalb
Londons oder abseits der amerikanischen Ostküste.

Es verhält sich also gerade umgekehrt: *Daß* so viele Übersetzung-
zungen erscheinen, bei höchst prekärer Auflagenkalkulation und
bei hier fehlenden Subventionen für englischsprachige Bücher,
gereicht den deutschen Verlagen zur Ehre und spielt in Osteuropa
sogar wieder eine Rolle bei der Fremdsprachenwahl: Im Weltmaßstab werden die meisten Bücher ins Deutsche übersetzt.

Zweitens: Die Buchpreisbindung nütze nur den kleinen Buchhandlungen und Verlagen? Falsch. Richtig ist, daß sie Buchhandlungen und Verlagen, gleich welcher Größe, erlaubt, anspruchsvolle
Bücher herzustellen oder zu verbreiten, durch Querfinanzierung,
das heißt durch Subventionierung schwer verkäuflicher Titel durch
die besser verkäuflichen Titel. Das sind im Verlag Klaus Wagenbach, um einmal Zahlen zu nennen, im vergangenen Jahr 44 von
54 Neuerscheinungen, also über 80%. Das Gewicht der Profite aus

verkäuflichen Titeln (und der Backlist) kann also kaum überschätzt werden – und dieser Profit ist nur im Windschatten des festen Ladenpreises möglich. So wie der charakterstarke Buchhändler die Lagerhaltung von Pinget, Manganelli oder Borges sich nur durch den Verkauf von Hera L. oder Rosamunde P. erlauben kann.

Richtig ist aber auch, daß der feste Ladenpreis viele Verlage und Buchhandlungen zur Charakterlosigkeit verleitet.

Bei den Buchhandlungen steht dabei das Unternehmen »Weltbild« der katholischen Bischöfe an der Spitze, eine Ladenkette, die bewußt eine jämmerlich geringe Titelzahl führt und keine Bücher besorgt. Bei den Verlagen ist ein korruptes Produzieren nicht ganz so einfach, am besten funktioniert der sogenannte »Scheckbuchverlag« – verkäufliche Autoren werden mit hohen Summen abgeworben und Großabnehmer mit Super-Rabatten bestochen.

Freilich: was würde die Aufhebung des festen Ladenpreises an diesem Mißbrauch ändern? Gar nichts. Im Gegenteil, die wenigen Buchhandlungen, die Wert auf ein anspruchsvolles Lager legen, müßten schnell schließen und die Verlage müßten jene Titel, bei deren Vertrieb sie sich immer noch auf solche Buchhandlungen stützen können, streichen. Um auch hier Zahlen zu nennen: Wir haben in der jüngsten Ausgabe unseres Verlagsalmanachs, *Zwiebel*, unsere Leser darüber informiert, mit Namen und Adresse, welche Buchhandlungen in Deutschland mindestens 60 Titel aus unserem Verlag (das sind weniger als 20% der lieferbaren!) führen: Das sind insgesamt 324 (von über dreitausend) und es ist eine interessante Liste, die zeigt, daß auch in größeren Städten, also unter leichten Umständen, Charakter keineswegs die Regel ist (Gießen: 1 Buchhandlung), und in der Provinz, unter schwierigen Umständen, durchaus möglich in Gauting, Landshut, Rosenheim und Starnberg beispielsweise – da finden unsere Leser noch redliche Buchhändler, und alles im Schutz des festen Ladenpreises.

Schließlich: Die Fülle der Bücher, der Produktionswahn in der Hoffnung auf »Schnelldreher«, die zunehmenden Verramschungen. Alles wahr! Nur, wiederholt: Was hat das mit dem festen Ladenpreis zu tun? Warum schweift hier des Sängers Blick nicht mal nach England und Amerika? Weil er sich mit Grausen abwenden müßte. Verschwinden von Titeln bereits nach drei Monaten! Kontrolle der Neuerscheinungen durch die Ladenketten (mit der Folge, daß alle auf denselben Zug springen, momentan: *gender – gender* and WASP, *gender*-problems in the thirties, *gender* and the mickeymouse…)! Halbjahresbilanzen statt Jahresbilanzen!

Bewahre uns (jeder möge seinen Hausgott anrufen) vor diesen Verhältnissen! Daß auch bei uns Bücher vor Weihnachten nicht mehr lieferbar sind oder früh auf den Ramschtischen landen, hat ein und dieselbe, wenn auch ganz andere Ursache: Vorsichtig gewordene Buchhändler bestellen von Neuerscheinungen oft nur ein Exemplar oder verlassen sich ganz auf die (unerhört schnelle und gut funktionierende) Nachlieferung durch Grossisten. Dadurch wird es für die Verlage immer schwieriger, die »richtige« Auflage zu treffen. So fehlt das Buch dann, wenn der Verlag zu skeptisch, oder das Lager quillt über, wenn er zu euphorisch war. Auch hier: Was hat das mit dem festen Ladenpreis für Bücher zu tun? Nichts.

Zwei Probleme, die durch die Aufhebung des festen Ladenpreises entstehen und gerne verschwiegen werden, sollten noch genannt werden.

Einmal die Autorenhonorare. Die Zunahme absurd hoher Vorschüsse in Amerika und England hat auch ihre Ursache in der Aufhebung des festen Ladenpreises, denn mit dessen Aufhebung entfiel er auch als Bezugsgröße für das Autorenhonorar. Zudem taucht in amerikanischen Verlagsverträgen immer öfter eine Klausel auf, nach der, falls der Verlag von den Ladenketten gezwungen sein sollte, mehr als 50% Rabatt zu gewähren, der Autor mitbluten muß. Welcher Autor kann einen ihm vom Verlag gemeldeten »durchschnittlichen Nettopreis« kontrollieren? In dieser Situation vertraut sich der Autor gern einem Agenten an, der (da auch er gern schnelles Geld sieht) den Vorschuß so hoch schraubt, daß die spätere übliche Autorenabrechnung praktisch entfällt.

Mir ist es deswegen völlig schleierhaft, daß unsere Autorenverbände, die diese Aufweichung des Honorars unmittelbar interessieren müßte, sich bisher in Sachen fester Ladenpreis so schweigsam verhalten haben.

Zweitens: Der Brüsseler Kommission, die die Aufhebung des festen Ladenpreises betreibt, sind die Konsequenzen völlig klar, denn sie empfiehlt gleichzeitig die Schaffung eines Fonds für schwierige Bücher! So denken sie eben, die Herren in Brüssel. Was für Eier oder Butter gut ist, das kann für Bücher nicht falsch sein. Es mag ja auch gut sein für Arbeitsplätze in Brüssel und sonstwo, für eines ist es nicht gut: für die Freiheit der Bücher, denn es bedeutet am Ende (wer entscheidet über die Subventionen?) Zensur.

Antwort auf die *Widerworte zur Buchpreisbindung* von Johannes Willms. *Süddeutsche Zeitung.* 1998

Die Dilettanten in der Todeszone

Dieses gewaltige Große Fressen nach 1989, es ist dem Kapitalismus offenbar deswegen so übel bekommen, weil er zu hastig war. Gierig hat er zugebissen und den halben Kommunismus mitgeschluckt. Der rumort jetzt in ihm, getarnt als Globalisierung, und agitiert: Du mußt größer werden, Du mußt kaufen, was Du kriegen kannst, am besten auch den Staat, oder besser noch die halbe Welt, Du mußt eine Weltfirma werden und keine anderen Firmen neben Dir dulden! So spricht er eben, in seinem Unverstand, der kapitalistische Monopolkommunist. Was früher noch mühsam enteignet wurde, wird jetzt einfach gekauft. Dafür braucht man Kriegskassen, die mit Extraprofiten aus Teilmonopolen, Personal-»Verschlankungen«, Einschränkungen der »Produktpalette« oder Rationalisierungen in der Distribution gefüllt werden. Das per Kriegskasse Erworbene wird dann denselben Rendite-Vorstellungen unterworfen und sorgt so für weitere Zukäufe. So sehen wir sie denn rennen, die betriebswirtschaftlichen Ratten, in ihren selbstgebauten Lauftrommeln.

Außerhalb dieser Welt gibt es natürlich noch eine andere, die aber aus der Sicht der Lauftrommel eine Welt der Narren und Dilettanten ist, die die freien Lüfte des Leistungskollektivs und der Profitdisziplin nicht zu schätzen weiß.

So eine Welt ist die Welt der Bücher, und bislang schien sie ja gerade durch ihre lächerliche Rendite vor dem Zugriff der Konzerne und ihrer Rechenschieber geschützt: zwei bis vier Prozent Rendite, das war Verleger- und Buchhändler-Brauch. Natürlich nur in den ernsthafteren Abteilungen, aber dafür international – von Einaudi bis Gallimard, von Pantheon bis Suhrkamp, von Feltrinelli bis Anagrama und Wagenbach. Diese Rendite war, besonders im Schutz des festen Ladenpreises für Bücher (die hie und da einen windigen Extraprofit erlaubten, den uns nun die Brüsseler Kommission in ihrer Vereinheitlichungsideologie auch noch nehmen will – ein unendliches Thema, ich halte mich zurück), ausreichend für zarte Auflagen unbekannter Autoren wie für zarte Gehälter.

279

Daneben gab es natürlich immer schon eine Verlegerei – vom Kochbuch bis zur Schnulze –, in der andere Auflagen, Renditen und Gehälter üblich waren, aber es handelte sich um einen Gewerbezweig, zu dem Hans Magnus Enzensberger noch vor nicht allzu langer Zeit nur die irritierte Rückfrage einfiel: »Bertelsmann? Das soll ein großer Verlag sein, einen Autor oder Titel könnte ich Ihnen nicht nennen.«

In dieser Verlegerei gab es auch schon immer relativ hohe Vorschüsse, aber man blieb sozusagen unter sich; so wie auch die Abteilung »Ernsthafte Dilettanten« unter sich blieb – da flatterte mal ab und zu ein Scheck zwecks Abwerbung von Haus zuhaus, aber im Prinzip wurden die Grenzen zwischen Dampf und Dumpf eingehalten: Ich kann bezeugen, daß in den fünfunddreißig Jahren meines Verlages der Bertelsmann-Lesering nur ein einziges Buch in Lizenz nahm. Auch die mit großen Mitteln in den siebziger Jahren begonnene »AutorenEdition bei Bertelsmann« wurde nach herbem Kassensturz bald wieder eingestellt.

In den achtziger Jahren begann dann der grenzüberschreitende Verkehr, eingefädelt von den Literaturagenten. Der erste spektakuläre Fall, wenn ich nicht irre, war der Wechsel der Rechte am Werk Italo Calvinos vom angesehenen literarischen Verlag Einaudi zum Mondadori-Konzern im Besitz Berlusconis. Die damals gezahlte Summe mag noch zivil gewesen sein. Vielleicht war es die Summe von einer Million Dollar für einen halben Roman und zwei Exposés von Susan Sontag auch noch, mittlerweile werden für puren Schrott wie das Werk eines Jeffrey Archer zwölf Millionen Dollar verlangt und gezahlt.

Zugleich begannen die Konzerne mit Zukäufen. Bertelsmann griff sich Siedler und den Berlin Verlag, die Holtzbrinck-Gruppe Kiepenheuer, Fest und Nicolai, selbst der Axel Springer Verlag kam sich plötzlich zu klein vor und bediente sich bei Claassen, Econ, List. Was treibt sie? Ein Blick nach USA macht es vielleicht deutlicher.

In den Vereinigten Staaten beherrschen die beiden erstgenannten Konzerne inzwischen mehr als die Hälfte des Markts, sowohl Produktion wie Distribution. Amerika, das war in den nun ablaufenden neunziger Jahren die heiße Nummer. Einer der erfahrensten amerikanischen Verleger stellte es mir in Kurzform dar: »Um 1990 kamen die deutschen Verleger einmal im Jahr mit einer ordentlich gefüllten Brieftasche, inzwischen kommen sie zweimal im Jahr mit einem Geldkoffer – wir können gar nicht so viel Autoren erfinden, wie sie kaufen wollen.«

Einer der deutschen Konzern-Einkäufer geht inzwischen so weit, dass er sich vom Agenten nur die »story« erzählen lässt und dann, ohne eigene Lektüre, zum Scheckbuch greift. Heutiger Zustand des amerikanischen Markts: Verbrannte Erde. Ein anderer amerikanischer Kollege, André Schiffrin, hat kürzlich vorgerechnet, daß in den drei marktbeherrschenden Konzernen der USA in letzter Zeit kaum ein erwähnenswertes Buch erschienen sei, und beklagt, daß »das Ideenfeld denjenigen überlassen bleibt, die sich lediglich amüsieren oder uns mit banalen Informationen füttern wollen. Grundlegende Diskussionen finden nicht mehr statt«. Die Ursachen dafür beschreibt Schiffrin genau und sie sind sehr banal. Es ist der Versuch, dem Buchgewerbe eine industrielle Rendite aufzuzwingen. Bei Bertelsmann lautet sie fünfzehn Prozent, wer darunter liegt, wird bereits gerügt, unter zehn Prozent beginnt die »Todeszone«.

Vergegenwärtigt man sich, daß in einem klassischen Qualitätsverlag ungefähr zwei Drittel aller Neuerscheinungen negativ kalkuliert werden müssen, und also, bei maximal einem Drittel der genannten Rendite, diese Verlage allesamt in der »Todeszone« arbeiten (wenn auch, versteht sich, heiterer und gelassener), so begreift man, daß die beiden Welten nicht kompatibel sind.

Gewiß, in der Höhenluft der fünfzehn Prozent rettet man sich bei riskanten Unternehmungen in die Zauberformel des Synergie-Effekts: Was Hänschen Buch kostet, möge dann Hans Film oder Johnny TV wieder einbringen. Aber erstens haben anspruchsvolle Bücher meistens ziemlich eigene Energiefelder, die in anderen Medien nicht wirken, und zweitens beginnt in den Konzernen ein »riskantes Unternehmen« schon bei einer Auflage von 20000 Exemplaren. Kurz: Buchfabriken denken in großen Stückzahlen und deren Kehrseite lautet (ja, ja, ich weiß: nicht immer), ästhetisch wie politisch: Keine Experimente.

Leicht zu verstehen, wie geisttötend die Arbeit in einem solchen populistischen Geldkonverter-Unternehmen ist. So schreien die Herren (Damen gibt's ja in solchen Obergeschossen nicht), bevor sie ohnmächtig werden, von Zeit zu Zeit wie Dracula nach neuem Blut, in der Hoffnung, mit dem Einkauf neuer Verlage endlich die Ideen zu kaufen, die ihrem Laden sichtbar fehlen, aber (da sie dort sofort ihre Sitten einführen) mit dem Resultat, daß die gekauften Verlage verbleichen. Ab und zu bleibt ein Autor hängen, allerdings meist schon tot oder in seiner klassischen Phase.

Vor den amerikanischen Zuständen, auf die das hinausläuft, bewahrt uns einstweilen der feste Ladenpreis (ich wiederhole mich) und eine immer noch beeindruckende Fülle von Buchhändlern, für die Bücher mehr sind als bloße Renditeobjekte. Und, natürlich, wilde Leser, die sich mit Grausen abwenden von einem Buchhandelstyp, der ihnen ganze tausend Titel bietet, wie etwa die Filialen von »Weltbild« – mich erinnern sie immer an die »Weltkultur« der DDR, aber selbst da gab es mehr als tausend Titel in den Buchhandlungen.

Die Dilettanten in der Todeszone grüßen den kommunistischen Kapitalismus.

Süddeutsche Zeitung. 1999

Was sich ein großer Verlag an Gleichgültigkeit, Dummheit oder Phantasielosigkeit erlauben kann, bringt einen kleineren Verlag schnell um, weil er weder reich ist noch ein Dutzend unfähige Leute entlassen kann – soviel Leute hat er gar nicht, ganz zu schweigen davon, daß auch der Verleger unfähig sein könnte ...

Börsenblatt des Deutschen Buchhandels. 2001

Michelangelos Stein

Der berühmteste David steht vor der Signoria in Florenz, als Symbol des Selbstbehauptungswillens einer Stadtrepublik. Ein schöner, muskelbepackter Kerl mit strengem Gesicht. Nackt. Warum es ein David sein soll, sieht man nicht so recht. Dagegen spricht seine Größe – an ihr gemessen hätte man sich Goliath so groß wie ein Haus vorzustellen. Geht man aber um die Statue herum (am besten um das Original im Museum der Accademia), so sieht man, daß von der linken Hand oben die Schleuder ausgeht, über den Rücken führt und in der Faust der gelassen nach unten hängenden rechten Hand endet. Die hält auch, von vorne nicht sichtbar, den Stein.

Mit anderen Worten: Michelangelo wollte erst einmal zeigen, daß David schön ist, und da er männliche Körper liebte, ist ihm das auch gelungen. Mit der Größe (über vier Meter!) und dem biestigen Gesichtsausdruck sagt er zweitens: Keine Angst vor noch größeren Tieren. Und drittens ist er, als echter Italiener, höflich geblieben und verbirgt Schleuder wie Stein eher, als daß er sie zeigt. David sagt: »Besucher, Freunde, Feinde von Florenz! Für euch lassen wir gern die Hüllen fallen, wir können aber auch anders, siehe den Stein. Im übrigen *benvenuti!*«

Der Stein, den ich vor knapp 40 Jahren in den Teich des Buchhandels geworfen habe und der seitdem seine Kreise zieht, soll einmal näher betrachtet werden. Ich möchte die Gründe suchen und beschreiben dafür, daß ein vergleichsweise lächerlich kleiner Verlag mit einem ziemlich kompromißlosen Programm überlebt hat und überleben kann: Hoffentlich sind auch einige Hinweise für jüngere Davids in unserem schönen Beruf dabei.

»Warum gibt es Sie noch?«

Bereits auf der Buchmesse 1965, an der zum erstenmal der frischgegründete Verlag Klaus Wagenbach teilnahm, winkten mich zwei Kollegen beiseite, um väterlich auf die Gefahren des Gewerbes aufmerksam zu machen und zu raten, mich einem größeren

Verlag anzuschließen, am besten bald, denn das sei ohnehin mein unausweichliches Schicksal. Die beiden Herren hießen Heinrich Maria Ledig-Rowohlt, Eigentümer eines auch damals schon großen Verlages, und Hermann Montanus, Eigentümer einer Buchhandelskette mit vielen Filialen. Ein gutes Jahrzehnt später waren es diese beiden Herren, die sich, sagen wir, »größeren Einheiten« anschließen mußten, während der Verlag Klaus Wagenbach (trotz zahlreicher Zugriffsversuche sowohl der Staatsgewalt wie strenggläubiger Kollektivisten) unabhängig blieb.

So scheint denn auch die stete Frage nach den Gründen des Überlebens mehr eine Frage des Interviewers an sich selbst: Sind wir mit der zwanghaften Akkumulation auf dem richtigen Weg?

Und diese Frage ist vollkommen berechtigt: Wir sind es nicht. Die Sucht nach schierer Größe ist *qua definitionem* inhaltsleer. Alle wollen Marktführer werden, aber das Salz ihrer auf diesem Weg aufgefressenen Konkurrenten macht sie nur durstiger, nicht weiser.

Auf geistigem Gebiet hat diese Jagd nach der großen Auflage und den fetten Profiten katastrophale Folgen. Denn das Neue kommt seit jeher auf leisen Sohlen, ganz gleich ob in der Literatur, der Wissenschaft oder der Politik. Das literarisch Experimentelle, wissenschaftlich Innovative oder politisch Zukunftsweisende tritt nicht mit Pauken und Trompeten auf, es wird nicht von Marcel Reich-Ranicki im Fernsehen vorgestellt, es erscheint nicht in einer Auflage von 100000 Exemplaren, es wird oft nicht einmal rezensiert. Paul Celan mit einem Heft *Der Sand aus den Urnen* (derart druckfehlerreich, daß es kurze Zeit darauf eingestampft wurde) – so tritt das Neue auf. Und, soweit es sich um Bücher handelt, fast stets in kleineren, unabhängigen Verlagen.

Wenn es also gesellschaftlich erwünscht ist, daß wir nicht verblöden (was aber so sicher vielleicht doch nicht ist), dann muß Platz bleiben für das Neue, Experimentelle, vorerst nicht Mehrheitsfähige.

Mit welchen Überlebens- und Angriffstaktiken kann ein David diesen Platz verteidigen?

Unabhängigkeit

Unabhängigkeit bedeutet: Der Verlag haftet mit Kopf und Kasse für seine Entscheidungen. Die Konsequenzen werden gerne unterschätzt oder heruntergespielt. Neulich sagte im Kollegenkreis ein Verleger, der als selbständiger Verleger anfing und seit einiger

Zeit angestellter Verleger ist, es mache kaum einen Unterschied, ob man Schulden bei der Bank oder beim Konzern habe. Witzig, aber falsch. Natürlich ist es ein großer Unterschied, ob man selbst haftet oder ein anderer. Weil Haftung nicht beim Geld aufhört. Wer mit seinem Geld haftet, haftet auch für seine Entscheidungen. Ein angestellter Verleger haftet mit gar nichts: Er erhält von der Konzernmutter bestimmte Renditevorgaben, erfüllt er sie nicht, wird er gefeuert [inzwischen, 2005, geschehen].

Wie schnell das geht, zeigt das Revirement im Verlagskonzern Random House (Bertelsmann) im März 2002, als zwei erst wenige Jahre zuvor gekaufte Verlage sang- und klanglos geschlossen und das halbe Management ausgetauscht wurde. Wie künftig die Entscheidungen bei Random House fallen werden, ist in einem satirereifen Brief des Leiters Peter Olsen festgehalten:

Demnach »berichten« die acht angestellten Verleger zuerst dem »President«, der aber bei dieser Gelegenheit gleichzeitig »die meisten seiner administrativen, finanziellen und operativen Verantwortlichkeiten« abzugeben hat an einen neu ernannten »Chairman and Chief Executive Officer«, dem außerdem noch zwei andere »Presidents« zu »berichten« haben. Der so von drei Seiten informierte »Chairman and Chief Executive Officer« muß wieder »berichten« an den »President Random House worldwide«. Und dieser darf dann endlich an den lieben Gott Peter Olsen »berichten«, der aber, versteht sich, noch den Gott Mohn über sich hat.

Ein wohlbestallter Götterhimmel, in dem dauernd Berichte von unten nach oben durchgereicht, aber wohl kaum Manuskripte diskutiert werden. Die berichtspflichtigen, angestellten Verleger müssen vergleichsweise inhaltsleere Vorgaben erfüllen, was natürlich auf ihre Arbeit förmlich abfärbt und ihren Programmen etwas Fahriges, Flüchtiges, Spekulatives gibt. Ein schönes Beispiel ist die Reise zweier Herren von Bertelsmann und von Axel Springer zu einem amerikanischen Schriftsteller namens Bill Clinton, der die beiden für sein noch nicht geschriebenes Buch in Frage kommenden deutschen Verleger kennenzulernen wünschte, um sich anschließend für die kräftigere Handsalbe des Herrn von Springer zu entscheiden. Und der flog also als Sieger eines gewaltigen Spekulationsgeschäfts nach Hause, offensichtlich ohne einen Moment darüber nachzudenken, daß sein Vorgänger bei Springer seinen Posten verloren hatte, unter anderem wegen eines fehlgegangenen Spekulationsgeschäfts mit einer anderen, mit dem amerikanischen Schriftsteller befreundeten Autorin namens

Monica Lewinsky. Ein Jahr später verlor er übrigens ebenfalls seinen Posten – Springers Buchverlage wurden von Bertelsmann gekauft. Das hätte man auch billiger haben können. Solche spekulativen Entscheidungen haben, selbst wenn sie erfolgreich enden, in der Regel keine Dauer. Wie gewonnen, so zerronnen. Das, was man eine Backlist nennt, also die Liste mit Titeln, die älter als ein Jahr sind, und die eigentlich das ökonomische und inhaltliche Rückgrat eines Verlages bilden sollte, seine Stärke und seinen Charakter, kann so nicht entstehen. Konzernverlage müssen jedes Jahr bis zu siebzig oder gar achtzig Prozent ihres Umsatzes mit der verderblichen Ware von neuen Titeln erkämpfen, wozu dann, zur Freude der Agenten, äußerst harte Bandagen angelegt werden. Mit »Kriegskassen« von mehreren Millionen ausgestattet, gehen die angestellten Verleger auf Shoppingtour. So entstehen charakterlose und austauschbare Programme, auf die sich ein unabhängiger Verlag, bei Strafe des Untergangs, keinesfalls einlassen darf.

Die Überzeugungen, die Kontinuität

Unabhängige Verleger sind Verrückte. Angesichts von ein paar Bankschulden bleiben sie gelassen, sie sind vernarrt auch in unverkäufliche Autoren (und nicht nur hie und da in ein unverkäufliches Buch), sie haben Überzeugungen und denken in langen Zeiträumen. Ein unabhängiger Verleger ohne Überzeugungen, mag sein Verlag groß oder klein sein, ist verloren: Es lohnt sich nicht, von der Unabhängigkeit keinen Gebrauch zu machen.

Das Lektorat ist deswegen das Zentrum eines unabhängigen Verlags. Nur im Lektorat, oft auch gemeinsam mit den Autoren, können die Entscheidungen über eine Serie, in der ein Buch erscheinen soll, fallen, und nur in Absprache mit allen anderen Abteilungen die Entscheidungen über Satzbild, Umschlag, Auflage, Ladenpreis. Diese fortwährende Kommunikation ist natürlich auch die Stärke eines nicht allzu großen Verlages.

In der Konsequenz müssen die Absichten mit dem öffentlichen Auftritt korrespondieren. Antikonsumistische Bücher dürfen dem Leser nicht als Wegwerfware präsentiert werden. Die Bücher des Verlages dürfen sich dem gängigen Design nicht anpassen, sondern müssen ihm widersprechen, sie müssen sicht- und erkennbar sein.

Am deutlichsten und erfolgreichsten ist uns das mit der Buchserie *SVLTO* gelungen, die jetzt fünfzehn Jahre alt wird. Schmale, schlanke Bücher in rotem Leinen, fadengeheftet mit Prägung, aufgeklebtem farbigen Schild und Vorsatzpapier. Alles vom Feinsten, aber nackt wie David, ohne Schutzumschlag. Material und Machart treten offen auf, sie brauchen sich ja auch nicht zu schämen, sondern scheuen sogar den Rückgriff auf alte Techniken nicht. Und das alles – kalkulierter Widerspruch! – für zeitgenössische Autoren.

Die Idee war (und es war natürlich eine »postmoderne« Idee), eine Brücke zu schlagen zwischen Tradition und Moderne, zwischen hohen Ansprüchen an die technische Qualität und hohen Anforderungen an den Rezeptionswillen. Da schwebte uns durchaus auch der sogenannte bürgerliche Kaffeetisch vor, um den ja bekanntlich nicht nur Idioten sitzen. Die rote Farbe des Leinens, die als Vorwarnung vor revolutionären Inhalten erscheint (und oft auch, ganz falsch ja nicht, so verstanden wurde), war allerdings zu Beginn der Reihe *SVLTO* keinesfalls festgelegt. Wir hatten vielmehr ursprünglich die Idee, die Leinenfarbe mit jedem Jahr zu wechseln. Das Rot erwies sich dann aber als so wirksam, daß wir es beibehielten (und, Schicksal alles Erfolgreichen, vielfach nachgeahmt wurden). Denn, wie schon gesagt, ein Meinungsverlag unseres Typs muß sich nach außen besonders klar erkennbar machen, findbar für seine Leser.

Diese Leserbindung ist natürlich für die Kontinuität unserer Arbeit entscheidend, und wir haben sie von Anfang an gesucht und auch gefunden mit einem kleinen Verlagsalmanach, der jedes Jahr kostenlos an alle verschickt wird, die uns eine Postkarte schicken.

Tarnkappen

Redlichkeit gegenüber dem Leser schließt allerdings Blendwerk verschiedenster Art nicht aus.

Da wäre als erstes die Taktik der Anfütterung. Ein Titel wie *Italienische Liebesgeschichten* beispielsweise ist vielversprechend, man weiß ja, daß der Latin Lover sein Handwerk versteht, und möchte gern Genaueres wissen. Schlägt man das Buch (ein *SVLTO*) dann zuhause auf, wird man zwar redlich bedient, aber doch mit dem besten literarischen Futter: Nicht Tamaro, sondern Calvino, nicht De Crescenzo, sondern Malerba, Eco oder Cavazzoni.

Als eine Art Unterabteilung dieser Taktik könnte man die Terrainverteidigung nennen, in unserem Fall die Rolle als wichtigster Verlag für Italien, seine Literatur, Politik, Geschichte und Kunst. Diese Kompetenz muß aber nicht nur stets neu erkämpft, sondern auch mit einer Art Beiprogramm illuminiert werden: mit (von uns in Auftrag gegebenen) Büchern über die italienische Nachkriegsgeschichte oder über die Küche der italienischen Provinzen, über die Art, mit der man sich im Land zurechtfindet (*Nach Italien!*) oder mit *literarischen Einführungen* in einzelne Städte.

Eine echte Tarnkappe ist ein Austauschsystem, das ich »rechte Tasche, linke Tasche« genannt habe. Im Gegensatz zu den Marktusancen senken wir bei hohen Auflagen von Büchern den Ladenpreis nicht, sondern erhöhen ihn in einzelnen Fällen sogar, was sehr feine Extraprofite einbringt, die wir in die rechte Tasche stecken. Rechts, weil das Kapital rechts sitzt, leicht zu merken. In der linken Tasche lauern die schönen Ver-Lustprojekte, die dann, sozusagen hinterrücks, von rechts finanziert werden.

Wiederum eine Art Unterabteilung dieser Taktik ist das »Erfinden« erfolgreicher Titel. Leicht gesagt, schwer getan. Da heißt es dann, darüber nachzudenken, was am Markt erfolgreich und dennoch angemessen für unsere Leser sein könnte, und es entstehen Anthologien wie *Die weite Reise. Mittelmeergeschichten* oder Umberto Ecos *Mein verrücktes Italien* oder *Italienische Kindergeschichten*. Oder Einführungen zu Autoren wie Calvino oder Fried. Oder ein Buch für die Toskana-Fraktion: Alice Vollenweiders *Die Küche der Toskana*.

Schließlich eine althergebrachte Taktik: die neue Hose. Eine neue Verkleidung desselben Inhalts nach dem Motto der Berliner Maurerpoliere: »Meester, det Haus is fertich, wat forn Stil soll ran?« Als Jungverleger hält man dieses Prinzip, dasselbe Buch mit einem anderen Einband zu versehen oder in einer anderen Serie erscheinen zu lassen, erst einmal für eine typisch profitorientierte Roßtäuscherei: Der Leser soll quasi verlockt werden, ein Buch zweimal zu kaufen! Junge Leser haben dieses Problem nicht, weil sie das Buch in der alten Verpackung gar nicht kennen, sondern das Buch ihnen nur in der neuen Verpackung begegnet oder besser: in einer ihnen angemessenen Verpackung. Als Verleger versteht man also die Taktik der neuen Hose erst, wenn man begreift, daß es Leser gibt, die wesentlich jünger sind als man selbst und für die nicht nur jene Bücher neu sind, die für einen selbst neu sind und die man sozusagen als Trophäe präsentiert, sondern auch jene Bücher, die man schon längst kennt. Für junge Leser ist alles neu.

Auch die Taktik der neuen Hose hat eine Unterabteilung. Sie resultiert aus der Erfahrung, daß ein Meinungsverlag zwar eine Art Markenartikel ist (und auch so, mit einem kompromißlosen

Programm, auftreten muß), aber doch immer wieder Unbekanntes veröffentlicht, für das es noch keinen Markt gibt. Ein Meinungsverlag veröffentlicht ja, nach dem schönen Wort von Kurt Wolff, Bücher, die die Leser lesen sollen, und nicht Bücher, die sie lesen wollen. Er muß den Spagat machen zwischen »Ich bring euch was Neues« und »Ich bin ganz der Alte«. Mit Niederlagen. Wenn etwa eine Buchreihe sehr berühmt geworden ist durch ihr klares Design, dann erlahmt die Neugier des Lesers, und er sagt sich: Kenn ich schon, hab ich schon, brauch ich nicht mehr. Uns ist es so mit der bekanntesten Serie des Verlages, den schönen schwarzen *Quartheften*, gegangen, die wir nach fast drei Jahrzehnten aufgeben mußten, und auch unsere weitverbreitete Reihe *Wagenbachs Taschenbücher*, 1975 gegründet, hat sich seitdem in ihrem Äußeren dreimal (1983, 1991, 1997) verändern müssen, unter anderem auch deswegen, um uns besser von der nachschleichenden Konkurrenz zu unterscheiden.

Die Irrtümer der anderen

Ja, die Konkurrenz. Da rennt sie, und wir sagen immer: »Laßt die Global Players tanzen!« Während sie von einem Termin zum anderen stürzen und nachtsüber hochgehandelte »abstracts« von noch nicht geschriebenen Manuskripten lesen müssen, um rechtzeitig ihr »best offer« abgeben zu können, studieren wir Zeitschriften oder Zeitungen, besuchen Buchhandlungen in Berlin, Paris oder Rom, lesen die schönsten (fremdsprachigen) Bücher, die entweder keine »Auflagenerwartung von mehr als 5000 Exemplaren« haben oder, noch schlimmer, schon vor mehr als einem Jahr erschienen sind. Wir haben Zeit. Dafür haben die anderen das Geld und keine Zeit, eine Arbeitsteilung, die ich immer als angenehm empfunden habe.

Diesen Freiraum haben uns (unter anderem) die die großen Konzerne durchrasenden Betriebsberater sogar noch weiter ausgeholzt mit ihrem ewigen Gerede davon, daß auch die kleinste Einheit innerhalb eines Verlages ein eigenes *profit center* bilden und außerdem das Gerede von der »Querfinanzierung« (also »rechte Tasche, linke Tasche«) endlich aufhören müsse, vielmehr sich eigentlich sogar jedes Buch rentieren solle.

Ich höre solche Reden mit Vergnügen, denn sie liefern uns nicht nur das Feinste (nach dem Motto »das Neue kommt auf leisen Sohlen«), sondern sie beziehen sich auf Waren, nicht auf Personen. Personen sind aber die Leidenschaft des unabhängigen

Verlegers, da blüht er erst auf, auch wenn die Leidenschaft oft Leiden bringt. Die besten Autoren sind oft die schwierigsten Autoren. Da werden sowohl Kenntnisse des Werks wie auch Ratschläge für die Zukunft gefordert, die Typographie wie auch der Klappentext diskutiert, Druckfehler wie auch Rezensionen gemeinsam beweint. Zumeist entsteht eine Zuneigung zwischen Autor und Verleger, die bei Konzernen gar nicht möglich ist: Wer verliebt sich schon in eine Kommanditgesellschaft?

Und die Rendite? Die Konzerne hören es ungern: Die großen Verluste werden von den großen Spekulationen verursacht, nicht von den Büchern in kleiner Auflage. Das haben Spekulationsgeschäfte eben so an sich, daß sie hohe Gewinne, aber eben auch hohe Verluste bringen können. André Schiffrin hat (in seinem sehr lesenswerten Taschenbuch *Verlage ohne Verleger*) den Konzernen vorgerechnet, wie sie mit ihren Vorstellungen von industriellen Umsatzrenditeerwartungen von zehn bis fünfzehn Prozent die Gegend verpesten und sich selbst betrügen. Es gibt, seit vielen Jahren, nicht ein einziges Beispiel dafür, daß reale Bilanzen diese Fiktionen bestätigt haben.

Die Konsequenzen für David sind sehr vielfältig. Zuallererst natürlich die schon genannte Konsequenz, sich unter gar keinen Umständen an Spekulationen zu beteiligen. (Zu diesen Spekulationen gehören auch, das wird oft vergessen, pharaonische Managergehälter, die zur Industrie passen mögen, aber nicht zu unserem lächerlichen Buchgewerbe. Man rechne nur einmal die bereits zitierte, bei Bertelsmann übliche Gehaltspyramide nach.) Es gehört auch, auf allen Ebenen, Sparsamkeit dazu und zugleich eine Genauigkeit, die bei Konzernen gar nicht durchsetzbar ist. Dort werden beispielsweise Bücher oft schon vor Beginn der Reise der Vertreter (die den Buchhändlern die neuen Bücher erst vorstellen) gedruckt, also in Auflagen frei nach Schnauze. Das machen wir nicht. Wir warten nicht nur die ersten Nachrichten aus dem Buchhandel ab, sondern wir versuchen, den hohen Risiken der Auflagenbestimmung mit einem Maximum an Kompetenz zu begegnen: Die Auflage wird im Konsens mit allen Beteiligten festgelegt – Lektorat, Vertrieb, Marketing, Herstellung und Verlagsleitung.

Das unterschiedliche Verhältnis zur Zeit verursacht noch zwei andere Verhaltensweisen, die ich kurz erwähnen will. Erstens: mäßiges Wachstum. Natürlich kann man das, negativ wie positiv, nicht immer steuern, aber eine Richtschnur muß das Wachstum aus eigener Kraft bleiben, und das ist fast immer ein maßvolles. Zweitens der Versuch, sogenannte Events zu vermeiden oder, wenn sie schon stattfinden, so lange wie möglich auszudehnen. Denn der Niedergang des eigenständig forschenden Journalismus hat auch für die Buchkritik Folgen gehabt: Rezensiert wird vorwiegend, was woanders schon rezensiert ist, im journalistischen Jargon wird das »Rattenrennen« genannt: Jeder will dabeisein und zeigen, daß er auch eine Meinung zum neuen Buch von Günter Grass hat. So entsteht eine Event-Fontäne, die alle übrigen Bücher für zwei bis drei Wochen begräbt. Dieser Fontäne muß man entgehen, oder, falls sie einen selbst trifft, versuchen, ihre Größe zu mäßigen, um anderer Bücher willen, aber auch, um die Fallhöhe beim zu erwartenden Absturz zu mildern.

Der Leser, das Lesen

Ein Meinungsverlag unseres Typs trifft (abgesehen von Distributionsproblemen) heute auf drei Schwierigkeiten.

Erstens auf ein Bürgertum, das sich nicht mehr an Duftmarken wie »Buch« oder »Bildung« orientiert, keinen Kanon mehr setzt.

Zweitens sinkt die Lesehäufigkeit dramatisch. Die Stiftung Lesen hat 1992 und 2000 folgende (ohnehin schon ziemlich läppische) Frage stellen lassen: »Kommen Sie täglich dazu, ein Buch zur Hand zu nehmen, um darin zu lesen, etwas nachzuschlagen oder darin zu blättern?« 1992 beantworteten 16 Prozent der Befragten diese Frage mit »ja«, 2000 nur noch sechs Prozent.

Drittens sieht sich der heutige Leser immer höheren Anforderungen an seine Kompetenz ausgesetzt, wenn er nicht zum Blatt im Wind von Events oder journalistischen Rattenrennen werden will. Er muß wissen, was er bei Amazon bestellen will, er muß das Buch kennen, das in den Ladenketten nicht im Regal steht, ja, bei Neuland muß er sogar das Buch zu finden wissen, das er überhaupt nicht kennt.

Wahre Goliath-Bedingungen, die aber einen David nicht schrecken dürfen. Um so mehr muß der Verleger den Leser, seinen Freund, nicht nur im Auge behalten, sondern sich ihm auch verständlich machen. Da es ein deutscher Leser ist, nützt es ihm beispielsweise wenig, ein italienisches Buch einfach zu übersetzen, wenn er verstanden werden will. Eines unserer erfolgreichsten Bücher, die *Freibeuterschriften* von Pier Paolo Pasolini, ein Konvolut von Zeitungsartikeln, haben wir vollständig neu ordnen, um

Redundanzen kürzen, durch eine Einleitung, eine Chronik und Anmerkungen ergänzen müssen, damit es verständlich und dadurch dann auch erfolgreich wurde. Auch Rezensionsmäkeleien darf man nicht immer folgen. Letzthin etwa bezichtigte uns ein Rezensent der Titelfälschung bei einem Buch der wunderbaren schottischen Autorin A. L. Kennedy, *Gleißendes Glück*, das im Original *Original Bliss* heißt, was der Rezensent, weil es sich um eine angeblich katholische Autorin handele und es eine »original sin« gäbe, mit »Erbglück« zu übersetzen wünschte. Daß halb Deutschland protestantisch ist und der Rest bei Erbglück eher an den unseligen Erbhofbauern denkt, war ihm wurscht.

Da also muß David standhaft bleiben (wenn auch erschütterbar), und nicht nur da. Angesichts der sogenannten schnellebigen Zeit muß er sich – tröstend – sagen, daß mit dem Tempo auch die Zahl der Leute zunehmen werde, die die Notbremse ziehen und sich den schönen, langsamen Dingen zuwenden, also den Büchern. Er muß wissen, daß es außer ihm auch noch andere Idioten gibt, Buchhändler und Kritiker, mit denen er gemeinsam vor die Leser treten kann. Er muß reisen, sichtbar bleiben, am Meinungsstreit teilnehmen. Seine Bücher müssen Lustobjekte und dürfen keine Wegwerfware sein. Und er muß Michelangelos Stein festhalten.

Das Davidprinzip. Macht und Ohnmacht der Kleinen.
Eichborn. Frankfurt am Main 2002 und Wagenbach. Berlin 2003

Da naht ihr euch wieder, schwankende Gestalten, hohläugig vom Flimmern des Bildschirms, fingerlahm vom PC, erschöpft vom Internet… Willkommen!

Wie genußreich ist die Welt der Bücher!

Mußte Ihre Freundin oder Ihr Freund nicht etwa gegenüber simplen Liebesbekenntnissen auf dem Bildschirm schon höchste Besorgnisse haben? In ein Buch hingegen, da können Sie ohne weiteres »I love you« schreiben, ohne daß ein Virus das ganze folgende Programm löscht (und das auf Liebeserklärungen folgende Programm ist doch das eigentlich Interessante).

Ganz zu schweigen vom Fingerkribbeln beim Abtasten eines Leinenbandes, vom Reiz des Aufwachens mit einem Buch auf der Nase, von der optischen Verlockung durch eine feine Mediävalschrift. Und haben Sie einmal versucht, einem PC ein Eselsohr beizubiegen? Na also. *Zwiebel.* 2001

Der schöne Schein der Bücher

Die äußere Form von Büchern bleibt oft lange im Gedächtnis: die Farbpalette der Edition Suhrkamp, das schmale Format der roten *SVLTO*-Bände, das grüne Leinen der Hanserschen Goethe-Ausgabe. Und manchmal bleibt sie selbst dann im Gedächtnis, wenn Bücher geradezu nackt auftreten – das eindrucksvollste Beispiel war die geniale Idee Ernst Rowohlts, aus der materiellen Not der Nachkriegsjahre eine kulturelle Tugend zu machen: »Rowohlts-Rotations-Romane«, auf Zeitungspapier gedruckt und im Zeitungsformat, kaum noch als Buch erkennbar, aber nach der Öde der Nazizeit heißeste Ware, von Anna Seghers über William Faulkner bis Kurt Tucholsky.

Daneben gab es natürlich bald ein inhaltlich wie äußerlich anspruchsvolles bürgerliches Publikum, das ich im S. Fischer Verlag (als Lehrling und später Hilfshersteller) besonders gut kennenlernen sollte durch die Arbeit mit einem der besten Hersteller, Fritz Hirschmann [siehe Seite 52], und die Arbeit für den bürgerlichen Autor Thomas Mann. *Der Erwählte* (1951, ein kleiner Roman über einen, immerhin, nicht italienischen Papst), *Die Bekenntnisse des Hochstaplers Felix Krull* (1954): Da wurde dann schon der Schriftkünstler Martin Kausche mit dem Umschlag betraut, das beste Feincanvas für den Einband bestellt sowie Kapitalband und Goldprägung.

Der Lehrling, also ich, wurde dann nach Eintreffen der ersten hundert Freistücke von Hirschmann in den Keller geschickt mit den Worten: »Jetzt suchst Du bitte zehn einwandfreie Exemplare für den Versand an Herrn Professor Mann aus.« Mit gedehnter und strenger Betonung auf »einwandfrei«, also kein schief eingehängtes, ungleich geprägtes oder gar bogenvertauschtes Exemplar, dessen Beschnitt schartig oder dessen Kapitalband verrutscht war. Eine Befriedigung von Autoreneitelkeit und Marktlage zugleich.

Beidem dienten dann auch die ersten bibliophilen Drucke. Wiederum Thomas Mann: *Thamar*, 1956. Das fünfte Stück des Romans *Joseph der Ernährer*. Mit Zeichnungen von Gunter Böhmer, auf Zerkall-Bütten, davon 250 Exemplare in Leder gebunden, numeriert und vom Künstler signiert.

Da war er schon, der allzuoft zwischen Kommerz und Snobismus schwankende Markt der Bibliophilen, den letzthin Kurt Weidemann wieder karikiert hat:»Sie können sich Stunden darüber unterhalten, ob die Van Dijk oder die Lutetia besser zum späten Hesse passt oder nicht. Sie machen Bücher, die man geschenkt bekommt, mit spitzen Fingern durchblättert und in das Bücherbord zu den Privatdrucken stellt. Dort wachsen sie von Jahrzehnt zu Jahrzehnt einem höheren antiquarischen Wert entgegen und werden von der buchkunstunverständigen nächsten Generation zur Auktion gegeben.«

In derselben Zeit zwischen leicht anrüchiger Bibliophilie und Goldprägung samt Lesebändchen entstanden die ersten beiden wirklichen Taschenbuchreihen, zuerst bei Rowohlt, dann bei S. Fischer, beide mit furchtbaren Umschlägen: Man stellte sich offenbar ein junges Publikum vor, das nur mit einer Art Zigarettenreklame zu erreichen sei. Wobei der Auftritt von Rowohlt deutlich spießiger war – die Bücher wurden als »Halbleinen« angepriesen, das lediglich aus einem auf dem Rücken aufgeklebten Leinenstreifen bestand; es waren Bücher für den Nierentisch. Dagegen war die Fischer-Bücherei im Design etwas internationaler, so mehr Knoll International. Beide waren (mangelhaft) zellophaniert, ein Lustobjekt für Kinderhände, und klebegebunden, im Hotmelt-Verfahren, für das der Spruch gilt »Wer Hotmelt sagt, muss auch ›knack‹ sagen«. Flotte Ware, der freilich ihre Verderblichkeit einprogrammiert war.

Das änderte sich in den sechziger Jahren, die Materialien wurden besser, die Machart solider, die Graphik zurückhaltender – ein für die äußere Gestalt der Bücher besonders ertragreiches Jahrzehnt, was man vom folgenden nicht sagen kann. Da befahlen sozusagen die Inhalte das Verschwinden der Form. Die schäbige Pappe der Ullstein-Bücher, die graue Langeweile der Sammlung Luchterhand sagten förmlich »vergiß mich, ich arbeite hier nur für das Volk!«.

Mitschuldig an diesem Zustand war allerdings auch ein technisches Übel: der Übergang zum Computersatz. Die ersten Schriften, die für diesen Satz zur Verfügung standen, waren nicht von ungefähr Langweilerschriften wie Times oder Excelsior. Aber selbst sie wurden, wegen der geringen Auflösung, noch um ihre ohnehin dürftigen Serifen beraubt, und so entstanden Bücher mit einem Grauwert zum Haareraufen und einer Lesbarkeit zum Einschlafen. Das hat sich natürlich inzwischen verbessert, aber trotzdem rate ich noch heute jedem hochmütigen Computerfreak zu einem

Besuch im schönen, nach langer Restaurierung wieder eröffneten Kapitolinischen Museum in Rom: Dort ist im Untergeschoß eine Sammlung römischer Schrifttafeln zu sehen, zumeist auf Marmor, der besonders genau den jeweiligen Ansatz des Stichels wiedergibt, der sozusagen der Vater der Serife ist, an der sich unser Auge seit zweitausend Jahren orientiert.

Damals, in den siebziger Jahren, habe ich mit ausgefeimter Umschlaggraphik und einem ungewöhnlich schlanken Format in den *Rotbüchern* gegenzusteuern versucht, natürlich vergeblich. Dafür behielt ich die Farbe und das Format im Kopf für eine spätere Zeit, ganz im Sinne des schönen Satzes von Kafka:»Ein Vogel ging einen Käfig suchen.«

Diese Zeit kam dann mit den achtziger Jahren, in denen vieles wieder möglich wurde. Ich erinnerte mich an die Farbe und das Format (und an die steten Bitten der Buchhändler:»Herr Wagenbach, können Sie nicht auch einmal in Leinen gebundene Bücher machen?«) – so entstand dann die Reihe *SVLTO*. Wir begaben uns auf die Suche nach neuen Materialien, Vorsatzpapieren, Schriften, Bindeformen oder, beim einzelnen Buch, nach neuen Formen des Wort- wie Bildzitats, der Fußnoten wie der Schriftmischung. Postmoderne eben. Das schönste Beispiel ist die von Rainer Groothuis gestaltete Biographie Pasolinis von Nico Naldini. Zugleich kamen auch die ersten blauen Bände eines allgemeinen Programms und der *Kleinen Kulturwissenschaftlichen Bibliothek*.

Ja, und dann begann, etwa so Mitte der neunziger Jahre, unsere Zeit, die Zeit, in der wir angeblich von Büchern überschwemmt werden (aber diesen Eindruck hatte mein ehrwürdiger Kollege Samuel Fischer schon 1911), in der die Konzerne regieren, die Ladenketten wachsen, Leser verblöden und das Buch verschwindet. Oder?

Die letzte Behauptung könnte ich mit einem Zitat Samuel Fischers von 1926 beantworten (»augenblicklich gehört das Buch zu den entbehrlichsten Gegenständen des täglichen Lebens«), ich erinnere aber lieber mit heiterer Schadenfreude an das *rocketebook*, mit dem auf der Buchmesse 1999 der Untergang des Buches eingeläutet wurde und das inzwischen selbst sang- und klanglos untergegangen ist [2003 wurde die Produktion eingestellt].

Das Buch verschwindet nicht! Oder haben Sie etwa alle Bücher in Ihren Regalen gelesen? Na also. Sie haben beim Kauf daran geschnüffelt. Sie haben mittendrin aufgehört, beim Eselsohr, das noch heute die Stelle bezeichnet. Sie haben sich ein Buch vom Autor signieren lassen und dann vergessen, daß Sie es Ihrer Freundin schenken wollten. Sie wurden bei der Lektüre unterbrochen, Sie wollten das Buch schon immer lesen ... Und dann die vielen Bücher, die Ihnen geschenkt wurden, in völliger Unkenntnis Ihres Geschmacks oder Ihrer Interessen. Oder umgekehrt: wie gerührt oder peinlich berührt ist man beim Wiederlesen von Randnotizen, Unterstreichungen, vergessenen Merkzetteln in den Büchern. Sind solche Wiederentdeckungen am Bildschirm möglich oder auf einer CD? Na also.

Zur Bücherschwemme siehe das Zitat von Samuel Fischer. Ich würde nicht einmal behaupten, daß heute mehr Schund veröffentlicht wird als damals zu Fischers Zeiten. Dreck verkauft sich immer, und stets gab es auch ein dazugehöriges literarisches Unterholz, das von der Kritik vorschnell zu Siegespalmen hochgejubelt wurde: Jakob Wassermann statt Franz Kafka.

Die Buchkonzerne haben allerdings in der Tat die Welt der Bücher verändert, innen wie außen. Die Wirkung nach innen ist oft beschrieben worden: Der vor einigen Jahren stattgehabte Durchzug der Betriebsberater durch die größeren Verlage hat inzwischen gewaltige Bremsspuren hinterlassen.

Einmal werden künftig keine Bücher mit einer Auflagenerwartung unter sechs- bis siebentausend Exemplare veröffentlicht. Gottlob irren sich die Konzerne manchmal. Zweitens: Flurbereinigung – immer mit dem starren Blick auf die »Marktführerschaft« durch Aufkauf von Verlagen, am besten gleich mit dem Verleger. Früher hielt sich der Verleger einen Kaufmann, heute kauft sich der Kaufmann einen Verleger, der erst nach einer Schon-und-Scham-Frist gefeuert wird, weil er keine Rendite im Kopf hat, sondern ein Profil. Kaufleute denken aber umgekehrt. Sie kannibalisieren anschließend das Verlagsprofil und geben das Ganze als »Lauf der Zeit« aus.

In Wirklichkeit und Wahrheit verbinden erfahrene und informierte Leser durchaus bestimmte Inhalte mit bestimmten Verlagen; sie wissen beispielsweise, daß der Verlag Klaus Wagenbach zeitgenössische Literatur und Kulturgeschichte veröffentlicht, daß er der Verlag von Erich Fried ist oder daß er über Italienkompetenz verfügt. Oder warum richten Verlage Internetseiten ein, wenn sie nicht wüßten, daß es Leser gibt, die sich für ihr Programm interessieren?

Zur Beliebigkeit von Programmen gehört natürlich eine Beliebigkeit des Äußeren. Was nicht heißt, daß auf dieses Äußere keine Zeit verwandt wird, im Gegenteil: Die Marketingkonferenzen dauern länger als die Lektoratskonferenzen. Da läuft der halbe Verlag zusammen und kommentiert eine vom Chefdesigner vorgeführte Computeranimation mit einem im luftleeren Raum wirbelnden Buch. Wobei das Motiv oft doch nur das immergleiche Blow-up einer Stock-Photographie ist, die dann von der Bildagentur für ein halbes Jahr »exklusiv« gesperrt wird.

Rainer Groothuis hat bei einer solchen Konferenz einmal mitgeschrieben: »Phase eins: ›Wir brauchen etwas *ganz* Neues.‹ Phase zwei: ›Ganz *so* haben wir uns das nicht vorgestellt.‹ Phase drei: ›Können wir nicht doch ein paar Zitate haben, Sie wissen schon, wie's vorher war?‹ Gern genommen wird auch: ›Das mögen die Buchhändlerinnen nicht.‹ Unbestritten ist ein erheblicher Teil der verantwortlichen Ein- und Verkäufer in Buchhandlungen weiblich. Vielmehr wissen die Verlage allerdings nicht. Das Einknicken vor dem selbstgebastelten Phantom der handgestrickten Buchhändlerin in katholischen Kleingemeinden ist die Rede von Männern mit dem gewissen Nichts. ›Die‹ Buchhändlerin – höchste Autorität, auf die man sich beruft, wenn die eigene Feigheit vor der Angst keine signifikanten Veränderungen zuläßt. Vielleicht beruht der mangelnde Mut zur Entschiedenheit auf der *grundsätzlich* irrigen Annahme, man könne es allen recht machen.«

Hinzu kommt in den großen Verlagen allerdings noch ein Phänomen, das die allgemeine Schlampigkeit beschleunigt: Da die »Verweildauer« der Bücher in den Buchhandlungen immer kürzer wird, geraten handwerklich gut gemachte Bücher unter Generalverdacht: Will dieses Buch etwa länger als die abgemessenen drei Monate leben?

Stuttgarter Zeitung. 2006

Zwischen Wappentieren und geölten Löffeln. 1990

Und welcher Lesertyp sind Sie?

Schneemann Tritt nur zwischen dem 21. und 24. Dezember auf. »Hätten Sie noch etwas Repräsentatives?« Schmilzt bei warmer Ansprache, läßt nur die Mohrrübe zurück. Und Kohle. Legt auch als Osterhase goldene Eier.

Gazelle Rast durch die Buchhandlung: HabenSiedas? Wogibtsdas? Ratsch, ist sie wieder draußen. Läßt sich durch kein Buch bremsen. Kulturflüchter, Luftikus.

Marker Armes Schwein. Muß alles marken, weil er sich nichts merken kann. Trotz vieler Farben farblos. Kleckerliese, Buchversauer, Umsatznützling.

Medienzappler Blatt im Fernsehwind. Tabellengläubiger. Harte Nuß. Flatterhaft. Schnelle Biene, Kaufmaschine. Kassenschlager: pfeift jede Melodie nach.

Der einsame Wolf Durchstreift die Buchhandlungen auf der Suche nach Wein und Rotkäppchen. Liebt das Abgedrehte und Parfümierte. Will gestriegelt sein. Weiß alles oder tut so. Hockenbleiber, Tendenz Nervensäge.

Genrebild Malt nicht selbst, bleibt aber gern im Bild: unaufgeregte Landschaften. Fühlt sich nur im Eigenen wohl. Verwechselt Lichteffekte mit Beleuchtung. Ich-AG. Einmal Fantasy, immer Fantasy. Einmal Pilcher, niemals Silcher. Erster Stock links, zweites Regal. Suchtcharakter.

Geizhals Kommt immer im letzten Hemd und verlangt Erklärungen zum Ladenpreis. Nörgler, Miesnickel, Trödelkopp. Lädt nie jemanden zum Essen ein. Kauft immer nur ein Buch, am liebsten eins, das er für beschädigt erklärt.

Fundevogel Auch als Zaunkönig bekannt. Eigentlicher Lesefürst. Verachtet Einfriedungen. Wildert gern in fremden Revieren. Schon frühmorgens heiter. Gegen Abend zeigt er gern seine schönsten Kunststücke.   *Buchjournal.* 2004

LUFTIG, SCHUFTIG

Denn neben dir ist alles Tand
Oh Du, halb Dreck- halb Götter-Land
Wo alles hoch und luftig
(Der Mensch bisweilen schuftig)
Jacob Burckhardt

Das Dorf

Ein Haus sollte es sein, ein Schreib- und Denkort, ich wußte auch wo. Auf meinen Fahrradtouren durch Italien [siehe Seite 35ff.] hatte ich mir angesichts der sienesischen Hügeldörfer gesagt:»Wenn du einmal alt und reich bist...« Das Alter kommt von allein, mit dem Reichtum haperte es dreißig Jahre später immer noch. Aber auch hier half mein Vater, auf allerdings geradezu burleske Weise. Im Testament hatte er, als guter Katholik verärgert über die Trennung meines Bruders und meine Trennung von unseren Frauen, sein Vermögen fürsorglich über die gesamte Familie (immerhin 12 Köpfe) verteilt, da blieb meinem Bruder und mir wenig. Ich fand das in Ordnung. Das geringe Erbe sollte aber mein Glück sein, es paßte zwar in eine Faust, blähte sich aber in Italien zu immerhin 35 Millionen auf, Lire versteht sich.

Zu jener Zeit lebte ich mit der Lektorin Barbara Herzbruch zusammen, die später meine Frau wurde. Wir fuhren nach Siena und ich betrat eine Immobilienagentur, allein, denn Barbara, gelernte Volkswirtin, hielt den Versuch für aussichtslos und blieb gleich draußen. Wenige Minuten später stand ich wieder neben ihr – man hatte mich einfach rausgeworfen, mit der mehr höhnischen als höflichen Empfehlung, in ein paar Jahren mit mindestens dem fünffachen Betrag wiederzukommen.

Desillusioniert fuhren wir durch die Provinz und kamen nach Monte, das uns außerordentlich gefiel: Ein sehr altes Hügeldorf, rund achthundert Einwohner in einem alten und einem neuen Teil, mit Laden, Bar, Apotheke, Bank, Consorzio agrario, Schule, Autowerkstatt, Schreiner, Schlosser, zwei Pulloverfabriken, drei Kirchen. Nicht besonders schön, aber praktisch, wie viele Dörfer in dieser Gegend, alles kleine Städte, die sich tapfer gegenseitig hassen. Wir betraten die Bar, das übliche Geschrei erstarb: Eine Frau in der Bar, noch dazu strohblond! Das waren wir schon gewohnt und bestellten eine *grappa*. Und noch eine. Und noch eine.

Und dann fragte Barbara (ich war zu deprimiert und sie konnte besser Italienisch), ob man hier ein Haus kaufen könne. Bedächtiges Schweigen, Getuschel, dann trat ein großer kräftiger Herr mit zerknittertem Gesicht, um die fünfzig, auf uns zu und sagte, ein verkäufliches Haus sei ihm nicht bekannt, wohl aber ein seit Jahren leerstehendes, das einer Arztgattin aus dem Nebenort gehöre.

Dort wurde ich einer Prüfung unterzogen: Was denn mein Beruf sei. Aha, Verleger, das sei doch eigentlich auch ein pädagogischer Beruf. Das konnte ich bestätigen. Welche Bücher ich denn so veröffentliche. Viel Italienisches und Politisches. Ob auch Anarchistisches? Ich blieb bei der Wahrheit und bejahte.

Sie lächelte versonnen.

Ihr Lächeln erklärte sich schnell. Das Haus hatte ihrem Schullehrer gehört, einem Anarchisten, den sie sehr verehrte und dem sie, als er im Alter verarmte, das Haus gegen eine Leibrente abgekauft hatte. Nach dem Tod des Lehrers wußte sie nicht, selbst vermögend, was anfangen mit dem Haus. Sie zeigte es mir. Es sollte 35 Millionen kosten. Mein Vater hatte recht behalten.

Cordevole (mit Bauch) und sein Freund Lismo (mit Wein und Hund Otto) bei der Hauskontrolle

Nun begann die Zeit des freundlichen Mannes mit dem zerknitterten Gesicht, der uns auf das leere Haus aufmerksam gemacht hatte. Es war der Dorfschmied mit Namen Cordevole (wie überhaupt im Dorf noch seltsame Namen vorkommen, Danusia etwa, Isoriano, Antilia). Er wurde der eigentliche Lordsiegelbewahrer des Hauses, will sagen der sachkundige Kontrolleur unserer handwerklichen Tätigkeiten. Seine Änderungsvorschläge haben wir allerdings fast alle abgelehnt, denn sie liefen zumeist auf die hemmungslose Verwendung von Beton hinaus – hier einen Durchbruch, da ein Terazzoboden, dort eine Zwischenwand. Wir ließen alles, wie es war, heute ist das Haus wahrscheinlich das einzige im Dorf, das nicht »grundsaniert« wurde. Dafür erkannten es viele Dorfbewohner wieder, als Haus ihres närrischen Lehrers, berüchtigt für seine Streiche (wie bringe ich den Bischof dazu, eine Messe für meinen Hund zu lesen? Wie den Pfarrer, freitags Fleisch zu essen?).

Cordevole also, der verschmähte Liebhaber des Betons, hatte jedenfalls das Anrecht auf einen *potlatsch* und ich fragte ihn, was er sich wünsche. Er fackelte nicht lange: »Einen deutschen Hund«. Mir schwante Übles, leider zurecht. Ich rettete mich in die politische Verleumdung und machte ihn darauf aufmerksam, daß Hitler einen Schäferhund gehabt habe und er als Kommunist sich das noch einmal überlegen solle. Wir einigten uns auf einen politisch neutralen deutschen Hund, und nun hatte ich den Schwarzen Peter, denn es mußte ja ein kräftiger und doch nicht allzu großer kurzhaariger Hund sein. Da bleibt eigentlich nur der deutsche Boxer. Barbara erblaßte: »Der sieht ihm zu ähnlich.«

Ich wußte aber, daß Boxer vielleicht unliebenswürdig aussehen, aber höchst liebenswürdige Tiere sind. Es wurde in der Tat ein Volltreffer: Herr und Hund sahen sich an und waren auf der Stelle Herr und Hund. Fehlte noch der Name, der ein deutscher, aber für italienische Zungen geeigneter sein sollte. Ich schlug Otto vor. Rückfrage: Wer heißt in Deutschland Otto? Ich schwindelte ein wenig: Kaiser und Arbeiter. Das war kommunistisch einwandfrei, und so lief zwölf Jahre lang ein befremdlich aussehender, in der Gegend unikaler Hund durchs Dorf, den die Rentner mit *sei otto* [»sechs acht« respektive »Du bist Otto«] neckten. Wenn er nicht lief, fuhr er als Beifahrer in Cordevoles Topolino und spielte huldvoll den Hochnäsigen gegenüber anderen lächerlichen Dorfkötern. Im Hühnerhof angekommen, machte er sich nützlich, indem er entwischte Kaninchen ganz zart am Schlafittchen packte und seinem Herrn zurückbrachte.

Später haben Barbara und ich in Monte in der landesüblichen Mischung aus Anarchie und Bürokratie geheiratet. Der Bürgermeister nahm mich schon vorher beiseite, um uns zu bitten, jedenfalls ja zu sagen, auch wenn er Namen oder Orte falsch ausspreche. Beim Wort »Freckenhorst« scheiterte er endgültig, aber wir sagten vereinbarungsgemäß ja. Zum Fest luden wir das ganze Dorf ein und es kam mindestens das halbe.

Aber es war das Jahr der Katastrophe von Tschernobyl. Ich habe sie noch im Ohr, die Reden der bestochenen Berufsberuhiger, der fall out sei gering, der Kollateralschaden in Europa werde nur nullkommanullwerweißwieviel Prozent betragen. Es traf Barbara, sie starb sechs Jahre später an Krebs, zu ihrer Beerdigung kam das ganze Dorf. In der folgenden Zeit wurde ich reihum eingeladen, das Dorf hielt mich fest.

Daß ich weitere zehn Jahre später als Siebzigjähriger mit einer lieblichen kleinen Tochter an der Hand Cordevole im Hühnerhof besuchen oder ein Kaninchen ausleihen würde, daß ich ihr einen Sandkasten und später ein Baumhaus bauen und noch später mit ihr die nahegelegenen Museen besuchen würde, daran hätte ich nie geglaubt. Aber es ist ein (noch andauerndes) Vergnügen, ein später, viel gelassenerer Vater zu sein, den auch die Tochter nicht mehr so hoch hängen kann, wie Töchter das gerne tun. Da muß dann die Mutter ran.

Viele kleine Orte in der Toskana haben ein Theater, oft zweihundert bis dreihundert Jahre alt, für reisende Schauspieltruppen, Tanzveranstaltungen, Konzerte. Sogar Monte hat eins, das allerdings erst knapp hundert Jahre alt ist. Ursprünglich ein Versammlungsraum für die Arbeiter einer Braunkohlengrube in der Nähe, wurde es später *casa del fascio* [Faschistenhaus], nach dem Krieg Kino, dann Tanzpalast und heute Raum für Konzerte, kleine Theaterstücke und Feste.

Hier also sollte ich über die »Die Zukunft des Sozialismus« nach dem Fall der Berliner Mauer sprechen, als sei ich, mit einem so einschneidenden historischen Ereignis im Rücken, Fachmann für Prophetie. Eingeladen hatte mich das linke wie rechte Milieu, beide natürlich mit der Absicht, von der Geschichte freigesprochen zu werden.

Der Rechten konnte ich diesen Gefallen nicht tun, sie hatte einfach zu viel Dreck am Stecken, von der Staatsstreichbereitschaft der P2 und den Untaten der Allzweckwaffe Andreotti über die reaktionäre Haltung der Kirche bis zur gewaltsamen Unterdrückung des *compromesso storico* und den abenteuerlichen Korruptionsorgien Craxis. Nur über den endlichen Untergang des Kommandosozialismus konnten wir uns gemeinsam freuen. Über den sich ausbreitenden, höchst unchristlichen Gier-Kapitalismus schon nicht mehr. Soll der etwa Zukunft haben? Die Linke freilich, mit langer Unterdrückungserfahrung durch die *mezzadria* jedoch nur lokaler Herrschaftserfahrung in Städten und Gemeinden? Mit den Bleigewichten einer stalinistischen Vergangenheit samt Gruppenreisen in die schöne DDR (und später nach Kuba)? Mit Bürokraten wie d'Alema und schrecklichen Spießern wie Bertinotti? Hatte das eine Zukunft? Dennoch konnte man bei der Linken ein Bewußtsein dafür voraussetzen, daß eine gemeinwirtschaftliche Organisation respektive staatliche Kontrolle des Bankwesens, der Transportwege, der Energie- und Militärkomplexe für die Zukunft sinnvoll sei – bereits die Aufweichung der Klassen mußte ich allerdings schon länger (und vergeblich) erklären, ebenso wie den Kampf gegen die zunehmende Entfremdung. Das Problem zwischen Freiheit und Gleichheit (ganz nach Norberto Bobbio) versteht hingegen jeder toskanische Bauer.

Das alles in einem Land, in dem es seit jeher schwer ist, auch nur drei Personen unter den Hut eines Parteiprogramms zu bringen? In dem Paolo nur *manifesto* liest, Stefano nur den *Corriere*, Renzo nur die *Liberazione*, alle gemeinsam nur die *gazzetta dello sport*? In dem entsprechend eine politische Diskussion darin besteht, daß keiner dem anderen zuhört, jeder nur seine Meinung sagt, aber alle hinterher gemeinsam essen gehen? Setzt man sich hingegen in den Zuhörerraum, gewinnt man ein anregendes, durch und durch demokratisches Bild von der Welt in fünf bis siebzehn Ansichten. Mir gefällt das.

Gleich im ersten Jahr stiftete ich eine Sitzbank für müde Rentner, die von den *montanini* für nutzlos erklärt, wenngleich geduldet wurde, kam sie doch von einem Sachkenner (ich war 53, also nach Dorfmaßstäben im besten Rentenalter). Die Bank wurde bald von Buben verschandelt, jeder wußte, von wem, auch ich. Das Dorf verhinderte ohne großes Aufsehen, daß es wieder geschah. Auch ein Ladendiebstahl wurde auf die gleiche Weise geregelt. Und wenn alles nicht hilft, wird es in einem zwei- bis dreimal jährlich erscheinenden *giornalino* gebrandmarkt. Oder im *centro culturale* (dem ich natürlich angehöre) besprochen.

Die Rentnerbank leistet immer noch gute Dienste.

Unveröffentlicht. 2010

Wie sich die toskanische Landschaft verändert

Fährt man von Montepulciano in Richtung Monticchiello, kommt man in eine der schönsten Gegenden der Toskana, in das Orcia-Tal, mit Pienza als Mittelpunkt. Etwa in der Mitte des Wegs trifft man auf ein Informationsschild, das mitteilt, man befände sich nun in einem Naturpark, der (seit 2004) zum »Weltkulturerbe der Unesco« gehöre. Die Begründung lautet, auch in (etwas zweifelhaftem) Deutsch: »Das weitläufige Tal des Flusses Orcia, welches eine Gesamtheit von wellenförmigen, tonhaltigen Hügeln bildet und von Gräben und Waldstücken durchzogen wird, ist das Ergebnis eines ständigen und überlegten Handeln des Menschen, der in Jahrhunderten eine einmalige Landschaft von außergewöhnlicher Schönheit geschaffen hat.« Weiter dann noch einige Bemerkungen über die »Natürlichkeit der lokalen Erzeugnisse«, das »Erhalten von Traditionen wie das weltweit einzige *teatro povero* von Monticchiello« und dem Versprechen, daß man sich »in die Kontinuität dieser jahrhundertealten Tätigkeit des Menschen stellt, nicht zerstörend, sondern ›künstlerisch‹ [tatsächlich in Anführungszeichen, auch im italienischen Text!] umwandelnd.«

Das mit dem Menschen und der Landschaft klingt (landesüblich) etwas pathetisch, ist aber sachlich richtig: kaum eine andere italienische Landschaft ist so nachhaltig von Menschen geprägt worden wie die Toskana, angefangen mit den vielen befestigten Hügelorten zur Verteidigung gegenüber den durchs Tal ziehenden Kriegsheeren: Langobarden, Vandalen, Franzosen, Deutsche (die freilich auch andere Spuren hinterließen, erkennbar an den noch heute üblichen Vornamen wie Walter oder Guido). Im Burgdorf wohnen bedeutete aber auch – das schöne Fresko von Lorenzetti im Palazzo Pubblico in Siena führt es vor Augen – lange Wege ins Tal, mit dem Esel zur Olivenernte, mit dem Karren zu den Weinbergen, mit den Schafen und Ziegen auf die Wiesen, mit den Schweinen in den Wald. Der toskanische Wald liegt häufig im Tal und besteht überwiegend, wegen der Schweine, aus Eichen. Eine doppelte Provokation für Deutsche: Bei uns gehört der Wald auf den Berg und die Eiche zum Vaterland...

Dann kam die *mezzadria*: Adlige Familien nahmen das Land in Besitz und ließen die Bauern, gegen Abgabe der Hälfte der Ernte, für sich arbeiten. Dieses System hat viele Spuren hinterlassen, in Landschaft, Küche und Politik. Mit der verbesserten Sicherheit durch die Stärkung der Zentralgewalt im Großherzogtum Toskana wurden später viele Bauern in näher bei den Feldern liegende Gehöfte angesiedelt, in die berühmten und heute vielbegehrten *poderi*, die freilich oft viel jünger sind, als es ihre heutigen Besitzer vermuten. Andere Zufahrtswege entstanden, Zypressen gaben den *poderi* Schatten, Bauerngärten wurden angelegt. Hühner, Kaninchen und Tauben durften gehalten werden. Und bis heute gehören Kaninchen, Tauben oder Perlhühner zu den Leibgerichten, samt (aus den Bauerngärten) Bohnen, Spitzkohl, Wirsing oder Mangold. Sowie das politische Leibgericht: der Kommunismus. In Erinnerung an Armut und Ausbeutung wählt die Toskana bis heute überwiegend links, gerade und besonders auch die Dörfer. Ein deutscher katholischer Bauer käme nicht so schnell auf die Idee, die Roten zu wählen.

Und es war keineswegs nur eine Solidarität unter Armen, sondern eine politische Haltung, eine typische toskanische Mischung aus Selbstbewußtsein, Streitlust, Eigenbrötelei und Neugier. Manches ist verschwunden, vieles hat sich gehalten. Das früher beliebte Beleidigungsspiel gibt es leider nicht mehr: eine Runde Herren beleidigt sich gegenseitig, wer zuerst wütend wird, hat verloren und muß eine Runde ausgeben. Dafür gibt es immer noch den berühmten toskanischen *discorso ironico*, die kunstvolle Verhöhnung. Und das leidenschaftliche Geschichtenerzählen; sogar die Reimlust zu Geburtstagen, Taufen oder Hochzeiten hat sich erhalten. Wie auch die Eigenbrötelei – bis heute gilt der Spruch: »Eine Gesellschaft darf nur aus einer ungeraden Zahl von Personen bestehen, drei sind schon zuviel.«

In den sechziger Jahren des vorigen Jahrhunderts zerfiel die *mezzadria*. Sie hatte den Faschismus nahezu unversehrt überlebt, gegen den entfesselten Kapitalismus war sie machtlos. Die Agrarindustrie der Po-Ebene unterbot problemlos die toskanischen Landwirtschaftsprodukte, und die jungen Leute fanden die Fabriklöhne Norditaliens (oder Deutschlands) attraktiver als ein mühseliges Landleben. Die Gehöfte blieben leer, die Äcker verwilderten. Dann kamen die Sarden, mit wenig Geld und einigen Schafen, richteten sich in den Gehöften ein und arbeiteten weiter in ihrem Beruf, als Hirten. Die kleinteiligen Äcker wurden zusammengelegt, die

Gärten eingeebnet zu großen Weideflächen, auf denen oft die alte Einteilung noch erkennbar ist, anhand einzelner Maulbeerbäume, Weinstöcke, Zwetschgen- oder Olivenbaumreihen.

Bis in die zweite Hälfte des zwanzigsten Jahrhunderts handelten deutsche Reiseführer fast ausschließlich von der Kunst, mit Schwergewicht auf Rom. D. J. J. Volkmann (1770), der Reiseführer Goethes, widmet Florenz 110 Seiten, Rom 870 Seiten. Und folgendes las Goethe über die Landschaft: »Toscana ist eines der schönsten Länder von Italien. Es hat viele Berge, worin man Alaune, Eisen, etwas Silber und andere Materialien findet. Es fehlt auch nicht an Brüchen von Alabaster, Porphyr und schönen Arten von Marmor. Das platte Land bringt Getraide, Wein, Safran und Küchengewächse in Ueberfluß hervor. Die Menge von Maulbeer- und Olivenbäumen verschaffen den Einwohnern einen beträchtlichen Oel- und Seidenhandel.« Das war alles und Goethe hat von der toskanischen Landschaft (von Florenz über Arezzo nach Perugia eilend) praktisch nichts gesehen.

Die eigentlichen Entdecker der toskanischen Hügellandschaft waren dann reisende Engländer wie das Ehepaar Joseph und Elizabeth Penell (1884, auf einem dreirädrigen Humber-Tandem-Velociped!) oder Edward Hutton (1910), dem nicht nur Pienza als »fairy tale«, sondern das gesamte Tal bis zum Amiata als »supernatural beauty, vast and beyond the measure of man in its tremendous force and silence« erscheint. Nicht zu vergessen die große (amerikanische) Kulturhistorikerin Iris Origo (*Im Namen Gottes und des Geschäfts. Lebensbild eines toskanischen Kaufmanns der Frührenaissance*), die in den zwanziger Jahren das Orcia-Tal entdeckte und dort (in La Foce) wohnte und arbeitete. Deutsche Reiseführer zogen erst später nach, dann freilich saftig (1984): »... das silbergraue Largo der Oliven und das Andante der hellgrünen Weinberge konzertiert mit dem Stakkato der schlanken Zypressen ...«

Was ist aus dieser Katzenmusik geworden, wie hat sich die Landschaft der Toskana in den letzten zwanzig Jahren verändert? Auf der einen Seite sind es sozusagen landestypische Veränderungen, etwa die illegalen Bauten: ein Geräteschuppen wird, über einen langen Zeitraum, repariert, mit einem Fenster versehen, erweitert, aufgestockt und eingedeckt, bis zum ordentlichen Eigenheim, für das dann bei nächster Gelegenheit (fast jede neue Regierung erläßt einen solchen *condono*) Strafe gezahlt werden muß. Das Haus bleibt natürlich natürlich stehen, am besten mitten in der Landschaft. Oder: Der sogenannte Badetourismus von den Küsten ins Landesinnere hat fast zur Zerstörung so schöner Städte wie San Gimignano oder Volterra geführt – und an den Küsten zur Abholzung von Pineten (wie in Scarlino) zugunsten von Betonburgen. Dann gibt es ausgesprochen toskanische Eigenheiten, etwa die von den Emilianern spöttisch bezeichnete *toscanisazzione*: die Sauberkeit und das Pingelige. Da kommt morgens schon die Kehrmaschine, auch in kleinen Dörfern, da werden Wanderwege mit Beleuchtung (Rocca d'Orcia) angelegt, Gebäude totrestauriert und auf schönen Waldfriedhöfen geradezu luxuriöse Toiletten eingerichtet. Oder die althergebrachte Projektemacherei: Da gibt es plötzlich Kirschbaumhaine (nicht wegen der Früchte, sondern weil das Holz in zwanzig Jahren Profit verspricht) oder Haselnußplantagen oder (dank der EU) Sonnenblumenfelder wie in Mecklenburg.

Auf den Feldern gibt es aber auch wieder die schönen weißen Chianarinder und die äußerst unterhaltsamen schwarzweißen Schweine (*cinta senese*), ganz nach dem Motto der Slow-Food-Bewegung:»Was gegessen wird, überlebt.« Was einen aber nicht dazu verleiten sollte, in jedem Fall an die versprochene»Natürlichkeit der Erzeugnisse«zu glauben: ich habe in einem Restaurant mitten in den *crete* (also inmitten Hunderter von Schafen) erlebt, wie der Lieferant Lammfleisch made in New Zealand ins Lokal trug. Die Schafherden sind eben doch wesentlich kleiner geworden (wo mag wohl die Milch für den vielen *pecorino di Pienza* herkommen?), was wiederum die Landschaft verändert: in den früher kahlgetretenen Schluchten wächst die *macchia* nach, auch Niederwald, der durch regelmäßige Ausholzung licht gehalten wird und in dem sich, nachdem auch das *trekking* aus der Mode gekommen ist, fast einsam wandern läßt.

Am meisten hat sich aber die toskanische Landschaft durch den Großflächenanbau und durch das verändert, was der Literaturwissenschaftler Asor Rosa *ecomostro* (Ökoscheusal) genannt hat.

Der Großflächenbau betrifft hauptsächlich Wein und Oliven. Ein normales Weingut verfügte früher über 20–25 Hektar, heute erreichen große Güter über 200 Hektar, auf denen die Weinstöcke wie Grenadiere in Reih und Glied stehen, eine gewaltige Verödung der Landschaft, zu besichtigen in Montalcino oder im Großprojekt Monte Cucco. (Das hat übrigens auch – in Klammern – zur Herrschaft einer Önologie geführt, die unabhängig von Ort und Jahrgang jeden Wein so»mittelt«, daß er ins mittelmäßige Supermarktregal paßt.)

Auch der Olivenanbau, der gleichfalls stark zugenommen hat (über 30% in den letzten beiden Jahrzehnten), macht die Landschaft eintöniger, weil die früher üblichen größeren Zwischenräume (für andere Früchte) aus Rentabilitätsgründen aufgegeben wurden – so haben selbst die Olivenbäume Haltung annehmen müssen ...

Ja, das *ecomostro*, das Musterbeispiel eines Bauskandals. Man sieht es gleich, wenn man auf der zu Beginn beschriebenen Straße weiterfährt, einer kurvenreichen Straße mit schönen Zypressen, die wir aus jedem Toskana-Kalender kennen. Unterhalb des Dorfs Monticchiello (knapp 200 Einwohner) sieht man ein riesiges Plakat *Vendesi* (zum Verkauf): Auf einer brutal planierten Fläche entstehen 86 auf verschiedene Betonklötze verteilte Appartments. Die – vollkommen berechtigte – Kritik Asor Rosas wurde nicht gehört, im Gegenteil: Der Bürgermeister von Pienza (Monticchiello gehört zur Comune di Pienza) befand »Gott bewahre uns vor den Naturbewahrern« [zwei Jahre später wurde er allerdings abgewählt]. Daß kurz vor dem Ortseingang seit drei Jahrzehnten eine riesige, über hundert Meter lange Fabrikruine steht, stört weder ihn noch die Gemeinde Pienza. Man möchte offenbar, wie in Dresden, beides: Über sich die Hand der Unesco und darunter freie Hand. Oder soll die seltsame Haltung Pienzas etwa die auf dem Plakat am Ortseingang versprochene »künstlerische Umwandlung« des Orcia-Tals sein?

Mauro Agnoletti, der in Florenz Umweltwissenschaft lehrt, hat im Januar dieses Jahres seine toskanischen Landsleute an eine Binsenweisheit erinnert: »Wer in New York eine Flasche Chianti kauft, kauft sie auch, weil er die Landschaft vor Augen hat, in der dieser Wein wächst.«

GEO SAISON Extra: Toskana für Genießer. 2007

Man zerhacke ein Perlhuhn

Als bekannter Anhänger der Toskana-Fraktion bin ich vielleicht auch einer der Begründer. Denn das, was man die Toskana-Fraktion nennt, ist ja durch Otto Schily initiiert worden, und ich habe Otto initiiert. Es gab da verschiedene Wellen. Die erste Toskana-Fraktion geht zurück auf den wunderbaren Willy Fleckhaus, der für Suhrkamp später die Bücher gestaltet hat; als Redakteur bei *Twen* hat er in den sechziger Jahren ein Heft gemacht über Häuser in der Toskana, mit 200 Beispielen. Die waren so spottbillig, daß die Leute gesagt haben: kaufen wir. Fleckhaus und Robert Gernhardt, die waren unter den ersten. Die zweite Toskana-Fraktion, das waren die Fundis: Wir wollen wieder Bauer werden. Landkommunen in Umbrien, das war die Fortsetzung der Wohngemeinschaft auf dem Land; sie sind fast alle gescheitert. Das war nicht verlockend, mein Vater kommt vom Land, da weiß man, was man da arbeiten muß. Und die dritte Welle kam in der zweiten Hälfte der achtziger Jahre. Da kannte ich die Toskana ja schon ganz lange, als Student der Kunstgeschichte bin ich oft dort gewesen, dann wurde sie mein Arbeitsort: Ich habe eine Schreibmaschine dort, im Dorf. Diesen Blödsinn mit Zypressenallee, den will ich nicht.

An mein erstes italienisches Essen erinnere ich mich ganz genau, 1951 war das: ein Frühstück. Ich war etwas verwirrt, weil das ja ein Nichts ist, eigentlich. Ich dachte, das ist ein seltsames Land, da kriegt man irgend so ein Hörnchen, und wenn man Glück hat, noch einen Kaffee, und das war's dann. Mit dem Fahrrad bin ich nach Italien gefahren, ich war arm und es gab Devisen, außerdem hatten wir die halbe Welt mit Krieg überzogen, da waren unsere Nachbarn froh, daß sie uns eine Weile nicht sehen mußten. In Paris bin ich noch aus einem Hotel geflogen: »Pas des Allemands!« Das war in Italien anders, weil die Italiener unendlich gastfreundlich sind, und weil sie Mitfaschisten waren – da konnten sie das Maul nicht so weit aufreißen.

Manchmal bin ich eingeladen worden von den Arbeitern, die die Straßen reparierten, zur Mittagspause. Da gab es drei Tomaten, ein Stück Brot, Rotwein, eine Handvoll Oliven und – das war das Kostbarste – zwei oder drei salzige Sardellen. Das fand ich herrlich, weil es ein völlig anderes Essen war. Sardellen schätze ich bis heute. Am liebsten gemahlen. Es gibt eine Firma, Balena, die macht eine wunderbare Paste, Inhalt: Sardellen, Salz. Punkt. In den Pasten hier ist immer noch Olivenöl drin, E205 und dieser ganze Quatsch. Ich habe Italien durch die Armenküche kennengelernt. Wenn man selber arm ist, wie soll man da zu feinen Leuten kommen? Und die toskanische Küche ist ausgesprochen frugal, nicht so wie die Bologneser. Der Bauer mußte dem Herrn immer die Hälfte abgeben, und zwar eine komische Hälfte: die Schinken vom Schwein gingen an den Herrn und die Vorderfüße, der Kopf und die Innereien an den Bauern. Darum gibt's unendlich viele Lebergerichte, auch viel mit Kutteln. Kaninchen wird oft serviert in der Toskana, aber das mag ich nicht so, erstens schmeckt's langweilig, außerdem ist es das Symbol unseres Verlags: überall Karnickel, dann soll ich auch noch welche essen? Lieber nicht.

Das Geheimnis dieser Küche ist die Oma. Die Bauern waren draußen, Oma blieb zuhause, paßte auf die Kinder auf und aufs Feuer. Das brutzelte und brodelte immer in der toskanischen Küche, deswegen gibt's so unendlich viele Suppen, wunderbare Suppen, Bohnensuppe, wasweißichnichtalles.

Olivenöl bring ich mir immer aus der Toskana mit, anderes Öl benutze ich gar nicht. Selber mach ich aber keins. Ich kaufe meins bei einem Bauern, in einer großen Kanne, und dann gehört es zu meinen Vergnügungen, das Öl in leergetrunkene Weinflaschen umzufüllen. Das reicht mir als körperliche Betätigung. Das ist ja auch ein bißchen albern: ein Herr über siebzig im Olivenbaum.

Was ich liebe, ist *faraona*; auf italienische Weise: Man besorge sich ein Perlhuhn und hacke es wild in maulfertige Stücke. Die Italiener sind ja Anarchisten, wie man weiß. Während der Preuße, wozu ich mich auch zähle, erst ein Zentimetermaß nimmt und das Huhn abmißt und überlegt, teilen wir das so oder so, nimmt der Italiener ein Beil. Die faustgroßen Stücke legt man auf ein geöltes Blech, salzt sie, pfeffert sie, steckt Salbei und Rosmarin unter die Haut, ölt sie ein und dann ab in den Ofen, eine Dreiviertelstunde, so ungefähr.

Danach – grauenhaft – wollen die Männer Süßspeisen. Ich bin das so gewöhnt: Wenn einer Süßspeisen ißt, dann sind's die Frauen. Pustekuchen, in Italien ist das genau umgekehrt. Da sitzen die Frauen und zieren sich – »oh, heute mal keine, da wird man so dick« – und die Männer fragen: »Was gibt's denn so?!« Ich würde einen Obstsalat machen. Mit Trauben, die muß man als höflicher Gastgeber natürlich entkernen, und Feigen, nicht zu vergessen, ein oder zwei, Banane sollte vielleicht drin sein, wenn auch fremdländisch, und was es sonst gerade gibt, Pflaumen, Brombeeren und – Vin Santo. Eigentlich ein Damenwein, den ich selber nicht trinke. Ich trinke den feinsten Rotwein, den man kriegen kann – einen guten Chianti oder einen Vino Nobile di Montepulciano. Sonst kriegt man Kopfschmerzen, und ich habe ungern Kopfschmerzen. Je älter man wird, um so klarer wird einem, daß der Kopf das einzig verbliebene Produktionsinstrument ist. Ich trinke nicht viel, aber ein Essen ohne Rotwein ist für mich unvollständig, das schmeckt einfach nicht.

Als alte linke Einrichtung essen wir im Verlag mittags immer zusammen, Brot, Käse, Salat, Oliven. Früher war das richtig eingeteilt, montags der Klaus, dienstags die Barbara, jetzt fällt das auf die Volontäre und Praktikanten. Und ihre Hervorbringungen werden natürlich rezensiert.

Ich hab mal ein verrücktes Buch übers Essen gemacht, 1975: *Schlaraffenland, nimm's in die Hand* von Peter Fischer, der politischer Autor war bei uns und ein großer Fresser. Das war ein gewaltiger Erfolg, ein Kochbuch für Wohngemeinschaften, »für Gesellschaften, Kooperativen, Dichterkreise, Menschenversammlungen usw.« Schwer kommunistisch, immer mit Marx-Zitaten gegen die rigiden Fraktionen im Mao-Jäckchen, die nicht mal essen wollten, nur kämpfen.

Damals hat Katja, meine erste Frau, gekocht. Dann gab es eine Revolution, angeführt von meiner ältesten Tochter, die hat gesagt: Du mußt auch kochen. Na, dann hab ich angefangen – mit geschälten Karstadt-Kartoffeln im Glas. Einkaufen, das hat mir von Anfang an gefallen, ich kaufe leidenschaftlich gern ein. Ich koche an sich gerne, aber wie ein Kerl, meine Frau Susanne kocht dreimal besser. Ich mach mehr so niedere Dienste, heute morgen zum Beispiel Gänsegriebenschmalz, mit Äpfeln und Zwiebeln. Sehr deutsch – so was kann ich.

Am Ende eines ausgedehnten Spaziergangs muß ein Gasthaus stehen, da bin ich sehr Berliner. Aber ich geh nicht in Massen ins Gasthaus, sondern lieber zu dritt oder viert, mit Susanne oder Lene, meiner Tochter. Gestern zum Beispiel waren wir bei »Good Friends«, einem chinesischen Restaurant, da geht Lene, sie ist sieben, gerne hin, weil die Leute nett sind und sie da schmatzen kann.

Die Italiener laden selten nach Hause ein, man trifft sich eher im Restaurant. Und die Bar ist in jedem toskanischen Dorf das Zentrum, die wird mittlerweile auch von Frauen besucht. Vor zwanzig Jahren war eine Frau da noch eine unmögliche, nicht existierende Person. Das hat sich geändert. Und die jungen Mädchen geben auch Widerworte, die sind nicht maulfaul.

Ich habe eine Freundin, die lädt mich ab und zu in ganz feine Berliner Lokale ein, aber die langweilen mich ein bißchen. Da kriegt man so einen Teller mit Kunstgewerbe, der Koch hat die unangenehme Eigenart, seine Speisen mit Spinatsauce zu signieren und dann mußt du erst mal suchen: So viel Oper – und wo ist die Arie?

Aufgezeichnet von Susanne Kippenberger.
Der Tagesspiegel. 2004

Da stand es plötzlich, das geheimnisvolle Wort, eingeritzt in die Eisblumen des Fensters in einem ungeheizten Klassenzimmer der Nachkriegszeit: »Caprifischer«. Es bezog sich auf ein Lied, in dem eine rote Sonne im Meer einer italienischen Insel versinkt. Das Lied war sehr populär, sozusagen der ideologische Überbau seiner (aus Visum- und Devisen-Gründen) Unerreichbarkeit.

Auf der CD *Nach Italien!* 2001

Der Deutsche in Italien

Der Deutsche tritt in Italien in zwei Erscheinungsformen auf. *Erstens*: als Deutscher. Er bringt seine Heimat sozusagen mit, in Form von Sandalen und nationalem Liedgut, Bier und Würstchen, Preisbewußtsein und Rechnungskontrolle. In der Regel begleiten ihn auch Erbsenzählerei und weiße Socken.

Die Italiener nehmen das Kreuz, das sie saisonal überfällt, auf die leichte Schulter: Sie richten kleinere Kolonien ein (so etwa den »Teutonengrill«), mit deutscher Sprache und deutschen Verkehrsformen. Seit je betrachten Italiener ihre Gäste ja unter praktischen Gesichtspunkten, als Kunden, deren Marotten zu berücksichtigen sind. So nutzen beispielsweise die Informationsbüros zahlreicher Kommunen die Beschwerdebriefe deutscher Urlauber über Prospekte in fehlerhaftem Deutsch inzwischen als Adressenpool für die nächste Saison; die Prospekte werden selbstverständlich nicht korrigiert.

Zweitens: Erscheinungsform des Deutschen in Italien als Italiener. Es handelt sich um den klassischen Einzelreisenden mit dem leicht verschwimmenden Toskanablick, vermögend oder intellektuell, mit einigen Sprach- oder Landeskenntnissen. Er möchte unter keinen Umständen für einen Deutschen gehalten werden, sondern mehr so als mediterraner Typ durchgehen. Er meidet andere Deutsche und sucht das unberührte Ambiente oder die typische Küche, in der sich dann aber zu seinem Ärger schon andere Deutsche herumtreiben. Er parkt das Auto mit dem deutschen Nummernschild in der Peripherie, samt Reiseführer oder Kamera, wartet im Restaurant korrekt an der Tür, weiß die Weine und Olivenöle auseinanderzuhalten und verbreitet anschließend in der Heimat Rucola (inzwischen an jedem Kartoffelbrei) oder *aceto balsamico* respektive *lardo di Colonnata* (im ersten Fall hätten die Produzenten in Modena den heutigen Bedarf schon vor zwanzig Jahren voraussehen müssen, im zweiten müßten im winzigen Ort Colonnata inzwischen zehntausende von Schweinen durch die Straßen laufen...).

Den Italienern fällt es allerdings nicht schwer, diesen erfreulichen Kunden als Deutschen zu erkennen, nämlich als Geizkragen, Nickaugust, Hockenbleiber, Pauker, Neidhammel, Kleinkrämer, kurz: als Germanen. Der liebt bekanntlich die Wildnis und die Einsamkeit, und wenn er die nicht in der Uckermark haben kann, dann wenigstens auf einem *podere* mit Zypressenallee und numerierten Olivenbäumen. Dort spielt er tagsüber Bauer und bevölkert abends die umliegenden Restaurants, in denen er stundenlang vor einem Glas Wein sitzt und, falls in Gesellschaft, den Wirt damit erschreckt, daß jeder für sich bezahlt, was allgemein *pagare alla tedesca* genannt wird, »auf deutsch zahlen«. Falls ihn der Wirt fragt, ob es ihm geschmeckt habe, nickt er ergeben, statt die Speisen ordnungsgemäß zu rezensieren. Er lobt nicht nur die *bellavista*, sondern überprüft sie durch Abschreiten, womöglich im *nordic walking*. Statt ein schönes Anwesen detailliert zu bewundern, fragt er sofort, woher und mit welchen Mitteln der Besitzer soviel Geld habe zusammenraffen können.

Ein Deutscher eben, das sieht auch der kleinste Italiener. Aber selbst dieses Kreuz will getragen sein, es handelt sich schließlich um Kunden, siehe oben.

Verleger-taz. Ostern 2006

Der Italiener ist höflich. Nicht nur weil er seit Jahrhunderten Gäste gewohnt ist (auch ungebetene), und zu Gästen ist man höflich, sondern weil er wohl den Streit liebt (und zwar möglichst öffentlich, lautstark und mit opernhaften Effekten), aber nicht liquidatorisch. Der dramatisch vom Vater aus dem Haus geworfene Sohn kehrt anderntags durch die Hintertür wieder zurück; der Arbeiter, der dem Kaufmann bewiesen hat, daß er ein widerlicher Ausbeuter ist, geht anschließend mit ihm essen. Gut essen, versteht sich, sonst hätte der Streit sich ja nicht gelohnt. Auf der CD *Nach Italien!* 2001

Anatomie italienischer Kunstlandschaften

Dem Kunstfreund, der auf neuere zusammenfassende Darstellungen der Kunstgeschichte aus ist (ohne sich doch ein allerneuestes Bilderbuch einhandeln zu wollen), ergeht es übel. Die Zeiten Burckhardts, Wölfflins und Pinders sind vorbei – die Experten sind zu Monographien und Aufsätzen, zur Detailforschung übergegangen. Es gibt kaum jemanden mehr, der sich die Mühe macht, all das, was da an Unter- und Oberholz ständig hinzukommt, einmal abzuschlagen und zu einem übersichtlichen und lesbaren Kompendium zusammenzukarren. Das bringt den Neid der Kollegen ein, deren geläufigster Vorwurf der ist, jener Verfasser sei nichts weiter als ein einfallsloser Berichterstatter. Zu solchen Abrissen gehört aber nicht nur Bescheidenheit und Fleiß (sie gelten offenbar heute nichts), sondern primär die Fähigkeit, kaum überschaubare Materialien unter einem Aspekt zu ordnen und ihm zuzuordnen. Zum Thema Italien ist vor einiger Zeit – kaum bemerkt und kaum rezensiert – ein Handbuch erschienen, das diese Vorzüge besitzt:

Harald Keller: *Die Kunstlandschaften Italiens*; Prestel Verlag, München 1962; 338 Seiten, 188 Abbildungen, 6 Übersichtskarten, 100.– DM.

Ein sorgfältig ausgestattetes, großformatiges Werk (mit einem ausgezeichneten Anmerkungteil und umfangreichem Register), dessen Autor für dieses Sujet geradezu prädestiniert war: Er ist Ordinarius der Kunstgeschichte in Frankfurt, lebte jahrelang als Mitarbeiter der Bibliotheca Hertziana in Rom und veröffentlichte bereits zahlreiche Einzelstudien zur italienischen Malerei und Plastik.

Der Aspekt »Kunstlandschaften«, unter dem Keller ordnet, ist manchem Verdacht ausgesetzt – es gibt immerhin seit 1912 Nadlers Begriff der »Stämme und Landschaften«. So präzisiert Keller auch im ersten Kapitel, »die italienischen Kunstlandschaften sind nicht ethnisch einheitliche, sondern historisch gewordene Gebilde«, und in einem seiner früheren Aufsätze (»Kunstgeschichte und Milieutheorie«, 1950) heißt es dazu: »Die moderne

Kunstgeschichtsschreibung konnte bei Nadler wenig lernen. Sie hatte sich schon volle hundert Jahre vor Nadlers Auftreten bemüht, nicht nur Lokalschulen zu erkennen, sondern auch in ihnen das Wesen der Kunstlandschaft gespiegelt zu sehen.«

Die Individualität der italienischen Kunstlandschaften ist – ganz im Gegensatz zur Kunst anderer Länder – so einleuchtend, daß man sich wundert, warum sie noch niemals insgesamt vorgestellt wurde. Die Gründe dafür waren Vorstellungen, nahezu kultische, über Herkunft oder Person der Künstler. Die kleinen Meister waren zumeist Produkte von Rasse und Herkunft, die großen hingegen einsame Standbilder. Harald Keller widerlegt diesen Unsinn gerade an einem der Größten, an Raffael, der, wie er mit vollem Recht schreibt, »in Perugia zum Umbrer, in Florenz zum Florentiner und in Rom zum Römer wurde«. Mit diesem Ansatzpunkt – daß nicht Geburt und Person allein, sondern ebenso Ausbildungsort und Arbeitsstätte am Werk beteiligt sind – erschließt Harald Keller die Eigenart der italienischen Kunstlandschaften und führt im einzelnen den Charakter, die Verwandtschaft und die Feindschaft der rivalisierenden Kunstauffassungen vor: die »latente barocke Tendenz« der Emilia; Umbriens »leise« Harmonie von Farbe und linearer Struktur; die Neigung Venedigs, ausschließlich auf dekorative, atmosphärische und koloristische Wirkung zu achten; »das Trockene und Spröde, das Geometrische und Systematische im Charakter der florentinischen Kunst«; und schließlich »die monumentale Kunst Roms«, die zu »einer summarischen Art des Sehens erzieht, aber die Einzelheiten von jeher vergewaltigt hat«.

Zu solchen Ergebnissen gelangt Keller nicht durch flüchtige Portraits, sondern durch eine regelrechte Anatomie der einzelnen Kunstlandschaften. Mit einer Sammellust sondergleichen (die manchmal allerdings die Lesbarkeit beeinträchtigt) wurde alles zusammengetragen, was diese Anatomie irgend stützen kann: Geographisches, Historisches, Literarisches und selbst soziographische Einzelheiten wie die, daß Florenz gegen Ende des fünfzehnten Jahrhunderts über 70 Metzgereien verfügte, gegenüber 84 Ateliers für Holzschnitzerei und Intarsien, 54 für Marmor- und Steindekoration und 44 für Gold- und Silberarbeiten.

Das bewegende und faszinierende Verfahren Kellers, in der Anatomie einer Kunstlandschaft Vorder- und Rückseite zu zeigen und dennoch zu den gleichen Ergebnissen zu gelangen, diese Systematik ohne Dogma, beläßt dem Leser alle Möglichkeiten der Argumentation. So gibt Keller auch zu, daß sein Aspekt für zwei Epochen nicht gültig sein kann: für die zwischen 1300 und 1330 und die des Weichen Stils – freilich waren beide stilistisch durchaus »internationale« Epochen. Ebenso versagt sich Keller eine Ausweitung seiner These auf die letzten hundert Jahre der italienischen Kunst. Die Gründe dafür sind einleuchtend – und dennoch wäre es vielleicht interessant gewesen, manchen Spuren zu folgen: denen der Emilia in der *pittura metafisica* beispielsweise oder denen Venedigs in den Arbeiten Vedovas und Santomasos. Dennoch: dies ist ein Werk von klassischem Rang und wird es auf viele Jahre hinaus bleiben. Ein kostbares und unerhört kenntnisreiches Handbuch, dessen Lektüre von nun an zu den Vorbereitungen des »altmodischen« Italienreisenden gehören sollte.

Die Zeit. 1962

Sodoma, Der Heilige Benedikt fügt ein Siebgefäß wieder zusammen. Monte Oliveto, 1505–1508

Ein Geck im Kloster

Die *crete* südöstlich von Siena sind eine – auch durch Maler wie
Ambrogio Lorenzetti oder Simone Martini – berühmt gewordene
Landschaft: kahle Ton- und Lehmhügel mit schroffen Abbrüchen,
in fortwährend wechselnden grauen, braunen, roten Erdfarben. In
diese bizarre Landschaft zog sich 1313 ein vierzigjähriger Rechts-
gelehrter aus Siena, Bernardo Tolomei, zurück und gründete das
Kloster Monte Oliveto Maggiore. Sechs Jahre später wurde die
(benediktinische) Ordensregel der »Olivetaner« approbiert, von
einer Berühmtheit der Zeit, dem Bischof Guido Tarlati aus Arezzo,
den der Papst bereits vier Jahre später exkommunizierte.

Bildung, Einsamkeit, Selbstbehauptung prägten das Kloster
auf lange Zeit, insbesondere in den Blütejahren um 1500, in denen
Luca Signorelli und Sodoma beauftragt wurden, den Kreuzgang mit
Szenen aus dem Leben des heiligen Benedikt zu schmücken, seit
langem eine der großen künstlerischen Attraktionen der Toskana.

Luca Signorelli kennt und schätzt alle Welt, zu Recht. Sodoma
gilt als zweitrangig, zu Unrecht. Der Grund ist nicht die (wie bei
vielen Malern) schwankende Qualität seiner Malerei, sondern die
üble Nachrede, fast noch zu seinen Lebzeiten, in Giorgio Vasaris
Künstlerbiographien: »Giovan Antonio war von einigen Kaufleu-
ten nach Siena gebracht worden, wo sein glückliches, vielleicht
aber auch unglückliches Los es wollte, daß er in jener Stadt eine
geraume Zeit lang konkurrenzlos arbeitete. Er machte sich in
Siena viele Freunde, was aber wohl eher an der Begeisterung für
seine fremde Herkunft lag als daran, daß er ein guter Maler gewesen wäre. Weil er sich dabei stets mit Knaben und bartlosen jungen
Männern umgab, die er auf unnatürliche Weise liebte, handelte er
sich den Spitznamen Sodoma ein. Statt sich jedoch an ihm zu stö-
ren oder sich darüber zu ärgern, brüstete er sich mit ihm, indem er
Stanzen und Scherzgedichte verfaßte, die er mit großer Leichtig-
keit zur Laute anstimmte. Außerdem bereitete es ihm Vergnügen,
sich außergewöhnliche Haustiere unterschiedlicher Art zu halten,
wie Dachse, Eichhörnchen, Berberaffen, Meerkatzen, Zwergesel.
Neben all diesem Viehzeug besaß er insbesondere einen Raben,

dem er das Sprechen beigebracht hatte. Die Tiere waren so zutraulich, daß sie im Haus immer um ihn herum waren, dabei die merkwürdigsten Spiele trieben und die verrücktesten Laute der Welt von sich gaben, wodurch sein Haus in der Tat wie die Arche Noah erschien. Diese abstruse Art zu leben, die Werke und Gemälde, bei denen er trotz allem manch Gutes hervorbrachte, machten ihn bei den Sienesen – das heißt beim Pöbel und dem niederen Volk, nicht bei den Edelleuten, die ihn von vornherein durchschauten – derart bekannt, daß viele ihn für einen großen Mann hielten.

Die Mönche in Oliveto nannten ihn wegen der verrückten Dinge, die er anstellte, ›Mattaccio‹ [Narr]. Während Sodoma in Monte Oliveto malte, kam ein Mailänder Edelmann dorthin, um das Ordensgewand anzulegen. Er besaß einen gelben Mantel mit schwarzen Besätzen, wie es zur damaligen Zeit Mode war, und als man ihn als Mönch eingekleidet hatte, schenkte der Ordensgeneral diesen Mantel Mattaccio. Dieser zog ihn an und portraitierte sich mithilfe eines Spiegels in einer der Szenen, in der der Heilige Benedikt fast noch als Kind auf wundersame Weise das Siebgefäß oder besser gesagt den Holzkasten repariert, den seine Amme zerschlagen hat, und zu seinen Füßen stellte er den Raben, einen Berberaffen und noch andere seiner Tiere dar.«

Sodoma, wie er sich sah

Dieses Fresko, eines der großen Selbstportraits der Renaissance, um 1505 gemalt und also einen knapp Dreißigjährigen zeigend, ist gut erhalten und befindet sich an prominenter Stelle im Kreuzgang, in der Nähe des Eingangs der Klosterkirche. Ebenso prominent die Stellung des Künstlers im Bild: Er steht in der Mitte, den Kopf im Zentrum der Säulenflucht eines Tempels. Rechts neben ihm vermutlich seine Frau, die noch einmal, nackt, als Eva, in einer »Höllenfahrt Christi« in der Pinakothek Siena auftaucht. Ja, darüber hat sich schon der Vasari-Kenner Paul Barolsky gewundert, wie Vasari plötzlich gegen Ende seiner Sodoma-Biographie von einer Frau spricht …

Freilich, ein Liebhaber von Männerkörpern war Sodoma zwei-felsohne: Ein Fresko rechts vom Eingang zur Klosterkirche zeigt Christus fast als Liebesportrait, und offensichtlich stand derselbe junge Mann auch für eine Geißelung Christi (ebenfalls in der Pi-nakothek Siena) Modell, von der sich allerdings nur ein Fragment erhalten hat. Und wie kommt es, daß Vasari zu den Tieren um So-doma einen Affen hinzuerfindet? Es handelt sich um eine höchst hintersinnige Beleidigung, die Bezug nimmt auf eine Geschichte des Novellisten Franco Sacchetti über den schon genannten Bi-schof Tarlati, ebenfalls Besitzer eines Affen, der als rechter Nach-äffer tagsüber gemalte Fresken nachts verschmierte ...

Kurz, für Vasari war Sodoma nicht mehr als ein schwuler Schmierant. In Wahrheit paßte ihm Sodomas Mangel an jener Würde nicht, die ihm Voraussetzung für den wahren Künstler war.

Uns Heutige freut solcher Mangel eher, wir genießen diesen Geck und Spaßmacher, der sich einen reichlich großen Mantel ausborgt samt einem Schwert, das er sicher nicht zu führen weiß. Der sich frech zum Zentrum eines Bildes macht und deutlich auf die Seite der Moderne schlägt; denn die beiden ersten Jahrzehnte des 16. Jahrhunderts waren ja bestimmt vom Durchbruch der *ma-niera moderna*, und diesen Epochenbruch macht Sodoma auf sei-nem Bild exemplarisch sichtbar.

Links die fromme, abgeschlossene alte Welt, mit Urväter Hausrat und Hausgetier sowie frommen Gesten und Blicken, zur Mitte hin deutlich abgeschlossen von einem Pilaster mit Grotes-ken. Diese »Grotesken« waren damals das Allermodernste, andert-halb Jahrzehnte zuvor in den Kellern der Nero-Villa *Domus aurea* in Rom gefunden. Daran anschließend rechts die neue Welt, offen, mit Blicken in die Landschaft durch Triumphbogen und Tempel, an dessen Säulenkapitell der wundersam wiederhergestellte Holz-trog förmlich als Museumsstück hängt. Bevölkert mit seltsamem Getier und mit Menschen, die nicht himmeln, sondern um sich schauen, den Betrachter fixieren. Wir sehen sie, sie blicken zurück!

Merian, Toskana-Heft. 1997

Pasolinis Wirkungen

Pier Paolo Pasolini hat als Schriftsteller ein sehr merkwürdiges Schicksal gehabt. Angefangen hat er als Lyriker, mit Gedichten in friaulischem Dialekt, die sofort von einem der bedeutendsten Literaturkritiker Italiens, Gianfranco Contini, als außerordentlich anerkannt wurden. Aus dem Friaul von bigotten Kommunisten wegen seiner Homosexualität vertrieben, flüchtete Pasolini nach Rom, in die Vorstädte, deren Chronist er mit einem seiner berühmtesten Bücher, *Ragazzi di vita* (1955), wurde: Der Roman beschreibt nicht nur das Leben der Strichjungen aus den Vorstädten, sondern überliefert auch ihren wüsten Jargon, die barocke Pracht der Flüche, ihre rabiate Geilheit. Es wurde ein Skandalbuch, vielfach verboten und verfolgt.

Pasolinis ästhetisches und politisches Interesse verlagerte sich dann für viele Jahre auf den Film – zwischen 1961 und seinem Tod (1975) drehte er zwölf Spielfilme. Grund war freilich auch eine Auseinandersetzung mit den jungen Schriftstellern des *gruppo 63*, die ihn sehr verletzt haben muß. Diese Gruppe, der viele der später berühmt gewordenen jüngeren Schriftsteller angehörten (Giorgio Manganelli, Umberto Eco, Luigi Malerba, Edoardo Sanguineti), richtete ihre Kritik gegen eine neorealistische Schreibweise, der sie auch Pasolinis Bücher umstandslos zurechneten.

Pasolinis Hauptwerk, das nun erst, fast zwanzig Jahre nach seinem Tod, veröffentlicht wurde, der Roman *Petrolio,* zeigt aber in seiner gesamten Technik der Montage und der Formenmischung, daß Pasolini zu Beginn der siebziger Jahre sich schon weit einer »postmodernen« Schreibweise genähert hatte, freilich bei Beibehaltung »seines« Themas: Das Überleben in einer machtbesessenen, infamen, konsumistischen Welt, hier vorgeführt am Machtmenschen Carlo und seinem Doppelgänger, mal Frau mal Mann, mal Despot mal Knecht, von grenzenloser Sexual- und Menschengier. Die eigentliche Überraschung bei der Veröffentlichung in Italien bestand darin, daß Leser wie Kritiker die prognostische Kraft Pasolinis bewunderten, seine Fähigkeit, schon zwei Jahrzehnte vor dem Zusammenbruch der herrschenden politischen Nomenklatura mit den immergleichen Personen (an der Spitze: Andreotti) ihre Korruption und ihre Raublust erkannt zu haben.

Ursache dieser großen Fähigkeit Pasolinis zur politischen Prognose war sicherlich sein enger Kontakt zu den *ragazzi di vita*, zu ihren Lebensplänen und Zukunftswünschen, in die immer weniger Eigenes einging, die vielmehr immer mehr von den schalen Lebensidealen einer Konsumgesellschaft bestimmt wurden. Vom Land kommend, mit festem Weltbild, ausdrucksvollen Dialekten und großem Freundesnetz, verloren sie all das innerhalb kurzer Zeit, ohne etwas anderes dafür zu gewinnen.

Dieser Prozeß der Zerstörung der Identität wurde auch der Motor für Pasolinis berühmte Polemiken, die unter dem Titel *Freibeuterschriften* gesammelt und in Deutschland glücklicherweise erst etwas später veröffentlicht wurden, 1978, als die deutsche intellektuelle Linke bereit war, ihre Thesen aufzunehmen: Vereinzelung, Untergang der bäuerlichen Welt, Zerstörung der Identität durch Konsumismus.

Der Erfolg der *Freibeuterschriften* bei den deutschen Lesern war, für einen Essayband, gewaltig: 80000 Exemplare. Und dieser Erfolg nützte – unter anderem – auch jenen jungen italienischen Autoren, die seinerzeit Pasolinis Gegner gewesen waren. In der Folge des Erfolgs der *Freibeuterschriften* nämlich begannen viele deutsche Leser, sich für dieses merkwürdige Land Italien mit seiner merkwürdigen politischen Kultur zu interessieren, die es Schriftstellern wie Pasolini gestattete, auf den ersten oder dritten Seiten von Tageszeitungen Polemiken vom Papierzaun zu brechen, die bei uns ganz unvorstellbar wären – das wäre so, als dürfe Günter Grass auf der ersten Seite der *FAZ* im Leitartikel Kohl angreifen … Und mit dem Interesse für die politische Kultur ging dann auch ein Interesse an der Literatur einher, bis zu Luigi Malerbas *Das griechische Feuer*.

Mit anderen Worten: Bei den deutschen Lesern war Pasolini nicht nur als literarischer Arbeiter und politischer Prognostiker wirksam, sondern auch als Förderer der jungen italienischen Literatur. Wir haben ihm viel zu verdanken.

Unveröffentlicht. 1994

Italien – Deutschland

Fangen wir an mit Goethe. In seiner *Italienischen Reise* gerät er auf dem Weg nach Perugia in die Gesellschaft eines Aretiners, den er als »wahren Repräsentanten seines Volkes« bezeichnet. Von ihm hört er folgenden Satz: »Der Mensch soll sich nicht auf eine einzige Sache heften, denn da wird er toll, man muß tausend Sachen, eine Konfusion im Kopf haben«.

Goethe hat diesen Satz begeistert notiert und auch mich hat er sofort bestochen. Später kam noch ein Satz von Leopardi hinzu: »Die Gebräuche und Sitten in Italien beschränken sich im allgemeinen darauf, daß jeder seine eigenen Gebräuche und Sitten befolgt.« Ebenso bestechend.

Denn ich kam ja aus einem Land mit ganz anderen Überzeugungen: Wir stürzen uns gern nur auf eine Sache, hassen Konfusion, unterwerfen uns befehlsgemäß »allgemeinen Gebräuchen« und verlangen das möglichst auch von anderen.

Ich gebe ein praktisches Beispiel aus der Literatur. Seit 1959 nahm ich an den Tagungen der Gruppe 47 teil und wurde einige Jahre später vom *gruppo 63* zu einer ihrer Tagungen eingeladen, um über die Usancen der Gruppe 47 zu informieren. Also berichtete ich: Es gibt einen älteren Herrn, der verschickt Postkarten mit Datum und Ort, wo man sich einzufinden habe (Gemurmel). Dort angekommen lasse er die Türen schließen und sage »wir fangen jetzt an« (vereinzeltes Gelächter). Er nehme dann auf einem von zwei vorne stehenden Sesseln Platz (Zwischenrufe: Nur zwei?) und bitte einen Schriftsteller zur Lektüre in den zweiten Sessel. Nach der Lektüre, die er auch durch eine Handbewegung unterbrechen könne (erneute Zwischenrufe: Diktatur!), bitte er um Kritik aus dem Saal, auf die der Autor nicht antworten dürfe. Jetzt war es endgültig aus: allgemeines Gelächter, Tumult. Und dann konnte ich erleben, wie anarchisch eine literarische Vereinigung in Italien funktioniert.

Viel später, Mitte der achtziger Jahre, initiierte der unvergeßliche italienische Botschafter in Bonn, Luigi Vittorio Ferraris, eine Konferenz italienischer und deutscher Verleger, um den literarischen Austausch zu beleben; denn bis dahin gab es nur von deutscher Seite eine Förderung zur Übersetzung deutscher Bücher ins Italienische. Zu dem Treffen reiste auch eine ganze Riege aus dem italienischen Außenministerium an, die eine ziemlich lange Liste von Büchern vorzulesen begann, für die Fördergelder bereitstünden. Ich sah meine italienischen Kollegen erbleichen: es waren fast sämtlich Bücher der Beamten selbst, ihrer Frauen und Freunde. Bis ein sonst besonders liebenswürdiger und höflicher Kollege, Mario Spagnol (Longanesi), ganz aus der Fassung geriet, aufsprang und schrie: »Hören Sie sofort auf! *I competenti siamo noi!*« [Die Kompetenten sind wir!] Die Liste verschwand und man einigte sich, wie oft in solchen Fällen, auf ein Gremium, dessen Kompetenz vielversprechend war, wenn auch schwankend, als kleine Kulturbarke auf den Wogen zahlreicher Regierungswechsel.

Ich belege den Ausdruck »kleine Kulturbarke«, der despektierlich scheint, mit ein paar Zahlen. Bis Mitte der achtziger Jahre erschienen jedes Jahr nur eine Handvoll literarischer Bücher aus dem Italienischen, zumeist ohne Erfolg. Ich erinnere mich zum Beispiel der niederschmetternden Absatzzahlen von Italo Calvino und Primo Levi in den fünfziger Jahren. Es besserte sich erst um 1980, mit 60 Titeln pro Jahr, bis 1999 mit 103 Titeln. In diesen zwei Jahrzehnten lag das Italienische stets an dritter Stelle der Übersetzungen, noch vor dem Spanischen, aber weit hinter dem Englischen mit 1900 bis 2800 Titeln und dem Französischen mit 300 bis 400 Titeln.

Den Grund für den positiven Wandel der Rezeption literarischer Bücher aus dem Italienischen um 1980 kann man benennen: die *scritti corsari* (Freibeuterschriften) von Pier Paolo Pasolini, die 1978 in deutsch erschienen und einen außerordentlichen Erfolg hatten, besonders bei jungen Lesern [siehe Seite 147 und 324]. Das Buch erschien ja praktisch im Gründungsjahr der Grünen und handelte von Themen, denen die Grünen sich erst zu widmen begannen. Das war auch insofern folgenreich, als die Grünen ja *deutsche* Grüne waren, die sich, Marx und Hegel im Rücken, als Meisterdenker empfanden. Und da kommt plötzlich ein italienischer Filmer mit solchen Gedanken, die auch noch drei Jahre zurücklagen? Kurz: Man begann sich für Italien, seine Literatur und seine Debattenkultur zu interessieren.

1988 war Italien schließlich Gastland der internationalen Buchmesse in Frankfurt, mit überwältigendem Erfolg.

Es ist notwendig, an dieser Stelle daran zu erinnern, daß ein deutscher Verleger sich nicht nur auf die Übersetzung literarischer Bücher konzentrieren kann, sondern daß er diesen sozusagen ein

326

breiteres Bett bereiten muß mit Büchern zum Land Italien, seiner Kultur und Geschichte. Und das kann nur ein deutscher Verleger. Nur er kennt den Markt. Zum Beispiel habe ich in den achtziger Jahren festgestellt, daß es kein deutsches Buch über Garibaldi gibt – Friederike Hausmann hat es dann geschrieben. Oder: Vor acht Jahren habe ich – angesichts der Schlangen am Brenner und in Chiasso – das Büchlein *Nach Italien!* herausgegeben, eine Handreichung zu Kunst, Literatur und Sitten, inklusive einer Fotostrecke mit den wichtigsten Gesten. Aber ...

Die Zahl der Übersetzungen aus dem Italienischen sinkt seit dem Jahr 2000 von einer ohnehin nicht sehr hohen Ziffer von etwas mehr als hundert Titeln auf eine Zahl von etwa sechzig – genaueres gibt die Statistik nicht preis, weil dort jemand offenbar Erbarmen mit dem Italienischen hatte und ihm das Rumänische und Rätoromanische zuschlug. Ich könnte mir gut eine italienische Statistik vorstellen, in der das Holländische dem Deutschen zugeschlagen wird. Das bedeutet: Italienisch und Deutsch in ihrer Beziehung zueinander sind in derselben Lage, und das heißt wiederum: Die Kleinen müssen zusammenhalten. Zumal Kleine, die so vielversprechend unterschiedlich sind!

Leider kann man den Vorschlag meines Freundes Hans Werner Henze nicht umsetzen, für zwanzig Jahre alle Italiener nach Deutschland umzusiedeln, um das Leben zu vermenschlichen, und alle Deutschen nach Italien, um die Kunstwerke zu reparieren. So müssen wir in unseren Ländern bleiben und die Unterschiede genießen. Die also gilt es zu fördern, aber wie?

Zuallererst muß man die Kulturpolitik streng von anderen politischen oder ökonomischen Aktivitäten trennen und sie für Deutsche machen, nicht für Italiener. Es ist zum Beispiel nicht sinnvoll, in Wolfsburg ein italienisches *Kultur*institut zu betreiben, anstatt ehrlich als *dopolavoro*-Unternehmung. Richtig hingegen ist es, italienische Kultur auf deutsch zu präsentieren, durch Übersetzer, Schriftsteller, Wissenschaftler oder Essayisten. Ich erinnere mich beispielsweise dankbar der Arbeit kulturfreundschaftlicher Botschafter, die immer wieder die Botschaft für Präsentationen von Autoren zur Verfügung stellen.

Zweitens: kulturelle Arbeit muß langfristig angelegt sein. Auch die Übersetzungen aus dem Französischen sind stark zurückgegangen (von etwa 350 auf etwa 250), aber die französische

Kulturpolitik hat sofort darauf reagiert, mit Veranstaltungen, Lesereisen, Übersetzungsförderungen. Auch die Übersetzungen aus dem Spanischen haben durch ähnliche Aktivitäten zugenommen und sind inzwischen zahlreicher als die aus dem Italienischen (mit 211 Übersetzungen hat Italien 2009 aber den dritten Platz zurückgewonnen).

Die Übersetzungen aus dem Englischen (mit jetzt etwa 2100 Titeln) nehmen übrigens nicht so stark zu, wie man das meinen könnte. Die Gründe dafür sind das Auftreten bisher wenig beachteter Literatur, vom Polnischen und den baltischen Sprachen bis zum Indischen und Chinesischen. Diese Literaturen engen nicht nur allgemein den Übersetzungsraum ein, sondern ihre Länder erleichtern den Verlegern durch besondere Förderprogramme für diese Sprachen ihre Kalkulation, denn in schwierigen Zeiten neigen Verleger ohnehin dazu, Bücher zu veröffentlichen, die nicht mit Übersetzungskosten belastet sind, also deutsche Bücher – übrigens eine interessante Mit-Ursache für die Welle deutscher Literatur in den letzten Jahren ...

Drittens und letztens: Die Einrichtung einer Ehrung wie der heutigen ist eine hervorragende Sache – sie würdigt die eigentlichen Vermittler. Schön wäre es auch, wenn man ein Stipendium für italienische Autoren einrichten könnte, eine Art Villa Humboldt entsprechend unserer Villa Massimo in Rom. Autoren kommen gern nach Berlin, Gianni Celati beispielsweise war gerade einige Monate in Berlin und durchwanderte die Stadt mit einem Kompaß.

Die Zuschüsse für Übersetzungen müssen selbstverständlich erhöht werden. Sie sollten aber ausschließlich schwierigen und ungewöhnlichen Büchern zukommen. De Crescenzo und Saviano brauchen keine Übersetzungshilfen. Die interessanten und innovativen Bücher verbergen sich fast stets in Auflagen von 3000, höchstens 4000 Exemplaren. Gerade in diesen Büchern findet man aber das Neue und Charakteristische, das Andere eines Landes, also auch das Zukunftsweisende.

Rede zum deutsch-italienischen Übersetzerpreis.
Unveröffentlicht. 2009

EPILOG

Auf Reisen: Bindet die Buchläden fester!

Ausschleichen

Leicht gesagt, man solle Ehrenämter annehmen, weil sonst die Demokratie nicht funktioniere. Blöd nur, daß man in Gremien erfährt, *wie* sie funktioniert: durch Vorurteile, Freundschaften, Ehrgeiz, Parteilichkeit, Eigensinn – die ganze Litanei. Das ist aber kein Grund, die (auch in unserem Gewerbe beliebte) Rolle des Styliten oder einsamen Jägers zu spielen, man verpaßt Erfahrungen. Und Leute.

Mein längstes Ehrenamt – über zwanzig Jahre – war das im (Kontroll-)Ausschuß des Deutschen Literaturachivs in Marbach. Anfang der achtziger Jahre hatten einige Mitglieder der Schillergesellschaft es für an der Zeit gefunden, die Einengung meines Rufs auf den eines »Baader-Meinhof-Verlegers« praktisch zu bekämpfen und zugleich den Ausschuß um einen linken Nichtschwaben zu bereichern, zumal ich das Marbacher Archiv aus zahlreichen Anthologie-Arbeiten gut kannte. Ich wurde gewählt, benahm mich so anständig wie möglich und wurde immer wieder gewählt, weil ich lieber förderte als verhinderte. Nur einmal habe ich etwas verhindert: es handelte sich um das herumgereichte Muster einer fade klassizistischen Gedenkmünze, das ich mit »sieht aus wie eine Aktivistenehrung der DDR« kommentierte.

Im April 1990 feierte Marbach das kurz zuvor erworbene Manuskript von Kafkas »Proceß« mit einer großen Ausstellung. Dort sprach mich eine junge Dame an, nicht als Ausschußmitglied, sondern als Verleger. Sie wolle gern im Verlag arbeiten. Sie hatte promoviert, länger in deutschen, amerikanischen und französischen Verlagen gearbeitet – ich fand das ziemlich viel für 28 Jahre, hörte aufmerksam zu, konnte ihr aber nur eine etwas wacklige Stelle als Pressereferentin bieten. So schlich sich Susanne Schüssler auf eine mir wohlvertraute Weise ein.

Als sich dann ein Jahrzehnt später die Nachfolgefrage stellte, war Susanne, dreisprachig und mit langjähriger Erfahrung, natürliche Kandidatin. Zudem eine Frau! Was mich geradezu beflügelte, denn schon bei meinen bisherigen Ehrenämtern hatte ich versucht, jeweils Frauen für meine Nachfolge vorzuschlagen, meist mit Erfolg, öfters auch ohne – die Welt ist nicht nur voller misogyner Sturköpfe, sondern auch voller Frauen, die sich zu wenig trauen. Dabei haben sie doch, wie jeder ältere Herr weiß, mehr Kommunikationskompetenz und weniger martialisches Gehabe.

Als hervorragendes Instrument zur Förderung von Entscheidungslust, Selbstbewußtsein und Toleranz hat sich im übrigen die eigentümliche Struktur unserer wöchentlichen Lektoratssitzungen erwiesen. Sie dauern maximal zwei Stunden, ihre Entscheidungen fallen nur im Konsens. Läßt sich der nicht herstellen, hilft die »Herzklausel«: nach ihr hat jeder Lektor das Recht, einen von ihm besonders geliebten Titel gegen das Votum aller anderen ins Programm zu nehmen – er muß allerdings auch ihre Kritik und ihr Gelächter hinnehmen… Das klingt ein wenig umständlich, führt aber zu gemeinsamen Programmvorstellungen. Dafür nehmen wir uns Zeit, denn, wie schon gesagt, wenn schon das Kapital das Kapital hat, so haben wir als Kapital die Zeit.

Das gilt auch für die Frage der Nachfolge. Sie wird in der Regel zu schnell entschieden, öfters werden sogar verschiedene Kandidaten auf eine viel zu kurze Strecke geschickt, so daß ihnen nicht einmal Zeit bleibt, Charakter zu zeigen.

Zufällig erhaltenes Foto: Marbach 1990. Links: Susanne Schüssler

Die schlimmste Lösung ist der Verkauf. Das mag für Lexika- und Gartenbauverlage eine Lösung sein, im Fall eines Programmverlags ist es ein Betrug an den Autoren, die man doch angeblich so schätzt. Sie geraten dann oft in unangemessene Verlage: So kamen etwa zwei frühe Bände von Erich Fried nach mehrfachen Verkäufen in einen Dependance-Verlag von Axel Springer, das heißt nur die Rechte, die Bücher waren nicht wieder aufgelegt worden. Als ich anbot, sie zu übernehmen, besann man sich eines anderen und druckte schnell nach.

Das Minimum bei einem Führungswechsel muß ein Angebot an die Autoren sein, zu einem ihnen gemäßeren Verlag zu wechseln. Bei der Information zu meiner Verlagsübergabe habe ich den Autoren freigestellt, den Verlag zu wechseln. Es hat *niemand* davon Gebrauch gemacht – die Autoren kannten ja die neue Verlegerin seit zehn Jahren. Deswegen ist es auch ausgeschlossen, einen Verleger von außen zu oktroyieren, der als einzige Qualifikation womöglich nur die hat, andernorts schon mehrfach den Verleger gegeben zu haben.

Niedlich sind schließlich die narzißtischen Pirouetten: Da blockiert einer eine innerfamiliäre Lösung dadurch, daß er sich plötzlich für Laios hält. Ein anderer setzt als Nachfolger einen Aufsichtsrat ein, als hätte er zu Lebzeiten jemals einen Aufsichtsrat neben sich geduldet. Auch gut ist die Variante, den Verlag zu schließen, weil man leider keinen Nachfolger gefunden habe.

Derartige Verleger sind eigentlich Menschenfeinde, die nur sich trauen, oder höchstens einem Aktenstück, anstatt einer Person mit der nötigen umfassenden Halbbildung. Personen können besser auf Unvorhersehbares reagieren, Entscheidungen treffen, öffentlich auftreten und angegriffen werden. Sie können natürlich auch ein Programm ändern und dennoch bei sich bleiben. Da muß sich der Altverleger sagen:»Schön, der Verlag lebt!« und sich damit zufrieden geben, daß er einen der schönsten und privilegiertesten Berufe hatte.

Und noch hat!

Soviel List muß ein Verleger lebenslang angesammelt haben, um sich als Pensionär nützlich zu machen. Etwa die von langer Hand vorbereitete Edition Vasari: Zwar schon 29 Bände erschienen, leider nur noch 16 zu erwarten, aber immerhin. Ehrenämter muß man langsam aufgeben, aber junge Kollegen kommen noch immer, um sich Rat zu holen. Auch in den Verlag gehe ich noch regelmäßig, immer mit einem virtuellen Verbandskasten (auch für mich, wenn wieder einmal etwas nicht so entschieden wurde, wie ich es gemacht hätte – ja, der Konjunktiv) für empfindsame Übersetzer, ältere Autoren, beleidigte Leser. Ich sitze im einzigen nichtcomputerisierten Zimmer, während draußen der Verlag tobt und mich kichern macht, wenn es wieder zu hören ist, daß irgendein Programm »abgestürzt« sei. Meine Schreibmaschine stürzt nicht ab. Aber die Mitarbeiter stürzen ins Zimmer mit allem, was man pille palle nennt: hier drei Zeilen kürzen, dort einen Text um drei Zeilen verlängern, da eine Biographie oder ein Copyright überprüfen, eine mißratene Übersetzung korrigieren, etwas gegenlesen oder eine Reise für Lesungen organisieren.

Reisen. Ein seit langem und immer noch gepflegtes Laster, ganz nach Peter Rühmkorfs schönem Slogan »Bindet die Bauchläden fester«, unter Auslassung eines Vokals: »Bindet die Buchläden fester«. Am liebsten reise ich zu neugegründeten Buchhandlungen (ja, ja, es sterben nicht nur Buchhandlungen, es entstehen auch welche!), um ihnen ein wenig Publikum zu verschaffen und etwas Neues zu erfahren. Sehr anstrengend ist das nicht, es muß einem nicht jedes Mal etwas unerhört Neues einfallen, dafür trifft man aber Buchhändler und Leser, die oft Eigenartiges oder Hilfreiches erzählen. Ich sammle es in einem kleinen Säckchen, das ich dann als Nikoklaus im Verlag ausschütte.

Und ab und zu sitze ich in Monte auf der bewußten Bank, bin ja schließlich Pensionär.

2010

Gegen zweitausend Jahre Buch wollen Sie mit einem Plastikkästchen anstinken? Denken Sie doch mal hundert Jahre weiter: Ihr Urenkel findet auf dem Dachboden ein Buch, daneben einen digitalen Datenträger. Vom Buch muß er nur den Staub wegpusten, um es zu lesen. Das Kästchen ist ramponiert, das Programm für die Daten ist weg. Festplatte gibt es nicht, wo ist die nächste Steckdose? Also: wegwerfen.   Gesprächsweise. 2010

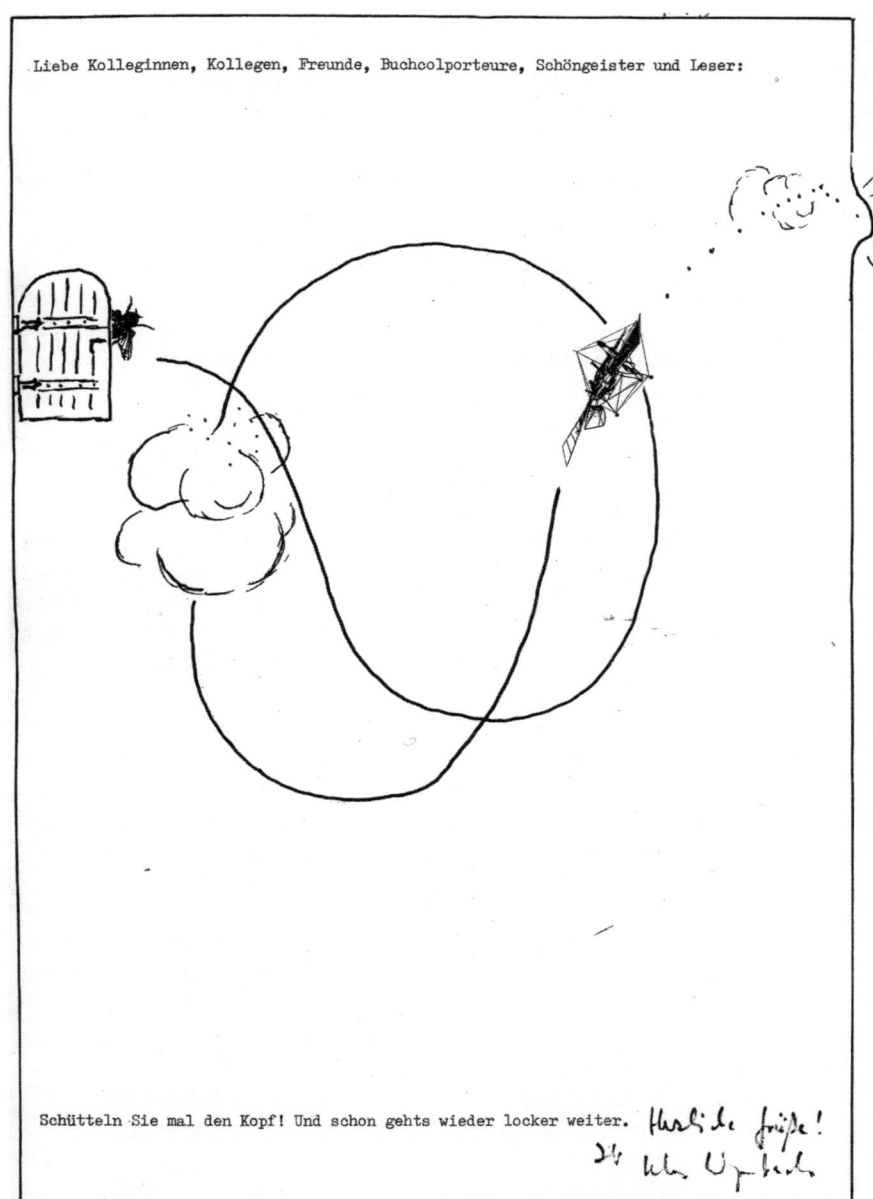

Liebe Kolleginnen, Kollegen, Freunde, Buchcolporteure, Schöngeister und Leser:

Schütteln Sie mal den Kopf! Und schon gehts wieder locker weiter.

Etwas kurz geratene Vorrede in der Buchhändler-Vorschau 1975.

Editorische Notiz

»Liebes Christkind. Bringe mir doch bitte: 1 Reichsautobahn, 1 Schaffnergarnitur, 1 Buch Max und Moritz. Dein Klaus«. Diesen frühesten erhaltenen, in Sütterlin geschriebenen Text, sucht der Leser vergebens in dieser Sammlung. Er sei sofort gewarnt: sie erhebt keinen Anspruch auf Vollständigkeit, entspricht aber damit ganz dem Autor, dessen Ordnungssinn eher approximativ zu nennen ist und der keine Mühe auf ein halbwegs vollständiges Archiv verwendet. Das Auffinden der Texte war also eher Glückssache oder Zufällen zu verdanken.

Die Auswahl hingegen wurde von praktischen Erwägungen bestimmt. Um den Umfang in leserfreundlichen Maßen zu halten (was nur mühsam gelungen ist), wurden einige Themen vorn vorneherein ausgeschieden: sämtliche Texte über Kafka, die im Übrigen nahezu vollständig lieferbar sind (siehe Bibliographie Seite 346), wie überhaupt Nach- oder Vorworte zu lieferbaren Büchern, außerdem fast alle Texte über den Verlag Klaus Wagenbach, denn sie sind im Verlagsalmanach *Warum so verlegen* nachzulesen; dennoch gibt es eine Abteilung zur Verlegerei, in der es aber um das schöne Gewerbe des Büchermachens oder das Buch als Gegenstand im Allgemeinen geht. Ausgeschieden wurden auch Doppelungen (außer bei zwei wichtigen Verlagsautoren, Stephan Hermlin und Erich Fried) schließlich auch die dem Autor zu schönen Nebeneinkünften verhelfenden Versionen bei Mehrfachverwertungen.

Alle Texte wurden zu Abteilungen gebündelt: Politische Texte (in sich als einzige chronologisch geordnet, um die Entwicklung/Abfolge von Themen, Argumentationsweisen und Sprache sichtbar werden zu lassen); Portraits von Autoren und Freunden, und, unvermeidlich, italienische Ein- und Auslassungen; endlich beziehungsweise zuallererst autobiographische Texte in loser Abfolge, bisher unveröffentlicht und für dieses Buch geschrieben.

Nur wenige Texte werden gekürzt abgedruckt, Wiederholungen wurden stillschweigend gestrichen oder wo dies schwer möglich war, mit einem Seitenverweis versehen. Historisch interessante Texte sind ungekürzt wiedergegeben. Auf Seite 337ff. finden sich notwendige, aber so sparsam wie möglich gehaltene Anmerkungen.

Und wenn Sie manchmal am Seitenende ein paar Zeilen finden: Die hat nicht die Setzerin auf ihrem Weg durch das Buch verloren, sie sind vielmehr eine Hommage an die von Klaus Wagenbach erfundenen »Fußnoten« – also Noten am Fuß der Seite. Auf daß auch kein Stückchen weißes Papier verschwendet würde. Susanne Schüssler im April 2010

Anmerkungen

Der kostenlose Mut

Die *Intellektuellenhetze* jener Zeit hatte begonnen mit einer im Frühjahr 1960 erschienenen, mit Staatsgeldern finanzierten ›Dokumentation‹ zur ›kommunistischen Kulturarbeit‹ von 452 Hochschullehrern, Schriftstellern und Künstlern unter dem Titel »Verschwörung gegen die Freiheit«.

Algerienmanifest: Das französische »Manifest der 121« über das Recht zur Dienstpflichtverweigerung im Algerienkrieg wurde von 121 Schriftstellern, Journalisten, Künstlern und Hochschullehrern im Sommer 1960 unterzeichnet. Die Zensur verbot den Abdruck, viele Unterzeichner wurden angeklagt und erhielten Berufsverbote. – Zahlreiche deutsche Schriftsteller unterstützten diesen Aufruf.
Siehe dazu *Vaterland, Muttersprache. Deutsche Schriftsteller und ihr Staat seit 1945.* Hrsg. von Klaus Wagenbach, Michael Krüger und Winfried Stephan. Wagenbach. Berlin 1979ff., S. 176f.

Entschließung: Gemeint ist eine Entschließung zahlreicher Schriftsteller (vom 9. November 1960), an dem von Adenauer geplanten zentralen Fernsehen nicht mitzuarbeiten. Das Projekt wurde später vom Bundesverfassungsgericht verboten. Siehe *Vaterland, Muttersprache*, S. 178.

Brief an den Schriftstellerverband der DDR: Günter Grass und Wolfdietrich Schnurre forderten am 16. August 1961 in einem Offenen Brief die Mitglieder des Schriftstellerverbands der DDR dazu auf, sich zum Beginn des Mauerbaus zu äußern. Siehe *Vaterland, Muttersprache*, S. 184ff.

Brief an die UNO: Im September 1961 hatten zahlreiche Schriftsteller in einem Offenen Brief an die UNO daran erinnert, daß »die deutsche Frage gelöst werden muß, weil sie den Frieden der Welt bedroht, und zwar unter allen Umständen auf friedliche Weise«. Siehe *Vaterland, Muttersprache*, S. 188f.

Der Richtigsteller

Der Text hat eine Vorgeschichte: den monatelangen Kampf mit der Zeitschrift *Der Monat* um die Publikation, die am Ende abgelehnt wurde. Deshalb nur als Rundfunkkommentar erhalten.

Die Verbreitung von Büchern und die Legalität
Dieses Interview hat sich dadurch erhalten, daß es »am Sendetag, dem
9. November 1971, vom Funk- und Fernsehtrupp der Schutzpolizei aufgezeichnet wurde und das Tonband als Beweismittel für die Ermittlungs-
vorgänge – Az. 2 PJs 1041/71 und 2 PJs 1062/71 – der Staatsanwaltschaft
Berlin bei der gemeinsamen Asservatenstelle der Staatsanwaltschaften
Berlin asserviert wird«.
Zu einer Gemeinschaftsausgabe nach französischem Vorbild kam es leider nicht.

Wie man einen politischen Prozeß führt

Über die im November 1971 beschlagnahmten beiden Bücher – siehe
das voranstehende Interview mit Walther Schmieding – wurde erst zwei-
einhalb Jahre später verhandelt. Während dieser Zeit blieben die Bücher
beschlagnahmt, wegen einiger weniger Zeilen....
Verurteilt wurde K.W. zu insgesamt 9 Monaten Gefängnis auf Be-
währung wegen »erfolgloser Aufforderung zur Bildung einer kriminellen
Vereinigung« (RAF-Buch) und wegen »erfolgloser Aufforderung zu den
Vergehen der gemeinschädlichen Sachbeschädigung, des Diebstahls, der
Sachbeschädigung, der Körperverletzung und des Hausfriedensbruchs«
(das waren also jene Aufforderungen zur Veränderung von Kriegerdenkmälern, Enteignung von Klassenbüchern oder Besetzung von Wiesen ...).
Die ökonomischen Folgen (Verfahrenskosten, Produktionskosten) waren beträchtlich, insgesamt etwa DM 30 000,–.

»Mord«

Der Prozeß bezog sich auf einige Zeilen im *Roten Kalender 1973 für
Lehrlinge und Schüler*, in denen die Erschießung von Benno Ohnesorg
(2. Juni 1967) und Georg von Rauch (4. Dezember 1971) durch Berliner
Polizisten als »Mord« bezeichnet wurde. Der Berliner Polizeipräsident
Hübner stellte daraufhin Strafantrag wegen Beleidigung der Polizei.
In erster Instanz wurde Klaus Wagenbach freigesprochen, ebenso wie
auch Erich Fried (der »Vorbeugemord« geschrieben hatte) in Hamburg.
Die Hamburger Staatsanwaltschaft legte keine Revision ein, die Ber-
liner tat's und nicht nur das: In einem Mammutprozeß vom 14.1. bis
6.3.1975 wurde noch einmal der gesamte angebliche »Tathergang« der
Erschießung von Georg von Rauch untersucht, weil nur so festgestellt
werden könne, ob es sich um einen »Mord« gehandelt habe. Infolge-
dessen war (und dies wohl mit Absicht) die eigentlich schwerwiegende
Folge nicht die Verurteilung (»30 Tagessätze in Höhe von jeweils 60,–
DM«), sondern die Verurteilung zu den Kosten des Verfahrens (über
DM 40 000,-).

338

Noch 2007 antwortete die Bundesregierung (Drucksache 16/6892) auf eine Kleine Anfrage nach »unbeteiligten Dritten, die durch den Einsatz der Schußwaffe durch staatliche Stellen zu Schaden oder Tode kamen« mit fünf Todesfällen, ohne Namen zu nennen. Die Namen seien hier genannt: Richard Epple, Ian McLeod, Günter Jendrian, Helmut Schlaudraff und Manfred Perder. Die Frage nach Verletzten wurde überhaupt nicht beantwortet: »Hierzu sind keine zusammenfassenden Darstellungen vorhanden.« Andere Todesfälle wurden verschwiegen.

Johannes Bobrowski

Nachbemerkung von K. W., 2010: Bobrowski hatte verfügt, daß ich Verwalter seiner Rechte sein solle, was offensichtlich inopportun war. Mit welchen Mitteln der Staatsapparat der DDR dabei arbeitete, hätte mir längst bekannt sein sollen, denn ich hatte die Behörde mit dem unsäglichen Namen »Die Bundesbeauftragte für die Unterlagen der Staatssicherheitsdienste der ehemaligen Deutschen Demokratischen Republik« schon mehrfach gebeten, mir die mich betreffenden Akten in Sachen Bobrowski zugänglich zu machen, erhielt aber stets die Antwort, es sei nichts da.

Im Frühjahr 2009 kam aber plötzlich Post von der Behörde: ein Germanist habe um Erlaubnis gebeten, das beiliegende, mich betreffende Protokoll auswerten zu dürfen. So erfuhr ich nach 45 Jahren detailliert, was sich die DDR an Erpressung hat einfallen lassen, um den Wunsch eines Autors nicht erfüllen zu müssen ...

Die Fotokopien dieses Protokolls erhielt ich allerdings zweimal, am 6.4.09 und am 12.5.09, unterschiedlich geschwärzt – womit die Behörde selbst bewies, daß sie nicht nur parteiisch, sondern auch schlampig arbeitet. Ich habe dann die beiden Fassungen zusammengesetzt, wie ein Klosterschüler beim Palimpsest.

Ökonomie und Bewußtsein im Buchhandel

Nachbemerkung 1982   Nach einem guten Jahrdutzend haben sich einige der genannten Zahlen erheblich verschoben. Der *Rabatt* ist auf 44 bis 45% gestiegen; Ursache sind sowohl die Ausweitung des Barsortimentsanteils als auch die ›Reizpartien‹ (das heißt zusätzliche Freistücke bei größeren Bestellungen) der Verlage. Gestiegen sind auch die *Verlagsgemeinkosten*, auf etwa 48 bis 50% vom Nettopreis; sie teilen sich heute etwa folgendermaßen auf: Auslieferung 11%, Vertreter 5%, Werbung 8%, Gehälter 16%, Postkosten 4%, alles übrige 5%. Das Autorenhonorar ist demgegenüber anteilig gesunken: Zwar sind 10 bis (höchstens) 15% vom Ladenpreis für gebundene Bücher noch immer üblich, der Anteil der Taschenbücher – die mit nur 3 bis 6% honoriert werden – an der gesamten Buchproduktion ist heute aber wesentlich höher.

Der genannte Multiplikator von 5,3 – bei einem Autorenhonorar von 10% – hat sich durch diese Veränderungen auf x 7,4 erhöht; statt DM 10,- würde das seinerzeit als Beispiel kalkulierte Buch heute DM 14,06 kosten (ohne die Steigerung der Herstellungskosten in diesem Zeitraum – rechnet man sie hinzu: etwa DM 23,70). Die ›ökonomische Randlage‹ des Buchhandels ist freilich gleichgeblieben.

Nachbemerkung 2010 Inzwischen ist der Rabatt weiter gestiegen, auf 46 bis über 50%, verursacht durch Monopolisten im Sortiments- wie im Großbuchhandel. Die übrigen Kosten sind etwa gleich geblieben, mit Ausnahme der Gehälter, die jetzt bei 20% liegen; der Multiplikator liegt bei 8,4.

Die Dilettanten in der Todeszone

Inzwischen hat sich das Karussell weitergedreht: der Berlin Verlag gehört zu Bloomsbury, Nicolai zu Lübbe und Claassen, Econ, List zur Bonnier-Gruppe.

Ein Geck im Kloster

Die Vasari-Stellen wurden nach der neuen Übersetzung der Edition Giorgio Vasari, in *Das Leben des Sodoma und des Beccafumi*, Wagenbach, Berlin, 2006ff. zitiert.

Biographie

11.7.1930 geboren in Berlin-Tegel. Vater Joseph Wagenbach (1900–1980), Dipl.-Volkswirt. Mutter Margarete Wagenbach, geborene Weißbäcker (1898–1980), Telefonistin. Bruder Bernd, geboren 1928.

1937 21. Volksschule Berlin-Tegel

1939 19. Volksschule Berlin-Tegel

1941 Volksschule Hundsangen

1941–1943 Französisches Gymnasium Berlin

1943 Evakuierung nach Hundsangen, danach nach Lich (Oberhessen)

1943/44 Oberschule Hadamar

1945/46 Apothekenfamulus und Schwarzhändler

1937

1946 Liebigschule Gießen, nach

1947 Umzug nach Hofheim/Taunus. Realgymnasium Höchst respektive Leibniz-Realgymnasium Frankfurt am Main

1949 Abitur

1950/51 Lehre im Suhrkamp vorm. S. Fischer Verlag, dann im S. Fischer Verlag, Frankfurt am Main. Beginn des Studiums der Germanistik, Kunstgeschichte und Archäologie an der Johann Wolfgang Goethe-Universität in Frankfurt am Main

1952 Zwei Semester an der Universität München. Italienreisen

1953 Weiterstudium in Frankfurt a.M. Aushilfshersteller bei S. Fischer. Engagement im Sozialistischen Deutschen Studentenbund (SDS)

Unterwegs mit Fahrrad und Photoapparat, etwa 1952

Mit Katia

1954 Heirat mit Katharina (Katia) Wolff. Umzug nach Frankfurt am Main. Geburt der Tochter Tatiana

1956 Israel-Reise. Erste Reise in die Tschechoslowakei

1957 Promotion (*Franz Kafka. Eine Biographie seiner Jugend*). Geburt der Tochter Yvonne

1958/1959 Lektor in der Deutschen Buchgemeinschaft Darmstadt, Gründung des Modernen Buch-Clubs

Ende 1959 Lektor für deutsche Literatur im S. Fischer Verlag. Teilnahme an den Tagungen der Gruppe 47

1962 Ermittlungsverfahren wegen »Verrat militärischer Geheimnisse« (›Spiegel-Manifest‹)

1963 Geburt der Tochter Nina

1964 Entlassung beim S. Fischer Verlag. Umzug nach Berlin, Gründung des Verlags Klaus Wagenbach

1965 Erscheinen der ersten *Quarthefte*. Mitarbeit im Wahlkontor deutscher Schriftsteller

1966–73 Lizenz-, Einreise- und Durchreiseverbot der DDR

1968 Beginn des *Tintenfisch* (gemeinsam mit Michael Krüger) und der politischen Serie

1969 Mitglied des PEN

1970–73 Gesellschafter des *Kursbuch*

1971 Ermittlungsverfahren wegen *Bambule*, dem Text eines Fernsehspiels von Ulrike Meinhof. Mehrfache Durchsuchung des Verlags und der Privaträume wegen der Veröffentlichung eines Manifests der RAF und Beschlagnahme des Manifests. Beschlagnahme des *Roten Kalenders für Lehrlinge und Schüler*

Als Zuhörer
beim *gruppo 63*
in Reggio Emi-
lia. 1966

1972   Klage von Siemens gegen *Unsere Siemens-Welt* von F. C. Delius

1973   Abspaltung des Rotbuchkollektivs

1974   Prozeß der Berliner Polizei wegen Ehrverletzung: Freispruch. Verurteilung wegen des RAF-Manifests. Verurteilung wegen des *Roten Kalenders*

1975   Zweiter Prozeß um die Ehre der Berliner Polizei (Erschießung von Georg von Rauch); Verurteilung. Gründung der *Taschenbücherei*

1976   Einstweilige Verfügung gegen Peter Brückners *Ulrike Meinhof und die deutschen Verhältnisse*

1977   Trennung von Katharina Wagenbach-Wolff

1979   Beginn der Zeitschrift *Freibeuter* (bis 1999). Deutscher Kritikerpreis für *Vaterland, Muttersprache*

1980   Zusammenleben mit Barbara Herzbruch. Tod der Eltern

1983   *Kafka. Bilder aus seinem Leben*

Mit Barbara
in Capri

1983–91 Beisitzer, 2. und 1. Vorsitzender im Vorstand des Berlin-Brandenburgischen Verleger- und Buchhändlerverbands

1984–04 Mitglied im ›Ausschuß‹ des Deutschen Literaturarchivs Marbach

1985 Premio Montecchio

1986 Heirat mit Barbara Herzbruch

1987 Beginn der Reihe *SVLTO*

1988 Cavaliere nell'Ordine al Merito della Repubblica Italiana. *Kleine Kulturwissenschaftliche Bibliothek*. Gastprofessur an der Technischen Universität Berlin

1989 Gründungsmitglied der Internationalen Erich-Fried-Gesellschaft für Literatur und Sprache in Wien

1990 Premio nazionale per la traduzione. Bundesverdienstkreuz

1991 Tod von Barbara Herzbruch

1993 Zusammenleben mit Susanne Schüssler. *Kafkas Prag*

1994 Honorarprofessor für Neuere deutsche Literatur an der Freien Universität Berlin (etwa zehn Jahre)

1995 Astrolabio d'oro, Pisa

1996 Heirat mit Susanne Schüssler

1997 Geburt der Tochter Helene

Die vier Töchter im selben Alter, von links: Tatiana, Yvonne, Nina, Helene

1999 Hugo-Ball-Literaturpreis, Pirmasens

2000 Ehrenmitglied des Berlin-Brandenburgischen Verleger- und Buchhändlerverbands. Vorstandsmitglied der Kurt-Wolff-Stiftung zur Förderung einer vielfältigen Kultur- und Verlagsszene Leipzig. Gründungsvorsteher der Johannes-Bobrowski-Gesellschaft

2001 Großes Bundesverdienstkreuz. Chevalier de la Légion d'honneur

Mit Susanne
in Italien. 1996

2002 Übergabe der Leitung des Verlags an Susanne Schüssler. Kultur-
      preis der Kythera-Stiftung, Venedig

2004 Beginn der *Edition Giorgio Vasari*

2006 Ehrenpreis des Österreichischen Buchhandels für Toleranz in
      Denken und Handeln. Ehrendoktor der Universität Urbino. Kom-
      mentierte Neuausgabe von *Franz Kafka. Eine Biographie seiner Ju-
      gend.* Ardinghello-Preis, Florenz. Rahel Varnhagen von Ense-Me-
      daille der Stadt Berlin

2010 Kurt-Wolff-Preis für das Lebenswerk

Urbino 2006. In ungewohnter Verkleidung

Bibliographie (Auswahl)

Als Autor

Franz Kafka. Eine Biographie seiner Jugend 1883–1912. Francke. Bern 1958. Korrigierte und erweiterte Neuausgabe. Wagenbach. Berlin 2006

Franz Kafka in Selbstzeugnissen und Bilddokumenten. Rowohlt. Reinbek 1964 ff. 18 jeweils auf den letzten Stand gebrachte Neuauflagen; komplett überarbeitete Neuausgabe 2002 ff.

Eintritt frei. Beiträge zur öffentlichen Meinung. Luchterhand. Darmstadt 1982

Franz Kafka. Bilder aus seinem Leben. Wagenbach. Berlin 1983. Neuausgabe 1989. Erweiterte Neuausgabe 1994. Vollständig überarbeitete und erweiterte Neuausgabe 2008 und 2009

Kafkas Prag. Ein Reiselesebuch. Wagenbach. Berlin 1993 ff. Zahlreiche auf den neuesten Stand gebrachte Neuauflagen, zuletzt 2010

Übersetzung einzelner Titel in folgende Sprachen: Chinesisch, Dänisch, Englisch, Französisch, Italienisch, Japanisch, Koreanisch, Niederländisch, Polnisch, Portugiesisch, Spanisch, Tschechisch, Türkisch

Als Herausgeber

Paul Celan. Gedichte. Eine Auswahl. S. Fischer. Frankfurt am Main 1959/1961/1965

Mendele Mocher Sfurim. Werke. 2 Bände. Walter. Olten 1961

Das Atelier 1,2. Deutsche Lyrik und Prosa der Gegenwart. Fischer Bücherei. Frankfurt am Main 1962/1963

Kafka-Symposion. Datierung. Funde, Materialien. Wagenbach. Berlin 1965

Atlas. Deutsche Autoren über ihren Ort. Wagenbach. Berlin 1965/2004

Franz Kafka. 1883–1924. Manuskripte, Erstdrucke, Dokumente, Photographien. Ausstellung der Akademie der Künste, 16. Jan.–20. Febr. 1966 anläßlich ihres Franz-Kafka-Colloquiums, Berlin 1966

Lesebuch. Deutsche Literatur der sechziger Jahre. Wagenbach. Berlin 1968 ff. Veränderte Neuauflage 1980 ff. mit einem Nachwort

Tintenfisch. Jahrbuch für deutsche Literatur. Mit Michael Krüger. Wagenbach. Berlin 1968–1987

Ulrike Marie Meinhof. Bambule. Fürsorge – Sorge für wen? Wagenbach. Berlin 1971ff.

Franz Kafka. Briefe an Ottla und die Familie. Hrsg. mit Hartmut Binder. S. Fischer. Frankfurt am Main 1974ff.

Franz Kafka. In der Strafkolonie. Eine Geschichte aus dem Jahr 1914. Wagenbach. Berlin 1975ff. mit Quellen, einer Chronik und Anmerkungen

Peter Brückner. Ulrike Meinhof und die deutschen Verhältnisse. Wagenbach. Berlin 1976ff.

Günter Bruno Fuchs. Die Ankunft des Großen Unordentlichen in einer ordentlichen Zeit. Wagenbach. Berlin 1977

Vaterland, Muttersprache. Deutsche Schriftsteller und ihr Staat seit 1945. Hrsg. mit Michael Krüger und Winfried Stephan. Wagenbach. Berlin 1979. Erweiterte Neuauflage mit Susanne Schüssler 1994/2004

Das Grips-Theater. Geschichte und Geschichten, Erfahrungen und Gespräche aus einem Berliner Kinder- und Jugendtheater. Hrsg. mit Wolfgang Kolneder und Volker Ludwig. Wagenbach. Berlin 1979/1983

Freibeuter. Vierteljahreszeitschrift für Kultur und Politik. Wagenbach. Berlin 1979–1999

Ulrike Marie Meinhof. Die Würde des Menschen ist antastbar: Aufsätze und Polemiken. Wagenbach. Berlin 1980ff.

Lesebuch. Deutsche Literatur zwischen 1945 und 1959. Wagenbach. Berlin 1980/1993 mit einem Nachwort

Karnickel, Karnickel. Handbuch für das allgemeine Kaninchenwesen anläßlich hundertfacher Vermehrung der Taschenbücherei. Wagenbach. Berlin 1983 mit einem Vorwort. Veränderte Neuauflage 2004

Fintentisch. Ein Almanach. Geschichten, Bilder und Gedichte aus 20 Jahren. Wagenbach. Berlin 1984

Lesebuch. Deutsche Literatur der siebziger Jahre. Hrsg. mit Christoph Buchwald. Wagenbach. Berlin 1984/1995 mit einem Nachwort

Stephan Hermlin. Traum der Gemeinsamkeit. Wagenbach. Berlin 1985

Lesebär: ein Almanach über Buchhändler und Berliner. Hrsg. mit Rainer Nitsche. Berliner Verleger- und Buchhändlervereinigung. Berlin 1987

Giorgio Manganellis Lügenbuch. Wagenbach. Berlin 1987f.

Erich Fried. Gründe. Eine Auswahl aus dem Gesamtwerk. Gedichte. Wagenbach. Berlin 1989ff. mit einem Nachwort

Deutsche Demokratische Reise. Ein literarischer Reiseführer durch die DDR. Hrsg. mit Heinrich von Berenberg. Wagenbach. Berlin 1989/1990

Das schwarze Brett. Ein Lesebuch mit Geschichten, Bildern und Gedichten aus 25 Jahren. Wagenbach. Berlin 1989

Johannes Bobrowski. Im Strom. Gedichte und Prosa. Wagenbach. Berlin 1989 mit einem Nachwort

Deutsche Orte. Wagenbach. Berlin 1991/1992 mit einer Nachbemerkung

Italienische Liebesgeschichten. Wagenbach. Berlin 1991ff.

Peter Rühmkorf. Komm raus! Gesänge, Märchen, Kunststücke. Wagenbach. Berlin 1992

Kopfnuß. Jahrbuch für Essays über Kultur und Politik. Mit Heinrich von Berenberg und Bruno Preißendörfer. Wagenbach. Berlin 1993–1995

Erich Fried. Gesammelte Werke in vier Bänden. Hrsg. mit Volker Kaukoreit, Wagenbach. Berlin 1993ff.

Franz Kafka. Ein Landarzt. Kleine Erzählungen. Mit einem Bericht über Siegfried Löwy, Landarzt in Triesch. Wagenbach. Berlin 1994/1999

Wieso Bücher? Almanach. Wagenbach. Berlin 1994

Freibeuters Lockbuch. Hrsg. mit Heinrich von Berenberg und Barbara Sichtermann. Wagenbach. Berlin 1994

Erich Fried. Eine Chronik. Hrsg. mit Christiane Jessen und Volker Kaukoreit. Wagenbach. Berlin 1998

Italo Calvino. Der verzauberte Garten. Die schönsten Erzählungen. Wagenbach. Berlin 1998/1999/2003

Ingeborg Bachmann. Ein Ort für Zufälle. Bibliophile Ausgabe. Wagenbach. Berlin 1999

Wie der Hund und der Mensch Freunde wurden. Italienische Kindergeschichten. Wagenbach. Berlin 1999/2003

Nach Italien! Anleitung für eine glückliche Reise. Wagenbach. Berlin 1999ff.

Umberto Eco. Mein verrücktes Italien: Verstreute Notizen aus vierzig Jahren. Wagenbach. Berlin 2000ff.

Didier Daeninckx. Reise eines Menschenfressers nach Paris. Wagenbach. Berlin 2001 mit Nachwort »Neukaledonien, Kafka und Kanaken«

Kafkas Fabriken. Marbacher Magazin Nr. 100. Hrsg. mit Hans-Gerd Koch und Ulrich Ott. Deutsche Schillergesellschaft. Marbach 2002

Günter Grass. Wörter auf Abruf. 77 Gedichte. Wagenbach. Berlin 2002 mit einem Nachwort

Die weite Reise. Mittelmeergeschichten. Wagenbach. Berlin 2002

Mein Italien, kreuz und quer. Wagenbach. Berlin 2004ff. mit einem Nachwort

Warum so verlegen? Über die Lust an Büchern und ihre Zukunft. Almanach. Wagenbach. Berlin 2004

Ernst Jandl. Einer raus, einer rein. Die schönsten Gedichte. Wagenbach. Berlin 2006f.

Italienische Weihnachten. Die schönsten Geschichten. Wagenbach. Berlin 2007f.

Andrea Camilleri. Der Hirtenkönig. Die schönsten Geschichten aus Sizilien. Wagenbach. Berlin 2007

Giorgio Vasari. Jeder nach seinem Kopf: die verrücktesten Künstlergeschichten der italienischen Renaissance. Hrsg. mit Susanne Müller-Wolff. Wagenbach. Berlin 2008

100 Gedichte aus der DDR. Hrsg. mit Christoph Buchwald. Wagenbach. Berlin 2009 mit einem Nachwort

Christa Reinig. Feuergefährlich. Gedichte. Wagenbach. Berlin 2010 mit einem Nachwort

Johannes Bobrowski. Nachbarschaft. Gedichte. Wagenbach. Berlin 2010 mit einem Nachwort

Als Vorleser

Italienische Schriftsteller erzählen Geschichten für kleine und große Kinder. Wagenbach. Berlin 1998/1999 (MC) und 1999/2001 (CD)

Franz Kafka. Ein Landarzt und andere Erzählungen. Wagenbach. Berlin 1999/2001. CD/MC

Nach Italien! Wie komme ich über die Alpen? Wagenbach. Berlin 2001. CD/MC

Kafkas Prag. Lesung von Alexander Khuon und Klaus Wagenbach. DAV. Berlin 2008. CD

Klaus Wagenbach über Kafka

Franz Kafka. Biographie seiner Jugend

Ein junger Mann liest wenige Jahre nach dem Ende des Zweiten Weltkriegs den Roman eines deutschsprachigen Autors. Er geht den Lebensspuren seines Helden nach, sucht nach Verwandten und Freunden des Autors. Der junge Mann heißt Klaus Wagenbach, sein jugendlicher Held Franz Kafka. Es entsteht die erste Biographie des Prager Autors nach Max Brod.

Veränderte und erweiterte Neuausgabe.
Gebunden mit Schutzumschlag. 328 Seiten mit vielen Abbildungen

Franz Kafka. Bilder aus seinem Leben

Die Neuausgabe der Standard-Bildmonographie von Klaus Wagenbach, der wiederum sein in über fünf Jahrzehnten entstandenes riesiges Bildarchiv geöffnet hat. So lernen wir durch neu aufgefundene Photos nicht nur die Tänzerin Eduardowa, die Schauspielerin Tschissik oder die Salondame Fanta kennen, sondern auch Kafkas Professoren Anton Marty und Hans Gross, seinen Vorgesetzten Dr. Robert Marschner und seine Großmutter Julie.

Fünfte, veränderte Ausgabe mit vielen neuen Photographien und Dokumenten. Hrsg. von Klaus Wagenbach. Fadengeheftet. 256 S. mit 701 Abb. in Duotone.

In der Strafkolonie Eine Geschichte aus dem Jahr 1914

Kafkas berühmte Erzählung über einen »eigentümlichen Apparat«, in der Fassung der Erstausgabe. Mit einer Chronik, Varianten, dem Kampf um die Veröffentlichung und den zahlreichen Quellen: Berichte über Strafkolonien und Unfallschutz, Texten von Nietzsche, Weber, Poe, Kerner, Mirbeau und vielen anderen. Samt einigen Überlegungen über das Verhältnis von Krieg und Literatur.

WAT 319. 128 Seiten mit Quellen, Chronik und Anmerkungen

Kafkas Prag Ein Reiselesebuch

Franz Kafka hat seine Heimatstadt Prag nur selten verlassen und war zudem ein notorischer »Herumtreiber« auf ihren Plätzen und Straßen. Klaus Wagenbach, dienstälteste aller Kafkawitwen, ist ihm nachgegangen. Einige Stadtpläne erläutern die Orte und Wege, zeitgenössische Fotos zeigen den früheren Zustand.

SVLTO. Rotes Leinen. Fadengeheftet. 128 Seiten mit zahlreichen Abbildungen

Wagenbach (unter anderem) bei Wagenbach

Vaterland, Muttersprache.
Deutsche Schriftsteller und ihr Staat seit 1945
Offene Briefe, Reden, Aufsätze, Gedichte, Manifeste, Polemiken
Das Standardwerk über die politische Haltung deutscher Schriftsteller –
von der Nachkriegszeit bis zum Ende der Zweistaatlichkeit. Zu allen öffentlichen Angelegenheiten haben sich die Schriftsteller geäußert, oft in
einer Deutlichkeit und Schärfe, wie sie heute weder üblich noch erbeten ist.
Hrsg. von Michael Krüger, Susanne Schüssler, Winfried Stephan und Klaus Wagenbach. Mit einem Vorwort von Peter Rühmkorf. *Quart*buch. Halbleinen. 476 S.

Atlas Deutsche Autoren über ihren Ort
Bei der Gründung des Verlags bat Klaus Wagenbach zahlreiche deutsche
Autoren,»ihren« Ort zu beschreiben, sei es der Geburtsort, der Wunschort
oder der Ort ihrer Bestimmung.
*Quart*buch. Gebunden. 320 Seiten mit Abbildungen

100 Gedichte aus der DDR
»Ist es nicht merkwürdig, dass die DDR mit ihrem zynisch aufgepäppel-
ten, dann wieder gegängelten Literatursystem viel Namhafteres hervor-
gebracht hat als die große Freiheit nach der Stasi?« So fragt die FAZ im
Jahr 2008. Gegenfrage: Wie gehen wir als Erben mit der DDR-Literatur
um? Eine Anthologie ihrer schönsten und chakateristischen, ihrer vergessenen, geförderten oder verbotenen Gedichte.
Herausgegeben von Christoph Buchwald und Klaus Wagenbach
*Quart*buch. Gebunden. 176 Seiten

Warum so verlegen Über die Lust an Büchern und ihre Zukunft
Warum so verlegen und nicht anders? Diese Frage versucht der Almanach
ganz praktisch zu beantworten, anhand eines naheliegenden Beispiels:
Warum und wie überlebt ein Verlag, der Bücher ausschließlich nach be-
stem Wissen und Gewissen veröffentlicht, vierzig Jahre?
Herausgegeben von Klaus Wagenbach. WAT 487. 160 Seiten mit sehr vielen Abb.

Die weite Reise Mittelmeergeschichten
Das Mittelmeer, von drei Kontinenten umschlossen, ist seit je ein ver-
trauter, überschaubarer Raum für Handel, Reisen, Abenteuer – mit den
dazugehörigen Geschichten.
Herausgegeben von Klaus Wagenbach. WAT 432. 160 Seiten

Italien bei Wagenbach

Nach Italien! Anleitung für eine glückliche Reise
Ein heiteres Lesebuch über das, was den Reisenden in Italien erwartet:
Dietmar Polaczek erläutert die dort Lebenden, Andreas Beyer ihre Kunst.
Alice Vollenweider begleitet ins Restaurant und auf den Markt. Friederike
Hausmann erzählt die Geschichte der auftauchenden Namen, Daten und
Plätze – von Garibaldi bis Moro. Leonardo Galanti hat die wichtigsten
Gesten photographiert und ihre Bedeutungen erläutert.
Herausgegeben von Klaus Wagenbach
SALTO. Rotes Leinen. Fadengeheftet. 144 Seiten mit vielen Abbildungen

Mein Italien, kreuz und quer
Eine vielseitige Liebeserklärung: Italienische Schriftsteller erzählen von
ihrem Land, seinen Städten, Landschaften, Sitten, Gebräuchen und immer
wieder von seinen Bewohnern.
»Italien ist in Deutschland ohne Klaus Wagenbach nicht denkbar. Die
intime Kennerschaft mag der Anlass für diese wunderschön aufgemachte,
inspirierende Anthologie gewesen sein.«   *Neue Zürcher Zeitung*
Herausgegeben von Klaus Wagenbach. *Quart*buch. Gebunden. 384 Seiten

Italienische Weihnachten   Die schönsten Geschichten
Was diese Geschichten auszeichnet – und so italienisch macht –, ist ihr
Erfindungs- und Phantasiereichtum. Drei Herren werden von einem
Propheten zu Königen gemacht, finden aber Jesus als Mädchen vor.
Aber auch der Truthahn taucht in Italien auf, seltsamerweise als Schwie-
gersohn oder als kulinarischer Unfall. Geschenke gibt es natürlich wie
überall, Rettung kann da nur das neu entwickelte »destruktive Geschenk«
bringen. Eine der schönsten Geschichten handelt aber von einem Bettler,
der mit Gott gesprochen hat: Mit dem Paradies sei es vorbei. Das haben
wir schon befürchtet.
Gesammelt und herausgegeben von Klaus Wagenbach. WAT 572. 144 Seiten

Wenn Sie mehr über den Verlag oder seine Bücher wissen möchten, schreiben
Sie uns eine Postkarte (mit Anschrift und ggf. E-Mail). Wir verschicken immer
im Herbst die *Zwiebel,* unseren Westentaschenalmanach mit Gesamtverzeichnis,
Lesetexten aus den neuen Büchern und Fotos. *Kostenlos!*
Verlag Klaus Wagenbach Emser Str. 40/41 10719 Berlin   www.wagenbach.de